权威·前沿·原创

皮书系列为
"十二五""十三五"国家重点图书出版规划项目

陕西省社会科学院／编

陕西文化发展报告（2018）

ANNUAL REPORT ON CULTURE OF SHAANXI (2018)

主　编／任宗哲　白宽犁　王长寿

社会科学文献出版社
SOCIAL SCIENCES ACADEMIC PRESS (CHINA)

图书在版编目(CIP)数据

陕西文化发展报告.2018 / 任宗哲,白宽犁,王长寿主编.——北京:社会科学文献出版社,2018.1
（陕西蓝皮书）
ISBN 978-7-5201-2194-1

Ⅰ.①陕… Ⅱ.①任… ②白… ③王… Ⅲ.①文化发展-研究报告-陕西-2018 Ⅳ.①G127.41

中国版本图书馆 CIP 数据核字（2018）第 016556 号

陕西蓝皮书
陕西文化发展报告（2018）

主　　编／任宗哲　白宽犁　王长寿

出 版 人／谢寿光
项目统筹／邓泳红　吴　敏
责任编辑／张　超

出　　版／社会科学文献出版社·皮书出版分社（010）59367127
　　　　　地址：北京市北三环中路甲29号院华龙大厦　邮编：100029
　　　　　网址：www.ssap.com.cn
发　　行／市场营销中心（010）59367081　59367018
印　　装／北京季蜂印刷有限公司

规　　格／开　本：787mm×1092mm　1/16
　　　　　印　张：20.5　字　数：309千字
版　　次／2018年1月第1版　2018年1月第1次印刷
书　　号／ISBN 978-7-5201-2194-1
定　　价／89.00元

皮书序列号／PSN B-2009-137-3/6

本书如有印装质量问题,请与读者服务中心（010-59367028）联系

▲ 版权所有 翻印必究

陕西蓝皮书编委会

主　　　任　任宗哲

副　主　任　刘卫民　白宽犁　杨　辽　毛　斌

委　　　员　（按姓氏笔画排列）

　　　　　　　于宁锴　王长寿　王建康　牛　昉　李继武
　　　　　　　吴敏霞　张艳茜　谷孟宾　郭兴全　唐　震
　　　　　　　裴成荣

主　　　编　任宗哲　白宽犁　王长寿

本书执行主编　王长寿

主要编撰者简介

任宗哲　经济学博士，二级教授，博士生导师。现任陕西省社会科学院党组书记、院长，研究领域为公共管理、公共经济学。出版《中国地方政府研究》《公共服务城乡均等化供给》等多部著作。发表学术论文100余篇。曾荣获国家级教学成果奖二等奖、陕西省人民政府教学成果奖特等奖，陕西省政府哲学社会科学优秀成果一等奖2项、省部级三等奖4项。兼任陕西省社会科学界联合会第四届委员会副主席等。

白宽犁　陕西省社会科学院副院长，研究员。研究领域为马克思主义中国化、思想政治教育工作、宣传思想文化工作、社会治理等。在《求是》《人民日报》《光明日报》《陕西日报》等报刊上发表文章100余篇，编辑出版著作20余部，承担国家社科基金项目等20余项。兼任陕西省社会科学信息学会会长。

王长寿　管理学博士，陕西省社会科学院文化研究所所长，研究员，西安工业大学硕士研究生导师，兼任陕西省城市经济文化研究会副会长。研究领域为文化产业、文化体制改革、现代公共文化服务等。在《人文杂志》《经济改革》《经济体制改革》等期刊上发表论文50余篇，编辑出版著作10部，主持和参与课题15项，获得陕西省哲学社会科学优秀成果奖3项。

摘　要

《陕西文化发展报告（2018）》是由陕西省社会科学院编撰的权威性研究报告，也是陕西省社会科学院编撰的第十本文化蓝皮书。

本书共分为六个部分：总报告、宏观视野篇、行业报告篇、公共文化篇、区域报告篇和大事记。

总报告全面总结了2017年陕西文化发展的整体状况及成就，就陕西主要文化行业及各地市文化发展的现状与趋势进行了梳理与探讨，并针对陕西文化事业与文化产业的发展提出了相应的对策和建议。

宏观视野篇围绕基于文化及相关产业分类的陕西文化服务业发展、基于文化自信的陕西文化产业新动能、陕西现代公共文化服务体系建设、陕西省汉唐遗址文化资源保护与利用等问题进行了深度探讨与阐发。

行业报告篇就陕西工业遗产旅游空间的组织与重构、陕西博物馆文化创意产品开发、关中民俗文化旅游对传统文化的开发、基于公共服务视角的陕西移动政务媒体发展、陕西省特色小镇文化资源开发模式、陕西纪录片走向、陕西碑刻文献数字化及其前景展望、陕西非物质文化遗产泾阳茯砖茶、荣信教育"乐乐趣"童书创新发展及品牌打造等问题进行了分析阐释与研究，并提出了相应的对策和建议。

公共文化篇对陕西碑刻文献整理与研究的对策思考、陕西民间文学文化资源现状与保护传承、陕西农家书屋建设等问题进行了深度调查和研究。

区域报告篇对西安市公共图书馆"一体六翼"供给侧结构性改革、汉中文化旅游产业发展、2017年杨凌示范区基层公共文化、韩城全域旅游的"软着陆"与转型升级等进行了翔实的考察研究。

Abstract

Annual Report on Culture of Shaanxi (2018), which is the authoritative and tenth report on the Shaanxi cultural development, complied by Shaanxi Academy of Social Sciences.

The book is divided into six sections: General Report, Macro-perspective, Industry Report, Public Culture, Regional Report and Chronicle Events.

The General Report comprehensively summarizes the overall condition and achievements of the Shaanxi's cultural development in 2017, and discusses the foremost cultural categories and the trend of cultural development in surrounding cities of Shaanxi Province. Meanwhile, the corresponding countermeasures and suggestions on the development of cultural undertakings and cultural industries in Shaanxi are also proposed.

The Macro-perspective report profoundly investigates and elucidates the development of shaanxi culture service industry based on the classification of culture and related industries, the New Momentum of Shaanxi Cultural Industry that based on the Cultural Self-confidence, the Development of Shaanxi Public Cultural Service System, and Protection of the Han and Tang Dynasty Relics in Shaanxi.

The part of Industry Report consists of the organization and reconstruction of Shaanxi industrial heritage tourism space, Research on the development of cultural and creative products in Shaanxi Museum, the Development of Traditional Culture by Folk Culture Tourism of the Central Shaanxi Plain, the Development of the Mobile E-Government Media in Shaanxi, Cultural Resources Development Model of Characteristic Towns in Shaanxi Province, Shaanxi documentary trend, the Digital Prospect of Shaanxi inscription documents, intangible Cultural Heritage of Shaanxi Jingyang Brick tea, and Rongxin education "Lele fun" children's books of innovative development and brand building. The corresponding countermeasures and suggestions are also proposed.

Abstract

The part of Public Culture mainly surveys and discusses countermeasures to deepen Shaanxi inscriptions literature and research, Inheritance and Protection of the Folk Literature in Shaanxi , and Investigation on the Construction of Rural Bookstore in Shaanxi, The corresponding countermeasures and suggestions are also proposed.

The part of Regional Report selects supply-side Structural Reform System Design of Xi'an Public Library Service Products: One body and Six wings, Hanzhong Tourism Industry, grass roots public cultural service system of Yangling Agricultural Hi-tech Industries Demonstration Zone in 2017 and the "soft landing" and upgrading of HanCheng whole area tourism as the research objects.

前 言

2017年是党的十九大和省第十三次党代会召开之年,是巩固发展"十三五"良好开局的关键一年,也是夯实全面建成小康社会基础承上启下的一年。中央大力繁荣艺术创作生产,保护弘扬中华优秀传统文化,推动公共文化服务体系建设,提升文化产业发展质量和效益等措施,确保"十三五"规划贯彻实施。陕西省坚持以"四个全面"战略布局和"五大发展理念"为引领,围绕"扎实加强文化建设",加快建设"丝路文化高地"的发展思路,努力使陕西坚定文化自信的工作走在全国前列。

2017年,陕西省委、省政府通过政策法规的引导和保障,确保文化领域各项工作顺利开展。4月,陕西省政府公布了《关于公布陕西境内长城为省级文物保护单位的通知》;7月,陕西省第十二届人民代表大会专门审议通过了陕西首部由省人大颁布的古城址条例《陕西省石峁遗址保护条例》;8月,陕西省政府印发了《陕西省"十三五"文化和旅游融合发展规划》;同月,陕西省人民政府办公厅印发《陕西省全域旅游示范省创建实施方案的通知》,确立了旅游业成为全省国民经济的战略性支柱产业和人民群众更加满意的现代服务业的目标;同月,陕西省政府办公厅转发省文化厅等部门下发的《关于陕西传统工艺振兴实施意见的通知》,以使传统工艺在现代生活中得到新的广泛应用,更好地满足人民群众消费升级的需要。

2017年,陕西文化产业稳步发展,成为建设文化强省的重要载体。上半年规模以上文化企业实现营业收入363.8亿元,较上年同期增长22.6%。其中文化信息传输服务类规模以上企业增长最快,营业收入较上年同期增长69.4%,达到24.5亿元;按照产业类型分,陕西规模以上文化服务业类的538家企业,营业收入同比增长30.5%,达到105.3亿元;文化制造业类的

131家企业，营业收入同比增长18.4%，达到149.7亿元；文化批零业类的179家企业，营业收入同比增长21.4%，达到108.8亿元。2017年规模以上文化企业总数增长较快。2017年上半年规模以上文化企业数量比2016年同期增长177家。

2017年，陕西着力打造一批有影响力的文化交流、文化贸易，丝路文化建设成为亮点。5月，陕西大型原创杂技剧《丝路彩虹》赴捷克演出引热捧。6月10日，"陕·台两岸茶文化交流研讨会"在第十一届中国西安国际博览会期间举行。6月16日，首届陕西国际温泉旅游文化节在太白山景区举行，并举办第四届中国国际温泉产业高峰论坛。7月10日，"国风秦韵"陕西传统文化周与第七届"翰墨传情"艺术展在新加坡开展。8月11日，"丝绸之路文化行"大型活动在西安举行，助推"一带一路"建设文化先行和丝路沿线国家的文化相通。8月27日，"一带一路·文化之旅"感知大西安国际活动周启动仪式在西安市举行，8月28日，"2017丝绸之路品牌万里行"活动在西安举行发车仪式，采访团从西安出发，经过中国、俄罗斯及中东欧16国，行程1.5万公里，抵达匈牙利首都布达佩斯。9月6日，中匈文化交流座谈会暨新丝路授牌仪式在陕西举行。9月7~21日，陕西召开了第四届丝绸之路国际艺术节，近3000位艺术家分别来自国内18个省区市和国外106个国家与地区。9月22日，"2017欧亚经济论坛文化分会"在西安曲江新区召开，曲江新区与新加坡流行音乐学院签署了加强音乐艺术文化发展战略框架协议。

2017年陕西按照追赶超越和"五个扎实"要求，继续加强文化建设。培育和践行社会主义核心价值观，加强历史文化遗产和革命旧址保护，推进非物质文化遗产保护和红色基因传承发展，建设彰显华夏文明的历史文化基地，实施"大秦岭·中国脊梁"文艺创作工程，抓好"百优计划"，培育文化市场，在新兴文化领域谋划一批项目，推出一批文化精品力作，提升文化对外影响力。健全公共文化服务体系，加快实现公共文化资源共建共享。

《陕西文化发展报告（2018）》是陕西省社会科学院编撰的第十本文化蓝皮书，陕西省社会科学院文化研究所是该书编纂工作的具体承担者。编纂过程中，我们本着权威性、针对性、科学性及指导性原则选取文章。为了增强文化蓝皮书的可读性、原创性和资料性，我们以陕西省社会科学院文化研究所、宗教研究所、文学艺术研究所和古籍研究所的科研人员为核心，并与陕西学界、企业界、政界等各界人士紧密合作，共同打造好这一以陕西文化的理论研究、经验总结与前景展望等为主要内容的高端平台，为促进陕西文化大发展大繁荣和实现文化强省目标而努力。

编　者

2017年10月

目 录

Ⅰ 总报告

B.1 2017年陕西省文化发展现状与趋势
　　……………………………………… 陕西省社会科学院课题组 / 001
　　一　陕西文化发展整体状况与成就 ……………………… / 002
　　二　陕西省主要文化行业发展状况 ……………………… / 009
　　三　陕西省各地文化发展状况 …………………………… / 018
　　四　陕西省文化发展前景分析与预测 …………………… / 033

Ⅱ 宏观视野篇

B.2 基于文化及相关产业分类的陕西文化服务业发展
　　研究报告 ……………………………………………… 颜　鹏 / 038
B.3 基于文化自信的陕西文化产业新动能研究报告 ……… 杨艳伶 / 056
B.4 陕西现代公共文化服务体系建设发展报告 …………… 曹　云 / 068
B.5 陕西省汉唐遗址文化资源保护与利用研究报告 ……… 樊为之 / 075

001

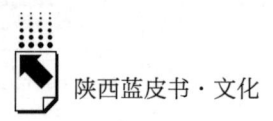

Ⅲ　行业报告篇

B.6　陕西工业遗产旅游空间的组织与重构
　　　——以西安大华纱厂为例 …………… 程　圩　王天航 / 089
B.7　陕西博物馆文化创意产品开发研究 …………… 郭艳娜 / 097
B.8　关中民俗文化旅游对传统文化的开发研究 …………… 韩红艳 / 106
B.9　基于公共服务视角的陕西移动政务媒体发展
　　　研究报告 …………… 邓　娟 / 120
B.10　陕西省特色小镇文化资源开发模式研究 …………… 王永莉 / 133
B.11　陕西纪录片走向研究报告 …………… 马燕云 / 145
B.12　陕西碑刻文献数字化及其前景展望 …………… 党　斌 / 162
B.13　陕西非物质文化遗产泾阳茯砖茶研究 …………… 刘立云 / 172
B.14　荣信教育"乐乐趣"童书创新发展及品牌
　　　打造报告 …………… 王艺桦　袁秋乡 / 180

Ⅳ　公共文化篇

B.15　深化陕西碑刻文献整理与研究的对策思考 …………… 吴敏霞 / 197
B.16　陕西民间文学文化资源现状与保护传承研究报告 …………… 樊为之 / 210
B.17　陕西农家书屋建设状况调查 …………… 王立平 / 228

Ⅴ　区域报告篇

B.18　西安市公共图书馆"一体六翼"供给侧结构性改革
　　　研究报告 …………… 项目课题组 / 241

B.19 汉中文化旅游产业发展报告 ………………………… 赵　东 / 263

B.20 2017年杨凌示范区基层公共文化建设研究报告 ……… 许定国 / 275

B.21 韩城全域旅游的"软着陆"与转型升级 ……………… 杜　睿 / 287

Ⅵ　大事记

B.22 2017年陕西文化发展大事记 ………………………………… / 299

皮书数据库阅读 **使用指南**

CONTENTS

I General Report

B.1 The Status and Trends of the Cultural Development of Shaanxi
Province in 2017　　*Project Group of Shaanxi Academy of Social Sciences* / 001
　　1. The Overall Situation and Achievements of Cultural Development
　　　 in Shaanxi　　　　　　　　　　　　　　　　　　　　　　　　　/ 002
　　2. The Development Situation in the Important Cultural Sectors in Shaanxi　/ 009
　　3. The Situation in Cultural Development in All Cities of Shaanxi　　/ 018
　　4. The Forecast for the Cultural Development in Shaanxi　　　　　　/ 033

II Macro-perspective

B.2 A report on the development of shaanxi culture service industry based
　　　 on the classification of culture and related industries　　*Yan Peng* / 038
B.3 The Research on the New Momentum of Shaanxi Cultural Industry
　　　 that based on the Cultural Self-confidence　　　　*Yang Yanling* / 056
B.4 Report on the Development of Shaanxi Public Cultural Service
　　　 System　　　　　　　　　　　　　　　　　　　　　　　*Cao Yun* / 068
B.5 The Report on Study and Protection of the Han and Tang
　　　 Dynasty Relics in Shaanxi　　　　　　　　　　　　　*Fan Weizhi* / 075

III Industry Report

B.6 The Research on Development of Cultural manufacturing
industry in Shaanxi   *Cheng Wei, Wang Tianhang* / 089

B.7 Research on the development of cultural and creative products
in Shaanxi Museum   *Guo Yanna* / 097

B.8 The Research on Rising and Transformation of Shaanxi Tourism
—*Example of ZhaShui County Tourism and ZhaShui Service*
                                         Han Hongyan / 106

B.9 The Research Report on the Development of the Mobile
E-Government Media in Shaanxi   *Deng Juan* / 120

B.10 The Research on the development of digital cultural industries
in Shaanxi   *Wang Yongli* / 133

B.11 Shaanxi documentary trend research report   *Ma Yanyun* / 145

B.12 The Digital Prospect of Shaanxi inscription documents   *Dang Bin* / 162

B.13 The Research on Intangible Cultural Heritage of Shaanxi
Jingyang Brick tea   *Liu Liyun* / 172

B.14 The report on the Rongxin education 'Lele fun'children's books of
innovative development and brand building
                                Wang Yihua, Yuan Qiuxiang / 180

IV Public Culture

B.15 Countermeasures to deepen Shaanxi inscriptions literature
and research   *Wu Minxia* / 197

B.16 The Research Report on the Inheritance and Protection of
the Folk Literature in Shaanxi   *Fan Weizhi* / 210

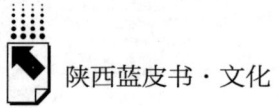
陕西蓝皮书·文化

B.17　Investigation on the Construction of Rural Bookstore in Shaanxi

Wang Liping / 228

V　Regional Report

B.18　The Report on Supply-side Structural Reform System Design of Xi'an Public Library Service Products: One body and Six wings

Project Group / 241

B.19　Han zhong Tourism Industry Development Report　　*Zhao Dong* / 263

B.20　The report of grass roots public cultural service system of Yangling Agricultural Hi-tech Industries Demonstration Zone in 2017

Xu Dingguo / 275

B.21　The "soft landing" and upgrading of HanCheng whole area tourism　　*Du Rui* / 287

VI　Chronicle Events

B.22　Chronicle of Shaanxi's Cultural Events in 2017　　/ 299

总 报 告

General Report

B.1 2017年陕西省文化发展现状与趋势

陕西省社会科学院课题组*

摘　要： 本报告对2017年的陕西文化发展状况进行回顾，重点研究2017年全省文化发展情况，展望"十三五"时期陕西文化重点领域的发展前景。从多个维度阐述了2017年陕西文化发展历程，着重研究了陕西新闻出版、广电、演艺事业、文博等重点文化行业，分析了全省十个地区文化发展状况和特点。报告还论述了陕西文化与旅游融合问题，探讨了陕西文物保护与促进文化发展的作用。

关键词： 陕西　文化部门　地方文化

---

* 课题组组长：王长寿，陕西省社会科学院文化研究所所长、研究员；组员：樊为之，陕西省社会科学院文化研究所副研究员。

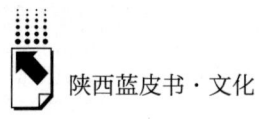
陕西蓝皮书·文化

一 陕西文化发展整体状况与成就

2017年,在省委、省政府的领导下,陕西省宣传思想文化战线高举改革旗帜,取得了一系列创新成果,文化事业和文化产业进一步发展繁荣,群众从文化发展中获得了更多幸福感。陕西充分发挥自身中华优秀传统文化厚重的优势,努力开展中华文化的创造性转化和创新性发展的工作。陕西围绕建设社会主义核心价值体系和文化强省的目标,大力加强文化管理体制和文化生产经营机制的建设,打造现代公共文化服务体系和现代文化市场体系,致力于推动社会主义文化大发展大繁荣的各项工作,成果显著。

(一)坚持正确政治方向、舆论导向、价值取向,推动宣传思想战线工作

陕西宣传思想战线大力宣传习近平总书记系列讲话精神,为迎接党的十九大统一思想、凝聚共识、明确方向。2017年9月,陕西省在陕西历史博物馆、咸阳清渭楼美术博物馆、渭南市博物馆、铜川新区阳光广场、安康市委广场、汉中市天汉长街文创街区、商洛市行政中心、杨凌示范区会展广场、榆林市科技馆、宝鸡展览馆等地举办了"砥砺奋进的五年——喜迎党的十九大 追赶超越在陕西"展览。展示了陕西省五年来在政治、经济、民生等各领域取得的巨大成就。陕西历史博物馆的"砥砺奋进的五年——喜迎党的十九大 追赶超越在陕西"展览大型主题展共有15个篇章,集中展示了陕西省全面深入贯彻习近平总书记系列重要讲话,特别是来陕视察重要讲话精神,落实"五个扎实"要求,奋力追赶超越的显著成效和未来五年发展的任务举措、目标蓝图。陕西新闻单位认真报道全省学习贯彻习近平总书记讲话精神。2017年8月《陕西日报》以"高举伟大旗帜 实现伟大梦想——陕西省社科界学习贯彻习近平总书记'7·26'重要讲话精神研讨会专家发言摘编"为题,报道了陕西省社科界学习贯彻习近平总书记"7·26"重要讲话精神的情况。2016年陕西省围绕中央和省重大决策部署,组织开展有关十八

届六中全会精神、脱贫攻坚、"十三五"规划等宣讲780多场,直接听众50余万人。为促进革命思想宣传,2017年8月,陕西省档案馆建立了"长征长征——红军长征到陕北"主题展馆,向公众免费开放。该展馆由"浴血北上,万里长征""生死抉择,落脚陕北""抗日救亡,延安灯塔""数字长征,历史丰碑"四个单元组成,展出档案图片300余幅、实物60余件。

2017年5月,中国共产党陕西省第十三次代表大会召开,陕西宣传部门集中开展宣讲工作,《陕西日报》等媒体迅速报道省第十三次党代会召开情况,省直宣传文化系统传达学习省党代会精神和铜川市、商洛市、安康市、省政府办公厅、省公安厅、省财政厅、省商务厅、省委网信办、省社科院、省文化厅、省审计厅、省粮食局、省新闻出版广电局等地市和单位宣传贯彻省党代会精神的情况。为全省干部群众迅速、广泛地领会党代会精神做出了大量工作。

为推动全省宣传思想文化工作,2017年1月陕西省委宣传部专门对"2016年度全省宣传思想文化工作创新奖"项目进行表彰,全省20个项目获得创新一等奖,30个项目获得创新二等奖。陕西省文物局成立的"陕西博物馆教育联盟"、西安交通大学的"优秀传统精神当代化的典范——彰显'西迁精神'在办学中的文化引领作用"、陕西历史博物馆创建的"'一带一路'沿线国家博物馆友好联盟"等项目获得一等奖。

宣传新闻部门大力报道陕西社会经济等方面的发展情况,在宣传陕西方面做出了贡献。省政府新闻办专门举行的"贯彻落实省第十二次党代会精神 迎接党的十九大胜利召开 落实'五新'战略任务 谱写陕西追赶超越发展新篇章"主题系列发布会,发布了诸如《我省发挥科教优势强化创新引领》《我省积极推进600个重大项目建设》等新闻。《陕西日报》在《黄河岸边幸福路》等文章中报道陕西沿黄河地区的发展状况。

哲学社会科学发展方面,2016年陕西制定了《陕西省哲学社会科学"十三五"发展规划》,获得了包括重大项目(6项)和后期资助(19项)在内的192项国家社科基金项目,获资助4410万元,居全国前列。2016年陕西确定省级社科基金项目412项,资助1258万元。

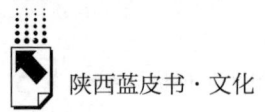

（二）出台重要文化政策，加强制度建设，努力推动陕西文化工作

为深入全面推进全省文化发展，2017年陕西省政府制定了《陕西省石峁遗址保护条例》，印发了《陕西省人民政府关于公布陕西境内长城为省级文物保护单位的通知》《陕西省人民政府关于进一步加强文物工作的实施意见》等，通过政策引导促进文化发展。2017年8月，陕西省政府印发了《陕西省"十三五"文化和旅游融合发展规划》，规划期限为2016～2020年。这一规划提出实现文化和旅游深度融合发展，是推动产业转型升级、培育新的增长点、提升发展软实力和产业竞争力的重大举措，是加快文化强省和创新型省份建设、促进经济结构调整和发展方式转变的内在要求，是优化供给、满足群众消费需求提高人民生活质量的重要途径。

陕西通过立法等形式大力保护文物。为切实保护好陕西史前文化遗址——石峁遗址，2017年7月陕西省第十二届人民代表大会专门审议通过了陕西首部由省人大颁布的古城址条例——《陕西省石峁遗址保护条例》，它由总则、保护与管理、展示与利用、法律责任、附则五章组成。该条例明确了省政府、榆林市政府、神木市政府、石峁遗址所在地镇政府在石峁遗址保护、管理、利用中应该担负的责任和开展的工作。它的制定使石峁遗址保护区内文物保护、考古发掘、科学研究等工作进一步得到了法律保护。为更好地保护位于陕西境内的长城遗址，2017年4月陕西发出了《陕西省人民政府关于公布陕西境内长城为省级文物保护单位的通知》，批准了陕西省文物保护单位42处长城保护名单（新公布40处，扩展项目2处）及保护范围和建设控制地带。这批长城保护单位包括战国秦长城遗址、隋长城遗址和明长城遗址。此外，2016年12月陕西出台了《陕西省人民政府关于进一步加强文物工作的实施意见》，提出了保障经费投入、加强科技支撑、重视人才培养的保障措施；明确了积极推进依法行政、全面加强文物保护（包括加强文物保护基础工作，加强大遗址考古工作，加强不可移动和可移动文物保护）、坚持合理适度利用（包括提高博物馆建设质量，提升博物馆管理能力，拓展文物延续使用功能，发展文博创意产业，扩大对外合作交流）的主要工作任务。

陕西省政府专门发文表彰在重大文化节中做出贡献的单位和个人。陕西省人民政府办公厅在《关于表彰第十一届中国艺术节筹办工作先进单位和获奖参演集体及个人的通报》中对省委组织部、省委宣传部、省委网信办、省政府办公厅、省发改委、省文化厅、省新闻出版广电局、省文物局、省旅游局等部门，西安、宝鸡、咸阳、铜川、渭南、延安、榆林、汉中、安康、商洛、韩城市政府与杨凌示范区管委会，陕西广播电视台、陕西日报传媒集团、陕西华商传媒集团、西安报业传媒集团、西安音乐学院、西安美术学院、陕西艺术职业学院等单位通报表彰；对陕西省荣获文华大奖、群星奖剧组和参加文华大奖评比、群星奖全国决赛的剧组，对开幕演出剧组和荣获文华表演奖的两位演员通报表彰。陕西省人民政府还通报表彰了2017丝绸之路国际博览会中的先进单位和2017年清明公祭轩辕黄帝活动组织工作先进集体和先进个人。

（三）召开重大文化节日，完善公共文化服务体系，确保群众享受高质量的文化成果

陕西省通过举办重大艺术节，促进文化事业发展。继2016年10月15日至31日第十一届中国艺术节在陕西省成功举办后，2017年9月7~21日陕西召开了第四届丝绸之路国际艺术节。参加这届丝绸之路国际艺术节的近3000位艺术家分别来自国内的福建、广东、贵州等18个省区市和国外的德国、俄罗斯、乌克兰、捷克和波兰等106个国家与地区。第四届丝绸之路国际艺术节不仅举办文艺演出、惠民巡演等演出，而且包括了国际儿童戏剧周、现代艺术周、国际美术邀请展、国际创意动漫周、"丝路文化·长安论坛"等活动。作为丝绸之路国际艺术节和文化部"2017中国—中东欧国家文化季"的重要组成部分的国际儿童戏剧周吸引了来自保加利亚、爱沙尼亚和捷克等国家的儿童剧作品。现代艺术周活动有剧目展演、艺术课堂、舞蹈马拉松、现代艺术产品邀请展。其中，有来自德国、乌克兰、斯洛文尼亚等国家和地区专业艺术团体参加了剧目展演，表演现代舞、打击乐、魔术杂

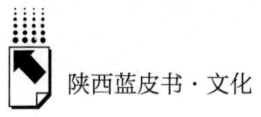

技等节目。

2017年9月至10月5日,陕西省人民政府主办、榆林市政府承办了第八届陕西省艺术节(三年举办一届),它是陕西规格最高、规模最大、最具影响力的艺术节。本届艺术节以戏剧、歌剧、舞剧、话剧和音乐、舞蹈等舞台艺术为主,展演54台剧目。艺术节同时还包括了"群星奖"评奖活动和秦腔艺术展等,提供80件群众文艺作品。第八届陕西省艺术节还将陕西省文化厅8月主办的"陕西省第二届小品文华奖暨第十届小品大赛"纳入其中,全省10市的100多个小品参加了这一届小品大赛。2017年陕西举办的艺术节还有第二届陕西省现代文化艺术节、国际温泉旅游文化节(6月在太白山旅游景区举办)等。第二届陕西省现代文化艺术节(2016年12月26日至2017年1月5日)共演出30余场大型舞台精品剧目,展出800多件美术、雕塑、摄影等作品,20余万人参加了这届艺术节。2017年8月,陕西省文联等单位在铜川市举办了第三届陕西省少儿曲艺大赛,60个节目入围决赛,评出一、二、三等奖分别有8个、13个和35个。

会展业是文化产业的一个组成部分,陕西重视展会工作。2017年6月,陕西省在西安成功举办了主题为"新平台·新机遇·新发展"的2017丝绸之路国际博览会暨第21届中国东西部合作与投资贸易洽谈会。陕西省代表团在这届丝博会上共签订的外资项目合同、国内联合项目合同和高新技术成果交易合同总投资额分别是57.18亿美元、13612.36亿元和114.80亿元,签约额大幅度提高。2017年8月,陕西省举办了2017西安丝绸之路国际旅游博览会,其间接待专业观众5000余人,现场参观采购的公众超过7万余人次,陕西旅游重点项目共签约35个,合同(协议)金额达284.91亿元。2016年11月,举办了第二十三届中国杨凌农业高新科技成果博览会。农高会接待国内人员170万人次。项目签约投资与交易总额1167.8亿元,较上届增长5.6%。签约项目349个。①

近年来,陕西省公共文化事业得到了快速发展,建成1400个卫星数字

---

① 2016年杨凌示范区国民经济和社会发展统计公报。

农家书屋和信息管理服务平台。2016年陕西省图书馆、文化馆和艺术表演团体分别有110个、122个和177个。全省有省级广播电视台1座,市级广播电台和电视台分别有10座,共20座(西安、咸阳、延安、榆林、安康和商洛6个城市电台和电视台合并),县级广播电视台达到88座。[①]

2016年陕西全省为13626个农家书屋进行了图书补充更新,政府购买23万户有线电视。全省拥有博物馆总数达到270座。改扩建各类文艺场馆51个,组织各类惠民演出1300余场。2012年以来,陕西省向社会免费开放的公共图书馆、文化馆、美术馆、乡镇综合文化站分别有112家、119家、3家和1542家。为提供更多高质量的演出服务,陕西采取了"以奖代补"方式,共采购各类演出服务5000余场。"十二五"期间,全省建立了一批重大公共文化设施,竣工5个市级图书馆或艺术馆,全面完成了县级文化馆、图书馆、剧院和乡镇的文化站建设项目。全省努力推动公共文化服务平台建设工作,建成文化共享工程省级分中心、市级支中心、县级支中心分别有1个、7个和101个,实现由省到村的全覆盖。为改善农村地区阅读条件,陕西建成农家书屋27364个,实现农家书屋行政村全覆盖。陕西在全省范围完成了行政村应急广播网建设,是全国实现农村和中小学数字电影全覆盖的第一个省。

(四)稳步推进全省文化产业,为经济发展做出更多贡献

2017年,陕西文化产业稳步发展,为国民经济的发展做出了新的贡献。2017年上半年,规模以上文化企业实现营业收入363.8亿元,较上年同期增长22.6%。其中文化信息传输服务类规模以上企业增长最快,营业收入较上年同期增长69.4%,达到24.5亿元;文化休闲娱乐服务类企业(指规模以上企业,下同)营业收入同比增长41.3%,达到24.6亿元;工艺美术品生产类企业营业收入同比增长36.7%,达到73.2亿元;广播电视电影服务类企业营业收入同比增长30.9%,达到10.4亿元;文化产品生产的辅助

---

① 2016年陕西省国民经济和社会发展统计公报。

生产类企业营业收入同比增长27.5%，达到64.5亿元；新闻出版发行服务类企业营业收入同比增长17.4%，达到42.4亿元；文化艺术服务类企业营业收入同比增长17.1%，达到5.6亿元；文化创意和设计服务类企业营业收入同比增长7.7%，达到25.4亿元；文化用品生产类企业营业收入同比增长5.7%，达到87亿元；文化专用设备生产类企业营业收入同比增长2.7%，达到6.1亿元。如果按照产业类型分，陕西规模以上文化服务业类的538家企业，营业收入同比增长30.5%，达到105.3亿元；文化制造业类的131家企业，营业收入同比增长18.4%，达到149.7亿元；文化批零业类的179家企业，营业收入同比增长21.4%，达到108.8亿元。2017年规模以上文化企业总数增长较快。2017年上半年规模以上文化企业比2016年同期增长177家。

陕西旅游与文化结合力度进一步加大。2016年，全省共接待境内外游客达到4.5亿人次，旅游总收入达到3813.4亿元，较上一年同比增长26.9%，文化产业在国民经济中占比不断提升。[①] 2017年70个陕西文化旅游项目入选国家发改委的《"十三五"时期文化旅游提升工程实施方案》，包括秦咸阳城遗址等遗址类项目、陕西秦腔艺术保护利用设施等非物质文化遗产保护类项目、韩城市历史文化街区等历史文化开发项目、秦岭终南山世界地质公园等自然开发项目、华山风景名胜区等旅游景区项目。方案中中央对西部地区投资补助比例原则上为80%，根据类型设施建设项目可申请到320万~1200万元中央补助资金。

近年来，陕西省对文化产业投资力度一直很大，全省在过去五年文化产业累计完成投资4115.29亿元，年均增速高达39.3%，投资建设了两汉三国、韩城司马迁等文化景区，文安驿文化产业园区等文化旅游项目，加速推进了西安国家数字出版及国家印刷包装产业基地等文化基地和设施项目，促进了黄帝陵国家文化公园、大秦岭人文生态旅游度假圈等项目建设工作。

---

① 陕西省人民政府2017年政府工作报告。

二 陕西省主要文化行业发展状况

（一）陕西出版行业发展状况

新闻出版业对推动陕西文化发展、提升陕西文化产业水平发挥着重要作用。2016年，图书出版领域取得新的成就，全年出版报纸85种，出版各类杂志268种。[①] 2017年上半年，陕西新闻出版发行中的图书出版业规模以上企业营业收入8.8亿元，较2016年同期增长15.7%。

陕西省出版成果获得重要奖项。2017年西北大学出版社出版的26种33册"关学文库·关学文献整理系列"获得第六届中华优秀出版物奖"图书奖"；《太阳宫》、《中国民间泥彩塑集成》（10卷）获中华优秀出版物"图书提名奖"，这两本书分别由陕西太白文艺出版社和陕西师范大学出版社出版。《陕西民间特色工艺》和《延安陕北 陕北风原创及生态歌曲》分别获得"音像电子游戏出版物奖"与"音像电子游戏出版物提名奖"，前者由陕西科学技术出版社出版，后者由陕西文化音像出版社出版。中国出版协会主办的中华优秀出版物奖，与"五个一工程"奖、中国出版政府奖并列为业界三大奖。

一批出版物为国家新闻出版广电总局推荐。2017年国家新闻出版广电总局向全国青少年推荐百种优秀出版物，陕西省的《大闹天宫》《穿越历史看孔子》入选，它们由陕西未来出版社出版。陕西出版的《中国动力》、《陆战之魂》和《中共中央在陕北13年》入选2017年中宣部、国家新闻出版广电总局公布的主题出版重点出版物选题，其中《中国动力》《陆战之魂》为陕西人民出版社出版，《中共中央在陕北13年》由陕西人民美术出版社出版。

2017年陕西重视革命图书的出版工作，除出版《陆战之魂》外，还出版了《本色》（西北大学出版社）、《永远的长征》（未来出版社）、《红军的

[①] 2016年陕西省国民经济和社会发展统计公报。

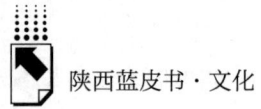

歌》(陕西旅游出版社)、《永远的丰碑——全国八路军办事处抗战纪事》(三秦出版社)等多部红色经典图书。

陕西重视图书发行工作,2017年4月专门在西安举办了第四届陕西(西部)丝路图书交易博览会。这次由陕西新华出版传媒集团举办的图书博览会参加的出版社数量多,包括了陕西省内18家出版社和来自西北的甘肃、青海、新疆等,以及北京、河南、山西、山东等省份的数十家出版社。这届图书博览会设置展位300个,展示的出版物多达3万余种,为利于图书馆采购,博览会设置了馆配现采专区;为宣传和推广西北出版物,专门设立了西北精品出版物展区,此外博览会还设置了期报刊和外文图书等展区。为推动图书发行工作,博览会采取了名家签售、高校巡回图书展和在陕西省各地的新华书店设立分会场等举措。

近年来,陕西新闻出版事业成果丰富。2016年获得国家出版基金项目资助的图书12种,入选"十三五"国家重点出版物规划的图书达到了65种,分列全国第四、五位,红色主题出版物数量名列全国第一。

陕西省重视全民阅读工作。2017年2月9日,中共陕西省委宣传部、陕西省文明办、陕西省新闻出版广电局发出了《关于组织开展2017年三秦阅读活动的通知》,确定4月23日(世界读书日)至5月22日为书香陕西"三秦阅读月"全民阅读活动时间,"全民阅读增自信,追赶超越谋发展"为这次活动的主题。要求着力办好主题阅读活动,深化三秦数字阅读新模式,提供优质阅读内容,完善基础阅读设施,促进少年儿童阅读,倡导领导干部阅读,推动基层群众阅读,营造良好阅读氛围,加强组织协调工作。在陕西省2017年全民阅读系列活动中,渭南市举办了"做有文化的渭南人——临渭区'新华杯'青少年诗词大会";榆林市开展了"阅读,让榆林更美丽"缤纷四季全民阅读活动;安康市开展了全民阅读暨"生态安康"主题诗词朗诵大赛;宝鸡市开展了2017年中小学读书月暨作家进校园活动,以"倡导全民阅读 助推追赶超越"为主题;汉中市举办了2017年"书香天汉"全民阅读集中示范活动;陕西省新闻出版广电局开展了全民阅读进军营暨"三秦阅读卡"发放活动等。

（二）陕西广播电影电视业发展状况

2017年陕西广播电影电视业稳步前进，为全省文化发展做出了新的贡献。2017年6月，陕西省委宣传部、铜川市委宣传部等联合摄制的电影《塬上》荣获第39届莫斯科国际电影节圣乔治金奖最佳影片奖（本届电影节最高奖项）。1月，电影《赶牲灵》在中国金鸡百花电影节第二届国际微电影展荣获优秀作品奖。4月，西影股份有限公司等联合出品的电影《大漠雄心》荣获第50届休斯敦国际电影节最佳故事片白金雷米大奖。2016年陕西出品的影视作品《王大花的革命生涯》获得第28届中国电视金鹰奖优秀电视剧作品奖。2017年，陕西出品的一批优秀电视剧在中央电视台播出。1月，曲江春天融和影视文化有限责任公司等出品的电视连续剧《将婚姻进行到底》在中央电视台八套播出。2月，陕西省重大文化精品工程电视剧《大秦帝国之崛起》在中央电视台一套首播，它由西安曲江大秦帝国影业等出品，是系列电视剧《大秦帝国》的第三部。3月，陕西文化产业影视等联合出品的电视连续剧《和妈妈一起谈恋爱》在中央电视台八套首播。4月，西安曲江丫丫影视制作的都市情感剧《我是幸运儿》在央视八套播出。另外，陕西省重大文化精品项目电视连续剧《白鹿原》在江苏卫视和安徽卫视播出。

2017年，一批电影与观众见面，并开机拍摄新的电影。8月，取材于陕北黄土地的爱情故事片《赶牲灵》在全国公映。商洛市文广新局等单位联合摄制的商洛花鼓戏曲电影《带灯》首映。8月，西影厂等单位制作的电影《大话西游之成长的烦恼》在铜川市王益区开拍，陕西第一部公安题材的院线电影《锁》拍摄完成。8月，陕西广播电视台还启动了"丝路云"融媒体平台。

一批优秀影视作品获得国家支持。2017年3月，《红旗漫卷西风》（陕西音像出版公司项目）获得2017年度国家出版基金资助。电视剧《白鹿原》被选入国家新闻出版广电总局2016~2020年百部重点作品和重点剧本扶持引导项目。2016年，分别来自咸阳市广播电视台和榆林市横山区广播

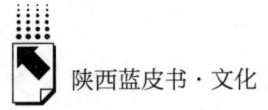

电视台的两档少儿广播节目《了不起的少年》和《快乐城堡》获得新闻出版广电总局设立的全国优秀少儿广播栏目专项资金扶持奖励。

2016年，陕西获得影视制作许可证的机构有381家，较2011年增加了160家，年检合格机构有296家，较2011年增加102家。从数量上来看，2016年陕西电影立项生产108项，拍摄60部，电视剧备案45部1663集，生产总量16部651集，在全国排名靠前。

近年来，陕西制作了多部高水平的革命题材影视作品，有描写陕甘红军和根据地建设的《千里雷声万里闪》，有长征题材的《长征大会师》，有反映革命领袖的《毛泽东三兄弟》，有理论文献纪录片《红旗漫卷西风》等。

（三）陕西戏剧演艺业等领域发展状况

2017年9月，在陕西召开的第四届丝绸之路国际艺术节上，来自国内外的艺术家们演出了大量精彩的文艺节目。外国艺术家们举办的音乐会包括中世纪古乐音乐会（波兰）、当爵士遇见传统音乐会（克罗地亚）、音乐山庄室内音乐会（德国）、音乐会《西区故事》（德国）、卡佩尔曼三重奏室内音乐演奏会（美国）、音乐会《向上！》（乌克兰）、首席演奏家室内音乐会（美国）、无伴奏人声合唱音乐会（立陶宛）、音乐会《巴尔干热火》（匈牙利）、音乐会《低洼之地》（立陶宛）等，演出的舞蹈节目有现代舞《共·生》（以色列）、歌舞剧《丝路之夜》（俄罗斯）、现代舞《摇篮》（斯洛文尼亚）等，演出的儿童剧有《木头马戏团》（捷克）、《通道》（爱沙尼亚）、《小雨点公主》（保加利亚）、《叽叽喳喳的小鸟》（荷兰）和打击乐《鼓炫童年》（荷兰）等，另外还演出了戏剧《驯悍记》（阿尔巴尼亚）等。参加演出的外国文艺团体有捷克Karromato提线木偶剧院公司、荷兰鼓联盟打击乐团、高加索哥萨克纳美斯歌舞团、柏林钢琴打击乐团、阿尔巴尼亚国家大剧院、中东欧舞蹈联盟等。

参加丝绸之路国际艺术节文艺演出的境内及港澳台艺术家们演出了舞剧《大禹》（安徽省花鼓灯歌舞剧院有限责任公司）、《沙湾往事》（广东歌舞剧院）、《蝴蝶妈妈》（多彩贵州文化艺术股份有限公司）、《家》（四川省歌舞剧院有限责任公司)、《天地人·乡愁》(现代舞剧,陕西师范大学音乐学院和意大利"意·思"舞团),地方戏剧越剧《海丝情缘》(福建省芳华越剧团)、花鼓戏《湘绣情》(湖南省花鼓戏保护传承中心)、楚剧《万里茶道》(武汉楚剧院)、皮影戏《灯影童真》(华州宏权影艺文化传承发展有限公司)、鼓乐长安《八景图》(陕西民族文化艺术团),另外还演出了话剧《此心光明》(贵州省话剧团、浙江话剧团有限公司),歌舞《漫步敦敦丝路凝视青青乐舞》(中国台湾桃园县敦青乐舞团)、歌舞诗剧《黎族家园》(海口市演艺有限公司),民族管弦音乐会《丝路草原》(内蒙古民族艺术剧院),音乐会《龙之吟》(笛埙乐团)、《秦粤·时空》(华南理工大学艺术学院)等。陕西中贝元儿童艺术剧院演出的节目有儿童剧《我要换爸爸》《黄香温席》《孔融让梨》《小红帽》。

2017年,陕西演艺界编排上演了一批新节目。7月,大型动漫儿童剧《天鹅公主》首演,该剧由陕西省民间艺术剧院创排并演出。8月,西安秦腔剧院三意社首演了大型秦腔历史剧《司马迁》,该剧由陕文投韩城公司和西安秦腔剧院共同创排。

2017年,陕西演艺团体在国内外多次演出,广受欢迎。陕西省戏曲研究院参加了"2017香港中国戏曲节"暨庆祝香港回归20周年纪念演出活动,演出了《苏武牧羊》《屠夫状元·订亲》《贵妃醉酒》《十八里相送》《隔门贤》等秦腔、眉户、碗碗腔和关中道情剧目,受到香港观众热烈欢迎。4月,陕西原创的国内第一部丝绸之路题材杂技剧《丝路彩虹》赴欧洲巡演。该剧在国内演出130多场,观众26万人次,从2016年下半年起,开始沿丝绸之路国际商演,是国内第一个沿丝路国家开展的国际商演杂技类优秀剧目,在国内西北地区和中亚演出23场。它同样是陕西省文化厅主办的"从长安到罗马"文化活动的重要组成部分和陕西对外文化交流的新名片。8月,陕西秦腔艺术团参加了哥本哈根国际歌剧节的演出活动,演出了《周仁回府》《五典坡》《火焰驹》《龙凤呈祥》等秦腔经典曲目,赢得了良好声誉。这是中国戏剧第一次到哥本哈根国际歌剧节演出,为在国际上弘扬中国传统文化做出了贡献。2017年春节期间,陕西省建了7个演出团队,赴

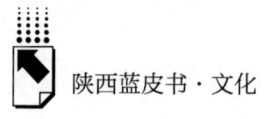

欧美等地的25个城市进行了40余场演出。

2017年陕西戏剧节目在中央电视台播出。陕西动漫企业推出的"漫赏秦腔"将有名的《三滴血》《周仁回府》等36部秦腔名剧折子戏以动漫形式制作出来，共810分钟，7月在中央电视台播出，向全国观众推荐秦腔这种优秀传统戏剧。

为促进艺术发展，陕西编制实施了2017～2021年的文化品牌工程规划和振兴秦腔艺术规划。2017年，陕西省获得了24个国家艺术基金资助项目。2017年清明期间，为配合公祭轩辕黄帝典礼，陕西举办了民族音乐会和地方戏曲专场演出。

2016年来，陕西演艺领域获得了一系列奖励。在2016年10月举办的第十一届中国艺术节上，陕西新创作了50多部舞台艺术作品，其中5部入围第15届"文华奖"参评剧目，歌剧《大汉苏武》和话剧《麻醉师》两剧目最终赢得文华大奖，《丝路彩虹》《易俗社》等另外3个剧目参加了文华奖评比；《丝路欢歌》《哎呀呀》两剧目荣获音乐类和戏剧类群星奖，《沙海情话》《乐三边》等另外5个节目也参加了群星奖全国决赛。陕西演员惠敏莉、李军梅荣获文华表演奖。陕西获奖数量占所有奖项的1/5，获国家舞台艺术最高奖数量位居全国第一。2017年陕西群舞少儿舞蹈节目《大老碗》荣获第九届"小荷风采"全国少儿舞蹈展演中的"小荷之星"金牌大奖。

2016年，陕西成功举办了第十一届中国艺术节。为此，陕西维修新建了近百个场馆，艺术节使用场馆51个，保障了艺术节各项赛事活动顺利开展。在艺术节带动下，陕西省群众文化艺术中心、秦腔艺术博物馆、艺术创作基地等加大了建设力度。

（四）陕西省文博事业发展状况

文博事业是陕西文化中非常重要的一部分，发展好文博事业对促进陕西文化发展有特殊的意义。考古发现领域，2017年4月陕西凤翔雍山血池秦汉祭祀遗址荣获2016年度全国十大考古新发现，该遗址由陕西省考古研究院、中国国家博物馆和宝鸡市、凤翔县等单位联合组队发掘，血池遗址是一处由坛、墠、场、道路、建筑、祭祀坑等各类遗迹组成的古代祭祀天地五帝固定场所"畤"的文化遗存，是正史记载中位于雍地的国家祭祀遗址，具有时代早、规模大、性质明确、持续时间长、功能结构完整等特点。2017年1月，神木石峁遗址中的皇城台遗迹入选中国社会科学院主办的"2016年中国六项考古新发现"，凤翔雍山血池秦汉祭祀遗址获得入围奖。2016年石峁遗址考古项目荣获全国田野考古一等奖。

文物调查方面，陕西近年来开展了第一次全国可移动文物普查，普查明确了陕西国有可移动文物收藏单位和国有可移动文物收藏量，分别是522家和3009455套7748750件，其中文物藏量居全国第二位，总量占全国12.09%。陕西省重视抗战时期的文物调查工作。2017年省文物局专门发了《关于开展全省抗战文物调查工作的通知》，要求各市文物部门调查汇总抗日战争时期（从"九一八事变"至1945年8月15日日本投降）不可移动文物情况，调查对象包括陕西与抗战有关的历史事件发生地、军事工事地点，机构、会议、战场、医院、兵工厂、学校等旧址，重要领导、名人旧居，宣传标语，战后纪念地等。

博物馆建设方面，2017年陕西两家博物馆被评为第三批国家一级博物馆，它们分别是全国最大青铜文化博物院——宝鸡青铜器博物院和大唐西市博物馆。大唐西市博物馆是全国非国有博物馆中被评为国家一级博物馆的第一家。至此，陕西拥有9家国家一级博物馆（目前全国共130家）。截至2016年底，陕西省共有各类注册博物馆270家，其中免费开放博物馆190家，参观人数达3650万人次，超过2500万人次免费参观。陕西博物馆分别属于文物系统博物馆（148家）、国有行业博物馆（50家）和非国有博物馆（72家）。博物馆重视文博宣讲人员能力的培养。来自汉景帝阳陵博物院、西安半坡博物馆、秦始皇帝陵博物院的四位选手入选2017年"中国故事——全国博物馆优秀讲解案例展示推介活动"全国"十佳优秀讲解员"。

陕西文物对外展出是陕西对外文化交流的重要部分。2017年陕西省对外文物展出包括在哈萨克斯坦举办的"中国秦始皇兵马俑文物展"、在美国举办的"兵马俑：秦始皇帝的永恒守卫"文物展等。秦始皇帝陵博物院、陕西省文物交流中心共同承办了"中国秦始皇兵马俑文物展"（展出时间为2017年6月至9月），展出文物60件（组），主要是秦兵马俑文物。这次展览是2016年6月在哈萨克斯坦举办的"丝路之都——陕西省文物精华图片展"后，又一次在该国举办的重要陕西文物展览。由陕西省文物局主办、省文物交流中心承办的"兵马俑：秦始皇帝的永恒守卫"展览，分别在美国的西雅图太平洋科学博物馆（2017年4月至9月）和费城富兰克林科学博物馆（2017年9月至2018年3月）展出，秦始皇帝陵博物院、省考古研究院、陕西历史博物馆和汉阳陵博物馆等16家文博收藏单位的125件（套）文物珍品参加此次展览，其中包括一级文物24件（套），展品有陶器、青铜器、金银器、玉器等，时间跨度从西周至汉代，以秦代兵马俑为主。

陕西文物展览参加了香港回归20周年纪念系列活动。2017年6月陕西省文物局、香港中文大学、陕西省文物交流中心等在香港中文大学举办了"错彩镂金：陕西珍藏中国古代金银器"展览。这次展览的60件组藏品（其中一级品12件）文物来自陕西22家文博单位，展览分作"西风东渐分鍱铸""一统天下尽错鎏""花舞大唐金粟钿""翠缕风华觅源流"四个单元，展出了陕西古代金银器，揭示它们锤鍱、錾刻点翠等工艺源流。

文物保护方面，2017年4月，陕西明长城建安堡保护加固工程荣获第三届全国优秀文物维修工程。这一工程还曾获得2016年"中国文物保护示范工程"（该项奖励由中国文物保护基金会评选）。它对陕西开展长城保护工作具有引导作用。2016年12月，分别由秦始皇帝陵博物院和陕西省文物保护研究院牵头的文物保护项目获得"十二五"文物保护科学和技术创新奖一、二等奖，前者获奖项目是"考古发掘现场出土脆弱遗迹临时固型材料研究"（一等奖），后者获奖项目是"遗址博物馆环境监测与调控关键技术研究"。此外省文物保护研究院参加的项目"石质文物保护关键技术研究"和省考古研究院参加的项目"中国古代车舆价值挖掘及复原研究"分获一、二等奖，陕西获奖等级、数量均居全国第一。陕西重视通过高校与文博单位合作的方式加强文物保护工作。2016年西北工业大学成立了材料科学与考古研究中心，致力于文物材料、文物劣化机理、古代工艺、文物保护和装备等方面的研究工作。2017年7月，西北工业大学和陕西历史博物馆共同申报的"馆藏壁画保护修复与材料科学研究"被批准为国家文物局重点科研基地。

陕西非物质文化遗产保护工作成果突出。2017年，陕西省宝鸡市凤县的大红袍花椒栽培系统和西安市蓝田县的大杏种植系统经农业部认定后，分别入选第四批中国重要农业文化遗产。至此，陕西的中国重要农业文化遗产增加至3处（原有榆林市佳县千年古枣园），入选中国农业文化遗产普查名录库的农业生产系统有8处。榆林市佳县千年古枣园还被联合国粮农组织认定为全球重要农业文化遗产。2017年，陕西省共有国家级非物质文化遗产（简称"非遗"）项目74项、省级项目441项、市级项目1415项、县级项目4150项。另外，经联合国教科文组织评选确定的陕西3个非遗项目入选"人类非物质文化遗产名录"。2017年，陕西省共有国家级非物质文化遗产代表性传承人50人、省级代表性传承人385人、市级代表性传承人1281人、县级代表性传承人3977人。陕西还命名了省级非遗生产性保护示范基地（单位）51个（两批）。为加强非遗保护工作的宣传，2017年6月陕西举办了陕西民族管弦乐音乐会、陕西戏曲音乐新创作品音乐会、陕西稀有剧种优秀折子戏、陕西秦腔传统音乐会等活动。陕西各地举办了非遗保护等活动，包括西安鼓乐进校园、渭南黄河金三角面花邀请赛、安康陕南民歌大赛等。

陕西重视将互联网与文博工作相结合。2017年7月，陕西省文物局、西安高新区管委会、陕文投集团在西安成立了"互联网+中华文明"文博创意产业联盟暨丝绸之路国际文创交流基地，它吸纳30家著名博物馆、高校、设计机构等加盟，通过发挥丝路国际文创交流基地、西安高新区科技企业的优势，来建设文博资源的信息智库、文创交流和产业聚集的实体平台。

为充分利用文博资源弘扬优秀传统文化，陕西省文物局从全省遴选了首批25家优秀传统文化传承基地。它们中有17家属于文物系统，其中4家是陕西省文物局直属文博单位，另外还有7家行业博物馆和1家非国有博物馆。首批优秀传统文化传承基地分布在全省大多数市，其中西安最多，拥有

8家，咸阳、铜川、汉中各2家。另外，陕西还重视文博图书编纂和对文博事业的规划工作。2016年完成了由上、中、下3册组成，共360万字的《陕西省志·文物志》（重修）编纂工作。该书系全国规模最大的文物志书，是反映陕西文物遗存最完备的志书，全书图版3600余幅、文物条目5900余则。2016年完成了自2013年启动的全省1046处省级以上文物保护单位保护管理规划编制和评审工作，这项工作提供了文物保护单位日常管理的依据。

（五）陕西美术创作等发展状况

陕西通过美术摄影等展览，为民众欣赏来自不同地域绘画作品提供了条件。2017年9月，陕西举办了第四届今日丝绸之路国际美术邀请展，邀请展以"丝路精神·时代丹青"为主题，展出了来自100多个国家和地区千余位艺术家的1000多件作品，涵盖了中国画、油画、书法、摄影、版画、水彩（粉）画等方面。另外丝绸之路国际艺术节还举办了"发现丝绸之路世界文化遗产之美——甘肃篇"、动漫游戏展、影像大赛等，举办了包括"丝路文化·长安论坛"、丝绸之路与汉唐文化国际高端论坛、古都长安与中国书法、"丝路影像"文化论坛、今日丝绸之路国际美术论坛、"天籁缭绕"丝绸之路各民族民歌展演及学术研讨、"长安画派与丝绸之路美术"学术研讨会、中国—阿拉伯国家剧院高层论坛等一系列文化论坛。

书法美术方面，2017年8月，省文联和省书协主办了陕西省第五届书法篆刻临作展，在2300余件作品中遴选出210件入展作品。在2016年的第十一届中国艺术节上，陕西入选全国展览的美术作品有55件、书法篆刻作品有28件、摄影作品23件，产生了相当大的影响。

三 陕西省各地文化发展状况

（一）西安文化发展状况

为促进文化产业的发展，2017年西安市出台了《关于补短板加快西安文化产业发展的若干政策》，提出确保到2021年全市文化产业增加值达到1000亿元，占全市生产总值的比重达到9%，年均增长15%以上，成为国民经济重要支柱产业。该政策明确了要加强园区建设、优化产业结构、做强市场主体、集聚专业人才、扩大财税支持、用好土地政策、构建金融体系、优化发展环境、完善保障机制九个方面的工作。加强园区建设方面主要致力于加大对现有省级及以上园区（基地）的支持力度，新建10个国家级或省级园区（基地），提升园区管理运营服务水平；优化产业结构方面致力于巩固提升优势产业，补强产业短板，促进产业融合发展；做强市场主体方面主要着力于壮大骨干企业，扶持小微企业，培育大型文化企业，鼓励文化企业上市融资；集聚专业人才方面致力于落实丝路人才政策，完善系列措施，加强人才激励；扩大财税支持方面的工作包括提高财政专项资金使用效益，加大政府对文化产品的采购力度，落实税费政策；用好土地政策方面着重保障文化项目用地，充分利用闲置空间，利用好土地收益，解决土地确权问题；构建金融体系方面工作包括设立文化产业基金，建立义创银行，建立风险补偿机制；优化发展环境方面的工作包括加大招商引资力度，鼓励社会资本进入，强化知识产权保护，培育文化消费市场，促进文化贸易；完善保障机制方面的工作包括健全管理机构，发展行业组织，完善考核机制，抓好政策落实。

西安市文化设施建设初具规模。2016年，西安市拥有博物馆121座，占到全省博物馆的4~5成。全市拥有公共图书馆13个，群众艺术馆、文化馆、文化站分别有2个、14个、174个。西安拥有市级广播电视台2座，县级广播电视台6座。2016年西安全市文化、体育和娱乐业固定投资40.09亿元，增长9.9%。① 2016年西安建成了包括曲江书城在内的63个重点文化设施，电视、广播、社区文化等公共文化服务体系覆盖全市，成功摘得"全国文明城市"桂冠。②

① 西安市2016年国民经济和社会发展统计公报。
② 2017年西安市政府工作报告。

2017年西安加强了对非物质文化遗产的宣传工作。6月，西安市群众艺术馆等在大明宫遗址公园举办了2017西安市城市社区艺术节启动仪式，举行了2017年"文化和自然遗产日"非物质文化遗产传统音乐展演活动，艺术工作者向观众展示了西安鼓乐、古琴、陶埙和传统戏曲秦腔等非遗传统音乐的魅力，他们用传统乐器合奏了《忆长安》，用西安鼓乐演出了《将军令》，受到了欢迎。

（二）榆林文化发展状况

2017年榆林文化工作扎实推进，文化与旅游相结合，发展突出。2017年上半年，榆林市旅游接待量达到1403.6万人次，实现旅游综合收入76.8亿元，分别较2016年同期增长35%和40%。为了促进榆林文化旅游产业发展，2016年榆林增加了5家3A级景区，举办"清爽榆林"等活动，全年接待游客和旅游收入分别比上年增长24%和33%。另外，"榆林古城六楼民俗文化展演"还在2016年成功入选国家公共文化服务体系示范项目。①

榆林开展重要文化活动并屡获奖项。2017年，榆林市政府和陕西省文化厅、延安市政府、省文化交流协会联合举办了陕西省第三届陕北民歌大赛。在这届陕北民歌大赛中，榆林7位民歌手获得一等奖和"十大歌手"荣誉称号。2016年，榆林认真配合第十一届中国艺术节召开，艺术节榆林分会场获得成功，在这届艺术节上榆林的节目《丝路欢歌》荣获全国"群星奖"。

一批新的文化工程启动，为群众享受文化服务提供新的保障，2017年6月由榆林高新区管委会投资的榆林文化艺术中心（榆林大剧院）开工建设，总投资5.17亿元的榆林文化艺术中心总建筑面积约41500平方米，该剧院（榆林大剧院）建成后将拥有1203座的歌剧厅和260座的多功能小剧场，还包括4厅电影院、贵宾厅、观众休息厅等。作为文化艺术中心它将建起少儿艺术培训中心、排练厅、培训琴房、化妆间等附属设施。2017年9月，榆

---

① 2017年榆林市政府工作报告。

林市工人文化宫建成并投入使用，这项工程从开工到使用用时不到17个月，创造了新"榆林速度"。2016年榆林还新建、改造了6个标准化剧场。①

2016年榆林全市的艺术表演团体、文化艺术馆和艺术学校分别有16个、13个和1个，影剧院、公共图书馆分别有11个和12个。全市拥有文化站222个，在册的博物馆、纪念馆数量达到22处，占到全省博物馆数量的近10%。2016年全市广播、电视转播台20座，广播和电视综合人口覆盖率分别为97.29%和97.33%，全年订销报纸和杂志累计分别为4379.08万份和186.52万份。②

榆林各地重视文化发展，佳县创建了省级旅游示范县；榆阳区通过开展"修四德、行六礼，做文明有礼的榆阳人"的活动，提高社会文明程度；2017年8月米脂县举办了第二届全国唢呐展演颁奖音乐会。这些活动对推动榆林文化整体发展产生了良好效果。

（三）延安文化发展状况

延安文化与旅游相结合，旅客总数和旅游收入持续增加。2016年，延安共接待游客4025.2万人次，旅游综合收入228亿元，分别较2015年增长15.01%和18.38%。2016年延安红色教育培训33.4万人次。2017年"五一"小长假期间，来延安的游客达到155.91万人次，延安旅游综合收入达5.65亿元，分别较2016年"五一"期间增长18.56%和22.29%。近五年来，延安建成了西北局纪念馆、枣园文化广场等重大文化旅游项目，旅游吸引力进一步提升。从接待游客和旅游综合收入来看，分别比2011年增长96.4%和107.3%。③

2016年，延安成功举办了第十一届中国艺术节开幕式，建成了圣地河谷·金延安一期和延安北京知青博物馆等一批有影响的文化旅游项目。延安公共文化事业稳步发展，2016年底分别有文化馆（站）和公共图书馆188

---

① 2017年榆林市政府工作报告。
② 2016年榆林市国民经济和社会发展统计公报。
③ 2017年延安市政府工作报告。

个与13个,从业人员分别为921人和187人,图书馆藏书达到1000万册。延安广播电影电视新闻报刊业有新的发展,《延安日报》2016年全年发行343期,发行量达到1215万份;352期的电视新闻和广播新闻分别有4576条、2816条,为中央电视台、广播电台和陕西省电视台、广播电台播出的分别为264条和235条。2016年放映公益电影4.1万场次,行政村放映覆盖率100%。延安广电网络县、乡镇覆盖率达100%,电视和广播覆盖率分别为99.94%和99.85%,有线电视用户达到87.27万户。演艺业表现良好,2016年艺术表演团体和艺术表演场馆分别有11个和2个,从业人员分别为672人和21人。全年创作的戏剧作品12部,曲艺、小品达到了31个,歌曲达到26首。①

2017年,延安文化工作迈上了新的台阶。9月估算总投资41.6亿元,占地面积1227亩的黄帝陵文化公园正式开工建设;大型红色民俗实景演出《黄河大合唱》在壶口瀑布旁上演。另外,来自世界各地的艺术家,在延安新区大剧院举行了第四届丝绸之路国际艺术节延安专场演出。2017年《魅力延安》城市宣传片在中央电视台二套播出,作为陕西省十大文化旅游项目的黄河壶口文化景区项目在宜川开工。

延安充分挖掘革命文化资源,发展文化事业。2017年3月,成立了《求是》杂志社与陕西省委宣传部联合共建的"延安精神研究中心";6月,主办"铸魂——延安时期的从严治党"大型专题展览;8月,正式对外开放了延川永坪占地面积约800平方米的西北革命军事委员会旧址,展出文物1300余件;8月,召开了纪念陕甘宁边区政府成立80周年座谈会。2017年成立了"延安书局"和建筑面积为2000平方米的延安中国红色书店。

延安致力于创建全国文明城市的工作,近年来上演了《延安保育院》《延安延安》《延安保卫战》等剧目,在宝塔山制作了灯光表演《延安颂》。2016年延安被授予"国家森林城市"称号,2017年被全国爱卫会命名为"国家卫生城市"。

---

① 2016年延安市国民经济和社会发展统计公报。

（四）铜川文化发展状况

铜川文化产业全面发展。2017年上半年，铜川规模以上文化企业营业收入达到12.41亿元，较2016年同期增长67.8%，远高于全国和全省规模以上文化企业营业收入增速。其中文化制造业、文化产品批发零售业和文化服务业企业营业收入分别为11.11亿元、0.65亿元和0.65亿元，比上年同期分别增长70.9%、20.6%和83.8%。2017年上半年，铜川市规模以上的文化产业企业利润总额达到了3275.6万元，比2016年同期增长102.1%，其中文化制造业和文化批零业企业利润分别达到2569.4万元和203.2万元，比2016年同期分别增长75.3%和25.8%，文化服务业则扭转了2016年上半年亏损状况，实现盈利503万元。铜川文化产业的快速发展得益于新增19户规模以上文化企业（含上年新增），它们实现利润总额1683.7万元，占比51.4%。2017年上半年，铜川文化产业投资呈现高速增长的态势，文化产业投资达到21.39亿元，比2016年同期增长53.8%，这其中工艺美术品类、文化艺术服务和文化休闲娱乐投资分别为5.02亿元、10.82亿元和3.56亿元，比2016年分别增长88.4%、71.1%和60.1%。[①]

铜川重视群众文艺活动。2017年举办了铜川市第24届广场文化活动，共演出37场次，表演节目达到532个，演职人员2200余人，观众10万人次，体现了铜川公共文化服务体系的成效。2016年铜川文化馆和文化站分别为5个和28个；公共图书馆5个，其藏书总量达到83.4万册。2016年铜川基层综合文化服务中心达标率为50.7%，[②] 这些公共设施对于满足群众文化生活产生了重要作用。2017年9月，铜川举办了第四届中国孙思邈中医药文化节，对于弘扬国粹，继承创新，宣传铜川文化资源有独特作用。

（五）宝鸡文化发展状况

宝鸡重视发展公共文化事业，2016年宝鸡的群众艺术馆和文化馆有14

---

① 铜川市文化广电新闻出版局：《2017年上半年铜川市规上文化产业企业运行分析》。
② 铜川市人民政府：《铜川市2016年国民经济和社会发展统计公报》。

个，乡镇文化站和文化中心达到120个，文化活动室达到1985个。为满足群众读书需要，到2016年，宝鸡建立的公共图书馆、农家书屋和数字农家书屋分别有13个、1729个和130个。另外。2016年宝鸡有包括35个专业文艺团体在内的文艺团体133个，艺术科研机构和表演场所分别有1个和2座。① 2016年宝鸡凤县革命纪念馆开园。市、县"两馆一站"（文化馆、图书馆和文化站）免费开放。②

宝鸡通过多年建设，能够向公众提供良好的电视广播电影服务。2016年宝鸡分别拥有市级广播和电视台各1座，县区级广播电视台10座。宝鸡的广播和电视覆盖率分别为99.92%和99.96%。2016年宝鸡电影放映机构达到34个。③ 截至2017年8月底，宝鸡免费给7.113万户贫困户家庭接入有线电视，在211个贫困村创建428个WiFi热点，加强了向贫困地区提供电视和网络服务的能力。仅在2017年春节期间，宝鸡共放映电影80多部138场，观众达21160人次。宝鸡关注微电影发展，从2016年10月至2017年9月，有关方面举办了首届宝鸡英模事迹微电影节，收到700余部影视作品，评选出《秦岭山上的望远镜》等27部优秀影片和5名最佳导演。

宝鸡着力推动了文化产业的发展。至2017年前半年宝鸡文化企业和个体文化经营户总数达到8000多家，其中规模以上文化企业达到了97户，建成国家和省级文化产业示范基地分别为2个和15个。

宝鸡充分保护和利用了丰富的文物资源，促进经济社会发展。2016年宝鸡拥有包括21处国家重点、97处省级和271处县级文物保护单位在内的各类文物保护点3436处，所拥有的国家一级、二级、三级文物分别达到374件、1303件和9042件。④ 宝鸡重视对文物和遗址的研究、保管和展出工作，2017年宝鸡青铜器博物院被评为国家一级博物馆。2017年位于宝鸡凤翔县的雍山血池秦汉祭祀遗址成功入选"2016年度全国十大考古新

---

① 2016年宝鸡市国民经济和社会发展统计公报。
② 2017年宝鸡市政府工作报告。
③ 2016年宝鸡市国民经济和社会发展统计公报。
④ 2016年宝鸡市国民经济和社会发展统计公报。

发现"。

宝鸡重视弘扬中华传统文化，重视开展非物质文化遗产的保护和传承工作。2017年8月在中华民族始祖炎帝降生地宝鸡常羊山濛峪沟举办了丁酉年"丝路寻根炎帝祭祀"大典，缅怀中华民族的伟大祖先。宝鸡现有非物质文化遗产保护中心13个。2017年4月，宝鸡"非物质文化遗产"项目"马勺脸谱"在第十二届中国（义乌）文化产品交易会上获得银奖，"千阳刺绣""凤翔泥塑"均获得铜奖。2017年9月宝鸡组织非遗项目"凤翔泥塑""西秦刺绣"参加第九届浙江·中国非物质文化遗产博览会，"西秦刺绣"传承人杨林转在博览会举办的全国绣花鞋制作竞技比赛中荣获"技艺薪传奖"。

（六）咸阳文化发展状况和前景

咸阳注重推进公共文化和文化产业工作。公共文化领域，2016年咸阳公共图书馆共藏书1546.86千册（件）。电影电视发展方面，2016年咸阳有剧场、影剧院11个，广播与电视综合人口覆盖率分别为99.49%和99.17%，有线电视入户率达到59.28%。[①]

2017年，咸阳各地努力推动文化工作，纷纷承办"大秦故都 德善咸阳"咸阳文化丝路行展演活动，武功县演出了大型舞蹈《盛世武功》等节目；乾县表演了皮影戏弦板腔《薛仁贵征东》、弦板腔清唱《范紫东》、舞蹈《旗袍美人》《丝路唐韵》、歌曲《祖国万岁》等节目；泾阳开展"文化泾阳"建设，通过财政出资购买文化服务，县人民剧团2017年致力于演出近百场（次）秦腔剧目工作，演出剧目包括剧目《下河东》《清风亭》《郭秀明》等。

咸阳重视非物质文化遗产的保护与传承。2017年2月，咸阳在秦都区文化馆举办了全市非遗展演活动和全市非遗专题培训。展演活动不仅展出了民间剪纸、乾州布偶、武陵源黑陶、琥珀糖等，而且用秦腔板鼓、旬邑唢呐、古埙乐等演出了《普天同庆》《阿房怨》等乐曲。6月，咸阳举办了

---

① 2016年咸阳市国民经济和社会发展统计公报。

2017"文化和自然遗产日"宣传展示展演活动。近年来,咸阳公布了五批非遗项目名录。至2017年咸阳分别拥有国家级、省级、市级非物质文化遗产项目3项、55项和132项,分别拥有国家级、省级、市级非物质文化遗产项目2名、15名和119名。咸阳不仅对旬邑剪纸、武功苏绘、乾县弦板腔等非遗项目进行了妥善保护与传承,更通过对泾阳茯茶和砖茶等项目的开发,促进了地方经济发展。

咸阳文物丰富,咸阳重视保护和利用这一资源。2017年,咸阳旬邑马栏革命旧址被中宣部命名为全国爱国主义教育示范基地,有利于更好地保护这一红色资源,并发挥其教育功能。咸阳古渡遗址是古代丝绸之路上的重要建筑,为保护好这个资源,2017年6月咸阳古渡遗址博物馆建成并对外免费开放,遗址博物馆1500平方米陈列厅内展出文物120余件,介绍了古渡的历史作用。

2017年4~9月,咸阳举办了以"引领文明风尚 共享美好家园"为主题的社区文化艺术节。活动期间举办社区秦腔大赛、社区器乐大赛、志愿者风采大赛、社区棋艺大赛、中国语文朗读大赛、创文(创建文明城市)知识大赛、环保知识大赛、社区体育健身大赛、社区摄影大赛、社区歌手大赛、社区书法大赛、社区美术大赛、社区舞蹈大赛、群文原创大赛、最美家庭才艺大赛、征文朗读大赛等比赛,开展全民阅读活动、主题宣讲、群文进社区巡演、文化精品惠民交流演出、最美家庭宣讲、千人交响合唱音乐会、千人国标舞展演、广场舞展演、大型音乐歌舞晚会等活动。2017年,《咸阳市艺文志》正式出版发行。4月,咸阳文物旅游局和乾县人民政府举办2017咸阳大唐牡丹文化旅游节。4~9月,咸阳市举办了2017校园文化艺术节。8月,咸阳市委、市政府等单位联合拍摄,以泾阳安吴堡吴氏家族史实为背景编写的电视剧《那年花开月正圆》播出,获得好评。

建设重点文化工程,保护群众享受公共文化服务的权利。2017年,咸阳市民文化中心建成并开放。咸阳市民文化中心是陕西省最大的区域性公益文化设施项目,历时4年建设,总投资约17亿元,建筑面积约15.5万平方米。咸阳市民文化中心包括文化场馆、文化广场和文化公园等部分。其中文化场馆区由科学技术馆、图书馆、博物馆、群众艺术与非物质文化遗产馆、青少年宫、档案馆、妇女儿童活动中心和大剧院组成。

（七）渭南文化发展状况

渭南重视非物质文化遗产的保护与传承工作。2017年渭南市公布了包括"宝华山尧帝传说"等十大类34个项目的第五批市级非物质文化遗产保护名录。9月，渭南在潼关举办了全国剪纸邀请大赛，并将大赛主题确定为"纸艺华章，剪约金城"。参加大赛的有来自全国25个省区市的663名剪纸非遗传承人等艺人，参赛作品881幅，展现了中国传统剪纸艺术的魅力。2017年渭南潼关还分别被中华诗词学会和陕西省散曲学会授予"中华散曲文化教育基地"和"陕西省散曲之乡"的称号。2016年渭南市秦腔剧团创排的秦腔现代戏《家园》，作为第11届中国艺术节开幕式演出剧目进行了表演，并在全国进行巡演。

渭南大力推动公共文化设施的建设工作，顺利通过国家验收，获得了"国家公共文化服务体系示范区"称号。2016年渭南建立的12个文化馆和137个文化站，向民众提供了1611场的一元剧场文化惠民演出。[①] 为创建全国文明城市，渭南专门制定了《渭南市社会信用体系建设实施方案》《渭南市诚信企业嘉许制度》等，向群众发放《家风家训》读本，用先进事迹影响人们的行为，通过"渭南标杆"评树活动营造创建文明城市的氛围，2017年全国城市信用状况监测平台的统计结果显示，渭南市的综合信用指数名列全国259个地级市的第38名，居西北五省区第1名。

渭南重视发展文化产业，率先制定了文化产业发展考核机制、督查办法和监察预警办法。渭南新闻传播等得到了稳步发展，2016年渭南拥有市级无线广播台和电视台各1座，开播的广播、电视节目各两套，全市电视、广播综合覆盖率分别为97.59%和96%，农村数字电影放映覆盖率达100%。[②]

---

① 2016年渭南市国民经济和社会发展统计公报。
② 2016年渭南市国民经济和社会发展统计公报。

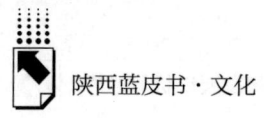

渭南演艺业方面，2016年末有13个艺术表演团体和11个表演场馆。

渭南重视文博事业的发展。2017年7月蒲城县建成并开放了著名报人、政治活动家、教育家李敷仁的纪念馆。8月，渭南开放了位于蒲城县桥陵镇的唐惠陵博物馆。唐惠陵属于全国重点文物保护单位。唐惠陵博物馆由文物展厅、地宫、墓冢等组成。博物馆有仕女俑、陶马、唐代壁画等文物。为提高博物馆服务水平，2017年渭南市文博系统举办了讲解员大赛，提高了讲解员的解说水平。

（八）汉中文化发展状况

汉中重视通过放映电影等文化举措，传播现代科技推动经济发展。在汉中脱贫攻坚工作中，汉中市电影公司组织县区服务站和127支农村放映队，在汉中各地1000多个村放映科教电影1.3万余场次，263万人次观看了电影。这些电影有关于现代种植的《玉米双株栽培技术》《科学种田巧施肥》《土壤防治》《水稻常见病虫害》等，有保护环境的《巧用秸秆利环保》《藕塘里的清洁工》等，有关于新农村建设的《建设美丽乡村》《现代农村生活环境治理》等，有关于养殖的《大棚养鸡的技术》《林下养鸡》等，共有60多部优秀科教影片。

汉中重视通过加强书屋建设等举措，改善群众阅读条件。2017年9月汉中文广局制定了《汉中市深化农家书屋延伸服务工作方案》，明确了精心组织农家书屋出版物补充更新、推进农家书屋数字化升级改造、健全完善书屋管理员队伍建设、有效整合农家书屋网点资源、积极开展各类读书活动等主要工作。2016年，汉中共有公共图书馆11个，图书总藏量达到96.5万册。①2017年4月，汉中举办了"书香天汉"全民阅读活动，为此汉中还征集全民阅读活动515项。

为迎接党的十九大召开，汉中专门举办了"迎接党的十九大 共圆小康中国梦"主题电影放映月活动，放映《勇士》《铁道飞虎》等题材影片。放

---

① 2016年汉中市国民经济和社会发展统计公报。

映活动持续到10月中旬。他们注重放映有关汉中题材的电影，如在电影月中举办的电影周活动，放映了以汉中为背景的《古路坝灯火》（反映抗战期间西北联大的故事）、《风雨天池寺》（反映土地革命战争时期镇巴县革命斗争的故事）等一批本土优秀影片。

有关汉中的电影在国际影展上屡获大奖。2017年3月《定军山情歌》荣获第34届美国迈阿密国际电影节最佳剧情奖。该片还在2016年12月入围第十四届国际山地电影节。汉中还注重电影研究工作，2017年3月他们编印出版电影志书《汉中电影志》。这是汉中第一部有关电影的志书，全书75万余字，200余幅图片，反映了从1905年到2013年汉中电影的发展历史。

汉中重视通过举办旅游节等文化与旅游相结合活动促进经济社会发展。2017年3月，汉中举办了"2017·中国最美油菜花海汉中旅游文化节"。这届旅游文化节主会场放置在洋县，将"金色花海真美汉中"作为其主题，与洋县第八届梨花节一并举行开幕式。其分会场分别放在汉中各区县举办，如汉台区分会场举办郁金香游园等活动，南郑县分会场举办桄桄戏专场演出、全国汉服汉礼展示等，城固县分会场举办"醉美花海"优秀摄影作品展等，西乡分会场举办西乡茶叶樱桃采摘体验文化旅游活动、摄影作品展等，勉县分会场举办诸葛亮文化旅游节系列活动、油菜花海节会等，宁强县分会场举办民俗文化演艺、傩戏等，略阳县分会场举办"花开略阳"摄影采风等活动，镇巴县分会场举办名为"金色花海、魅力镇巴、大美黎坝"的书法、摄影、绘画展等活动，留坝县分会场举办最美油菜花海摄影大赛等活动，佛坪县分会场举办荼蘼花海踏春游文艺演出等活动。

汉中重视保护和利用革命历史文化资源。2017年6月，汉中市在城固县小河镇建成并开放了中国工农红军第四方面军小河口会议纪念馆。2016年汉中有4个剧场，11座广播电视台，电视和广播人口覆盖率分别有99.1%和98.3%。①

---

① 2016年汉中市国民经济和社会发展统计公报。

汉中各地认真开展非物质文化遗产保护与传承方面的工作。2017年，西乡举办了"相约樱桃花海喜看非遗展演"，集中展演了汉中8个县区的非遗项目，包括宁强端公工表演、略阳羊皮鼓舞、汉台狮子舞、南郑高跷社火、镇巴民歌、西乡地围子、洋县杖头木偶和勉县五节龙、板凳龙等，丰富了群众生活，传承了民族优秀文化，彰显了汉中文化资源的魅力。

（九）安康文化发展状况

安康将节庆文化与旅游相结合。2017年5月，安康举办了第十七届中国安康汉江龙舟文化节。这届龙舟文化节规格高、活动多、时间长，活动内容包括十大系列40个子项，开幕式表演了汉剧新唱《汉水恋》、民俗歌舞《如今山歌走四方》、优秀节目《汉江船夫曲》和大型歌舞《幸福安康》等。龙舟节期间安康共接待游客141.48万人次，实现旅游综合收入7.65亿元，分别较2016年同期增长32.5%和35.16%。此外，2017年5～6月，安康还举办了安康首届高校法治文化节和第二届安康美食文化节。

安康重视公共文化事业的发展。2016年安康有11座图书馆、8个博物馆，群众艺术馆和文化馆分别为1个和10个，基层文化服务中心达到534个。安康实现了免费开放市县镇图书馆、文化馆、博物馆，建成并投入使用"藏一角"博物馆、香溪文化广场、龙舟文化园等文化设施。[①] 安康在建的文化与旅游项目还包括香溪书院、西城阁文化广场、汉江大剧院、城堤提升改造项目等。

安康县域文化工作突出。汉阴县分别成立了17个文艺社团和13家基层文联，建成了汉阴县文化艺术广场和县级文化资源共享中心，修建了文化大厦，充分发挥著名汉阴文化大师沈士远、沈尹默、沈兼士的影响力，打造"三沈"文化品牌。公共文化服务体系建设领域，汉阴县文化馆达到国家一级文化馆标准，县图书馆达到国家三级图书馆标准，建成了文化活动器材完备的9个镇文化综合服务站、55个村级综合文化服务中心和9个移民安置

---

① 2016年安康市国民经济和社会发展统计公报。

点综合文化服务中心。

安康重视开展对外文化交流，2017年9月在瑞士日内瓦联合国世界气象组织总部举办了"秦巴明珠·美丽安康"摄影风光展。安康拍摄的影视作品影响大，2017年3月国家新闻出版广电总局向全国推荐播映安康电视台出品的纪录片《汉水安康》。该片分三集，分别是"秦巴水色""天生水运""依水之城"，2016年10月在中央电视台科教频道《探索发现》栏目首播。

（十）商洛文化发展状况

商洛重视开展文化与旅游相结合的工作，通过举办各种文化旅游节庆推动了商洛文旅事业发展。2017年3月，商洛举办了2017丹凤桃花谷民俗文化旅游节；4月，开启了2017中国秦岭生态旅游节；8月，举办了漫川国际文化旅游艺术节，吸引了大量游客，促进了经济发展。

商洛各县重视文物保护和宣传工作。8月，商洛市博物馆举办了"道在瓦甓——秦汉砖瓦拓片书画名家题跋艺术展暨商洛历史文化研讨会"，商洛市博物馆展出馆藏文物"雒亭陶罐"等9件精品文物和文物拓片等。山阳县拥有较多文物，其境内国家级、省级和县级重点文物保护单位分别有2处、4处和39处，田野文物有1873处，包括珍贵文物91件（国家一、二、三级文物分别为25件、32件和34件）在内的馆藏文物有2600余件。陕西省、商洛市和山阳县支持对文物的保护，筹资维修当地的义保单位，如维修程豫故居、山西会馆、四郎庙，加强禹王宫的消防、安防、陈列工作，整治丰阳塔环境等。山阳县重视提高群众保护文物的意识，通过宣传栏、橱窗和文物宣传标语等形式广泛宣传了《文物保护法》和《陕西省文物保护条例》，让全社会认识到文物保护的重要性。山阳县还专门制定了山阳县文物安全应急预案和重点文保单位骡帮会馆、禹王宫的安全应急预案等，通过收回北会馆、武昌馆、城关镇娘娘庙、漫川镇竹林寺等文保单位使用权的方式，加强了重点文保单位的保护工作。山阳县为开展好文化与旅游结合的工作，投资打造AAAA级旅游景区漫川古镇和中国美丽休闲乡村前店子村等。

山阳县通过建设纪念馆、博物馆等弘扬革命文化和优秀传统文化，建设了红二十五军战斗遗址纪念馆，成为革命传统教育基地。山阳还建成了有1000多平方米馆藏文物展厅的县博物馆，陈列展览240件文物，向群众宣传山阳的悠久历史。

商洛重视对外文化交流工作。9月，商洛市政府组成文化交流团，赴乌克兰日托米尔市参加中乌非物质文化遗产交流活动。双方签订了中乌友好城市文化交流战略合作协议。商洛文化交流团在日托米尔演出了商洛花鼓戏《夫妻观灯》《屠夫状元》和商洛道情戏《一文钱》等剧目，受到了欢迎。它是商洛通过文化交流参加"一带一路"建设的具体表现，有利于让世界认识商洛非物质文化遗产。

商洛重视广播电视和演艺事业的发展。2016年商洛广播和电视人口综合覆盖率分别为96.34%和99.09%。① 近年来，商洛广播电视台摄制了《最美商洛》《大美商山》《跟着霞客漂丹江》《棣花古镇》《印象商南》《商洛牡丹》等高清电视专题片和《秦岭最美是商洛》《丹凤朝阳》《棣花之恋》等高清电视音乐作品，对宣传商洛产生了良好效果。演艺方面，继《带灯》《沉香》等精品剧目在各地舞台演出外，2017年8月商洛剧团首演新编商洛花鼓现代戏《疯娘》。2017年6月商洛举办了脱贫攻坚在行动文艺会演，演出了舞蹈《花绽放》和说唱、渔鼓、小戏等节目，用文艺来助力宣传脱贫攻坚工作。

商洛重视非物质文化遗产的保护与传承工作。至2017年商洛有4个项目（商洛花鼓、洛南静板书、商洛道情、仓颉传说）入选国家非物质文化遗产目录，列入省级非遗名录的项目达到33个，另外还分别有189个项目和345个项目列入了市级和县级非遗名录。2017年6月，商洛举办了"文化和自然遗产日"系列活动，展演特色非遗节目，演出了《探窑》（秦腔）、《一文钱》（商洛道情）和《小姑贤》（商洛花鼓小戏）等非遗节目；展出了书画精品，举行了商洛花鼓戏曲电影《带灯》首映式。

① 2016年商洛市国民经济和社会发展统计公报。

四 陕西省文化发展前景分析与预测

2017年8月,陕西印发了《陕西省"十三五"文化和旅游融合发展规划》,明确了"十三五"期间陕西文化和旅游融合发展的总体思路、发展目标和布局等,确定了陕西文化与旅游融合发展的重点任务。

(一)陕西文化和旅游融合程度将得到进一步加强

陕西拥有丰富的文化和旅游资源。拥有灿烂的古代文化,丰富的红色文化,特色鲜明的民俗文化,实力雄厚的现代文化,有大批文物保护单位和非物质文化遗产。陕西旅游产业规模不断扩大,"十二五"期间,陕西接待游客14.14亿人次,旅游业总收入1.07万亿元,旅游人数和收入年均增长率分别为21%和25%。2016年陕西省旅游业总收入3813.4亿元,增长26.9%;接待旅游人数4.5亿人次,增长16.45%。近年来,陕西培养了一批优秀的文化与旅游融合项目,红色文化与旅游融合方面有枣园文化广场、《延安保育院》等代表项目,历史文化与旅游融合方面有《长恨歌》等代表项目,民俗文化与旅游融合方面有礼泉县袁家村等代表项目,宗教文化与旅游融合方面有《道·梦空间》等代表项目,文化艺术作品与旅游融合方面有青木川古镇等代表项目,工业文化与旅游融合方面有"大华1935"等代表项目。

"十三五"期间,陕西在文化与旅游融合进程中,将进一步深入挖掘各个景区文化内涵,创造出更多的文化旅游跨界融合方式,推出文化特色鲜明的旅游产业。文化旅游企业将更为有力地发掘陕西历史、丝路、秦岭、红色文化等文化资源,打造陕西文化氛围更为浓郁的主题旅游景区。通过文化与旅游融合的不断加强,陕西将进一步健全文化旅游融合体制机制,加强资源整合方面的融合力度和规划布局工作;进一步提高融合发展水平,加大文化资源产品化、市场化的开发力度,精准提炼旅游文化内涵,大力提升文化旅游的价值;进一步加强文化与旅游融合发展模式创新,创新特色化、差异化鲜明的融合发展模式；更好地完善文化与旅游融合发展支撑体系。通过加大培育市场主体力度，提供金融政策支撑，培养和引进专业人才，更好地推动文化与旅游的融合发展。总之，将通过一系列融合发展的新举措、新机制、新业态、新模式，聚合各种资源，整合不同区域，结合特色项目，融合更多产业，落实好"五新"战略任务，真正做到以文强旅、以旅兴文。

通过文化与旅游的深度融合，陕西将能够更有力地统筹部门、区域、行业、企业资源，重点突破制约文化旅游发展瓶颈；更有力地改革体制机制，创新制度政策、推动模式和技术业态，全面提升旅游发展层次；有力地坚持市场导向，运用市场化手段，提高园区、基地、企业等实体的市场竞争力；更有力地挖掘文化资源内涵，发挥旅游资源禀赋，实现差异化发展，拓展增量，盘活存量，带动文化与旅游全面发展。

通过文化与旅游深度融合，到2020年，陕西省的文化与旅游产业能够迈上一个新的台阶，其中文化产业增加值将达到1500亿元，文化旅游的投资总额能够达到3100亿元，文化旅游能够新创造一大批就业岗位，新增加20万就业人员；旅游方面，接待游客人数将达到6.4亿人次，旅游总收入将达到6020亿元。陕西特色文化的国际影响力将得到进一步的提高，周、秦、汉、唐文化品牌将对国内外民众更具吸引力。

（二）文化旅游融合发展格局全面形成

"十三五"期间，陕西省将重点打造"两核十区"的文化旅游发展格局，重点建设临潼全域旅游示范区和三大国家公园，大力发展一批推动文化旅游融合的重点项目、重点城镇、重点传统村落，努力创作促进文化旅游融合的好作品，发展新兴产业带动跨域融合。

将形成"两核十区"的文化旅游发展格局。将形成分别以西安和延安为中心的文化旅游融合发展核心区；形成"周礼文化"与旅游融合发展的宝鸡特色文化旅游融合展示区，"大秦文化"与旅游融合发展的咸阳特色文化旅游融合展示区，"药王文化"与旅游融合发展的铜川特色文化旅游融合展示区，"民俗文化"与旅游融合发展的渭南特色文化旅游融合展示区，

"大漠风情文化"与旅游融合发展的榆林特色文化旅游融合展示区,"商鞅文化"与旅游融合发展的商洛特色文化旅游融合展示区,"两汉三国文化"与旅游融合发展的汉中特色文化旅游融合展示区,"秦巴汉水文化"与旅游融合发展的安康特色文化旅游融合展示区,"史记文化"与旅游融合发展的韩城特色文化旅游融合展示区,"农耕文化"与旅游融合发展的杨凌特色文化旅游融合展示区。

将成功建设临潼全域旅游示范区和三大国家公园。通过依托秦兵马俑、秦始皇帝陵、华清池等高品位文化历史资源,进一步推动临潼全域旅游示范区的建设。通过整合秦岭地区自然保护区、文化自然遗产等资源建设秦岭国家公园;依托黄河壶口瀑布、国家文史公园等重点景区等资源建设黄河国家公园;以黄帝陵景区和黄陵国家森林公园为核心建设黄帝陵国家文化公园。

将发展一批文化旅游重点项目。通过发展重点项目促进文化与旅游融合的进程。这批重点项目能充分体现历史文化、红色文化、现代文化、民俗文化等与旅游相融合的特点。其中中国石峁石城遗址公园、汉长安城遗址文化旅游景区、汉唐帝陵旅游项目、秦始皇陵文化景区、宝鸡岐山周文化景区等体现史前、周、秦、汉、唐历史文化与旅游融合的项目就依托了国家重点文物保护单位的资源,是古代文化与旅游融合的典范。榆林靖边统万城遗址公园则是北方少数民族政权历史文化与旅游融合的项目,特色鲜明。宝鸡法门寺佛文化景区、咸阳彬县大佛寺文化景区等则是宗教文化、古代历史文化等多种文化形态与旅游融合的项目。泾阳县世界灌溉遗产——郑国渠水利风景区、渭南澄城县尧头窑文化旅游生态园区、耀州陶瓷文化旅游产业园等则属于古代科技文化与旅游融合项目。圣地河谷金延安、照金香山文化旅游景区、中国革命艺术家博物院等是红色文化与旅游融合的典范项目。泾阳县茯砖茶产业园、西安老字号餐饮文化旅游项目则是非物质文化遗产范畴的民俗文化与旅游融合的项目。电影圈子·西影电影产业集聚区项目、中影国际丝路电影城项目是现代文化与旅游融合的项目。

将涌现一批文化旅游重点城镇。陕西有许多城镇历史久远,文化底蕴丰厚,将它们的文化和旅游的功能融合,对于推动县域经济发展能够起到特殊的作用。这批分布在全省各地的城镇有的与重要历史人物有关联，如老子曾讲经的周至县楼观镇、仓颉诞生地白水县史官镇、道教全真派创始人王重阳传道的鄠邑区祖庵镇、汉代张骞出生地城固县博望镇、因诸葛亮而驰名的勉县武侯镇、西汉张良隐居的留坝县留侯镇等；有的早在历史上就很有名，如号称三国第一镇的眉县眉坞镇等；有的具有重要革命历史，如耀州区照金镇、旬邑县马栏镇、蓝田县葛牌镇、韩城市芝川镇；有的因位于古代水陆交通要道而形成和发展，如长安区子午镇、鄠邑区秦渡镇等；有的因文学作品而驰名，如宁强县青木川镇等；有的因近代史而闻名，如西乡县骆家坝镇等。

将涌现一批文化旅游重点传统村落。如韩城的党家村、佳县的神泉村、宁强县青木川镇青木川村、礼泉县烟霞镇袁家村、米脂县杨家沟镇杨家沟村、镇安县云盖寺镇云镇村、米脂县桃镇桃镇村、周至县厚畛子镇老县城村、蓝田县葛牌镇石船沟村、澄城县尧头镇尧头村等。

（三）文物保护和服务社会工作进一步加强

2016年12月，陕西省政府出台《陕西省人民政府关于进一步加强文物工作的实施意见》，确定了文物保护工作的指导思想、基本方针、总体目标，明确了文物保护的职能职责、主要工作任务和保护措施。

到2020年，将全面摸清全省文物资源状况，不仅让在陕西的全国重点和省级文物保护单位达到良好保存状态，而且明显改善市、县级文物保护单位保存状况。文物保护、修复、陈列、宣传等方面将采用更多、更先进的科技和信息化技术，充分发挥文物的社会教育功能。

博物馆方面，陕西将建设一批反映黄河文化、民俗文化、革命文化和现代工业文化等特色专题和行业博物馆；扶持规范发展一批非国有博物馆。博物馆将进一步提高文化产品研发能力，开发出品种更丰富、质量更高、材质更新颖的文物复仿制品和特色鲜明、独具匠心、具有吸引力的文化创意产品。将新建、改扩建一批文物库房，不断提高馆藏文物保存环境。

加强文物保护科技创新方面，将通过增加投入比例、促进科技交流、切实合理应用新科技新成果等方式促进文保工作。云计算、大数据、"互联网+"等新科技将更多地应用在文物保护和文物展览等领域。陕西在文物保护方面标准化、科学化水平将进一步提高，文物保护与现代信息技术，与现代科技融合创新的力度将进一步加强，不断巩固陕西文物科技保护强省的地位。

文博人才培养方面。陕西将通过"金鼎工程"等，通过高层次技术人才的引进，通过与高等院校和科研部门的合作，培养更多复合型、研究型、技能型和行业领军的文博人才，不断提高基层文保人员的专业水平，为文博事业的长远发展做好人才保障。

宏观视野篇

Macro-perspective

B.2
基于文化及相关产业分类的陕西文化服务业发展研究报告*

颜 鹏**

摘 要： 按照《文化及相关产业分类2012》标准，文化制造业、文化服务业和文化批发零售业是文化及相关产业的三个大类。其中文化服务业成为文化及相关产业的最为核心的部分。随着文化产业水平的不断提高，文化服务业发展水平的高低已经成为衡量一个地区文化产业发达与否的主要标志之一。本报告阐述了文化服务业内涵、分类及特征，阐明发展文化服务业的重要意义，然后分析了国内文化服务业发展现状，阐述总体、区域及文化服务业具体行业的发展态势，提出了当

---

* 本文系陕西省社会科学基金项目"基于互联网＋的陕西文化业态融合与创新发展路径研究"（2015D049）的阶段性研究成果。
** 颜鹏，陕西省社会科学院文化研究所助理研究员。

前陕西文化服务业存在的不足，为进一步推进陕西文化服务业的发展、提升文化产业发展水平提供借鉴。

关键词： 文化服务业　"互联网+"　产业结构调整

一　文化服务业内涵和特征

（一）文化服务业的概念

文化服务业是以《国民经济行业分类》为基础，根据文化及相关单位文化服务的特点类型，将文化服务行业分类中相关的类别重新组合，涵盖了新闻服务、出版服务、广播电视服务、电影和影视录音服务、文艺创作与表演服务、图书馆与档案馆服务、文化遗产保护服务、群众文化服务、文化研究和社团服务、文化艺术培训服务、其他文化艺术业服务、互联网信息服务、增值电信服务（文化部分）、广播电视传输服务、广告服务、文化软件服务、建筑设计服务、专业设计服务、景区游览服务、娱乐休闲服务、摄影扩印服务、版权服务、文化经纪代理服务、文化出租服务、会展服务和其他文化辅助服务等行业。由于文化服务业包含的行业较多，涉及文化消费需求、文化创意产品市场评估、担保、融资、衍生等文化产业链的基本环节，且产值占比较大。这些基本环节决定了文化市场高端分工和产业分配的基本格局，故文化服务业已经成为衡量一个地区文化产业发展程度的重要标志。

（二）文化服务业的分类

目前，国家统计局发布的《文化及相关产业分类2012》对文化及相关产业的统计分类进行了完善，依据我国国情将文化服务业分为7大门类、26个中类、55小类（见表1）。

表1　文化服务业行业分类汇总

包含大类名称	包含中类名称	包含小类数量	国民经济行业分类代码
新闻出版发行服务	新闻服务	1	8510
	出版服务	6	8521、8522、8523、8524、8525、8529
广播电视电影服务	广播电视服务	2	8610、8620
	电影和影视录音服务	4	8630、8640、8650、8660
文化艺术服务	文艺创作与表演服务	2	8710、8720
	图书馆与档案馆服务	2	8731、8732
	文化遗产保护服务	3	8740、8750、8760
	群众文化服务	1	8770
	文化研究和社团服务	2	7350、9421
	文化艺术培训服务	2	8293、8299
	其他文化艺术业服务	1	8790
文化信息传输服务	互联网信息服务	1	6420
	增值电信服务（文化部分）	1	6319
	广播电视传输服务	3	6321、6322、6330
文化创意和设计服务	广告服务	1	7240
	文化软件服务	2	6510、6591
	建筑设计服务	1	7482
	专业设计服务	1	7491
文化休闲娱乐服务	景区游览服务	4	7851、7852、7712、7713
	娱乐休闲服务	6	8911、8912、8913、8919、8920、8990
	摄影扩印服务	1	7492
文化产品生产的辅助生产	版权服务	1	7250
	文化经纪代理服务	2	8941、8949
	文化出租服务	3	7121、7122、7123
	会展服务	1	7292
	其他文化辅助服务	1	7292

（三）文化服务业的特征

从服务范围来看，文化服务业涵盖范围广，不仅包含传统文化行业如新闻、出版、广电，还包含新兴文化服务行业如互联网信息服务、数字内容服务，通常意义上的文化旅游业、文化艺术、文化遗产业、文化创意产业、广告会展业、文化休闲娱乐业等都涵盖其中，在文化及相关产业中占有重要作用。从文化服务业的产业发展动力来看，文化服务业注重文化产品的内容生产部分，是典型的最具文化创新能力的产业业态。其主要表现在不仅涵盖以内容输出为主的传统文化产业，包括新闻、广电、出版及文化艺术等行业，还包含了以文化产品研发为手段的信息技术行业和以文化创意为手段的文化创意设计行业，这些行业的创意创新使文化产业的整体创新水平不断提高，为遵循文化产业发展规律的国家和地区文化产业的发展提供了充足的发展动力。从文化人才就业水平来看，以轻资产重创意为特征的文化企业是一个区域文化创意人才的主要集聚地。这些接受过良好教育的文化创意人才具有专业的教育培训经历，具备跨文化沟通能力和抗压能力等基本素质。文化创意人才数量越大，区域人口素质的提升也越快，能够形成人才聚集、产业兴旺的良性互动循环。此外，作为现代服务业核心领域的文化服务业也更能促进现代服务业的发展，成为区域经济结构转型升级的催化剂。

二　国内文化服务业发展现状分析

（一）文化服务业发展总体状况

根据国家统计局数据，2017年上半年，全国5.4万家规模以上文化及相关产业的企业营业收入达到43874亿元，比上年同期增长11.7%，保持较快速度增长。在文化及相关产业十大行业分类中，以"互联网＋"为主要形式的文化信息传输服务业、文化休闲娱乐服务业、文化艺术服务业三个行业实现两位数以上增长，同比上一年分别增长32.7%、16.8%、14.7%。2016年、2017年全国规模以上文化及相关产业企业营业收入对比分析见图1。

由于我国经济发展进入新常态，以技术进步和创意创新为核心、以消费为导向的产业类型成为新常态时期国民经济重要的增长点。文化产业具有推动消费方式转变和引领消费结构升级，有效带动一、二、三产业协同发展的产业特性。伴随着"互联网＋"战略的持续推动，作为第三产业的典型代

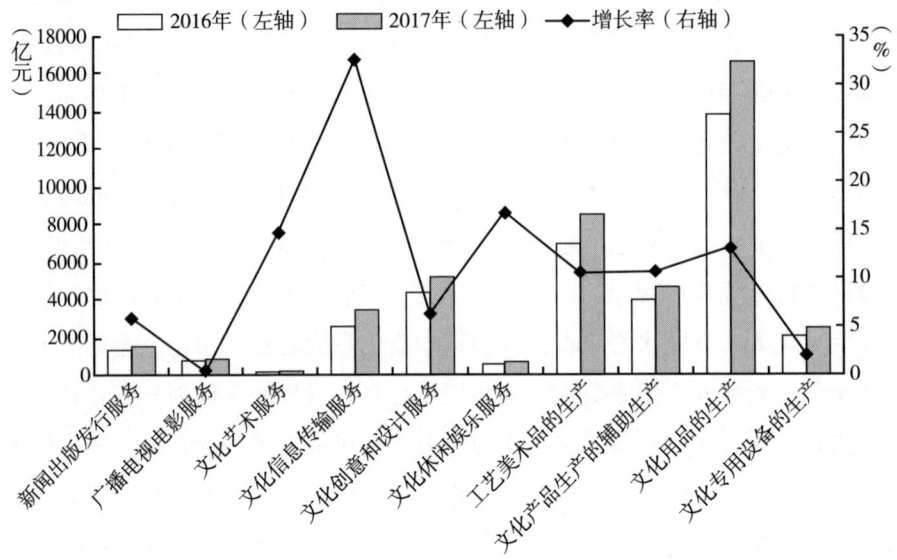

图1　2016年、2017年全国规模以上文化及相关产业企业营业收入对比分析

资料来源：国家统计局网站。

表，互联网经济已经成为激活文化消费和信息消费的新引擎。以互联网文学、影视、动漫、游戏、音乐、新闻等细分领域为代表的互联网内容产业的增长势头则更为突出，其营收规模和产值正在加速增长。以出版行业为例，随着数字化程度的不断发展，图书出版、印刷、音像产品等已从有形的纸质书籍、报刊等向无形的电子产品的方向逐渐转变。

（二）区域文化服务业发展状况

2016年，东部、中部、西部及东北地区规模以上文化及相关产业企业营业收入分别为59766亿元、13641亿元、5963亿元和943亿元，东部地区占到全国规模以上文化及相关产业企业营业收入的70%以上。西部地区增速超过10%，而东北地区的降幅达到13%，中西部地区文化服务业的增速较快，发展潜力巨大。

再从2015年全国文化服务业相关数据分析。从具体区域分布来说，东部地区文化服务业的企业单位数量占全国文化服务业企业单位数的60%以上，营业收入则占全国文化服务业企业营业收入的80%以上，利润总额占比更是达到87%以上；中部地区文化服务业企业单位数占全国文化服务业企业单位数的17.15%，营业收入占比达到9.32%，利润总额占比达到7.11%；西部地区文化服务业企业单位数占全国文化服务业企业单位数的12.19%，营业收入占比达到6.38%，利润总额占比达到4.66%；东北地区文化服务业企业单位数占全国文化服务业企业单位数的2.96%，营业收入占比达到1.83%，利润总额占比达到0.96%（见图2）。东部地区无论在文化服务业企业数量、文化服务业企业营业收入及利润总额上都占有重要份额，而中西部地区数据占比不大，但其发展速度较快，能够成为未来文化服务业发展的重要支撑力量。

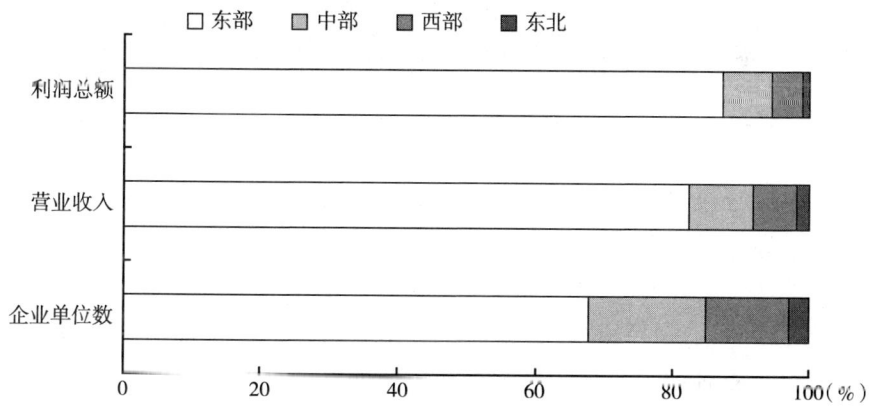

图2　2015年不同区域文化服务业企业主要经济指标对比分析

资料来源：《中国文化及相关产业年鉴2016》。

（三）文化服务业具体行业发展状况

按企业控股情况分，国有控股企业单位数占规模以上文化服务业企业的22.23%，国有控股企业营业收入占规模以上文化服务业企业的33.75%；集体控股企业单位数占规模以上文化服务业企业的2.59%，集体控股企业营业收入占规模以上文化服务业企业的1.71%；私人控股企业单位数占规模以上文化服务业企业的61.79%，私人控股企业营业收入占规模以上文化服务业企业的35.89%；港澳台商控股企业单位数占规模以上文化服务业企业的2.59%，港澳台商控股企业营业收入占规模以上文化服务业企业的13.00%；外商控股企业单位数占规模以上文化服务业企业的3.08%，外商控股企业营业收入占规模以上文化服务业企业的8.27%（见图3）。

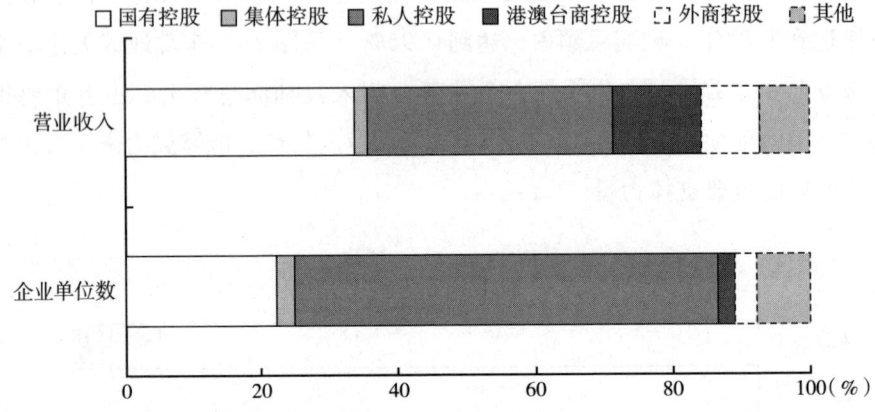

图3　2015年按企业控股情况分类的文化服务业企业主要指标对比分析

资料来源：《中国文化及相关产业年鉴2016》。

按文化服务业行业类别分，广告服务业规模以上企业单位数占19.82%，其营业收入占规模以上文化服务业企业的18.41%，年末从业人员占规模以上文化服务业企业总量的8.27%；文化软件服务业规模以上企业单位数占10.11%，其营业收入占规模以上文化服务业企业的15.34%，年末从业人员占规模以上文化服务业企业总量的16.17%；建筑设计服务业规模以上企业单位数占13.57%，其营业收入占规模以上文化服务业企业的12.68%，年末从业人员占规模以上文化服务业企业总量的16.76%；互联网信息服务业规模以上企业单位数占4.61%，其营业收入占规模以上文化服务业企业的17.40%，年末从业人员占规模以上文化服务业企业总量的9.99%；景区游览服务业规模以上企业单位数占9.37%，其营业收入占规模以上文化服务业企业的3.41%，年末从业人员占规模以上文化服务业企业总量的9.53%（见图4）。

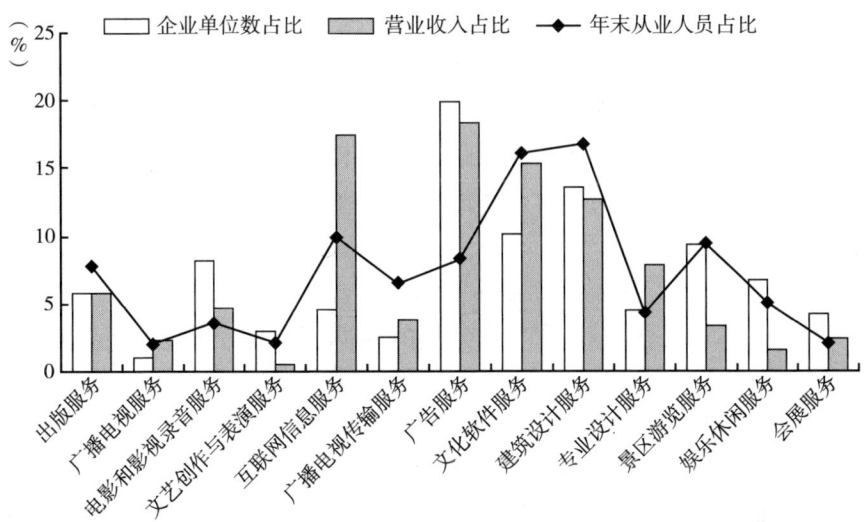

图4　2015年按类别分类的文化服务业部分行业企业主要指标对比分析

资料来源：《中国文化及相关产业年鉴2016》。

从具体行业类别上可以看出，文化服务业的新兴行业（如广告服务、文化软件服务、互联网信息服务等）无论从企业单位数、营业收入和年末从业人员数量上都占有较大比重，而文化服务业的传统行业（如出版服务、广播电视服务、文艺创作与表演服务等）仅占上述新兴行业数值的1/3～1/2。除此以外，具备公共行业属性的图书馆与档案馆服务、文化遗产保护服务、群众文化服务、文化研究和社团服务等行业的单位数、营业收入、年末从业人员占比最少，说明上述行业注重社会效益，但其经济效益尚未完全发挥。

三　基于文化及相关产业分类的陕西文化服务业发展特点与不足

近年来，陕西省委、省政府高度重视、大力支持陕西文化产业发展。省委书记娄勤俭明确指出，要谋划创新发展，全力将文化产业打造成陕西新的支柱产业。随着供给侧结构性改革的持续推进，陕西文化服务业取得了长足发展。文化服务业已经成为拉动经济增长、促进结构调整、保障改善民生的重要力量。与此同时，陕西文化服务业虽保持稳步增长，但文化产业的发展尚未成为陕西经济社会发展的支柱性产业，与先进省份相比还有差距，与国民经济支柱性产业的目标还有较大距离。为此，厘清现阶段陕西文化服务业发展态势非常必要，可以为下一阶段文化服务业发展战略的提出奠定坚实的基础。

（一）基于文化及相关产业分类的陕西文化服务业发展特点

1. 文化产业结构调整步伐加快，文化服务业增长占比提高

2017年上半年，全省文化产业发展增势强劲，规模以上文化及相关产业企业数量为848个，比上年同期增长177个。规模以上文化及相关产业企业的营业收入为363.8亿元，比上年同期增长20%以上；规模以上文化及相关产业企业增速比全国上半年高出10.9个百分点。文化服务业营业收入高速增长，增长30.5%，文化批发和零售业营业收入增速为21.4%，文化制造业营业收入增长18.4%（见图5）。

2. 文化新兴业态延续爆发式增长，文化信息传输服务业表现突出

2017年上半年，陕西文化及相关产业十大类行业的营业收入稳步增长。其中，广播电视电影服务业、文化信息传输服务业以及文化休闲娱乐服务业均保持了30%以上的增速；广播电视电影服务业、文化信息传输服务业和文化休闲娱乐服务业的营业收入分别为10.4亿元、24.5亿元和24.6亿元，比上一年同期增长30.9%、69.4%和41.3%。同时，新闻出版发行服务业和文化艺术服务业分别得到了17.4%和17.1%的增长，文化创意和设计服务比上一年同期增长7.7%。文化信息传输服务业增速在陕西省与全国均为文化及相关产业十大行业增速最高，体现了文化新兴业态旺盛的生命力（见图6）。

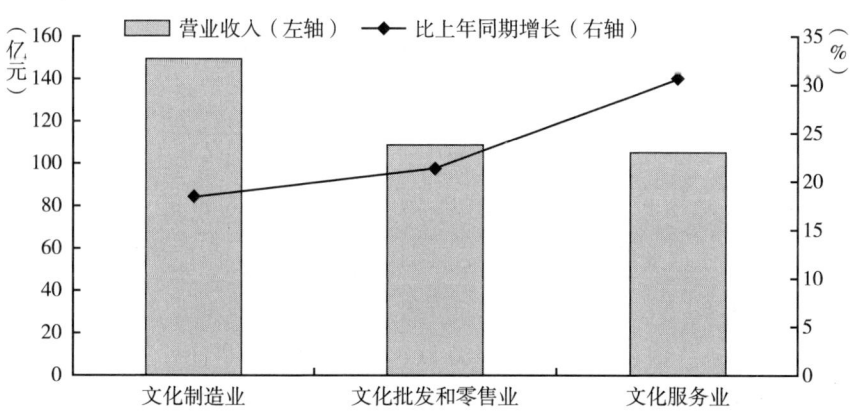

图5　2017年上半年按三大类别分类的陕西文化及相关产业营业收入对比

资料来源：陕西省统计局网站。

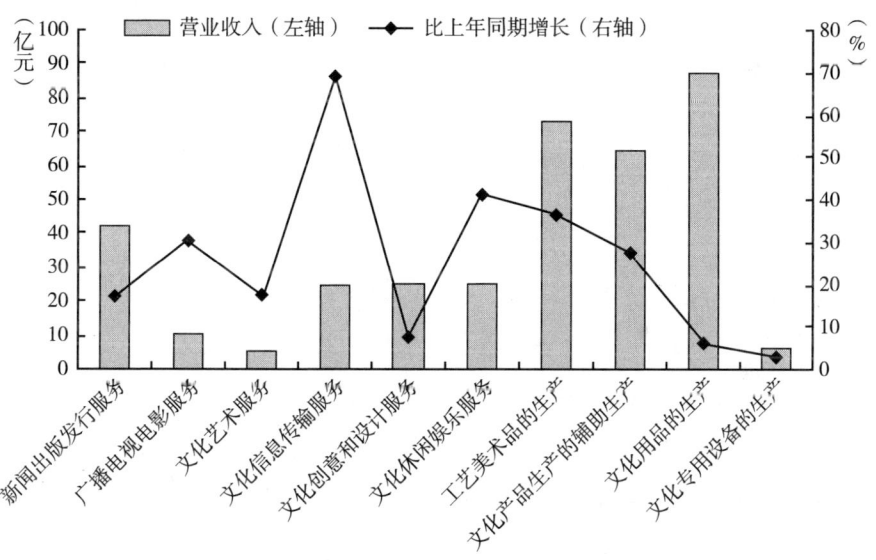

图6　2017年上半年按十大行业分类的陕西文化及相关产业营业收入对比

资料来源：陕西省统计局网站。

3. 规模以上文化企业营业收入快速增长，企业盈利能力有所提高

2017年上半年，陕西规模以上文化服务业企业538个，营业收入为

105.3亿元，比2016年同期增长30.5%。文化服务业营业利润为4.1亿元，比第一季度亏损0.09亿元有所好转，同比却有大幅下降。主要行业中广告业、互联网信息服务业、专业化设计服务业营业成本增速超过营业收入增速，导致利润率降低。传统文化行业中，有线广播电视传输服务业营业收入6.7亿元，同比增长7.9%。图书出版业营业收入8.8亿元，同比增长15.7%。广告业营业收入7.2亿元，同比增长10.5%。工程勘察设计业营业收入9.1亿元，同比增长9.8%。专业化设计服务业营业收入8.1亿元，同比增长0.9%。值得一提的是，互联网信息服务业营业收入17.9亿元，同比增长115.3%。

4. 文化产业投资增速持续加大，发展基础不断增强

2012年，陕西出台了贯彻落实中央深化文化体制改革的实施意见，实施"八大工程"，建设文化强省。至2017年以来文化产业累计完成投资4115.29亿元，年均增速高达39.3%，成为全省支柱产业。陕西实施项目带动战略，加快文化产业发展。目前，已经建设30个具有带动作用的重大文化旅游、文化基地和文化设施项目，包括汉文化建设、韩城司马迁文化景区、西安国家数字出版基地、西安国家印刷包装产业基地等在内的重大项目进展加快。为进一步打造文化资产运营和投融资平台，总规模50亿元的陕西文化产业基金已正式投入运营，这是由政府资金引导，陕文投集团、延长集团、陕煤化集团、陕有色集团联合金融机构共同打造的文化产业基金。

5. 重点行业发展提速，结构调整成效较为显著

加快推进媒体深度融合，提升新闻出版产品内涵和品质。随着新闻宣传工作面对的信息技术日新月异的发展，新闻传播手段、传播形式、传播渠道发生了巨大变化，陕西新闻出版业倡导"工匠精神"和"创新精神"，坚持正确导向，全面推进改革，着力加强制度建设，以更大的创新精神、更敏锐的视觉眼光适应时代、引领时代，完善新闻精品生产的制度保障，加快推进媒体深度融合，加强重大创新与重大项目建设，打造新的经济增长点。积极引导出版单位抓好迎接十九大重点出版工作，全省共推出"中国梦"宣传教育，传播社会主义核心价值观，迎接新中国成立70周年、改革开放40周

年、中国共产党成立的出版物90余种。同时,牢牢把握正确出版导向,坚定文化自信,提升运用科学理论解决工作中具体问题的能力,不断满足人民群众日益增长的文化需求。深入挖掘本土资源和文化,提升图书内涵和品质,讲好陕西故事,形成特色品牌,推动图书版权"引进"和"输出",形成常态化发展。大力推进数字出版建设,打造具有传统文化与红色文化特色的数字出版资源库。① 截至2016年3月,荣信教育文化产业发展股份有限公司、三人行传媒网络科技股份有限公司、未来国际信息股份有限公司、好看影视文化传媒股份有限公司等四家民营文化企业挂牌"新三板"。荣信教育文化产业发展股份有限公司总资产从2011年的5073.31万元增加到2015年的1.51亿元,成为国内少儿立体图书原创、出版、发行的领军企业。

广电产业深化改革,出版影视创作生产持续繁荣。在全省第二季度追赶超越考核排序中,陕西广播电视集团在文化类省属国有企业中排名第一。2017年上半年实现营业收入16.63亿元、利润总额1.39亿元,社会经济效益均超额完成半年考核指标。陕西广播电视集团提出"深化改革、规范管理、强化经营、发展布局"工作思路,明确"六大板块"业务发展转型,推行"开放、合作、共享"发展理念。陕西广电网络提出"机制创新+产业创新+资本创新"的运营模式,加快实施从"传统有线电视传输企业"向"融合网络及媒体服务商"的战略转型,建设西部一流文化企业团队,打造智慧城市产业链和宽带农村信息网。② 为积极响应党中央、国务院在新形势下关于三网融合工作的指导精神,2016年12月26日,陕西广播电视台(集团)和中国移动陕西公司签署战略合作协议,充分发挥各自网络、用户、渠道、内容、服务、品牌等资源和相关政策优势,在视频业务和增值业务产品融合发展等领域深度合作,重点探索智慧城市、物联网、大数据等新业务的市场需求,实现为全省客户提供更加优质的综合信息服务。与此同

---

① 《新闻出版广电行业各单位深入学习贯彻全省新闻出版广播影视工作会议精神》,陕西省新闻出版广电局网站。
② 《叫响十三五"双百亿"目标 推动全面转型取得突破——陕西广电网络召开2017年半年度经营工作会议》,陕西省新闻出版广电局网站。

时,陕西省电视剧、纪录片、动画片创作生产努力由"高原"向"高峰"推进,一大批能够体现国家水准和陕西品牌的优秀作品不断涌现,在央视播出量位居全国前列。电视纪录片和动画片已逐渐成为陕西省文化发展繁荣的"靓丽名片"。在第30届中国电视剧"飞天奖"的评选中,陕西省出品的《大秦帝国之纵横》《舰在亚丁湾》《聂荣臻》《历史永远铭记》《打狗棍》获得提名,其中,《大秦帝国之纵横》获历史题材类优秀电视剧奖、《舰在亚丁湾》获现实题材类优秀电视剧奖。

文化信息传输服务业发展速度加快,"互联网+"行动取得初步成效。随着"互联网+"不断普及,陕西文化信息传输服务业取得了重大进展。中兴、华为等一批龙头企业落户陕西,发挥关联企业聚集效应,实现产业链贯通,带动了软件和信息技术服务业的快速发展,成为全省规上服务业的主要增长点。2016年第一季度,全省软件和信息技术服务业企业163家,营业收入50.3亿元,同比增长32%,高出全国软件和信息技术服务业增速8.7个百分点,居全国第9位,对全省其他营利性服务业贡献42.4%,拉动13.7%。其中,软件开发是拉动软件和信息技术服务业高速增长的主要力量,营业收入45.5亿元,增长38.5%。

旅游人数和旅游收入再创新高,旅游业已成为全省经济增长的强劲引擎。陕西培育十大文化旅游景区,以各地独具特色的文化旅游资源为依托,进行特色文化旅游资源的深层开发,形成了生态旅游、休闲度假游、文物遗址游、红色旅游、民俗文化旅游、节庆赛事旅游等产品体系,实现资源优势到产业优势的转变。陕西国际旅游形象及吸引力进一步增强,成为休闲度假、观光旅游重要目的地。

(二)陕西文化服务业发展的不足之处

1. 陕西文化服务业与全国文化服务业整体水平相比差距较大

从文化企业单位数来看,2015年陕西规模以上文化服务业企业单位数为390家,而全国规模以上文化服务业企业单位数为20657家,陕西在全国排第16位,仅占全国规模以上文化服务业企业单位数的1.89%,是排名前三位江苏、北京、广东文化企业单位数的20%左右。从营业收入来看，2015年陕西规模以上文化服务业营业收入为158.53亿元，而全国规模以上文化服务业营业收入为20553.10亿元，陕西在全国排第17位，仅占全国规模以上文化服务业营业收入的0.77%，是排名前三位北京、上海、广东营业收入的3%~7%。从年末从业人员数来看，2015年陕西规模以上文化服务业年末从业人员数为42678人，而全国规模以上文化服务业年末从业人员数为2641949人，陕西在全国排第16位，仅占全国规模以上文化服务业年末从业人员数的1.62%，仅占排名前三位北京、江苏、广东年末从业人员数的10%~15%。从利润总额来看，2015年陕西规模以上文化服务业利润总额为15.09亿元，而全国规模以上文化服务业利润总额为2911.36亿元，陕西在全国排第18位，仅占全国规模以上文化服务业利润总额的0.52%，仅占排名前三位浙江、上海、北京利润总额的2%~4%。

2. 产品结构层次仍需提升，企业市场适应能力较差

从广播、影视行业来看，2016年陕西广播、电视、电影和影视录音制作业实现营业收入3.3亿元，下降34.5%，电视行业下降64.1%。2016年，规模以上文化服务业营业利润整体呈亏损状态，且亏损数额加大，由2015年的亏损0.6亿元，增加到1亿元。亏损企业数达到192家、占全部文化企业的50.8%，反映了陕西省文化服务业企业盈利能力较弱、市场适应能力不强的问题。从文化旅游产品开发来看，旅游产品一直遵循资源导向开发原则，主要以文物观光型为主，高品位、个性化、体验式旅游产品偏少。文化旅游产品与市场需求矛盾依然突出，产品比例失调、内容单一。特别是遗产旅游产品，主要依靠建设各种服务设施等硬开发的手段，忽视或脱离了对遗产资源真实价值的软开发，忽略了对遗产所在地的民风、习俗等资源价值的研究与开发。

3. 品牌龙头企业示范效应不足，尚未发挥龙头带动作用

文化企业是文化市场的主体。随着文化体制改革步伐的逐步推进，陕西已先后组建了陕西文化产业投资控股（集团）有限公司、陕旅集团、西影集团、陕西省体育产业集团、曲江文化旅游股份有限公司等七大文化产业集

团。其中，曲江文化产业投资集团连续荣膺六届全国文化企业30强、六次荣登中国服务业企业500强，成为中国西部唯一连续六年荣膺该奖的文化企业。无论是从企业数量还是企业核心竞争力上，陕西文化服务业企业还不具备较强的竞争优势。以西安为例，与其他副省级城市相比西安在文化企业数量、企业规模、从业人员等方面还存在明显差距。2013年，西安文化及相关企业7682家，从业人员13.07万人，"三上"企业占比2.39%，比陕西的2.15%略高0.24个百分点。同期南京、长沙"三上"文化企业数量是西安的5倍，南京文化企业的从业人员数是西安文化企业的2倍，而长沙文化企业的从业人员数是西安文化企业的4倍多。从上市公司数量上看，陕西仅有曲江文旅、西安旅游、陕西广电3家上市文化服务企业，新三板上市企业4家，而杭州上市文化企业有8家，新三板上市企业14家，南京上市文化企业有7家，新三板上市企业13家。2014年，南京途牛科技在美国纳斯达克成功上市，成为国内首家登陆美股市场的休闲旅游企业。长沙5家上市文化企业总资产达352.2亿元，营业收入达到158.7亿元。杭州也拥有华策影视、宋城演艺、华数传媒、思美传媒等领军型文化企业。企业规模小、实力不强已成为陕西文化服务业发展的突出短板。

4. 新兴文化服务企业占比过低，互联网信息服务、文化软件服务等行业急需壮大

陕西文化旅游、新闻出版、文化艺术服务等传统文化服务业发展较为成熟，已经担当起带动相关产业发展的作用。但从开放意识、思维理念来看，陕西对互联网产业革命的认识以及对新兴产业革命的反应较为缓慢，尚未全面认识到互联网革命已经悄然无息地渗透到传统文化产业当中。在现有的文化企业中，以传统文化产业或资源为依托发展的文化企业较多，而以新技术、新理念、新方法为依托的互联网文化企业所占比重较低，文化创意产品的技术附加值较小，与东部沿海城市相比差距大。传统的印刷、出版类文化产业中新兴技术应用范围不广，文化和科技创新融合的动力不足，科技创新成果不一定能及时有效地为文化发展提供支持，导致传统文化产业转型升级缓慢、新兴文化产业的培育与发展缓慢。其突出表现是高附加值的新兴创意

产业亟待发展，有代表性、有影响力的文化品牌数量少，缺乏完整的文化产业链，缺少像宋城集团、华强方特类的大型龙头文化企业。随着文化体制改革的发展，陕西文化产业结构需要进一步优化，传统的文化服务业业态的结构仍需调整。

四 陕西文化服务业发展对策与趋势展望

（一）面临形势

随着新一轮科技革命引发文化服务业创新升级，新一代信息、人工智能等技术不断突破和广泛应用，加速文化服务业内容、业态、产品和商业模式创新，推动文化服务网络化、智慧化、平台化，知识密集型文化服务业比重快速提升。文化服务业转型升级正在推动新一轮产业变革和消费革命，产业融合发展的态势更为明显，个性化、体验式、互动式等文化消费活动蓬勃兴起。《国务院关于推进文化创意和设计服务与相关产业融合发展的若干意见》明确提出推进文化创意和设计服务等新型、高端服务业发展，促进与实体经济深度融合，是培育国民经济新的增长点、提升国家文化软实力和产业竞争力的重大举措，是发展创新型经济、促进经济结构调整和发展方式转变、加快实现由"中国制造"向"中国创造"转变的内在要求，是促进产品和服务创新、催生新兴业态、带动就业、满足多样化消费需求、提高人民生活质量的重要途径。①

"十三五"时期是陕西文化产业提质升级的关键时期，陕西文化产业也必将成为陕西经济发展转型升级的重要力量，面临产业结构调整、产业转型升级的新时期。近年来，陕西省委、省政府出台多项政策文件，在制度层面为全省文化服务业提供依据，明确文化产业发展的指导思想、目标任务、措施保障等内容。目前，全省已大力实施文化与相关产业的融合发展，打通了

---

① 《国务院关于推进文化创意和设计服务与相关产业融合发展的若干意见》，国务院网站。

通信、传媒、休闲众多领域，组建了陕西动漫创意产业、数字出版产业发展基金，文化服务业的发展迎来了重要时期。陕西发展以新兴文化创意产业为代表的文化服务业既是产业结构升级的客观要求，又是建设文化强省的需要。

（二）对策建议

1. 加快推进文化业态创新融合，构建产业协同发展的格局

以国家在陕西的重大战略任务为契机，着重发挥以西安为龙头的文化科技创新引领作用，强力推进文化创意与科学技术深度融合。积极促进"文化+"的深度融合，构建协同发展的产业格局。通过实施"互联网+"行动计划，以发展创意产业改造提升传统业态、培育拓展新兴业态。推动文化与制造、物流、金融等产业深度融合，构建具有陕西文化资源特色的、展现文化科技创新的现代文化产业发展体系。同时，陕西将依托军民融合改革，大力提升陕西文化服务业水平和规模，提高文化服务业的附加价值，推进陕西文化产业提质增效，为促进陕西产业结构转型升级做出突出贡献。

2. 加快推进应用技术创新，培育发展各类文化服务企业

坚持以企业为主体、市场为导向，坚持"保优势、补短板、抓创新"，分类制定支持文化企业发展的优惠政策，精准施策，强化引领。全力培育更多"三上"文化服务企业、推动核心文化企业上市，形成以大型企业为核心、龙头骨干企业为主导、中小企业为基础的产业集群，形成集群成链的产业新格局。支持具备知识产权、品牌等优势的骨干文化企业建设工业设计中心等研发机构，加快利用数字技术改造升级文化创意和设计服务企业的服务水平，推动动漫游戏与虚拟仿真技术在设计、制造等产业领域中的应用。大力发展文化科技企业的孵化器，构建基于互联网开放系统的应用聚合及业务创新体系。支持小微文化创意设计服务企业向专、精、特、新方向发展，促进中小文化服务业企业发展壮大，形成以龙头骨干企业为支撑、中小型活力文化企业紧密配合的产业集群。

3. 加快推进融合创新，培育发展互联网新兴业态

随着"互联网+"与相关产业融合速度的加快，可以明显看出以文化消费的终端、文化产品的生产以及消费者对网络的依赖为典型特征的文化消费方式和内容的改变。在现有的文化生产方式的影响下，陕西文化服务业可以按照"传统与新兴并重"的思路，全面推进互联网应用创新。进一步拓展大数据、云计算、物联网等示范应用，推动电子商务与新型流通业态深度融合。重视培育"互联网+"等文化新业态企业，如新闻出版发行、广播电视、广告等产业应着重发展新兴业态，强化文化对信息产业的内容支撑、创意和设计提升。打造区域产业集群，缩小地区差距。在招商引资和本土企业培育中加强省级统筹规划，围绕关中协同创新、陕北转型持续、陕南绿色循环区域发展总体战略，以先发地区辐射带动其他地区发展，形成关中、陕南、陕北梯度合理、各具特色、互为补充的新兴产业良好发展局面。

B.3 基于文化自信的陕西文化产业新动能研究报告

杨艳伶*

摘　要： 文化自信是继道路自信、理论自信和制度自信之后的中国特色社会主义第四个自信，如何真正将资源自信转化为文化自信，并使文化自信成为助推陕西建设文化强省的主要力量，是陕西现在以及未来很长时期里需要着力解决的重大课题。在机遇和挑战并存的发展环境里，文化与相关产业的跨界融合势在必行，即以"文化+互联网"拉近文化供需双方距离，以"文化+金融"解除文化企业后顾之忧，以"文化+科技"赋予文创产品别样生命力，以"文化+创意"无限拓展文化产业的广度与深度。只有不断探索"文化+"新业态和产业新动能，才有助于文化自信的树立与践行，方可推动陕西文化产业尽快成长为国民经济支柱产业，也才能实现文化产业从"增量"向"提质"的跨越性转变。

关键词： 陕西　文化自信　文化产业　新动能

文化自信是继道路自信、理论自信和制度自信之后的中国特色社会主义第四个自信，也是被习近平总书记多次提及和阐释的重要命题，如"增强

---

* 杨艳伶，陕西省社会科学院文化研究所助理研究员，文学博士。

文化自觉和文化自信，是坚定道路自信、理论自信、制度自信的题中应有之义""中国有坚定的道路自信、理论自信、制度自信，其本质是建立在5000多年文明传承基础上的文化自信"等。在庆祝中国共产党成立95周年大会的讲话中，习近平进一步指出文化自信是更基础、更广泛、更深厚的自信。而究竟如何定义文化自信？文化自信"是对本民族文化价值和文化生命力的充分肯定和高度认可"①，其前提是高度的文化自觉，基础是卓有成效的文化实践，广大人民群众对文化的认同则是文化自信的根本力量。践行文化自信，才能有效提升国家文化软实力，才能够在日益激烈的国际文化竞争中占得先机，进而维护国家文化安全。

中华优秀传统文化、革命文化和社会主义先进文化是文化自信的根脉，中华文明重要发祥地之一的陕西拥有丰赡的文化资源，既有意蕴深厚的历史文化和特色鲜明的民俗文化，又有丰富灿烂的革命文化及壮美雄奇的山水自然文化，还有备受海内外关注的宗教文化与实力雄厚的现代文化，这些都是文化自信得以树立的强大根基，更是陕西实现文化大省向文化强省转变的先决条件。而如何真正将资源自信转化为文化自信，并使文化自信成为助推陕西建设文化强省的主要力量，是陕西现在以及未来很长时期里需要着力解决的重大课题。大力发展陕西文化产业，且让其尽快成为国民经济支柱产业，会为文化自信的践行奠定坚实基础，也必然会为文化强省建设提供强大动力。

一　资源自信到文化自信的渐进转变

中国人民大学创意产业技术研究院发布的"中国省市文化产业发展指数（2016）"显示，陕西文化产业影响力指数（74.90）进入前十名名单，排在辽宁（75.37）之后，列第9位，北京（87.32）、上海（82.59）、广东（81.42）分列前三位，东部地区文化产业的经济影响及社会影响都具有明

---

① 冯静、张瑞：《理解文化自信的三重维度》，《理论导刊》2017年第4期，第75页。

显优势，前十名省市中有7个来自东部发达地区。在如此激烈的竞争环境中，陕西文化产业能够跻身影响力指数名单实属不易，同时也显现了陕西文化资源优势的深厚潜力，资源优势转化为产业优势的过程也是文化自信得以践行的必经之路。

（一）全省文化产业总体保持稳步增长趋势

经过十多年的发展，陕西文化产业已经从最初的相对薄弱向着能够成为国民经济支柱产业的方向迈进。以近五年为例，2011年，全省文化产业增加值为374.86亿元，占GDP比重为3.03%；2012年实现文化产业增加值500.7亿元，占GDP比重是3.47%；2013年的文化产业增加值是597.2亿元，占GDP比重为3.69%；2014年的文化产业增加值达到646.11亿元，占GDP比重为3.65%；2015年实现文化产业增加值711.93亿元，占GDP比重是3.95%（见表1和图1）。换言之，相比2004年的文化产业增加值不足百亿元（仅为65.33亿元），文化产业占GDP比重只有2.06%，近些年的文化产业增加值已逐步突破500亿元、700亿元，占GDP比重已接近4%，陕西文化产业发展整体呈稳步上升趋势。

表1　2011~2015年陕西文化产业发展情况

单位：亿元，%

年份	文化产业增加值	占GDP比重	年份	文化产业增加值	占GDP比重
2011	374.86	3.03	2014	646.11	3.65
2012	500.7	3.47	2015	711.93	3.95
2013	597.2	3.69			

资料来源：陕西省统计局。

（二）科学规划和布局，产业结构日臻合理

经过近些年的摸索与试验，陕西根据文化资源特色和区域特点，推动文化产业向着规模化和集约化方向发展，做大做强文化旅游、新闻出版、广播

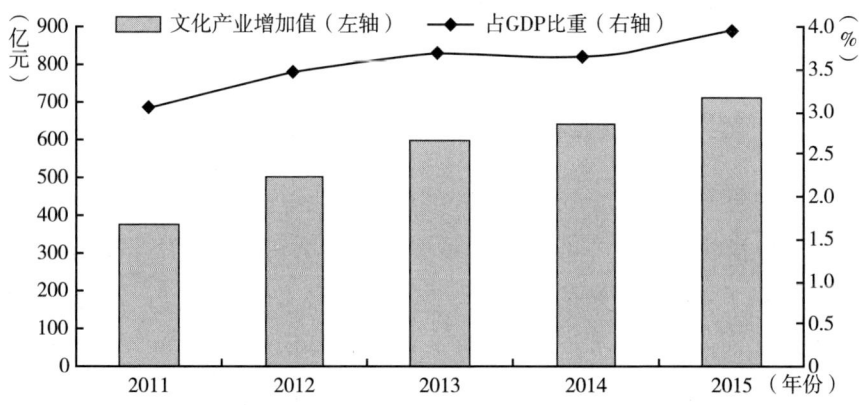

图1　2011~2015年陕西文化产业增加值及占GDP比重变化情况

影视、演艺娱乐等传统产业的同时,力争形成大企业带动、大项目引领、大园区(基地)承载的产业格局。如西安市积极实行大项目带动、板块推动战略,逐步形成了曲江文化产业集群、高新区创意产业聚集区、碑林区动漫产业聚集区以及浐灞生态文化区等文化产业集聚区。曲江新区则以国家级文化产业示范区、国际一流文化产业园区和西安国际化大都市示范带动区等园区建设为统领,推出"七位一体"——文化基金+贷款担保+风险投资+财税补贴+房屋补贴+小额贷款+专项奖励的投资扶持政策,吸引2000余家文化企业入驻该区,形成了涵盖影视、演艺、出版、会展等15个门类的完整产业链。华县皮影产业群实行"骨干企业+农户+养殖户+客户"模式,从事皮影演出的班社有11家,从事皮影研发、生产和销售的公司有十多家,产值达8000多万元。与此同时,陕西将在"十三五"时期进一步调整全省文化产业发展的空间战略布局,以西安为核心,突出西安(咸阳)国际化大都市的中心辐射地位,形成关中综合文化产业带、陕南自然风光生态旅游产业带及陕北民俗与红色文化产业带等三大文化产业带,构建起以关中为主轴,陕南、陕北为两翼的文化产业发展格局。还将致力于打造古城现代文化区、关中民俗文化区、秦晋黄河文化区、陕北历史文化区、延安红色文化区、秦巴风情文化区、蜀汉特色文化区等十大特色文化片区,将发展区

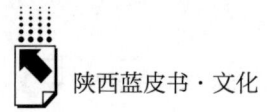

域特色文化产业作为"十三五"时期的重要任务,进而有效拉动区域经济实现跨越式发展。

(三)文化骨干企业不断壮大,行业引领作用稳步提升

陕西在顺利完成省、市、县三级经营性文化单位转企改制工作的同时,组建起了包括陕西文化产业投资(控股)有限公司、陕西旅游集团、陕西演艺集团、陕西新华出版传媒集团、西安曲江文化产业投资(集团)有限公司等在内的大型文化企业集团,这些文化市场主体需要不断探索在激烈市场竞争中得以立足的可行道路,也担负着找寻实现社会效益和经济效益真正统一路径的重要使命。成立于2009年6月的陕西文化产业投资(控股)有限公司(简称"陕文投集团"),当前总资产150多亿元,拥有24家子公司,形成了涵括文化旅游、文化金融、影视生产、艺术、传媒及互联网等六大领域的产业格局。该集团努力履行"让陕西文化走向全国,让中华文明走向世界"的企业使命,由其开发建设的以传承红色基因、富裕老区百姓等为特质的照金红色小镇得到了习近平总书记的肯定,由该集团投拍的影视剧荣获金马奖、飞天奖、银熊奖等多个重要奖项。陕文投集团成立的西安电视剧版权交易中心是全国首家电视剧版权交易机构,还成立了全国首个文化金控集团——"文投金控"以及"陕西文化金融服务中心"等。

成立于1998年的陕西旅游集团旗下现有全资、控股和参股企业40余家,职工近7000人。成立18年以来,累计接待国内外游客逾7000万人次,综合经营收入高达180亿元。陕西旅游集团不断加快企业转型发展步伐,邀请美国AECOM公司、英国阿特金斯公司、法国雅克公司及澳大利亚IAPA公司等国际设计团队,规划了一批重点项目,明确了该集团在省内文化旅游项目的"王"字形布局结构,引领省域文化旅游走上平衡快速发展之路。其中,"王"字的"一竖"指从延安、西安至汉中的南北布局;第一个"一横"指以延安圣地河谷为中心,形成包括圣地大剧院、文安驿和壶口文化景区在内的文化旅游中心区板块;第二个"一横"指在关中地区形成以西安为中心,包括太华索道、少华山、华清池、白鹿原、金旅城四海唐人街、

航天总部基地、岐山西周文化景区等在内的文化旅游区板块;第三个"一横"指的是汉中诸葛古镇、两汉三国遗址文化区、龙岗旅游度假区和秦岭自驾游旅游板块。实景历史舞剧《长恨歌》是由陕西旅游集团打造的集山水自然之美、历史文化之韵和现代科技之奇的文化精品,也是陕西旅游的亮丽名片之一。除此之外,陕西旅游集团还编创了大型红色历史歌舞剧《延安保育院》,建起了国内首家5D光影综合体验馆"玄境长生殿",成立了陕西西游电商公司,创建了"骏途网",为"文化+旅游""文化+科技"等发展思路提供了较为成功的范式。

(四)植根本土文化,推出众多精品佳作

近年来,陕西推出了一系列富有地域特色的文化产品,这些将创作之根深植于本土文化中的产品是提升陕西文化声誉、竞争力和影响力的重要载体,更是三秦文化走出省界、走出国门,参与全国乃至世界文化进程的关键介质。影视产业方面,《保卫延安》《大秦帝国》《白鹿原》《百鸟朝凤》《大秦岭》《大鲁艺》《陕北启示录》都产生了不错的反响,近期正在热播的《那年花开月正圆》以清末陕西女首富周莹跌宕纷繁的人生际遇为主线,开播以来好评不断,豆瓣评分达到8.5,仅播出一周网络播放量已经超过10亿人次,该剧在有效带动周边产业的同时,也为人们全面认识秦商(陕商)文化提供了独特范本。演艺剧目方面,陕版话剧《白鹿原》于2015年底上演,并于2016年展开全国巡演;大汉三部曲——《张骞》《司马迁》《大汉苏武》上演后取得了不俗的成绩,《张骞》是中宣部和文化部主办的"庆祝中华人民共和国成立65周年优秀剧目展演"中唯一的歌剧作品,《大汉苏武》荣膺中宣部"五个一工程"优秀作品奖,还是陕西唯一一部受邀参加第二届中国歌剧节的作品;大型原创杂技剧《丝路彩虹》以杂技为载体解读丝绸之路,大型原创历史舞剧《传丝公主》讲述丝绸之路上东西方文化的交融与互渗;眉户现代戏《迟开的玫瑰》、秦腔现代剧《西京故事》和《大树西迁》,以现实题材诠释积极向上的时代精神和人文理念。

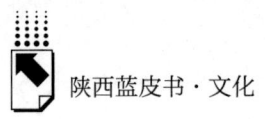

二 机遇和挑战并存的发展环境

（一）机遇

1. "一带一路"下陕西文化产业发展空间巨大

民心相通是"一带一路"的社会根基，实现民心相通必须做到文化相通，加快发展文化产业便是实现文化相通的重要途径，"文化是'一带一路'的灵魂，文化产业是融合型战略产业，是'一带一路'格局中重要的战略基础"①。陕西是丝绸之路起点省份，抓住千载难逢的机遇，陕西文化产业才能实现真正的追赶超越。据此，陕西省着力推进"五丝"工程（即网上丝绸之路、丝路国际博览园、丝路风情街、丝路国际博物馆城和丝路文化创新工程）建设。由大唐西市发起组建的丝绸之路国际商会于2015年12月在香港成立，并成功举办丝绸之路国际投资论坛，为国际文化产业合作提供了重要平台。

2. 得天独厚的交通区位优势是陕西文化产业走向纵深发展的根本保障

根据国家规划，陕西省将会形成以西安铁路枢纽为中心、向八个方向辐射延伸的"米"字形高铁网络，这八个方向分别是：正东通往郑州的郑西高铁，正西通往兰州的西宝、宝兰高铁，正南通往重庆的西渝高铁，正北通往包头的包西高铁，东南通向武汉的西武高铁，西南通向成都的西成高铁，东北通向大同的大西高铁，西北通向银川的银西高铁。其中，已经开通或即将开通的有郑西高铁、大西高铁、西宝（宝兰）高铁和西成高铁，包西高铁西安至延安段已经启动建设，银西高铁也已开工建设，被纳入"十三五"规划的是西武高铁和西渝高铁。便捷的交通将为陕西文化产业注入更多活力，文化旅游、演艺娱乐、影视动漫等产业都将获得更多的发展机会。

---

① 李孝敏：《"一带一路"背景下我国文化产业拓展探析》，《求实》2016年第7期。

3. 一系列相关政策法规为陕西文化产业发展保驾护航

在国家《文化产业振兴规划》《中共中央关于深化文化体制改革推动社会主义文化大发展大繁荣若干重大问题的决定》等政策法规的指导下，陕西根据本省实际不断完善政策体系，全方位支持文化产业的振兴与繁荣。这些政策包括《陕西省文化产业发展纲要》、《陕西省人民政府办公厅关于金融支持陕西文化产业做大做强的指导意见》、《陕西省"十二五"文化体制改革和发展规划》、《陕西省人民政府关于支持文化大发展大繁荣若干财税政策的意见》（陕政发〔2012〕34号）、《陕西省人民政府关于实施项目带动战略促进文化产业发展的意见》、《关于推进文化创意和设计服务与相关产业融合发展的实施意见》（陕政发〔2015〕3号）、《关于支持小微文化企业发展的意见》、《陕西省"十三五"文化和旅游融合发展规划》等，还设立了陕西文化产业投资基金以及陕西动漫创意产业、数字出版产业、印刷包装产业发展基金等，通过积极的政策引导为文化产业发展营造宽松的外部环境。

4. 各类文化节会在陕西的举办拓宽了陕西文化产业的发展空间

经党中央和国务院批准，丝绸之路国际艺术节永久落户陕西，拟每年举办一届；作为"丝绸之路影视桥工程"重点项目的丝绸之路国际电影节，也是每年举办一届，由陕西、福建两省轮流主办；2016年10月15日至31日，第十一届中国艺术节在陕西举办，由国务院批准、文化部主办的中国艺术节是全国性、群众性的国家文化艺术节日，也是全国规格最高、规模最大且最具国际影响力的艺术盛会。这些节会的举办能够有力推动"文化陕西"建设，也能够全面提高陕西的文化自信、文化影响力和竞争力。

（二）面临的挑战或存在的短板

需要正视的问题是，尽管适逢文化大发展大繁荣的诸多机遇，陕西文化产业发展仍然存在不少挑战和短板，这些掣肘因素有以下几方面。

1. 国有文化企业体制改革有待进一步深化，民营文化企业实力薄弱

与东部发达地区尤其是江浙一带民营文化企业异常发达情况不同，陕西文化产业的市场主体以国有文化企业为主，尽管已完成转企改制工作，但不

少国有企业存在历史负担过重、历史遗留问题芜杂等问题，再加上尚未彻底厘清与原来主管单位的管理或放权问题，管理主体对这些企业存在多头管理、管理越位或缺位等现象，从而导致国有文化企业至今未形成真正的现代企业管理制度，其市场竞争力也就相对较弱。民营文化企业尚未真正形成气候是陕西文化产业发展中的又一短板，除大唐西市、西安荣信文化产业发展有限公司等为数不多的几家外，大部分民营文化企业都存在层次低、规模小、经营领域单一等问题，它们既无法完全成为极富竞争力的市场微观主体，又不能真正发挥对国有企业的激励或激活效应，其管理及经营理念先进、无历史重负、体制灵活等特质都得不到全面体现和利用。

2. 文化产业区域发展水平很不均衡，省会西安的发展速度远快于其他各市

尽管已经有比较完善的空间战略布局构想，但就目前的发展情状来看，陕西文化产业仍存在区域发展水平不平衡的问题。西安市文化产业发展速度远远领先于省内其他各市，其文化产业增加值约占到全省的65%以上，占GDP比重已超过5%，近几年保持在8%以上。日前，《关于补短板加快西安文化产业发展的若干政策》正式发布，该文件有针对性地"问诊"西安文化产业发展十大短板，再加上大西安战略的逐步推进，区域发展不平衡问题还会进一步凸显。

3. 动漫等新兴产业发展速度缓慢，对文化产业发展的贡献不大

被称为"新兴朝阳产业"的动漫产业是这些年成长最快、衍生产品最为丰富的产业形式，涉及动画片、电影、电视、漫画书、与动漫相关的服饰、游戏、玩具等衍生产品的开发和营销等，成熟的动漫产业能够极大地带动相关产业的联动发展。陕西有90多所各类高校，拥有丰厚的人才及科教资源，但动漫产业的发展尚处在起步阶段。尽管有西安长风数字文化科技有限公司等致力于动画创作、工业数字制作的公司，其制作的动画还只能投放在网络上进行免费播放，衍生产品的研发则更为滞后，对文化产业发展的贡献很低。

4. 资源整合力度不够，整体竞争力不足

将类似或相近资源加以整合可以有效提高整体竞争力和抗风险能力，且

能充分发挥其集聚效应。以民俗观光旅游为内质的袁家村、永兴坊等最能代表陕西休闲产业的发展水平，融美食体验、民俗民居、体验观光于一体，是不少地方争相借鉴的成功模板。但若能将这些文化资源再加以集中整合，组建起相应的文化公司或集团，引进更为专业的管理模式和宣发、营销团队，其发展潜力会非常强劲。

三 跨界融合催生文化产业新动能

2017年5月，陕西省第十三次党代会提出了"培育新动能、构筑新高地、激发新活力、共建新生活、彰显新形象"的"五新"战略，揭示的是未来陕西经济社会发展的立体路径，也为文化产业发展提供了诸多思路和启示。陕西文化产业的发展之路任重道远，文化自信的树立与践行亟须"文化+"新业态和产业新动能的有力支撑，文化与相关产业的跨界融合势在必行。

（一）"文化+互联网"拉近文化供需双方距离

随着互联网等新媒介的快速崛起，"文化+互联网"的优势日益显现，基于互联网和移动互联网的新型文化业态正在成长为文化产业发展的新增长点。2017年上半年，陕西省文化及相关产业10个行业的营业收入都保持增长势头，"以'互联网+'为主要形式的文化信息传输服务业、文化休闲娱乐服务业、广播电影电视服务业、工艺美术品的生产等4个行业实现30%以上的高速增长"[1]。换言之，顺应互联网迅猛发展之势，不断进行内容和形式的创新是促进文化产业快速发展的题中应有之义。目前，有关非遗、戏曲、演艺等的各种网络直播活动开展得如火如荼，各种相关手机应用APP也相继被开发，使传统文化以更为直观的方式走向大众，有效拉近了文化供

---

[1] 《陕西省统计局：上半年文化新兴业态延续爆发式增长》，新浪新闻，http://news.sina.com.cn/o/2017-08-15/doc-ifyixipt1911532.shtml?qq-pf-to=pcqq.c2c，最后访问日期：2017年9月18日。

需双方之间的距离。陕西文化产业更应该从"文化+互联网"模式中汲取营养,将传统行业与互联网、移动互联网深度融合,大力发展在线旅游、在线影视、在线演艺、数字出版等新业态以及相应手机APP,线上线下活动同步开展,助推传统产业尽快实现转型升级。

(二)"文化+金融"解除文化企业后顾之忧

文化产业具有低污染、低消耗、周期长、轻资产等特点,也正由于具有轻资产特征,其不确定性和高风险性会加大资产对接中的信用风险,融资难就成为诸多文化企业面临的首要难题,探索"文化+金融"的可行路径是包括陕西在内不少地区的重要课题。近年来,陕西金融机构推出了一些支持文化产业发展的措施,中国民生银行针对文化企业设计了专用信用评级模式,首创"电视剧导演融资"模式,推动新兴产业模式与陕西文化资源结合;中国工商银行、中国农业银行、国家开发银行、中国进出口银行等制定了支持文化产业发展相关政策,将文化产业作为信贷投入的重要方向之一;长安银行在曲江设立分支机构,开展针对文化企业的特色服务等。今后,陕西还应该根据《文化企业无形资产评估指导意见》的相关细则,完善文化类无形资产评估服务体系,寻找无形资产有形化的有效方式,还要不断创新保险及担保机制,引导文化企业提高信用等级,并帮助金融机构尽量规避不必要的风险。

(三)"文化+科技"赋予文创产品别样生命力

文创产品是完整产业链中不可或缺的组成部分,也最能体现区域文化产业的发展水平和文化创造力,其不仅要有引人注目的外形,还要有别具一格的文化内核。文化与科技融合是时代发展的必然趋势,也是文化和科技能够更好地服务于人的根本要求,若将现代科技融入文创产品的研发中,将数字技术、人工智能等加以灵活利用,开发出高端、适用且能够让人带回家的文创产品,让文化以具象化的方式走入大众的日常生活,文化产业的价值才能得到真正体现。今后,陕西文化产业发展要致力于"避免文化产品同质化倾向，延伸文化产业链，提升产品附加值，提高文化产品的科技含量、文化价值、艺术品位"①，将陕西文化元素内化于旅游纪念品、办公用品、家居用品、饰品配件等产品中，不断激发人们的购买欲望和消费热情，进而加快文化产品"走出去"步伐，达到彰显文化特色、提振文化自信的终极目的。

（四）"文化+创意"无限拓展文化产业的广度与深度

文化产业原本就是创意产业，创意、创新是文化发展的不竭动力，以创意为根本，文化产业的外延和内涵才能得到最大限度的拓展。影视、演艺、会展、动漫等产业无一不需要创意，有创意、会创新、富有创造力，这些产业方能具备核心竞争力。2017西安国际动漫游戏文化周于第四届丝绸之路国际艺术节期间举办，其主题便是"创意·跨界·融合"。同时，"创客"（Makers）、"创客运动"的火爆也向人们昭示："任何人都可以把自己的发明或产品设计上传给某一服务商，将想法变成现实"，"'创客运动'正在改变工业的面貌"②。不仅如此，文化、文化产业的面貌也会因"文化创客"而发生改变。在"大众创业、万众创新"的大背景下，陕西要充分利用本省得天独厚的科教和人才资源优势，以开放、包容姿态鼓励自主创新，为"文化创客"提供一切便利，营造良好的文化产业发展生态，尽可能第一时间调动各方力量将文化创客的成果转化运用于相关领域，并加大对优秀成果的奖励、宣传、扶持与推介力度。

"五新"战略正在实施，文化产业新动能仍需不断探索。借助"一带一路"契机，以文化自信为根基，开拓"文化+"的广阔空间，探求跨界融合的多样化路径，陕西文化产业方可成长为国民经济支柱产业，也才能实现从"增量"向"提质"的跨越性转变。

---

① 李孝敏：《"一带一路"背景下我国文化产业拓展探析》，《求实》2016年第7期。
② 〔美〕克里斯·安德森：《创客：新工业革命》，萧潇译，中信出版社，2012，第24~25页。

B.4 陕西现代公共文化服务体系建设发展报告

曹 云[*]

摘 要： 本文全面回顾了2017年陕西构建现代公共文化服务体系的各项进展，包括城乡公共文化设施建设、公共文化体育场馆免费开放、政府购买公共文化服务、重大文化项目建设、基层公共文化服务体系建设、铜川建设国家公共文化服务体系示范区、文化扶贫等各领域和重要事项的具体进展。对2018年陕西构建公共文化服务体系的重点工作进行了展望和预测，主要对抓好全省公共文化服务体系建设规划等重点任务、加强公共文化服务体系建设资金保障和绩效考核、搞好铜川国家公共文化服务体系示范区验收、推进公共文化机构法人治理结构改革试点、加强《中华人民共和国公共文化服务保障法》宣传落实等重要工作进行了分析预测。

关键词： 公共文化 示范区 文化扶贫 改革试点

一 2017年陕西现代公共文化服务体系建设现状与成效

2017年，陕西扎实推进现代公共文化服务体系建设，总体工作取得全

---

[*] 曹云，陕西省社会科学院文化研究所副研究员。

面进展和显著成效，基层公共文化服务体系建设特色鲜明，一大批标志性的重大公共文化建设项目推进或竣工，铜川国家现代公共文化服务示范区即将全面建成，文化扶贫工作稳步推进。

（一）全省现代公共文化服务取得全面进展

截至2017年，依据陕西省统计局和陕西省财政厅发布的数据，全省共投入10亿元资金开展公共文化服务体系建设，在公共文化体育场馆免费开放、政府购买公共文化服务、城乡公共文化体育设施建设、基层人才队伍建设、支持群众艺术创作等各领域均取得了新进展。截至2017年，陕西省有1900多个公共文化体育场馆向社会免费或低收费开放，其中包括112家公共图书馆、119家文化馆、3家美术馆、1542家乡镇综合文化站统一向社会免费开放；政府购买公共服务力度加大，投入资金3.7亿元，省级部门推行成本购买演出服务，并推行"以奖代补"方式引导市县购买演出服务，共采购各类演出服务5000余场；城乡公共文化体育设施建设速度加快，其中县级"两馆一院"和乡镇文化建设项目全面完成，五个市级图书馆或艺术馆已竣工；支持基层文化人才队伍建设成效显著，投入资金3000万元；加大支持群众文艺创作力度，投入资金1亿元。

（二）基层公共文化服务体系建设特色鲜明

全省各市县的基层公共文化服务体系建设亮点纷呈、特色明显，彰显了陕西公共文化服务体系的活力。以延安市宜君县为例，2016年该县向社会演艺机构购买了60场公共文化演出服务，直接让演艺单位在乡镇和村庄演出，方便了基层民众享受文化服务。再如汉中市汉台区，农家书屋建设和文化站建设卓有成效。农家书屋提供了"农业科技类""少儿类""文化类""经济管理类"等适合农村居民阅读的书籍，汉台区龙江文化站的"舞龙舞狮"节目，全国闻名，被财政部、文化部确定为"国家公共文化政策研究实验基地"。渭南市潼关县则确定通过"政府买单、企业让利、百姓受益"的方式解决农村群众看电视难的问题。通过财政补助和争取企业优惠等方式

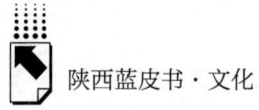

积极推动有线数字电视提高在农村的覆盖率和入户率,县财政每年投资180万~220万元,首轮5年,为群众购买支付有线收视维护服务费。

(三)积极推进重大文化项目建设

近年来,陕西省持续加大财政投入,谋划和建设了一批重大文化项目,尤其是一些标志性的剧院、图书馆、博物馆在2016年、2017年陆续建成运行,树立了公共文化服务的标杆,取得了良好的社会反响。

据陕西广播电视台报道,正在建设的陕西省图书馆新馆工程主体部分已经封顶,预计整个项目在2018年10月投入试运行。该项目总投资6.5亿元。项目占地85亩,定位于建设具有现代服务功能的全国一流智慧图书馆,除了建设阅读大楼和书库外,还将配备专业音乐厅、报告厅等设施。该馆建成后馆藏容量将达到800万册,将成为陕西省新的古籍文献收藏研究中心、读书学习交流中心和现代信息网络服务中心,接待能力将突破每日1万人次。另外,2016年建成的延安大剧院投用一年来,已经成为展示延安文化魅力、满足人民精神文化需求和完善城市公共服务的地标性建筑。该剧院占地面积105亩,可容纳2000多人。

(四)加快推进铜川国家公共文化服务体系示范区建设

2015年,陕西省铜川市被文化部列为第三批国家公共文化服务体系示范区创建城市,创建工作将于2017年底完成并于2018年通过国家验收,因此2017年是铜川市创建国家公共文化服务体系示范区的收官之年,陕西省和铜川市政府及文化部门都高度重视,在2017年通过加强督察检查,强化财政资金保障力度,出台铜川市级基本公共文化服务目录,大力推进文化体育场馆设施建设,推动了示范区建设走上新台阶。

从财政支持看,铜川市重点推进了以下工作。一是设立了创建工作专项经费。按照全市创建国家公共文化服务体系示范区的需要,2016~2017年,市财政预算分别安排专项资金500万元,支持各项创建工作顺利开展。同时,2017年预算安排文化产业发展及文化创作专项资金200万元支持文化产业发展。二是全面实行公共文化场馆免费开放。把公共文化场馆开放资金纳入财政预算，2016~2017年，共拨付全市各级公共图书馆、文化馆（站）免费开放补助经费1010万元，保证全市各类公共文化场馆全部实行免费开放。三是大力支持基层群众文化活动正常开展。加大农村基层文化活动开展资金投入力度，2016~2017年拨付农村文化建设专项资金1020万元，每年按照每村1万元的标准，支持基层文化信息共享工程服务点、农家书屋建设和文艺演出、电影放映、体育活动的健康开展；通过政府购买服务安排公共文化演出资金400万元，购买800场演出服务到基层为广大群众免费演出，拨付区县购买演出服务奖补资金100万元引导区县开展购买公共演出服务活动；核拨西部文化产业博览会经费、第十一届艺术节演艺产品博览会等专项活动经费资金共计204万元，加大铜川文化对外宣传力度，扩大文化影响力。四是加大文化基础设施建设力度。加大资金争取力度，倾力推进公共文化基础设施建设。2016~2017年共拨付资金1.7亿元支持铜川市文化体育场馆建设，目前，总投资1.9亿元的孙思邈纪念馆项目已对外开放；全民健身馆主体已建成，正进行内部设施购置安装；铜川大剧院、市体育馆、铜川工人文化宫、铜川博物馆四个项目前期各项工作已完成并开工建设。同时，不断完善基层文化服务设施，争取并拨付资金2271万元，用于基层文化阵地建设和广电服务专项支出等，打通文化产业服务基层"最后一公里"。五是支持文物保护工作。安排文物保护专项资金3251万元用于陕甘边照金革命根据地旧址岩体抢险加固、耀州窑陈炉窑址泥池及其附属遗迹本体保护、宜君县旱作梯田农业生态博物馆文物征集陈列补助等方面，确保历史文物安全。

从基本公共文化服务目录推进工作来看，2017年5月，铜川市政府发布《铜川市本级基本公共文化服务目录》，要求铜川市各职能单位全面落实。铜川市基本公共文化服务目录包括10项基本公共文化服务项目，同时针对这10项基本公共文化服务项目，共计制定了22条实施标准，让每项公共文化服务具体化并具有操作性，方便各单位有效组织实施，该目录还明确了服务时间、地点以及责任单位。

从公共文化服务基础设施建设来看，铜川市拟建和已建文化体育场馆6

个，分别是铜川大剧院、全民健身馆、市体育馆、孙思邈纪念馆、铜川博物馆和铜川市工人文化宫，计划总投资8.08亿元。其中全民健身馆2016年4月开工建设，已于2017年9月竣工，该馆占地面积60亩，建筑面积10300平方米，总投资约7000万元。主要用于篮球、乒乓球、羽毛球、跆拳道、健身操等全民健身活动及各类文化体育展览活动。孙思邈纪念馆已于2016年10月建成开馆，成为铜川市药王山文化景区的核心项目，将作为"药王"孙思邈中医药文化传承和展示的重要窗口、旅游接待基地和中国孙思邈中医药文化节的重要举办地。

（五）文化扶贫工作稳步推进

文化扶贫是陕西基本公共文化服务的重要内容。2016年陕西省文化厅等部门根据文化部等七部门有关文化扶贫的重要文件精神，制定了本省"十三五"时期的文化扶贫实施方案，该方案的实施分为三个阶段，其中2017年、2018年是贫困地区对照陕西公共文化服务标准、集中攻坚的阶段，陕西也推出了一系列的文化扶贫措施，如为提挡升级贫困地区的乡镇综合文化站、街道（社区）文化中心公共电子阅览室，每乡镇、街道（社区）补助5万元建设经费，贫困地区数字文化服务点（数字文化驿站）补助2.5万元，贫困县区"两馆一站一中心"免费开放率达100%，改善了贫困地区因为经费不足推动基本公共文化服务更加困难的现状。

二 2018年陕西构建现代公共文化服务体系展望

（一）把握时间节点，抓好2018年全省构建现代公共文化服务体系的重点任务

依据陕西省副省长姜锋在2017年4月全省公共文化服务体系建设推进会上的讲话精神，2018年陕西省仍将主要抓好以下四方面工作。一要对照《国家公共文化服务指导标准》和陕西省《基本公共文化服务实施标准》，科学编制全省公共文化服务体系建设规划,形成全面细致的工作蓝图。二要突出抓好城乡基本公共服务设施建设。要重点抓好群众文化活动场所建设,通过规划建设、租赁调配、收回挪用挤占场所等多种方式解决群众公共文化活动场地问题。在搞好城乡基本公共服务设施建设中,还要进一步加大对革命老区、贫困地区的扶持力度,全力保障老年人、未成年人、农村留守妇女儿童等特殊群体的文化权益。三要不断增强公共文化服务发展动能,落实好政府向社会力量购买公共文化服务的政策,加快培育文化类社会组织开展文化志愿服务,大力实施文艺精品战略,突出抓好群众文化活动。四要进一步创新公共文化服务模式,把完善公共数字文化服务体系作为重点任务,整合文化信息资源,建设统一服务平台,提高公共文化产品和服务供给的覆盖率和便捷性。

(二)加强保障考核,为公共文化服务体系建设提供后台支持

2018年,陕西省政府为进一步加快构建现代公共文化服务体系,将在保障考核等方面加大工作力度,具体如下。第一,在资金保障方面,以年度为单位,公共文化建设项目所需资金必须列入本地区基本建设规划,开展活动所需经费必须列入同级财政预算,各级发改、财政部门都要做好公共文化服务体系建设专项资金预算,足额保障公共图书馆、文化站以及农村文化建设专项资金,全面落实社区公共文化设施建设资金从城市住房开发投资中提取1%的要求。在人才保障方面,人事、编制等部门要创新工作思路,及时制定人员编制方案,做好调配和招考工作。要针对基层文化队伍普遍存在的专业化程度不高的问题,加大人才双向交流力度,稳步实施"大培训、大提升"工程,全面提高从业人员的素质和能力。第二,强化考核。由省文化厅牵头,加快建立全省公共文化服务考核评价机制和以奖代补机制,探索实施责任倒查、动态监测和绩效总评等办法,每年全省考核位列后3名的市和位列后10名的县,要采取通报批评、约谈等方式予以警示;工作做得好的,要及时给予表扬和奖励。近期省上将组织财政、发改、文化、广电、文物、体育等单位组成督查组,对各市公共文化服务体系建设情况进行督查,结果向省委、省政府报告。

（三）搞好铜川国家公共文化服务体系示范区验收工作

铜川国家公共文化服务体系示范区建设，不仅在国家层面具有重要的示范意义，而且对陕西省如何全面推进现代公共文化服务体系建设具有更为具体的实践探索和总结推广作用，将是陕西未来搞好公共文化服务工作的重要标杆资源。2018年陕西也将迎来国家层面对铜川国家公共文化服务体系示范区建设的验收，陕西将以此为契机，对铜川国家公共文化服务体系示范区的服务体系进行最后的完善总结，交上一份满意的答卷，同时铜川市的诸多公共文化服务体系建设措施和做法，也必将进一步复制推广到陕西省其他地区。

（四）推进公共文化机构法人治理结构改革试点

2017年9月，中宣部等部门出台实施方案，积极推进我国公共文化机构法人治理结构的改革，要求在2017～2018年，各省级以上相关文化主管部门在各自领域选择1～2家公共文化机构进行法人治理结构改革探索，并明确到2020年底基本完成地级以上城市的公共文化机构法人治理结构改革。陕西省在2018年也将按照中央要求，积极推动试点工作的深入，并总结试点经验，为2019～2020年由点及面的公共文化机构法人治理结构改革打下牢固的基础。

（五）加强《中华人民共和国公共文化服务保障法》的宣传和落实

2017年3月1日《中华人民共和国公共文化服务保障法》开始实施，陕西省在2017年即对该法进行了大量的宣传，并对法律的落实进行了督察，但该法的宣传落实是一个长期的过程。2018年，陕西省将进一步加强《中华人民共和国公共文化服务保障法》的宣传，并以宣传为契机，以法律的落实为抓手，全面推进陕西省公共文化服务的各项工作。

B.5 陕西省汉唐遗址文化资源保护与利用研究报告

樊为之*

摘　要： 大一统王朝西汉、隋、唐是当时世界上最强大的帝国，有着显赫的历史地位。它们的国都均在陕西，陕西拥有大批珍贵的这一时期的遗址，它们在全国乃至世界都有重要影响。保护和利用好从西汉到唐代的遗址资源，对于传承文明、促进陕西发展有重要作用。陕西通过建立博物馆、国家遗址公园等形式保护、利用遗址，成果显著。

关键词： 陕西　西汉　隋唐　遗址　保护

陕西在中国历史上具有重要地位，周、秦、汉、唐等多个全国性和地方政权在陕西建立了其政治中心，留下了大量宝贵历史文化资源。西汉、隋唐都在陕西西安建立了国都，营造的都城和宫殿，具有宝贵的政治、建筑、文化价值，在历史上，特别是城市发展史上占有重要地位。以这些都城和宫殿遗址为代表的西汉至唐代遗址是弥足珍贵的文化资源，认识好、保护好、利用好这些历史文化资源，对于弘扬中国优秀传统文化、促进陕西全面发展具有特殊的意义。本文所论述的"遗址"系国家重点和陕西省文物保护单位中的遗址类单位。

---

* 樊为之，陕西省社会科学院文化研究所副研究员。

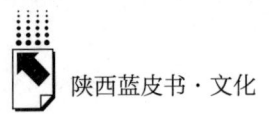
陕西蓝皮书·文化

一 陕西西汉时期遗址文化资源分布与保护

西汉是秦朝以后中国历史上第二个大一统的封建王朝。它历经了200多年，是中国历史演进的重要时代。西汉时期开通了欧亚大陆丝绸之路，将西域纳入中国版图，结束了与匈奴的战争，政治、社会、文化、经济和军事等发展到一个新的历史高度，成为当时世界上最重要强国。西汉定都陕西西安，汉长安城是全国政治、经济、文化中心，因此陕西地区保留了大量丰富的西汉文化遗址。它们是陕西历史文化资源的重要组成部分。

（一）陕西全国重点文物保护单位中的西汉遗址

陕西全国重点文保单位中的西汉遗址无论影响力和数量都相当可观。这些重要西汉遗址主要集中在关中，其最具代表性的当属位于西安的第一批全国重点文物保护单位汉长安城遗址，此外在关中地区的还有甘泉宫遗址（四批重点文保单位，咸阳淳化）、栎阳城遗址（五批，西安）、京师仓遗址（五批，渭南华阴）、良周遗址（五批，渭南澄城）、西峪遗址（七批，西安周至）、下河西遗址（七批，渭南白水）、十二连城烽火台遗址（七批，渭南潼关）、澂邑漕仓遗址（七批，渭南蒲城）、役祤宫遗址（七批，铜川耀州）、成山宫遗址（七批，宝鸡眉县）、沙河古桥遗址（七批，咸阳秦都）、建章宫遗址（七批，西安）。而位于陕北地区的则有银州故城（七批，榆林横山），位于陕南地区的有龙岗寺遗址（六批，汉中南郑）、东龙山遗址（六批，商洛）、刘家营遗址（七批，安康）。从数量上看，陕西拥有西汉遗址最多的是渭南。

由于历史发展的延续性等诸多因素，陕西境内的许多重要历史遗址跨越了多个历史时期，这种现象同样在西汉遗址中出现。龙岗寺遗址中有从旧石器时代至汉的文化遗存，东龙山遗址有从新石器时代至汉的文化遗存，而西峪遗址、下河西遗址则兼有新石器时代、秦、汉的文化遗存。一些建筑即使朝代更迭其功能依旧保存，被持续使用，栎阳城从战国一直延续到了汉。位于潼关县城东十二连城烽火台遗址从其建筑材料堆基层判断，从东周至明多个朝代屡次使用。位于安康市的刘家营遗址则属于一处从战国至秦汉时期城镇遗址，它显示从那时起安康汉滨区已经形成了具有一定规模的城镇。位于陕西澄城的良周遗址上的秦汉大型宫殿也历经了从秦献公到西汉的漫长岁月。位于澄城临县蒲城澂邑漕仓遗址，从考古分析看沿用时间能够上溯到春秋时期，并沿用到西汉。西汉在今天澄城、蒲城一带设置了徵县（"澂"与"徵"通），徵县县治所在地"徵邑"，澂邑应指"徵邑"，"澂邑漕仓"瓦当上的"漕"字应该指漕运。① 这座在东洛河岸边的澂邑漕仓代表了当年这一地区的繁盛。同样位于役祤宫遗址和成山宫遗址的宫殿也经历了秦和汉两个朝代，属于西汉承袭并持续使用的宫殿建筑。沙河古桥遗址上的古丰水桥是国内，甚至世界上发现时代最早的大型木构桥梁，作为桥梁，它也经历了秦、汉两代。而位于榆林的银州故城则历经了秦、汉、唐。

陕西的部分重要西汉遗址上的建筑主要建于西汉，如汉长安城、甘泉宫、建章宫、京帅仓。其中汉长安城绵延至隋代，在西汉、新莽、前赵、前秦、后秦、西魏、北周等朝代中作为都城发挥了重要政治作用，直到隋代也还将其作为临时都城。

（二）省级重点文物保护单位中的西汉遗址

陕西省级重点文保单位中有为数众多的西汉遗址。陕西全省许多地方都有西汉遗址的分布。1957年、1992年、2003年、2008年、2014年公布的第二批至第六批省文保单位中有大量西周时期遗址。这些遗址多位于关中地区。陕西省级文保单位中的西汉遗址中位于西安市的有太液池遗址（二批，莲湖区）、新寺遗址（三批，灞桥区）、建章宫前殿遗址（二批，未央区），马营遗址（四批，周至）、西峪宫殿遗址（四批，周至）、五凤遗址（六批，鄠邑区）；位于宝鸡的有凹里遗址（三批，凤翔）、邓家堡遗址（三批，千阳）、孙家南头宫殿遗址（四批，凤翔）、塬子头遗址（四批，陇县）、杜阳

---

① 辛德勇：《论细柳仓与澂邑仓》，《陕西师范大学学报》（哲学社会科学版）2010年第2期。

县故城遗址（四批，麟游）、案板遗址（四批，扶风）、第五村宫殿遗址（四批，眉县，即成山宫遗址）、褒斜栈道遗址（三批，太白）、宁王遗址（四批，宝鸡市）、新民遗址（四批，千阳）、孙家南头西汉仓储遗址（五批，凤翔）、五郡沟遗址（五批，扶风）、尚家岭遗址（六批，千阳）、天河寺遗址（六批，扶风）、褒斜道陈仓古道栈道遗址（六批，凤县）；位于咸阳的有沙河古桥遗址（三批，秦都区）、口镇宫殿遗址（四批，泾阳）、杨赵宫殿遗址（四批，泾阳）、郭村遗址（四批，乾县）、池阳宫遗址（三批，三原）、郭村遗址（四批，乾县）、惠家宫殿遗址（五批，三原）、杨庄遗址（六批，乾县）、窦马遗址（六批，兴平）；位于铜川的有西独冢村遗址（三批，耀州区，即祋祤宫遗址）；位于渭南的有扶荔宫遗址（四批，韩城）、澂邑漕仓遗址（四批，蒲城）、龙首渠井渠遗址（四批，蒲城）、华阴故城遗址（六批，华阴）、东嘴遗址（六批，华阴）、灵井遗址（六批，合阳）、桥峪栈道遗址（六批，华县）、大荔洛渭漕渠遗址（六批，大荔）、牛北遗址（六批，大荔）。

陕南地区省级文保单位中的西汉遗址，位于汉中的有汉台遗址（三批，汉中市）、拜将坛遗址（五批，汉台区）、山河堰遗址（五批，汉台区）、阳平关遗址（五批，勉县）、金水河栈道遗址（六批，汉中市佛坪）、褒斜道留坝段遗址（六批，汉中市留坝）、故道略阳段遗址（六批，汉中市略阳）、关岭村遗址（六批，汉中市洋县）、何家坝栈道遗址（六批，汉中镇巴）；位于安康的有刘家营遗址（三批，汉滨区）、鱼翅遗址（三批，汉滨区）、马岭坝遗址（三批，石泉）、魏家坝遗址（四批，平利）、子午道南段驿站遗址（五批，这一位于石泉的遗址包括了谭家湾、郭家坝和万家堡遗址，时间从汉代一直延续到宋、明、清）、子午道汉滨段遗址（六批，汉滨区）、汉王坪遗址（六批，汉滨区）、子午道宁陕段遗址（六批，宁陕）、武家后湾遗址（六批，安康市旬阳）、镇坪盐道遗址（六批，安康市镇坪）。陕南地区的西汉遗址中古代道路类型的遗址数量较多，主要为关中地区通往陕南和西南各省的道路，它们一般时间跨度长、分布广。

陕北地区陕西省级文保单位中的西汉遗址，位于榆林的有古城界城址（四批，榆林市）、大保当城址及墓群（四批，神木）、寨峁遗址（四批，神木）；位于延安的有栾家坪遗址（五批，子长）、寺疙瘩遗址（六批，甘泉）。

（三）西汉遗址的考古发现和研究

多年来，国家和陕西对全省境内的国家级西汉遗址进行了全面考古和研究，取得了大量的成果，对认识和保护这些文化遗存具有重要意义和作用。汉长安城是有关部门投入考古力量最多的西汉遗址。考古工作者不仅针对汉长安城中著名的未央宫、长乐宫等宫殿进行研究（如未央宫南宫门遗址等），而且涉及城中的沨水（今西安皂河）古桥遗址、西安门遗址、直城门遗址、窑址、城墙西南角遗址、西安门外大型建筑遗址、巨型皇宫藏冰遗址、桂宫四号建筑遗址、手工业遗址、冶铸遗址、覆盎门外汉墓遗址、南北朝时期北朝长安城宫城的宫门遗址、武库遗址、南郊礼制建筑和市场遗址等方面。对长安城所进行的勘探和试发掘部分则有城壕、城墙、章城门、安门、宣平门等城门，直城门大街、安门大街、南北路、东西路等城内街道，西宫门、长乐宫北宫墙、北宫、明光宫遗址（推测）等宫殿，"北第"与"东第"遗址区等。"经过 60 年的探索，基本搞清了汉长安城的城壕、城墙、街道、给排水系统等城市结构和格局"，为汉长安城考古学研究积累了丰富的实物资料。

研究人员对其他西汉遗址进行了考古与研究。通过对澂邑漕仓遗址的研究，发现了汉代漕运遗迹、漕仓遗址的位置，认识到漕河上游完全利用洛河的自然河道，而下游为人工开挖的河道的情况。[①] 通过对沙河古桥遗址的研究，认识到它在秦汉时期通长杨宫、五柞宫等宫殿，甚至是经傥骆道、褒斜道通汉中、巴蜀道路上的重要桥梁。通过对良周遗址的考古和研究发现了建筑面积近 80 万平方米的秦汉宫遗址。

汉长安城研究一直是西汉遗址研究的重点。研究投入力量大，有中国社会科学院考古研究所汉长安城工作队等专门的研究组织从事考古研究工作。

---

① 彭曦：《陕西洛河汉代漕运的发现与考察》，《文博》1994 年第 1 期。

研究类型多样，成果丰硕，有研究专注于考古发掘，其成果如"长乐宫发现凌室遗址"（《考古》2005年第9期）和对"长乐宫六号建筑遗址"（《考古》2011年第6期）、"长乐宫二号建筑遗址"的《发掘报告》（《考古学报》2004年第1期）、"武库遗址发掘的初步收获"（《考古》1978年第4期）等；有对汉长安城宫殿建筑等研究文章，如刊登于2016年《历史研究》上的文章《未央宫四殿考》（第5期），发表于《文史》上的《汉未央宫"殿中"考》（2016年第2期）等；有专门研究汉长安城保护方面的论文，如《汉长乐宫4号宫殿遗址保护工程》（《文博》2005年第4期）等对具体建筑保护的文章，《大遗址保护的环境视野》等从环境角度出发研究保护问题的文章；有对复原汉长安城建筑的前瞻性研究，如《汉长乐宫四号建筑遗址F1大殿复原初探》（《建筑学报》2010年第S1期等）。另外，从《考古》上刊登有关考古简报时间和文章上可以看出汉长安城考古工作持续时间之长，有从20世纪60年代对汉长安城南郊礼制建筑遗址考古的《发掘简报》（1960年）到1996年对汉长安城"冶铸遗址"的《发掘简报》，到21世纪的对汉长安城"直城门遗址""未央宫第四号建筑遗址""桂宫三号建筑遗址"等的《发掘简报》，还有对于60年来汉长安城考古的综述性文章《汉长安城综论》等研究成果。有关汉长安城的著作主要包括中国社会科学院考古研究所主编的《汉长安城未央宫1980~1989年考古发掘报告》《西汉礼制建筑遗址》《汉长安城遗址研究》《汉长安城武库》《汉长安城桂宫1996~2001年考古发掘报告》等。

考古和研究工作者对其他的西汉重点文物遗址进行了探究。建章宫遗址是第七批全国重点文物保护单位，对建章宫的研究主要有考古发掘方面的《西安市未央区汉长安城建章宫一号建筑遗址》（《考古》2017年第1期）、《西安汉建章宫遗址出土带字砖》（《文博》1979年第12期）、《汉长安城建章宫考古遗产》（《大众考古》2013年第1期）等，环境布局方面的《论西汉建章宫太液池"一池三山"的园理》（《陶瓷科学与艺术》2013年第1期）等。考古工作者在这里发现了由房址、过道、庭院和廊道等组成的主体与附属建筑，出土了础石、铺砖、瓦、瓦当、陶器、铜器、铁器、铜钱、钱范等建筑材料和生产生活用品。甘泉宫遗址是第四批全国重点文物保护单位，对甘泉宫的研究主要有《汉甘泉宫形制探讨》（《考古与文物》2015年第3期）、《直道和甘泉宫遗迹质疑》（《中国历史地理论丛》1988年第3期）、《西汉甘泉宫三字瓦当跋》（《考古与文物》2008年第1期）、《西汉"甘泉宫"瓦当》（《四川文物》2008年第5期）等。研究甘泉宫保护工作的文章有《陕西汉甘泉宫古代园林遗址的保护利用与展示初探》（《西北林学院学报》2010年第2期）等。通过考古研究，明确了甘泉宫遗址由东、西两城构成，其间有驰道、直道南北贯通，东城为汉甘泉宫等情况。①

考古与研究工作者还对沙河古桥遗址、澂邑漕仓遗址、良周遗址、京师仓遗址等其他全国重点西汉遗址进行了研究，发表了《中国古代最大的桥梁遗址 沙河古桥》（《文博》2004年2期）、《蒲城县发现汉澂邑漕仓遗址》（《考古与文物》1994年第4期）、《论细柳仓与澂邑仓》（《陕西师范大学学报》2010年第2期）、《陕西洛河汉代漕运的发现与考察》（《文博》1994年第1期）、《陕西澄城良周秦汉宫殿遗址调查简报》（《文博》1998年第4期）、《汉京师仓遗址及出土瓦当》（《中国书法》2014年第1期）等一批研究成果。

二 陕西东汉至南北朝时期遗址文化资源分布与保护

历经新莽末年的纷争混战后，东汉又一次统一了中国。但东汉都城大部分时间没有在陕西，因此关中地区不再是国家政治、经济、文化中心。尽管新朝（9～23年）、东汉短暂时期（190～195年）和魏晋南北朝时期的西晋（313～316年）、前赵（319～328年）、前秦（351～385年）、后秦（386～417年）、西魏（534～557年）、北周（557～581年）等于陕西建立了都城，但因为处于战乱时期，加之它们中的多数属于地方政权，陕西经济社会这一阶段发展程度无法与西汉和此后的隋唐时期比拟，历史上留下的重要文化遗址数量相对较少。

---

① 梁云：《汉甘泉宫形制探讨》，《考古与文物》2015年第3期。

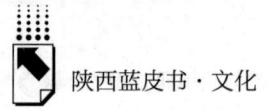

（一）全国重点文物保护单位中位于陕西的东汉至南北朝时期遗址

全国重点文保单位中位于陕西的东汉至南北朝时期遗址有位于榆林靖边县的统万城遗址（十六国时期，第四批全国文保单位）；而位于陕西省扶风县的法门寺遗址（第六批国家文保单位），时间跨度长，从南北朝至清。

魏晋南北朝时期是一个民族融合、文化交流的时期，佛教在北方地区的传播速度进一步加快，欧洲、西亚宗教和文化的羼入，使北方文化显得更加复杂。陕西见证了北方汉族与少数民族地方政权的演进过程，这段动荡历史为陕西遗留了一批具有北朝特色的文化资源。这类文化遗址有着与西汉和隋唐不同的特色，增加了文化旅游开发的多样性。另外，部分北朝政权将原来汉长安城作为都城，进行了一定建设，赋予了汉长安城遗址一定的北朝建筑特色。

（二）省重点文物保护单位中的东汉至南北朝时期遗址

陕西省级文保单位中的东汉至南北朝时期遗址，位于西安的有傥骆道遗址周至段（五批，周至，三国至清）、灰堆坡遗址（五批，高陵，新石器时代至后秦）；位于宝鸡的有大散关遗址（三批，宝鸡市，由北魏至南宋）、柳巷城址（六批，眉县，东汉至北魏）；位于安康的有鬼谷岭遗址（四批，石泉，晋、宋、明）、吉挹城古战场遗址（五批，汉滨区，东晋）、汉王坪遗址（六批，汉滨区，战国至南北朝）、武家后湾遗址（六批，安康市旬阳，新石器时代—南北朝）、镇坪盐道遗址（六批，东汉至近代，安康镇坪）；位于汉中的有刘备设坛遗址（五批，勉县，东汉）、金水河栈道遗址（六批，汉中佛坪，三国至清）；位于铜川的有香山寺遗址（五批，耀州区，前秦）；位于延安的有敷政故城（五批，甘泉，北魏至明）、文安驿城址（六批，延川，北朝至清）；位于渭南的有阴晋故城遗址（六批，华阴，北朝）。陕西省级文保单位中的东汉至南北朝时期遗址，有不少位于陕南，这与陕南地区三国时代的历史地位紧密相关。陕南地区是蜀国和魏国争夺的军事要地，同时又是诸葛亮北伐的前沿与根据地，利用好这里东汉三国文化遗址有利于助推三国文化的开发。如陕西和四川之间的交通要道傥骆道,在魏蜀争雄中发挥了特殊的军事交通作用,值得关注。

(三)陕西东汉至南北朝时期遗址的考古发现与研究

考古和研究工作者对陕西境内东汉至南北朝时期遗址进行了探究。研究北朝十六国之一"夏"都城统万城的有《统万城城址勘测记》(《考古》1981年第3期)、《统万城遗址》(《考古与文物》1995年第6期)等文。研究交通方面遗址的包括《汉魏傥骆道的交通及影响》(《成都大学学报》2011年第2期)、《"傥骆道"初考》(《文博》1987年第3期)、《历史时期的傥骆道及其作用》(《陕西理工学院学报》2011年第4期)和《线性文化遗产视域下镇坪古盐道保护的思考》(《艺术科技》2017年第2期)等众多文章。

二 陕西隋唐遗址文化资源分布与保护

隋、唐两朝代是中国历史上最为强盛的时期,公元590年隋朝重新统一了中国。短暂统一的隋朝随后经历了混乱纷争和分裂。经过9年战争唐朝再度统一中国,隋、唐两代在政治、教育、经济制度上建树颇丰,建立三省六部制、科举制、两税法等制度,开凿了京杭大运河,对后世影响深远。隋、唐两代定都陕西省西安市,在陕西地区留下了大量宝贵的文化遗存,许多不仅代表了中国古代文化发展的水平,而且在世界文化发展史中拥有重要地位。

(一)陕西全国重点文物保护单位中的隋唐遗址

陕西全国重点文保单位中的隋唐遗址具有代表性强、数量可观等特点。陕西重要隋唐遗址多在关中地区,位于西安的第一批全国重点文物保护单位大明宫遗址是最具有代表性的隋唐遗址,另外驰名中外的重要遗址还有隋大兴唐长安城遗址(四批,隋、唐两代,西安市)、法门寺遗址(六批,南北朝至清，宝鸡扶风）、华清宫遗址（四批，唐，西安临潼），关中地区还有黄堡镇耀州窑遗址（三批，唐至元，铜川市）、隋仁寿宫唐九成宫遗址（四批，隋，唐，宝鸡麟游）、灞桥遗址（四批，隋至元，西安市）、东渭桥遗址（五批，唐，西安高陵）、玉华宫遗址（五批，唐，铜川市）、圜丘遗址（七批，唐，西安雁塔）、潼关故城（七批，唐至明，渭南潼关）、尧头窑遗址（七批，唐至清，渭南澄城）；位于榆林的有麟州故城（六批，唐至明，榆林神木）。由此可见陕西重点隋唐遗址多集中于关中地区，尤以西安为甚，这与西安曾经的隋唐国都地位无疑有密切关系。

陕西的隋大兴唐长安城遗址、大明宫遗址、法门寺遗址、华清宫遗址、圜丘遗址等一批重要隋唐遗址，能够反映中国封建王朝鼎盛时期的面貌。大明宫遗址反映了唐代的宫殿建筑水平，长安城遗址则代表了隋唐时代中国城市建设的最高水准。1987~1988年对法门寺的发掘，发现了大批珍贵的文物，唐代遗迹有唐塔塔基和地宫，唐代的塔基包括有五层夯土堆积的外围部分和面积106平方米的中心方座，不晚于874年的地宫由漫道，平台，隧道，前、中、后三室和后室秘龛组成，考古专家在其中发掘出了佛指舍利、锡杖、如意、丝绸、秘瓷、金银铜器等大量珍贵文物。① 代表了唐代瓷器、丝绸、金银制造等手工业的最高水平。唐代礼仪制度是国家制度的重要组成部分，天子祀天祭在礼仪制度中具有不可或缺的地位，位于西安城南的圜丘遗址（元以后称天坛）堪称唐代礼仪建筑的代表，该遗址现有圆形高台式坛体建筑，圜丘外观庄严洁白，神圣典雅。② 隋、唐两代21位皇帝在圜丘举行祭天仪式，其中就包括女皇武则天。这些遗址能够帮助人们认识隋唐文明和中国历史，有重要的保护研究价值。

（二）省重点文物保护单位中的隋唐遗址

陕西省级文保单位中的隋唐时期遗址中位于西安的有兴庆宫遗址（二

---

① 陕西省法门寺考古队：《扶风法门寺塔唐代地宫发掘简报》，《文物》1988年第10期。
② 中国社会科学院考古研究所西安唐城工作队：《陕西西安唐长安城圜丘遗址的发掘》，《考古》2007年第7期。

批，唐，西安市）、天坛遗址（二批，唐，西安雁塔）、宗圣宫遗址（五批，西周至宋、元，西安周至）、白马寺滩聚落遗址（五批，隋唐，西安高陵）；位于宝鸡的有普润县故城（四批，隋至元，宝鸡麟游）、塬子头遗址（四批，新石器、西周、唐，宝鸡陇县）；位于咸阳的有刘李沟遗址（五批，隋唐、五代，咸阳三原）、奉天故城遗址（六批，唐，咸阳乾县）；位于铜川的有神德寺遗址（六批，隋、唐，铜川耀州区）；位于渭南的有桑园窑址（四批，唐代，渭南富平）、银沟遗址（六批，唐至明，渭南富平）；位于延安的有众宝寺遗址（五批，唐代，延安甘泉）。

（三）隋唐遗址的考古发现与研究

考古和研究工作者通过对大明宫遗址的考古，发掘了大明宫正南门丹凤门（最高等五门道制）的墩台、门道、隔墙、城墙等建筑遗址。① 通过对唐长安城考古，发掘了紧邻唐代梨园遗址的大白杨粮仓遗址，出土了手印砖、布纹瓦和"开元通宝"钱等；② 发掘了崇化坊遗址，出土了一批建筑材料；③ 清理了太平坊隋唐时代的清明渠遗迹；④ 明确了长安城通化门遗址的位置；⑤ 发掘了安定坊十字街遗址、井址等。⑥

大明宫遗址、隋大兴唐长安城遗址、华清宫遗址和法门寺遗址等是隋唐遗址研究的重点，其中有关大明宫遗址考古研究的成果包括《西安市唐大明宫遗址考古新收获》（《考古》2012年第11期）、《唐大明宫遗址》（《文物》1981年第7期）、对大明宫太液池遗址考古的《发掘简报》（《考古》2003年第11期）等，著作有《唐大明宫遗址考古发现与研究》（文物出版

---

① 龚国强、何岁利、李春林：《西安市唐长安城大明宫丹凤门遗址的发掘》，《考古》2006年第7期。
② 徐龙国：《唐长安城太仓位置及相关问题》，《考古》2016年第6期。
③ 冉万里、刘瑞俊：《唐长安城崇化坊遗址发掘简报》，《考古》2006年第9期。
④ 王维坤、贾麦明、任江：《西安唐长安城太平坊隋唐时期遗迹的清理》，《考古》2005年第9期。
⑤ 李健超：《隋唐长安城通化门遗址考》，《唐都学刊》2012年第2期。
⑥ 马得志：《唐长安城安定坊发掘记》，《考古》1989年第4期。

社 2007 年版）等。有关隋大兴唐长安城遗址的研究成果包括《西安市唐长安城大明宫兴安门遗址》（《考古》2014 年第 11 期）、《隋大兴城的兴建及其对原隰地形的利用》（《陕西师范大学学报》2004 年第 1 期）、《西安出土唐代建筑材料综述》（《文博》1999 年第 5 期）和对《陕西西安唐长安城圜丘遗址的发掘》（《考古》2000 年第 7 期）等，这些成果有的记录了对大明宫丹凤门遗址考古的情况（如龚国强等人在《考古》2006 年第 7 期上发表的文章），有的是关于唐长安城城中太仓位置的情况（如徐龙国在《考古》2016 年第 6 期上发表的文章）。为开展对唐长安城的发掘工作，中国社会科学院考古所专门成立了西安唐城队。

四 陕西西汉至唐代遗址文化资源保护、开发和利用

（一）博物馆是展现陕西西汉至唐代遗址文化资源的重要场所

陕西通过建设博物馆保护了西汉至唐代的遗址。陕西建立的这类博物馆包括汉阳陵博物馆（国家一级博物馆），西安唐皇城墙含光门博物馆（三级博物馆），汉长安城遗址长乐宫四、五号遗址陈列馆，华清宫遗址博物馆，仙游寺博物馆，汉长安城遗址陈列馆，大唐西市博物馆，大明宫遗址博物馆，法门寺博物馆，乾陵博物馆，秦都区沙河古桥遗址博物馆，茂陵博物馆，昭陵博物馆，耀州窑博物馆，白水仓颉庙博物馆等。

博物馆不仅保护了陕西西汉至唐代的重要遗址和文物，而且让遗址和文物产生了服务社会的教育和休憩功能。耀州窑遗址是我国现今保存最完整的一座唐宋年间的古陶瓷窑址。为保护耀州窑遗址，陕西建立了耀州窑遗址保护厅，这个博物馆仅其大厅建筑面积就有 1200 平方米。窑址保护厅展示了一座完整的唐代窑炉、由唐代到宋代窑炉的叠压遗迹和宋代制瓷场。

（二）加强对西汉至唐代遗址保护规划，是维护遗址资源的重要工作

陕西省重视对遗址保护规划工作。2005 年 7 月陕西正式公布了《唐大

明宫遗址保护总体规划》。2008年10月陕西批准了城址区、建章宫遗址区、礼制建筑区和景观协调区等在内共75.02平方公里的《汉长安城遗址保护总体规划》。2013年陕西省审议通过了《杜陵文物保护规划》和《统万城遗址保护规划》。同年12月，陕西通过了《隋仁寿宫·唐九成宫文物保护规划》，规划建设遗址博物馆、恢复大型建筑等，预估投资6亿元。2009年国家文物局同意《华清宫遗址保护规划》等，2013年国家文物局批准《乾陵保护总体规划》。

陕西省各地很重视遗址规划的工作，如2014年西安通过《天坛遗址公园概念规划》，准备建占地约35亩的天坛遗址公园。铜川编制完成了《玉华宫遗址保护规划》、《耀州窑考古遗址公园规划》和《耀州窑遗址保护总体规划》。国家《大遗址保护"十二五"专项规划》中，还将西汉到南北朝时期的西汉帝陵、汉长安城遗址、统万城遗址，唐代的大明宫遗址、唐代帝陵、黄堡镇耀州窑遗址等纳入其中。

（三）通过遗址公园的形式，保护和利用遗址

以国家考古遗址公园的形式保护重点遗址，是陕西省近年来采用的一种保护和利用遗址的新方法。陕西的大明宫、汉阳陵和秦始皇陵成功入选首批国家考古遗址公园（全国12项，陕西在全国省区市中属于入选最多的一个），汉长安城遗址和秦咸阳城遗址则被遴选进入了国家考古遗址公园立项名单中。大明宫国家考古遗址公园依大明宫遗址而建，大明宫遗址1961年就已经是首批国家重点文物保护单位。大明宫占地3.2平方公里，此次建立的遗址公园中已探明殿台楼亭等遗址有40多处，包括了含元殿、宣政殿、紫宸殿和太液池等遗址。2010年10月，大明宫遗址公园建成并开放。公园内建有大明宫遗址博物馆、考古探索中心，根据文献重现太液池风貌，展出了得到有效保护的三清殿（道教）基台、麟德殿（中国古代最大单体建筑）遗址、含元殿（三大正殿之首）台基，在丹凤门（大明宫正门）遗址之上建立了丹凤门遗址博物馆。大明宫遗址公园开放后，迎来了大批游客参观，2013年参观游客超过800万人次，发展成古代遗址保护、展出和供游人休

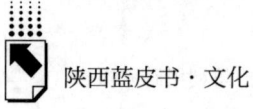

憩的好地方。

根据国家文物局2009年做出的有关规定,国家考古遗址公园具有科研、教育、游憩等功能,而属于全国重点文物保护单位则是入选为国家考古遗址公园的前提条件之一。国家考古遗址公园评定细则还规定这一遗址必须有重大的历史、科学、艺术价值,在全国具有突出代表性。陕西获得国家考古遗址公园数量最多,说明了陕西古代遗址,特别是周、秦、汉、唐遗址的代表性。另外,入选国家考古遗址公园在遗址考古、研究与保护方面,要具备一定的考古工作基础和考古工作规划,如发掘简报、发掘报告、资料汇编等材料;要有保存完好的遗址本体,采取科学性、全面性、有效性保护;要做好遗址日常维护与监测、风险防范等工作;在资源条件方面还需要具备相当的公园规模与内涵、区位条件(包括交通可达性、周边设施、社会经济和能够形成规模效应的相关资源)、基础条件(包括政策、资金、利益相关者的支持情况和土地、管理权属)、环境条件;遗址展示与阐释方面,博物馆、陈列馆等要达到一定标准等。国家考古遗址公园的入选标准应该作为一种保护遗址的参考,以此来对部分有潜质发展成国家考古公园的遗址进行保护和利用。

行业报告篇
Industry Report

B.6
陕西工业遗产旅游空间的组织与重构[*]
——以西安大华纱厂为例

程圩 王天航[**]

摘 要： 大华纱厂是西北地区最早的现代纺织企业，如今成为陕西省最具代表性的工业遗产。城市工业遗产的保护与利用问题关系到区域社会发展、居民生产生活，如何正确对待城市工业遗产，从可持续发展的高度利用这些资源，是一个亟须解决的问题。本文以西安大华纱厂工业遗产保护改造为案例，从空间生产理论的角度分析了大华纱厂从"内源性更新空间"——传统工业空间，到"外源性发展空间"——遗产旅游空间转变过程中的空间生产具体变化情况，找到了一条城

---

[*] 本文是国家社科基金（17XKS027）阶段性成果。
[**] 程圩，博士，陕西省社会科学院研究员，研究方向为文化遗产保护与旅游规划；王天航，博士，西安文理学院讲师，研究方向为遗产保护与城市设计。

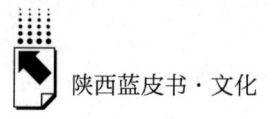

市工业遗产保护与利用的有效路径，并揭示了空间转移的内在动因。

关键词： 大华纱厂 工业遗产 旅游空间 空间生产 保护与利用

一 引言

当今中国正处于快速城市化的历史进程中，城市正在积极寻求一条更富特色的途径来焕发生机。城市让生活更美好，高品质生活已然从单纯的工业需求向多样的第三产业转变，城市发展面临由功能城市向文化城市的转型问题。过去位于城市边缘地带或是布置在公路、铁路沿线的传统工业企业，如今或已成为城市中心地带，或已破产倒闭，面临外迁、拆除的窘境。然而，这些传统工业代表着当时的城市文明，见证了一段城市发展史，是寄托城市情感、重塑城市精神、彰显城市特色的城市乡愁所在。如何正确对待城市工业遗产，从可持续发展的高度利用这些城市建筑资源，是一个亟须解决的问题。

1935年建立的大华纱厂是西北地区最早的现代纺织企业，如今成为陕西省最具代表性的工业遗产。在探索城市工业遗产保护与利用的实践中，逐渐形成了特有的"城市综合性开发"模式，即"大华·1935"工业遗产改造项目。在城市工业遗产改造过程中，生产方式的转变促进了新空间的生产，并引发一系列空间问题，因此有必要从空间生产的视角来重新审视工业遗产的保护与利用问题。基于此，本文以空间生产理论为视角，对大华纱厂工业遗产的多维空间进行分析，从理论上深化探索工业遗产空间生产研究，从实践中为大华纱厂工业遗产可持续发展提供借鉴。

二 大华纱厂的空间要素特征

大华纱厂始建于1935年，由著名纺织技术专家和教育家石凤翔先生创办。纱厂位于西安火车站北侧、唐大明宫遗址保护区东侧,生产区建筑面积8.17万平方米,是西北地区建立时间最早、建成规模最大的民族机器纺织企业。从空间生产的视角看,大华纱厂的空间要素主要有以下几点特征。

(一)历史文化空间的独特性

大华纱厂工业遗址西侧的大明宫是唐长安城三大宫之一。从唐高宗时起,历朝皇帝多在此听政,成为唐代的政治中心。大明宫遗址是1961年国务院首批公布的重点文物保护单位,2010年作为国家遗址公园向世人开放,2014年6月大明宫遗址作为中国、哈萨克斯坦和吉尔吉斯斯坦三国联合申遗的"丝绸之路:长安—天山廊道的路网"中的一处遗址点成功列入《世界遗产名录》。大华纱厂不仅紧邻大明宫这样的世界文化遗产,而且由于历史原因,本身有近一半的生产厂区就建在唐大明宫东内苑遗址之上,成为工业遗址与唐大明宫遗址双重叠加的复杂地段,构成了大华纱厂独特的历史文化空间(见图1、图2)。

图1 大华纱厂区位

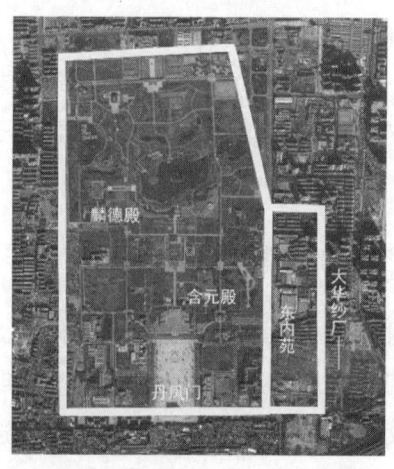

图 2　大华纱厂与大明宫、东内苑位置关系

（二）外部社会空间的复杂性

大华纱厂工业遗址南临西安火车站，所处位置为西安"道北地区"，是西安城市发展严重滞后的问题地区，城市基础设施落后，社会治安欠佳，居民生活不便，片区整体形象与西安文明古都的形象不相协调，片区经济社会发展与西安城市的现代化进程不相适应。

（三）内部空间形态的单一性

大华纱厂厂区构成要素较为单一，主要为厂房、库房、锅炉房、办公用房等生产性建筑。其中，留存下来的民国时期建筑有大门、南苑（办公场所）、老布厂、花栈、医院等，20世纪五六十年代以后的建筑有机料库、锅炉房、新布厂以及一期、二期厂房等。整个厂区呈现的是一种传统的以工业生产为动因的内源性自我更新模式。进入21世纪以后，由于种种原因，企业举步维艰，生产经营每况愈下，于2008年宣告破产，传统的更新过程也随之停止。

（四）基于空间生产理论的反思

大华纱厂所处的历史文化空间、社会空间及内部空间，带有西安这座千年古都的特殊烙印,在陕西众多工业遗产中也极具代表性。空间作为事物存在的重要维度,是人类生活与活动的载体,一直是城市社会学研究的重要对象。过去人们认为空间仅仅是社会关系演变的静止"容器"或"平台"[①],但随着城市快速发展,如大华纱厂一类的区域城市空间面临空间巨变与重构问题。为了实现发展,将旅游业作为一种战略选择已为越来越多的管理者所效法,传统的工业生产方式随之消失。每一种生产方式都有自身的独特空间,从一种生产方式到另一种生产方式,必然伴随着新空间的产生。[②] 同时,有无限多样性或不可胜数的社会空间矛盾性地相互重叠、彼此渗透,并随历史的演变重新形成和转化。法国思想大师列斐伏尔认为空间具有物质、行为和社会三种性质,空间生产就是空间被开发、使用的过程,不同的实践活动通过对空间的占有和使用使空间具有社会性,并且反映社会关系。[③] 因此,当城市工业遗产空间作为承载城市记忆与情感的文化空间而被再生产,原本封闭的生产空间转变为开放的旅游空间,这一过程中的生产行为和空间的重构,既体现出城市遗产保护与利用的有效方式,也体现出目前中国城市更新方式的重要转变。

三 大华纱厂旅游空间生产

(一)旅游空间的形成

大华纱厂工业遗产旅游空间的选择是历史的必然。纱厂的破产宣告了这一片区70多年传统工业空间的终结。虽然对于依赖工厂生存的产业工人来说断了生计,但从当地实际以及经济社会长远发展来看,一个"夕阳产业"

---

① 列斐伏尔:《空间政治学的反思》,载包亚明主编《现代性与空间的生产》,上海教育出版社,2003,第8页。
② Henri Lefebvre, *The Production of Space*, Blackwell, 1991, p.46.
③ 列斐伏尔:《空间政治学的反思》,载包亚明主编《现代性与空间的生产》,上海教育出版社,2003,第86页。

的退出必将促使这一区域焕发新生。随着大明宫国家遗址公园的落成，文化旅游产业带动区域整体形象及土地价值大幅提升，同时也推动了大华纱厂工业遗产旅游空间的形成，利用"大旅游"的概念创造更多符合大华空间生产与再生产的有利条件。在这其中，政府对于区域未来发展的决策、市民及纱厂职工渴望改善生存空间、提高生活质量的愿望、投资者对商业利润的追求、游客对文化体验及文化消费的需求等，共同作用于这一空间，形成了各个群体及其资本相互竞争、比较和转换的一个场所，并促进了大华纱厂工业遗产地的空间再生产：大华纱厂由原本相对独立的"内源性更新空间"——传统工业空间，转向多种力量共同作用的"外源性发展空间"——遗产旅游空间，而这一转变无疑是当下城市工业遗产保护与利用的有效路径之一。

（二）旅游多维空间生产

旅游空间所涵盖的多个维度主要是指物质空间、精神空间、文化空间及社会空间。其中，物质空间作为可视的实体空间，在旅游空间中常被进行景观化处理，成为被旅游者所感知的第一印象；精神空间是相对于物质空间而存在的，是物质空间的支撑，同时也是旅游空间得以存在和发展的内在动力；文化空间是一种非物质文化遗产类型，是丰富旅游空间存在的重要部分；社会空间是社会各个群体的感知与参与，与物质空间、精神空间、文化空间共同构成完整的旅游空间。

1. 物质空间

物质空间具有明确的空间表象和空间载体。大华纱厂由于受到政治、经济、文化、环境等要素的制约，在旅游空间形成之前的物质空间形态主要以"凸显功能"为主，围绕工业生产形成，空间结构比较简单，属于静态空间。旅游空间的生产使物质空间的景观化变为现实，原来由布厂、花栈、库房等构成的工业生产空间成为凸显工业遗产旅游元素的承载物。

在大华纱厂工业遗产空间再生产的过程中，原有的厂区格局及厂房、库房、办公用房等历史建筑被保留下来，物质空间得以延续，形成新的旅游空间中最易识别和感知的空间。作为旅游核心吸引物，整个厂区重新进行了景观设计，在遵循厂区原有风貌的基础上，对历史建筑进行加固、美化；将一些工业生产设备改造利用，改变功能，形成适应现代生活与旅游需求的景观小品；对厂区个别道路进行重新铺装，方便游客与货物的流通以及游线的设计。大华纱厂物质空间的再生产，既适应了对工业遗产保护的需要，满足了城市记忆与情感需求，又形成了新的旅游景观，体现了遗产的历史价值和艺术价值。

2. 精神空间

作为一种非物质的、不可视的空间类型，精神空间所生产的是一种被认同与被感知的共融空间，包括市民、纱厂职工、家属等旧有空间的参与者进行的记忆比对，以及像外来游客这样的重构空间参与者进行的臆想比对。城市工业遗产最重要的价值除了它对工业发展历史的见证以外，还是城市历史、城市特征以及城市性格重要而独特的展示窗口，可以把大华纱厂这样一个衰败的工厂厂区转变成一个展现近代西安城市历史的重要场所，让人们更真实、更全面地认识大华所蕴含的复兴和进取的民族精神和使命。在精神空间的生产过程中，不仅要将大华纱厂 70 多年形成的精神很好地传承下来，更要融入时代特点，符合时代需求，推进大华纱厂工业遗产精神空间的生产与再生产。

3. 文化空间

在联合国教科文组织颁布的《人类口头和非物质文化遗产代表作宣言》中对"文化空间"这样定义：文化空间是"具有特殊价值的非物质文化遗产的集中表现。它是一个集中举行流行和传统文化活动的场所，也可定义为一段通常定期举行特定活动的时间。这一时间和自然空间是因空间中传统文化表现形式的存在而存在的"。在大华纱厂工业遗产空间再生产过程中，将厂房、库房等的功能进行了改变，形成展现纺织工艺、传承纱厂历史、举行各类文化活动的场所。

在旅游空间生产的框架下，更注重文化的多样性和文化再生产。文化再生产是一种文化更新的过程，它不在于强调自身生命力，而更倾向文化发展的流动性、循环性和动态性。大华纱厂本身是一个传统工业空间，改造后利用生产厂房进行纺织机器、纺织技艺、纺织故事、历史传说等的展示，成为纺织工业遗产博物馆，满足大华人对历史的追忆和游客学艺博闻的需求。同时，旅游产品的复杂性与旅游需求的多样性，要求各类型文化演艺活动大量出现。由厂房改造成的小剧场成为传统文化与先锋文化的展示场所。

4. 社会空间

在大华纱厂工业遗产旅游空间生产的过程中，政府的积极倡导，引导着纱厂职工、社区居民观念的转变；旅游开发者的积极参与，促使旅游业态不断丰富，加速旅游空间生产。在大华纱厂实施改造后，吸引了一批下岗职工参与到新的旅游空间生产中，社区居民的生活方式也相应发生不同程度的改变，生活环境得到了改善，生活质量得以提高。同时，旅游空间生产产生的良好效应，如保护了大华纱厂原有的建筑风貌、凝聚了大华纺织工业文化内在精神、维系了区域社会平衡、增强了社区居民的自豪感等，得到了社会各个群体的广泛认同。

四 结论

本文以西安大华纱厂工业遗产保护改造为案例，在列斐伏尔空间生产理论的指引下，分析了大华纱厂从"内源性更新空间"——传统工业空间，到"外源性发展空间"——遗产旅游空间转变过程中的空间生产具体变化情况，找到了一条城市工业遗产保护与利用的有效路径，并揭示了空间转移的内在动因。研究表明，传统的工业空间在城市跨越性发展中已然失去了生存的土壤，而通过将传统空间进行物质空间、精神空间、文化空间、社会空间等多维空间再生产后，形成工业遗产旅游空间，必将带动区域从物质、精神、文化、社会等多方面得到提升，形成传统文明与现代文明共融共生的新局面。

B.7 陕西博物馆文化创意产品开发研究

郭艳娜*

摘　要： 文物的活化和传承是博物馆建设的核心要义，而文创产品是文物活化和传承的重要载体。因此，探索出一条多元化的文创产品开发之路无论是对文物保护还是对博物馆建设都是至关重要的。目前来看，陕西的博物馆文创产品开发虽然取得一定成果，但仍然存在诸多问题，本报告从内容开发、政策保障、技术支撑等方面提出相应的对策和建议，力图实现文化遗产与当代生活的无缝衔接。

关键词： 陕西　博物馆　文创产品　内容开发

文物的活化和传承是博物馆建设的核心要义，而文创产品是文物活化和传承的重要载体。因此，探索出一条多元化的文创产品开发之路无论是对文物保护还是对博物馆建设都是至关重要的。这种基于传统文化的产品设计，需要以"人"为中心，从参观者的需求与感受出发，将传统元素插入符合当代大众审美需求的设计品中去，打造既具文化内涵，又有时尚创意的博物馆文创产品，实现历史悠久的文化遗产与当代日常生活的无缝衔接，把"博物馆文化带回家"。

---

* 郭艳娜，陕西省社会科学院文化研究所助理研究员。

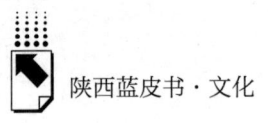
陕西蓝皮书·文化

一 陕西博物馆文创开发的历史机遇

（一）陕西博物馆在文创领域已取得不菲成绩

2015年陕西省文博系统文化产业收入突破5000余万元。依托陕西地域历史文化及各馆文物藏品特点，截至目前陕西历史博物馆共研发出400余种、2000余款特色文创产品，合作推出诸如"人猿揖别学生工具系列""摩登仰韶（半坡）文化系列""梦幻三彩日用品系列""唐妞生活用品系列""文物摩卡"等文化创意产品，备受游客青睐，逐步实现由传统复仿制品向实用型的日常生活用品转变。秦始皇帝陵博物院开发了诸如丝巾、靠垫被、秦亲宝贝、卡通兵马俑玩偶、杯子、兵马俑造型笔、充电宝和U盘等一批新的具有浓郁文化特色及兵马俑特征的文化创意产品。并利用百亿像素全景和AR等技术手段，独家授权百度百科打造秦始皇兵马俑数字博物馆，通过互联网搭建起最接近真实的秦兵马俑参观体验。汉阳陵博物馆依托馆内文物茯茶茶饼，携手陕西华夏文化创意有限责任公司联合开发汉代瓦当系列文创产品。碑林博物馆与陕文投创作开发的《开成石经》文化项目已完成出版。这些文创产品承载着陕西独特的传统文化，让游客从中了解各个博物馆的个性，体会博物馆的文化特色，培育大众的博物馆情结。

（二）陕西博物馆资源丰富且各具特色

陕西文物资源丰富，是光辉灿烂的中华文明的重要组成部分。截至2016年，全省各类博物馆总数达到270家，文物总件数超过680万件，其中文物系统146家，国有行业博物馆50家，非国有博物馆74家。在国家文物局发布《关于公布全国博物馆文化创意产品开发试点单位名单的通知》中，陕西共有5家博物馆列入其中，分别是陕西历史博物馆、秦始皇帝陵博物院、西安碑林博物馆、汉阳陵博物馆和西安博物院，列入总数居全国第二名。但是每个博物馆侧重的原位文化各不相同,比如秦始皇帝陵博物院侧重秦文化、陕西历史博物馆侧重唐文化、西安碑林博物馆侧重汉字文化、汉阳陵博物馆侧重汉文化、西安博物院侧重唐园林文化,每个博物馆重点文化特色鲜明,推动陕西优秀传统文化与当地生活协调发展。

(三)中央和地方出台一系列利好政策

从2013年中国博物馆协会文创产品专业委员会的成立到2015年3月20日起开始实施的《博物馆条例》,再到2016年3月初,国务院发布《关于进一步加强文物工作的指导意见》,5月《国务院转发文化部等部门关于推动文化文物单位文化创意产品开发若干意见的通知》,要求"大力发展文博创意产业",10月国家文物局下发《国家文物局关于促进文物合理利用的若干意见》,这一系列政策的出台,标志着博物馆运营全面进入文创时代。陕西省文物局结合陕西文物工作实际,出台《推动全省文博单位文化创意产品开发的实施意见》,就博物馆各类文创产品开发的方式、目标、分配等问题提出要求和指示,为陕西文博单位文创产品开发提供政策支持和依据。

(四)搭建平台,成立陕西省博物馆协会文化产业专业委员会

陕西省博物馆协会文化产业专业委员会成立于2010年,现有会员单位21家,以开拓、创新、协作精神为宗旨,以加强全省博物馆及相关单位之间合作为目标,整合各馆资源,加快转变文化产业发展方式,促进陕西文博单位文化产业发展。协会每年召开年会一次,加强了陕西各博物馆之间的交流合作,形成了陕西文博单位文化产业的新联盟。2016年该委员会工作重点将立足陕西文物资源特点,发挥各博物馆藏品优势,努力开发系列文化创意产品,通过产品让文物走进寻常百姓生活。

(五)人们对文化产品的精神需求

在物质生活日益丰富的当下,人们的消费不断升级,需求从"一次元"

已经迈向"二次元""三次元",更加注重社交、尊重、个性和自我实现需求。这就需要文化创意产品与生活相结合,与时尚相结合,与传统文化因子相结合,研发具有独特文化内涵,鲜明时代特色,实用性强、环保、质优,价格合理,贴近百姓生活,深受社会公众喜爱的文化产品,最终满足大众的精神需求。

二 陕西博物馆文创开发面临的问题

(一)各博物馆文创产品雷同缺乏创意

在文化创意产品研发方面,陕西博物馆也存在诸多问题。大多数博物馆还停留在对少量"镇馆之宝"经典形象的文物复制和粗浅加工上,同质化和卡通化情节严重,研发思路不清。文化创意产品研发后,缺乏后续的市场反馈和再设计、再升级,导致文化创意产品种类多而无序,无法形成有影响的文化创意产品系列。绝大多数博物馆,尤其是中小博物馆,没有自己的文创产品,90%的产品是代销。虽然个别有实力的大博物馆也投入一定精力和财力进行专门设计开发,但自主开发设计的产品仍凤毛麟角,存在设计感欠佳、文创品种不多、馆藏文化及标志性元素不足、生活实用功能缺乏等诸多问题,导致真正愿意为文创产品买单的游客寥寥无几,这与陕西博物馆每年千万游客接待量严重不成正比。整体而言,陕西博物馆文创产品开发经营还处于初级阶段。

(二)博物馆现有体制机制与文创产业发展不相容

首先,博物馆从事产品开发仍存在政策缺位问题。目前,我国国有博物馆在机构设置上仍属于事业单位编制,但国家对于事业单位能否从事经营活动,还没有明确定论。"博物馆是公益机构""博物馆不能进行经营活动"之类的政策规定,限制了各个博物馆进行文创的步伐,使博物馆陷入想开发却不能开发的两难境地。而且那些特意针对文化产业和文化企业的优惠扶持政策，难以覆盖到博物馆这样的经营性事业单位，导致博物馆难以启动激励机制，积极性得不到充分调动。

其次，激励机制不健全。文化文物单位实行的是事业单位收、支两条线的财务管理制度。其通过经营开发所得的文化产品销售所得不能直接用于博物馆各类开支，而且，文创产品经营的好坏也不计入年终业绩考核，纳入绩效工资考核体系。因此，各大博物馆在文创产品开发方面投入的积极性不高，缺乏动力。

（三）缺少博物馆文创产品研发经费

博物馆的性质属于公益性事业单位，所有费用均由财政负担，由于原有体制问题，以前的财政预算中没列入文创产品开发项目。而且大多数博物馆文创产品研发尚未纳入文化专项经费扶持范围，不能享受相应的经费支持。但是文创产品研发需要大量资金进行前期投入，由于缺少相应政策的扶持和引导，外来资金注入博物馆进行项目运营和创意研发也存在一定的压力和风险。因此，资金薄弱的中小博物馆宁愿按部就班，保证"旱涝保收"，也不愿意尝试去实行产品创新或是市场化运营。当然，也有一部分博物馆顺应形势，大胆改革创新，比如故宫博物院、上海博物馆、首都博物院等。但是我们必须看到，市场化运作必然伴随着不可预估的风险，这对于资金有限、抵御能力差的博物馆来说，还是需要谨慎行事的。因此，经费不足很大程度上阻挡了大部分博物馆开发文创产品的脚步。

（四）各博物馆间财力物力人力存在差异

由于这一领域尚处于起步阶段，财力资源不一样，幕后设计团队水平高低不一，各个博物馆间文创开发水平参差不齐。而且并不是所有博物馆都适合开发文创产品，一些有实力的博物馆有财力和资源可以开发产品和项目，但一些小的博物馆可能并不具备这种能力，若是一味跟风或是逞强，不利于博物馆的长远发展。现在的问题在于，从目前陕西各家博物馆的实力来说，

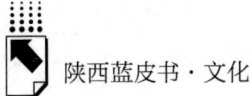

仅靠一家实力单独开发大批量生产不太现实，而且大多初涉文创产品开发领域，缺乏经验和基础。因此，如何寻找合适的切入点，如何协调资源和实力有差异的博物馆共同开发，如何将陕西博物馆不同的原位文化互相融合创新，这些都是亟待解决的问题。

三 陕西博物馆文创产品开发路径

（一）坚持内容创新

在"内容为王"的时代，文创产品内容创新显得更加关键。而博物馆文创产品区别于其他文创产品，在于它是基于博物馆经典藏品或是某个经典元素创新而来，独具藏品文化内涵和特色的代表性符号成为博物馆文创产品开发的基础。据调查，目前，具有实用性、趣味性、价格合适的文创产品最受广大消费者欢迎。比如陕西历史博物馆唐文化衍生品"唐宝贝"生活用品系列，"唐妞"的形象已被做成了冰箱贴、行李牌、钱包、书签等产品。又如东京国立博物馆主要思路是围绕"馆藏元素"进行生活实用品开发，较有代表性的是其推出的"陶俑袜"，在脚背部分印上陶俑的脸，穿上后让双脚变身为两尊"陶俑"，这种独特的设计和鲜艳的色彩俘获了不少女性和儿童的芳心，"陶俑袜"推出后，周边产品"陶俑便当盒""陶俑环保袋"等都相继问世。无论开发模式有何异同，创意的核心功能不可磨灭。

（二）创新体制机制

体制机制问题成为困扰陕西各大博物馆从事文创产品开发的最大障碍，也是陕西博物馆急需解决的问题。一方面，理顺体制问题。体制机制制约成为阻碍博物馆文创事业发展的关键因素。但是，如何"正名"，目前，国内一些在文创领域发展较好的博物馆提供了一些具有可操作性和借鉴性的经验模式。比如，故宫博物院、上海博物馆、湖南省博物馆等成立隶属于本馆但又拥有一定自主权的文化产品研发中心；广东博物馆采取的是"特许经营"方式；汉阳陵博物馆实行博物馆理事会制度，具有事业、企业两种机制；还有的博物馆采取自主经营或相关人员承包的方式。不同的博物馆可根据自身情况采取不同的经验管理方式。另一方面，建立灵活的绩效管理考评制度。将博物馆的绩效工资与文创产品开发业绩挂钩，按照产品质量和市场反馈情况，适当采用奖金、业绩提成等方式做好二次分配，调动博物馆从业人员积极性，实现博物馆文创产品开发。

（三）重视授权合作

目前，博物馆文创产品开发，主要有自主开发、授权合作、选购贴牌、设计竞赛等方式，其中授权开发是博物馆最常采用的一种方式，它在一定程度上开拓并丰富了产品开发所需的资源，其主要包括图像授权、品牌授权、出版物授权与合作开发四种方式。一般来说，拥有雄厚资金、文化资源和自己的设计团队的博物馆，可选择第一种方式，比如北京故宫博物院、上海博物院等，而大部分博物馆都要借助外力。各大博物馆产品开发采用最多的则是第二种方式，借助知名设计师、厂商及他们的研发团队、技术、工厂，提升产品的整体形象和品牌效应。这种方式能大幅度地降低文创产品研发的门槛，促进对文物的二次开发。当然，为了丰富博物馆文创产品种类、提升博物馆文化影响力或是配合特展，则可选择第三种或第四种方式。值得注意的是，对于藏品有限、资金有限、影响有限的中小型博物馆而言，最有效的方式是通过与大型博物馆合作开发，建立资源共享，实现开发效率最大化。总之，博物馆可根据自身情况和需要采取不同的甚至是混合的开发模式，获得更大的社会效益和经济效益。

（四）扩大资金来源渠道

一是不断加大专项经费投入，设立文化产业专项资金或新设专项资金，对博物馆文创产品研发进行扶持，完善各项优惠政策，鼓励社会资本进入博物馆文创产品研发领域。二是通过文化授权所得的销售收入和授权收入，这部分成为博物馆从事文创研发的主要资金来源，销售收入包括馆内销售收入、网络销售收入和委托经销商销售收入，授权收入包括各类授权所得的权利金。三是鼓励众筹、众包等市场化运作形式，通过对文化企业实行税收优惠和文化产业扶持政策，吸引社会资本广泛参与，从而获得充足的启动和周转资金。四是与金融机构开展合作，启动文创"补贷投"联动体系，即政府搭平台，推动银行、融资租赁、股权投资机构等金融机构，为文创企业降低融资成本，简化审批程序，提供一揽子金融服务。

（五）搭建沟通平台

博物馆文创产品开发需要做到专业化和精细化，仅靠博物馆自身的力量是不够的，可以通过建立"博物馆商店联盟"或"互联网平台"，将众多的文创资源聚集起来，实现资源共享和规模效益。博物馆商店联盟是联合博物馆商店与文化创意产品生产和销售企业的专业协会组织，其性质是不以营利为目的，但其同时又兼具博物馆文化创意产品营销的营利性特点。具体来说，一方面该组织或平台将全省博物馆资源整合起来，采用连锁运营的模式，统一研发文创产品并进行商品营销；另一方面通过该组织或平台对接供需双方，借助社会力量，满足平台、博物馆和专业设计者、厂商三者需求，形成分工明确、优势互补的文创产品开发产业链。而对于陕西省博物馆协会文化产业专业委员会来说，除了加强馆际之间的交流合作，还需要加强与社会专业力量合作，做好桥梁沟通作用。

（六）加强人才队伍建设

智力资源是博物馆开发文创产品的关键。一个优秀的文博类产品设计师，需要拥有深厚的文化修养、独具创意的专业技能以及丰富的生产实践，但这类人才又是极缺的。因此，博物馆人才队伍建设，一是实施人才梯队建设，自主培育和引进文物或相关领域的高端复合型人才；二是加强与知名设计室、厂商、高新技术企业等领域高水平人才展开合作，借助外部力量带来新的活力；三是实现人才有效利用，真正发挥人才的功能与作用。

开发博物馆文创产品，它在某种程度上为博物馆发展提供了一种新经济范式，改变了传统博物馆的生存法则，也彰显了传统文化与当下结合的发展新思路。它使传统元素以全新的方式融入公众的日常生活中，使生活艺术化，艺术生活化，逐渐转化为人们生活的一种方式，实现中华优秀传统文化创造性转化和创新性发展。

B.8
关中民俗文化旅游对传统文化的开发研究

韩红艳*

摘　要： 关中民俗文化旅游已经形成了自己的发展模式：突出了民间吃喝玩乐的传统；关中民居建筑，"复活"民俗文化艺术；依托民俗资源，对陕西的影视文学进行了开发利用。存在的问题有：民俗文化旅游竞争激烈，同质化现象严重；缺乏对传统历史文化深入的挖掘和传承；民俗文化旅游管理不规范，缺乏相应的人才；旅游产品缺乏审美创意，没有形成品牌。提出的建议在于：坚持走旅游可持续发展道路，防止盲目复制开发；深入挖掘传统文化的内涵；制定有效的管理机制，让民俗文化旅游得到健康传承发展；大力开发民俗文化旅游商品，突出当地民俗特色；加强品牌宣传，对旅游人才进行培养。

关键词： 陕西关中　民俗文化旅游　传统文化　袁家村

陕西文化表现出极强的历史性和风俗性，尤其是陕西的关中平原，更是以传统文化著称。关中平原包括了西安、咸阳、铜川、宝鸡、渭南五个地市，留下了丰富的文物古迹和传统的民俗文化，比如丰富多样的饮食文化、社火文化、节日文化、庙会文化、民间工艺美术文化、口承文化等诸多民俗

---

* 韩红艳，陕西省社会科学院助理研究员。

文化。一般对"民俗文化"的定义是指,不同国家、民族和地区之间民间民众长久以来形成的生活习惯和生活方式,由民众共同创造、进行分享和传承。民俗文化旅游之所以在当下盛行,是因为它能够满足人们体验民俗文化的心理,带来新鲜感、乡愁感、快乐感的心理满足,这是民俗文化旅游让人向往的地方所在,也是其能快速发展的源泉力量。当下,关中民俗村的火热程度甚至胜过了 5A 级景区秦始皇兵马俑,吸引着万千游客慕名而来。

一 关中民俗文化旅游对传统文化开发的现状

当下可以看到,陕西关中的民俗文化旅游蓬勃发展,已经成为陕西旅游的重头戏。以袁家村、马嵬驿、白鹿原影视基地和关中民俗博物院为代表的旅游景区,对关中民俗进行了各个层面的展示。伴随着民俗热,周至水街、茯茶小镇、重泉古镇、庵岭古城、渭南渭河坊、和仙坊等民俗景区先后出现,让许多濒临失传的民间文化借助旅游市场的带动,得到了复兴和重构。

(一)关中民俗文化旅游突出了民间吃喝玩乐的传统

1. "山寨版"古镇,再现传统美食手艺

在关中民俗文化旅游中,以袁家村和马嵬驿为代表。这两个民俗村与陕西的历史文化古镇不同,不是历史遗留的古村落,而是根据商业模式"仿造"出来的。但是"古镇"能够突出关中民间生活的形态和传统特色作坊,从而满足了游客对乡村的想象。袁家村被称为"关中印象体验地",创建了关中民俗风情体验街,展示了关中农村自明清以来的生活样态。在袁家村的古街中,有现在基本消失的一些传统的手工作坊,名字也古色古香,如五味斋醋坊、德瑞恒油坊、卢氏豆腐坊、稻香村醪糟坊、童济功茶坊、永泰和布坊、五福堂面坊、同顺堂药坊等。作坊中的美食小吃,村民都按照传统手工艺制作。同时,袁家村将品牌做大做强,进驻西安大型的商场如小寨赛格和曲江银泰商场,推广"袁家村"农副产品品牌。从中可以看到,袁家村产业一直在完善提升,从一开始主打"关中民俗印象体验"的旅游起步,到进一步发展到乡村的度假旅游,再到进行农副产品的产业加工售卖,形成一条龙的产业链。马嵬驿被称为"关中第一驿站",以民俗旅游观光为主,依托杨贵妃墓和黄山宫二者的历史背景建设开发,体现了浓郁的唐朝特色。马嵬驿的东沟、中沟民俗小吃街上,修建了众多的餐饮美食店,和袁家村的小吃街一样,都是现场制作各种小吃,受到了游客的喜欢。而且,商户经营者统一穿着具有关中乡土特色的服饰。

纵观这两个民俗村的特点,都是在成熟的商业模式运营下,以关中民俗文化为背景,专注于餐饮美食,开发出自己的旅游产品。相比景区建设的其他投入,在"民以食为天"的生存理念下,美食的吸引对游客有直接的吸引力。"2016年春节期间,袁家村和马嵬驿的游客接待总量达到194万人次,而西安游客接待总量为622.21万人次,两个村的游客接待量接近西安几十家景区接待量总和的1/3。"① 从中可以看到陕西民俗文化旅游的盛况空前。

2. "原生态"的生活样态,结合现代化的娱乐

关中民俗村大多不是名胜古迹,也没有丰富的自然资源,但是能做到因地制宜,关注农村生活。袁家村在旅游开发中,让当地村民集体参与,把自家的生活做成旅游。村子集体主义的历史、村民统一整齐的住房、日常活动等统统都在景区内,让游客对当地的生活充满了好奇感。当然,那些外表看着很"土"的民俗街景实际上充满了现代人的审美情趣,实现"土洋结合",使传统的民俗文化以崭新的现代情调进行传播。因而,袁家村被称为"陕西的丽江",在"土气"中体现出"审美"的情调。在住宿方面,袁家村有村民用自家房屋开设的"休闲农家",也有外来投资者兴建的生活客栈、左右客等精品酒店,让民俗文化旅游的品质得到了提升,符合游客的多种需求。

近年来,袁家村还出现了骑马、射箭、酒吧、滑雪等娱乐项目,修建了酒吧街、祠堂街、艺术街和回民街,体现了民俗文化向休闲化、高端化和个性化迈进,提升了袁家村的品质,满足了游客多样化的娱乐需求。马嵬驿也

---

① 任国才、杨忠武:《互联网思维的乡村旅游发展新模式》,《中国旅游报》2016年7月6日。

在寻求突破，提升自己的品质，修建了儿童游乐场，吸引家长携带儿童前往。同时还有鸵鸟场、跑马场和酒吧等娱乐项目，受到了年轻人的欢迎。这些举措增加了游客的人流量和停留时间，取得了很好的效益。

3. 免费旅游和免费招租模式

民俗文化旅游大多是免票模式。袁家村和马嵬驿被评为4A级景区，但是和其他景区相比没有任何收费，游客可以随时进出，从而快速吸引了大量客流，在竞争激烈的旅游市场上拥有强大的号召力。尤其是在"春节""十一"等重大节日期间，不仅吸引了陕西省内的游客纷纷到来，也让省外的游客慕名前来。据统计，每天的客流量在几万人之上，甚至有时候超过了20万人，这给景区的接待能力带来了不小的压力和挑战。在袁家村，游客可以免费参观村史馆，了解村庄的历史与现状，观看丰富多样的民俗演出。在马嵬驿，游客同样可以免费参观里面的历史雕塑馆和葫芦仙府等景点，可以免费观看民俗艺人的精彩表演。

袁家村的免费不仅体现在对游客的"免费开放"上面，而且也体现在对商家的"免费招租"方面。据报道，袁家村进行了招商引资，一共有近300家商户进驻，但是袁家村旅游总公司并没有收取房屋租赁费用，这对商户而言是极大的吸引力。免费入驻的条件是经营户要凭借自己的特色餐饮和精湛手艺，进行考核后才能进来，而且要定期考核，实行规范经营。优惠的条件和到位的管理模式成功地吸引了省内外众多的优质商户入驻。马嵬驿借鉴了这种模式，也是免费招租和规范管理，同样也取得了成功。

4. 搭建优质平台，实行互联网模式

袁家村除了鼓励村民参与经营外，还搭建优质平台吸引外来商户。袁家村吸引个体和企业来创业，他们修建了梧桐咖啡馆、日式居酒屋、如此文创坊等，这不仅丰富了袁家村的旅游内容，而且增强了吸引力，让袁家村的旅游品质得到提升。这一系列的改革举措让袁家村在2015年被国家旅游局评为"中国乡村旅游创客示范基地"。它每年吸引上百万游客，年营业额超过10亿元。与此相同的是，"马嵬驿创业孵化基地"扶持一些人创业，带动周边群众就业。这两个村不仅在做民俗文化旅游，还在做大做强文化产业，这其实是现代的"互联网思维"模式,"随着互联网从游客端向渠道端、向目的地端的快速渗透,哪里的乡村率先运用互联网思维,哪里的乡村旅游率先主动拥抱互联网,哪里的乡村旅游就可能脱颖而出。而袁家村和马嵬驿,正是中国乡村旅游积极运用互联网思维实现跨越式发展的典范"。①

(二)关中民居建筑,"复活"民俗文化艺术

关中民俗艺术博物院和党家村在关中传统民居方面最有代表性。关中民俗艺术博物院是国家4A级景区和国家文化产业示范基地。但是需要上百元的门票,人流量和袁家村相比,自然少了很多。它主要展示了关中明、清以来的建筑风格,里面建设了民俗文化展示区、古镇游览区、非物质文化遗产演示区、民俗文化研究中心,让游客看到了关中精美的民居建筑,体验了关中民风民情,看到了关中的民俗器具,欣赏到关中的民间艺术。尤其是古民居一条街,将散落在关中各地的100多所典型民居进行整体收购,然后移建到长安区五台古镇,进行保护并开发。博物院中收藏的石雕、木雕、砖雕、生活用品、名人字画,成为民族传统文化的展示品。尤其是石刻艺术、拴马桩、饮马槽、石人、石狮、石龟等,数量众多而且质量上乘。近年来,博物院重在"复活"民间民俗艺术,摒弃过去游客只能静态式地参观,形成了参与性强的民俗体验地,以适应游客的参观需要,尤其是致力于挖掘传统寿庆婚庆礼仪文化,形成了一道独特的文化景观。

党家村保存完好,是北方传统的"民居瑰宝",是"东方人类居住村寨的活化石",但是需要门票。与袁家村相比,它是现存的"活文物",不存在仿造的情况;与关中民俗艺术博物院相比,它不存在搬迁又异地重修的情况,而且现在里面还住着居民,让游客可以看到活的文物和当地居民的生活样态。2003年,它入选第一批中国历史文化名村名单。村中的建筑非常讲究格局,巷道纵横贯通,以条石或卵石铺成。其中的四合院建筑精良、古朴典雅,而且布局紧凑、保护完整。历史上党家村农商并重,村民富庶,因而

---

① 任国才、杨忠武:《互联网思维的乡村旅游发展新模式》,《中国旅游报》2016年7月6日。

修有寨堡，使村和寨相通，连为一体，在战乱中可以避难防御。这里不仅有一般农村都建的文星阁、祠堂、私塾、节孝碑、古井、神庙等，还有城墙、看家楼、泌阳堡、火药库及夹层墙哨门等古代防御体系。当下，在党家村景区中设有婚俗展馆、分银院、家训馆、花馍馆等，这些古老的民俗展示活动，对游客有一定的吸引力。

（三）依托民俗资源，对影视文学进行开发利用

白鹿原影视基地以陈忠实先生的小说《白鹿原》为依托，是陕西省第一个以影视体验为主要特色，结合了民俗文化旅游和欢乐休闲为主题的旅游地。影视城的布局完全按照小说《白鹿原》中所描写的场景进行修建，再现了作品中的"白鹿村"和"滋水古县城"，修建了关中民俗文化街和特色民宿等。相比于陕西民俗景区和其他影视城，白鹿原影视基地的特点主要在于具有非常丰富的各类文化演艺。比如游客可以看到大型影视特效实景剧《二虎守长安》、大型实景灾难体验剧《关中大地震》、游客参与互动的《黑娃演义》、儿童趣味演出等。这里拍摄了影视剧《白鹿原》，还有《百鸟朝凤》《毛泽东》等，满足了游客一睹影视剧拍摄地的好奇心。

此外，除了白鹿原影视基地，白鹿原民俗文化村和白鹿仓风景区，都是以小说《白鹿原》为依托而建。这三者内容有相同之处。白鹿原民俗文化村以仿古建筑、美食特产、传统技艺表演等形式呈现关中文化；白鹿仓风景区有仿古建筑关中民俗院落，也有江南水乡民居，美食之外还有一些运动项目。

二 关中民俗文化旅游在传统文化开发中存在的问题

以袁家村为代表的民俗文化旅游的成功，让乡村旅游成为一种时尚被迅速模仿。据陕西省旅游局统计，全省模仿袁家村的近七八十家，但是很多民俗村都只有复制，没有超越。当游客体验到越来越多复制的民俗文化时候，已经给游客造成了审美疲劳。目前陕西关中民俗存在的问题在于以下几方面。

（一）民俗文化旅游竞争激烈，同质化现象严重

关中民俗村大多是人造景点，无历史文化底蕴，周边无旅游产业互相扶持，很难吸引游客二次旅游。而且各地区的民俗文化旅游资源基本类似，存在着旅游市场相同的问题，因此会存在争夺市场份额的情况，导致区域间的竞争日趋激烈。事实上，袁家村、马嵬驿的客流有些已经被分流给茯茶小镇、白鹿原影视基地等后建的民俗景区。对游客而言，关中的民俗村虽然都在打造自己的特色，看过后却感到风格相同，很多都缺乏创意与吸引力，大多还停留在"住宿和餐饮"的模式中。在传统民俗文化的开发中，还没有做好和做深。"这种同质化竞争的根源在于，乡村旅游经营者一直都把乡村旅游当作低端旅游产品来做。既然低端，在创新上自然很难用心。而袁家村的可贵之处，在于从一开始就没有把乡村旅游当作低端产业来对待，而是把袁家村人的实心、用心、专心、诚心的真功夫融入了乡村旅游中，这种真功夫也成了袁家村经济发展的'活基因'。"①

最典型的争夺就是"一部《白鹿原》，三座民俗村"。小说《白鹿原》中的"白鹿村"并不存在，只是陈忠实先生杜撰出来的村名，在小说中白鹿村没有具体的地理方位及其特征描写。既然没有特定地点，那么白鹿原是在灞桥区还是在蓝田县都无可非议，都可以抢夺文学资源。同时，对游客而言，白鹿原民俗村、白鹿原影视基地、白鹿仓风景区内容基本相似，缺乏自己的特色。这种同质化的竞争，必然会很激烈。

（二）缺乏对传统历史文化深入的挖掘和传承

现在的民俗景区过分商业化运作，导致民俗文化的"庸俗化"和"变质"，导致民俗文化"原生态感"在逐渐消失。有些景区为了经济利益，一味地迎合游客的猎奇心理，刻意改变民俗深刻的文化内涵和社会价值意义，一味以现代艺术形式包装传统的民俗文化，结果让有些民俗文化显得不伦不

---

① 李玉洁、张栋平：《陕西袁家村：提升文化创造力》，《中国文化报》2015年10月17日。

类。民俗文化旅游要重点突出传统文化的内涵,强化历史文化、民俗文化和旅游的结合,将民俗文化与创意旅游相结合,才能突出"传统文化"的"现代弘扬"特色。可以举办地方民俗活动,将民俗的动态过程给游客现场展示,并让游客参与其中,乐在其中,才能对民俗有进一步的认识和了解。一些景区将传统民俗艺术舞台化、商品化是目前旅游开发惯用的手段。虽然增加了游客的兴趣,让游客有消费的欲望,却让传统文化的内涵有所损失,造成了商品化和机械复制化。没有对传统文化价值的深入展示,长此以往,游客对民俗文化旅游的兴趣也会大打折扣。因此,要关注民俗文化旅游中的文化维度,将历史经典、文学作品等艺术欣赏融入旅游产业之中,致力于挖掘更深的文化内涵,以此来吸引游客的关注。

(三)民俗文化旅游管理不规范,缺乏相应的人才

陕西民俗文化总体而言,在管理方面缺乏统一规范,有些景区的基础设施非常落后,相关服务没有跟上,这体现出管理上的诸多问题。混乱的管理留不住游客,还会导致对外形象的受损。民俗村在节假日期间,客流量是平时的十几倍,有些景区的服务设施根本无法满足这么多的人流量,让景区的服务接待大打折扣,这也是游客抱怨的一个重点地方。比如停车的问题,很多景区在节假日的时候,根本没有办法接待如此多的客流量,造成了严重的拥堵。周围的农民私自开辟车位,砍树毁田,对环境造成一定的破坏。一些民俗文化旅游景区地理位置偏僻,缺少相关的咨询服务和保障措施,交通不便利,食宿条件不尽如人意,缺乏鲜明特色的民俗吸引力,这些问题阻碍了游客的来访。同时,关中的历史景点非常多,远道而来的游客只会对类似的民俗景区走马观花,停留的时间较短。

民俗文化旅游管理不规范,这意味着相关旅游人才的缺乏,必然导致景区的创新意识和能力欠缺,这是民俗文化产业化开发的难点。优秀的文化经营管理人才,才能让景区的发展走品牌化和精品化道路。对传统民俗文化进行推广宣传,树立其品牌意识,都需要专业的人才担当此重任。这其中包括掌握现代传播技术的专业技术人才,能够科学分析市场,充分利用多元化促

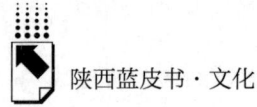

销手段进行宣传,让景区为游客迅速了解;目前一些民间技艺正面临失传的危机,急需进行抢救。这就需要一批民俗文化的大师以及青年工匠,让传统文化得以继承和发扬。

(四)旅游产品缺乏审美创意,没有形成品牌

民俗文化商品开发基本是美食和工艺品。旅游者大多会购买当地土特产、纪念品等,作为旅行的回忆或者馈赠佳品。因此,对旅游商品的要求是做工精美,能够传递当地的民俗文化。目前而言,民俗文化旅游产品的开发不能满足这种要求,产品的层次较低,结构单一,创新意识不够,很难让游客产生购买的欲望;工艺品设计非常滞后,缺乏创意,还停留在模仿阶段,大多没有形成好的品牌。比如像一些民间工艺品,刺绣、剪纸、皮影、脸谱、泥塑等工艺品,到处都可以买到,没有自己地域的特色商品,同质化严重;商户之间卖的产品雷同,景区之间的产品大同小异,缺乏创新;一些产品粗制滥造,几十年都不曾进行改变,产品质量不高,缺乏工艺性和人文性。这样就难以形成规模和品牌,自然缺乏销售渠道,仍然是自产自销,品牌经营意识相当淡薄。

三 关中民俗文化旅游对传统文化开发的对策

陕西关中乡村旅游受到普通民众的喜欢,其发展的大潮汹涌澎湃。关中的民俗文化旅游在热潮中形成了自己的特色,但是也出现了一些问题,针对这些问题,本文提出以下建议。

(一)坚持走旅游可持续发展道路,防止盲目复制开发

要在同质化竞争激烈的关中民俗文化旅游市场中占有重要的地位,就要打造自己的"独一无二性",这面临创新和走精品化道路的问题。

1. 提升景区的生态环境,有效开发传统民俗文化

景区要正确地评价旅游资源,制定合理的乡村旅游开发规划,然后有计

划地进行旅游开发。这一过程需要相关的法律法规依据、资金支持和技术支持。民俗热让资本找到了自己的增值空间,资金来源可以由政府审批资助、引进企业资金以及个体资本;制定和完善陕西民俗文化旅游资源保护的政策法规,严格执行有关旅游资源的法律法规,建立保护与管理机构;技术上,在开发的前期,要对选址景区进行生态环境监测与评价,在开发及经营过程中开展实时环境监测。

同时,要让民俗文化旅游的景观有规模效应,在景区合理的规划之下,形成有一定数量的游客资源,且保证一年四季都能吸引游客前往,否则很难有竞争力。这就要求全年布置好重要节日的民俗文化旅游,形成疏密有致的民俗文化旅游内容。尤其是"五一""十一""春节"等大规模的民俗演出活动,让游客有参与性地游览。比如华阴老腔在春晚的集体亮相,让民众欣赏到原生态关中文化,现在很多景区都邀请老腔艺人展演。秦腔艺人也在各个景区演出;景区应该安排表演皮影戏、糖画、剪纸、杂技、高跷等平时难得一见的关中民俗艺术,为游客送上丰富的节日文化庆典。而且,在一些民俗活动展览地方,进行传统民俗的演出和实物展出,让民俗文化深入人心,让游客"零距离"接近。

2. 进行联合开发,凸显差异化民俗文化旅游

从关中民俗文化旅游业发展的趋势来看,民俗市场竞争越来越激烈,而有些民俗村在激烈的竞争中已经败北。如果有合适的区域旅游协作,就可以促进旅游发展,提高区域产业竞争力。关中5个地市民俗文化资源相同,因此需要打破这种地域的限制,根据市场的要求进行资源调整,实行关中各区域内旅游资源的"差异化"开发,走联合开发之路。同时,这种区域联合的模式也能带动其他的旅游,实现双赢的局面,比如,咸阳乡村旅游特色明显,一业带动的大势已成。乡村旅游与民俗文化游集合紧密,带动了生态观光游、帝陵文化游、红色文化游、工业体验游等业态发展。①

---

① 《咸阳市旅游产业发展情况汇报》,咸阳市人民政府网站,最后访问日期:2017年9月3日。

而且,关中可以和陕南、陕北进行联合开发,"在数个地区联合开发,将民俗旅游点串联成线,让游者体会一个完整的民俗文化精神感受,使游者了解陕西人是怎样生活、居住、劳动的,有哪些民俗习惯。如可建立延安—西安—安康民俗旅游线,既可感受民俗文化的多样性和差异性;同时又不失一次由北到南的陕北深厚的黄土堆积和半干旱的温带气候及半农半牧的经济发展方式,关中平衍的土地、温带半湿润气候与发达的旱作农业经济,陕南风光旖旎的亚热带湿润景观和富庶的稻作农业经济自然景观的串游"。[1] 关中、陕南和陕北的民俗文化旅游资源大不相同,对三者进行重组和开发,可以实现信息的交流与共享,促进和带动整个陕西民俗文化旅游的繁荣。这可以发挥区域民俗文化旅游的整体优势,让民俗文化旅游持续发展。

(二)深入挖掘传统文化的内涵

陕西关中民俗景区大多是主打古镇和美食,运行模式基本一致。因此想要做得更好,就要再深入挖传统民俗文化的内核。要有效地挖掘真正的民俗,拒绝虚假的民俗,做到无论在内容抑或形式上都应当尽量展现当地的历史和现状,从而展现民俗文化旅游的独特魅力。要坚持在"保护中开发"的原则。一方面,尽量真实地反映民俗文化,要对民俗文化给予详细说明,让传统民俗文化为当代人所接受,不能为了追求利润,让民俗文化一味地媚俗。加大地域文化内涵,精准挖掘历史典故和文学艺术资源,将有形与无形的文化资产用好,然后融合与创新。另一方面,对传统民俗文化,要在保持其真实自然的基础上,进行改造和重构,实现传统文化的现代化创新,但是必须防止过分商业化和机械复制化倾向。同时,对传统民俗的展示不能仅仅做静态的展示或者是舞台上的展示,还可以通过图片、电影电视和一些纪录片来传递乡土文化的魅力,为游客呈现浓浓的乡愁感。

---

[1] 张健、崔晓明:《陕西区域民俗文化旅游现状分析与旅游开发》,《安康学院学报》2008年第4期。

（三）制定有效的管理机制，让民俗文化旅游得到健康传承发展

袁家村的成功是建立在成熟管理的基础之上，以服务取胜。同时做大做强，实行品牌化和连锁化道路，这是乡村旅游的发展趋势。要使民俗文化旅游持续健康地发展，必须要有配套的管理手段和方法。民俗文化旅游区的管理单位，要负责旅游区内的一切管理工作，并对管理的效果承担责任，从而实现对旅游区的有效管理。这其中包括规范民俗村各个方面的管理和监督，及时评估其发展情况，发现存在的问题，督促其进行整改或者停业；加强景区的基础设施建设，改善景区的交通、食宿、安全、咨询条件，为游客创造舒适便捷的服务环境；进行科学管理，要处理好景区承载能力与游客人流的平衡，根据景区的实际承载力对游客进行有效的宣传、疏导。

民俗景区的开发，政府的目的是为了让村民致富，游客的目的是想看到"民俗乡愁"。村民是民俗景区的主体，让村民参与到旅游发展的决策管理当中，才能公平地获得旅游收益的机会。在民俗文化旅游中需要村民去展示民俗文化，传承与发扬民俗文化，需要村民建设和保护美好家园。这样，村民不仅能获得收益，而且愿意参与其中，如此才能让民俗文化旅游得以健康发展。

（四）大力开发民俗文化旅游商品，突出当地民俗特色

要确立"产品为王"的理念。除了美食之外，很多的民俗文化旅游品都比较粗糙，缺乏当地旅游纪念的价值。民俗文化商品的开发要基于对消费市场的分析研究，对商品独有的民俗文化内涵的挖掘，对游客的消费品位进行调研，才能开发出个性鲜明而又符合当下人审美情趣的商品。旅游产品不是对民俗文化的复制，而是进行创新的产物，体现了传统内涵与现代审美的有机结合，这样才能够紧随潮流又不失神韵。比如"唐妞"的走红就是一例，她是陕西省历史博物馆的形象代言人，由西安桥合动漫创始人乔乔设计。这位"唐妞"以唐仕女俑为原型，保留其唐代妆容服饰特点，结合现代漫画特色设计而成。设计者认为，"唐妞"的走红是因为在保留传统文化韵味的同时，又符合了当代年轻人的审美观念。同时，要注重对旅游品知识

产权的保护，否则一款产品走红后会被迅速复制，出现大量的仿造品，"完善的知识产权制度，不仅可以保护文化创意产品不受侵害，维护文化产品的组织者和创造者的合法权益，还可以依靠知识产权的独占性占领市场，取得竞争优势，并且推动产品创新向更好层次的发展"。①

袁家村的支部书记郭占武在采访中认为："现在我们引进的以民俗创意文化为核心的系列化、高端化、个性化产品，酒吧街、艺术街等，一定程度上提升了袁家村的品质，我们要逐渐培养一些小品牌，跟着大品牌'走出去'。尽管这些产业现在可能赔本经营，但从长远来看，营造的这种文化氛围实际上是增加了乡村的造血功能，是一种大业态的完善。"② 由此可见文化创意产品的重要意义所在。

（五）加强品牌宣传，对旅游人才进行培养

在民俗文化旅游中，如果景区想让自己的产品和服务得到广大游客的认同和接受，不仅要有精良的产品和优质的服务，而且在"媒介为王"时代，一定要借助各种媒介进行宣传，让自己的有效信息传播到游客消费市场上，用大数据手段推进旅游的发展，以便在更大范围内获得游客的认同和接受。比如通过对景区全方位的形象设计，树立民俗文化旅游鲜明的个性形象，让宣传获得人们的认可和接受；可以提出旅游宣传的主题或者口号，袁家村"关中民俗体验"的口号就深入人心；选择多种媒介进行广告宣传，如传统的报纸电视，还有网络和自媒体，形成网络品牌。还可以利用网络信息和游客形成互动，游客体验后在网络自发的宣传是最直接的广告，会吸引自己的亲朋好友一起前往；定期举办一些有特色的节日庆典活动，让不同的媒体机构和艺术团体到景区进行考察和宣传，吸引游客前往。

提高旅游业人员的整体素质，需要投入人力物力进行培训。因此，建议实施民俗人才培养工程，比如对"非遗"传承人的扶持计划，发现有影响

---

① 郭艳娜：《发展视域下陕西民俗文化的保护》，《西安财经学院学报》2009 年第 6 期。
② 张仕珍：《读懂袁家村》，《中国旅游报》2016 年 9 月 5 日。

的民间艺人，吸引青年人学习和传承；景区可以和省内外的一些艺术院校联合进行培养，让民俗表演的人才充盈，能够形成高素质的民俗文化传播队伍，这些表演者是民俗文化旅游的无形财富，会提升民俗文化旅游的品质；要加强对景区服务人员的培训，提高其业务水平，并且建立完善的考核标准，规范从业人员的行为。

民俗文化旅游最终拼的是游客的体验度，游客的体验度越高，就说明游客满意度越高，就越有口碑，也越能吸引更多的游客来参观，最终才能形成民俗文化旅游持续良性的发展态势。关中民俗文化旅游如果能扬长避短，总体上而言会风头更胜。

B.9
基于公共服务视角的陕西移动政务媒体发展研究报告

邓娟[*]

摘　要： 移动互联网背景下，单一发布信息、宣传政策方针的政务媒体定位已无法满足人民群众信息服务多样化需求。新时期，不断推动信息公开，加强互动交流，提供一站式办事服务平台成为移动政务媒体发展的题中之义。

关键词： 移动互联网　政务微博　微信　移动客户端

互联网尤其是移动互联网的深入发展，不仅改变了人类的信息传播手段，更重塑着人们的生产生活方式。时至今日，我们越来越离不开互联网尤其是移动互联网所带来的一切，它已成为人类社会基础性连接方式之一。

2017年8月，中国互联网络信息中心发布的第40次《中国互联网络发展状况统计报告》显示，截至2017年6月，中国网民规模达7.51亿，手机网民规模达7.24亿，占比达96.3%，呈持续上升之势。手机不断挤占其他个人上网设备的使用，移动互联网占主导地位。[①] 以互联网为代表的数字技术不断助推经济社会转型升级，移动互联网的时代已然来临。

具体到政务媒体领域，一方面，随着移动互联网平台进入追求品质的稳

---

[*] 邓娟，陕西省社会科学院文化研究所助理研究员。
[①] 《第40次〈中国互联网络发展状况统计报告〉发布》，中国互联网络信息中心，最后访问日期：2017年9月15日。

健化发展阶段，移动政务媒体不断与时俱进地提升信息公开、办事服务的内容和水平；另一方面，为应对移动互联网带来的挑战，党和政府深化行政体制改革，简政放权、优化服务，不断追求办事服务流程的精简化、标准化，过程的信息化、规范化。政务媒体尤其是移动客户端由发布信息的媒介定位逐步向提供一站式服务的平台定位转变。

一 移动互联网背景下政务媒体面临的挑战和机遇

移动互联网将移动通信与互联网技术相融合，依托快速发展的智能终端，突破桌面电脑固定终端的限制，具有开放、平等、互动，随时、随地、随身提供信息与服务等无可比拟的优势。

（一）移动互联网背景下信息传播的特点

近年来，移动互联网升级换代，手机等便携终端不断普及，运营模式时有创新，微博、微信、手机客户端、手机游戏、手机视频等应用层出不穷，移动互联网的用户规模快速扩大，人们的沟通与交流方式产生了极大的变化，移动互联网进入全民时代，不断呈现新的特点。

1. 信息传播的普遍性与即时性

移动互联网背景下，网络连接越来越方便，手机等智能终端越来越易携带，功能越来越强大，人与人的交往更加便捷，联系更加紧密，任何个人和机构都可以地随时随地发送、传递和接收信息。传播的门槛消失，人们越来越容易及时获取刚刚发生事件的信息，信息传递接收无时无刻不在发生，传播速度也无限提升，地点不受任何限制，即时性效果凸显。

2. 信息传播的个性化与互动性

移动互联网背景下，信息海量传播，人们只选择与自己相关的内容，个性化需求凸显，传播主体多元且相对平等，传播内容和价值个性化色彩明显。同时移动互联网的去中心化、匿名性与社交属性吸引每个人都积极参与到传播过程中来，及时沟通和分享信息，必然带来传播的个性化与互动性。

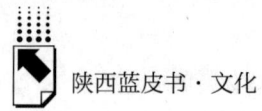

3.信息传播的碎片化

移动互联网背景下,人们随时随地接入互联网,也就意味着可能随时随地退出,使用时间、地点随意,也就意味使用过程及注意力极易碎片化。碎片化浅阅读逐渐成为趋势。据统计,网民对文字、视频长度的忍耐与屏幕大小成正比,未来短文章、微视频将成为移动媒体、终端的主流内容,人们对信息时效性、接近性、针对性和趣味性的要求会更高。

移动互联网背景下,信息传播的移动性、终端的智能化、阅读的碎片化以及应用平台的集成化,都在不断参与、渗透、颠覆并重塑着我们的生活、学习、娱乐和工作方式,改变着我们对商业、娱乐和公共服务的期待和要求。为满足这种新期待新要求,积极适应和利用移动互联网带来的挑战和机遇,社会各方面尤其是公共服务领域必然发生新的变化。

(二)移动政务媒体提供公共服务的特征

第39次《中国互联网络发展状况统计报告》显示,截至2016年12月,我国使用线上政务办事的用户规模达到2.39亿,占总体网民的32.7%,即三成以上网民通过政府微信公众号、网站、微博、手机端应用或支付宝/微信城市服务来获得政务信息与服务。[①] 传统网站公共服务依托桌面互联网,在线办事服务信息传播及时准确、便捷易得,服务全天候且具有互动性,移动政务媒体作为网站的衍生,不仅具有以上特征,而且更追求服务随时随地随身化、个性化、便携化等特色。

1.服务的移动性

移动互联网背景下,移动政务媒体在线公共服务依托无线网络与智能终端的结合,打破传统政府网站信息和服务传递时间、地域所受到的来自终端设备固定性的限制,服务"在线"且从不间断,可以即时为顾客提供一直在线、无时无刻无所不在的服务。公民也可以随时随地与政府工作人员取得

---

① 《第39次〈中国互联网络发展状况统计报告〉发布》,中国互联网络信息中心,最后访问日期:2017年9月15日。

联系，更好地享受无缝隙服务。

2. 服务的普遍性

无线网络和移动终端的出现，尤其是智能手机的普遍使用，降低了网络使用成本与门槛，突破了原有基于桌面互联网的网络用户群体，产生了更大范围的用户数量。这也就意味着移动政务媒体提供的信息和服务可以传播到更远更偏僻的地区，有效解决了基层尤其是农村偏远地区的信息服务缺失，有效降低了"数字鸿沟"带来的影响。

3. 服务的个性化

移动设备不仅可以提供用户的地理位置，而且通常仅供个人使用，附带用户的个性需求和偏好，基于此推送政府相关信息与服务，不仅更准确、及时和有效，而且还便于政府根据用户个性化特点，划分需求和层次，细分群体，通过提前定制，主动推送符合个性化需求的信息与服务，进而有效提升公共服务效率，降低服务成本。

4. 服务的整合性

基于移动互联网的碎片化阅读方式，信息的短小精炼成为主流需求，人们倾向于花最少的时间得到最需要的服务。也就是说，移动政务媒体在提供信息和服务过程中需要把大量分散的信息整合成一个个集合体，再根据用户需求进行分类呈现，将海量信息与个性化需求匹配，更有针对性也更准确更便捷。

二 移动政务媒体在线办事服务发展现状

作为公共服务的核心部分，政府网上办事服务主要指政府为满足公众、企业需求，通过网络提供咨询、申请、受理、审批等服务事项，[1] 是政府转变职能、构建服务型政府的核心内容。其发展水平代表着政务服务由内部工作流程向对外服务的转变程度，对推进公共服务均等化、提升公共服务效率

---

[1] 王立清：《政府网站公共服务功能设计与实现研究》，《图书情报工作》2008 年第 S1 期。

和水平极其重要,更是国家治理体系和治理能力现代化的重要组成部分。从世界范围来看,政府网上办事服务代表着国家或区域电子政务发展的水平和阶段,当前电子政务较为发达的国家基本都处于政府与公民、企业双向互动和网上事务处理阶段,下一步建设的关键在于构建整体性政府和解决协同治理问题。

近年来,为更好地提供公共服务,从办公电话、大厅窗口,到政府网站,再到政务微博、微信公众号、政务 APP,我国各级政府不断拓展公共服务渠道,完善平台建设,并在内容上优化流程,简化环节。早在 2006 年国务院《关于加强政府网站建设和管理工作的意见》便明确要求"切实提高在线办事能力",提供"一站式"服务入口,逐步建立网上办事大厅。①

2015 年 11 月,国务院印发《关于简化优化公共服务方便基层群众办事创业的通知》,要求推动实体政务大厅向网上办事大厅延伸,逐渐构建实体政务大厅、网上办事大厅、移动客户端、自助终端等多种形式相结合、相统一的公共服务平台。② 2016 年 9 月,《关于加快推进"互联网+政务服务"工作的指导意见》出台,提出要优化再造政务服务、融合升级政务服务平台渠道、夯实政务服务支撑基础,在 2020 年底前建成覆盖全国的整体联动、部门协同、省级统筹、一网办理的"互联网+政务服务"体系。③

经过近 20 年的积累和发展,我国电子政务取得一系列的成就,门户网站、政务"两微一端"、政务头条号等已逐渐成为政府公开发布信息、回应网民关切、提供办事服务的重要平台。截至 2016 年 12 月,全国共有.gov.cn 域名 5.3 万个、政务微博 16.4 万个、政务头条号 3.4 万个,覆盖中

---

① 《关于加强政府网站建设和管理工作的意见》,中国政府网,最后访问日期:2017 年 9 月 15 日。
② 《关于简化优化公共服务方便基层群众办事创业的通知》,中国政府网,最后访问日期:2017 年 9 月 15 日。
③ 《关于加快推进"互联网+政务服务"工作的指导意见》,中国政府网,最后访问日期:2017 年 9 月 15 日。

国 31 个省、自治区、直辖市，包括政府各垂直领域。① 同时，各级政府机关积极加快布局政务"两微一端"，与时俱进提升政务信息与服务水平，推动互联网政务服务向移动化、平台化、整合化发展。

（一）政府网站的移动化

在我国，政府网站是电子政务与政务媒体最早也最基础的载体，是政府在互联网上建立的履行职责和沟通社情民意的重要平台。伴随着服务型政府建设的不断推进，传统"以部门为中心"的政务服务模式向"以公众需要为中心"的模式逐渐变革，我国政府网站的建设力度不断加强，社会影响力大幅提升，政府网站发展日趋成熟。

一般而言，政府网站须具备信息公开、在线办事服务、互动交流三大功能，其中在线办事服务最为核心与关键。当前我国各级政府网站都提供在线办事服务。主要内容包括民生领域服务，按个人、企业、三农、投资者、旅游者不同对象提供服务，场景式服务，绿色通道，便民查询等，以方便群众通过互联网平台了解政务信息，获得公共服务并开展互动交流。

当前政府网站提供在线办事服务或基于门户网站，或依托实体政务大厅，或直接搭建"一站式"办事大厅。实践中，随着国家对"互联网+政务服务"的强调，我国政府网站办事服务由第一种模式向第二种、第三种模式转变，以建设虚拟办事服务大厅为抓手，逐步进入"服务整合和内容保障阶段"。② 各级政府网站依托简政放权、优化服务等服务型政府建设进度，不断优化服务流程，推动线上线下资源对接，明确权力清单、负面清单，规范网上办事服务各项基本要素，以"数据多跑路，群众少跑腿"为目标，不断完善政府网站办事功能，提升在线办事服务能力。

未来，随着移动互联网的发展，针对公众快速获取信息与服务的需求，

---

① 《第39次〈中国互联网络发展状况统计报告〉发布》，中国互联网络信息中心，最后访问日期：2017年9月15日。
② 王璟璇、杨道玲：《政府网上办事服务的模式分析及整合建议》，《电子政务》2015年第5期。

政府网站必然呈现移动化趋势，如推出网站的手机版、提供移动端入口，甚至基于网站推出移动客户端，建设网站微门户，积极适应移动互联网及其终端的需要。同时现有政府网站可基于强大的信息承载量和丰富的表现力，成为各类移动政务媒体的信息来源与链接终端。

（二）政务微博

作为社交网络平台的一种，微博基于关注机制建立用户之间的关系，以广播的形式进行信息分享、传播及获取。注重时效性，互动性强，内容多碎片化和随意性，较好地适应了现代人生活的快节奏，使碎片化的时间得到充分利用。

政务微博主要包括党委、政府等政务单位开设的官方微博账户和政务单位的公职人员开设的通过身份认证后的个人微博。我国的首个政务微博诞生于2009年，开启了"微博问政"的新纪元，经过2011年政务微博"元年"的井喷式增长和2012年的飞速发展后，微博用户出现小幅度下降，标志着微博市场进入成熟期，政务微博进入常态运营。

前期政务微博重点发布与民生发展相关的重要信息、各部门的重要工作和活动信息、突发公共事件的准确信息等，为网民了解区域经济、社会、文化发展提供重要窗口。功能主要集中于信息发布和互动交流两大功能，并不提供在线办事服务，或最多提供相应的政府网站链接。但发展到今天，随着移动互联网和智能终端的飞速普及和发展，政务微博也开始整合资源和功能，尤其政务微博群的出现，使提供完整系统的办事服务成为可能。依托辖区内政府部门间信息共享，各政务微博只要相互收听，并保持与政府网站紧密对接，便可构成集群化服务平台，为公众提供一站式服务，实现电子政务服务大厅的虚拟化。

移动互联网背景下，微博的多终端登录方式不仅便于政府工作人员随时随地更新政务信息和服务，而且方便公众即时获取和分享信息，可有效解决政府网站更新慢、访问量低的弊端。政务微博不但丰富了网民获取信息、解决问题的渠道和平台，同时便于各部门协调联动以及群众对公共服务的评价与监督，提高在线办事服务的效率和水平。

(三)政务微信

微信是腾讯公司推出的一款手机软件,用户数量庞大且覆盖面极广。2012年以来各级各类政府部门积极进军微信,以公众号的形式履行信息公开、互动交流、在线办事服务,成为我国电子政务又一新的平台。同政务微博一样,基于平台本身较高的普及率和使用率,政务微信具有很强的用户基础,加之反应灵活,能更好拉近政府和民众的距离,及时灵活地处理政务,为用户提供高效便捷的服务。

政府部门主要通过政务微信公众号发布信息、提供公共服务,用户通过关注和订阅公众号,便可直接接收该账号所发布的信息和服务,相较于以往广播式的信息发布,微信的特点在于一对一服务,更符合移动互联网背景下个性化、精确化的信息传播需求。公民通过关注政务微信公众号,可以随时获取政府部门信息和服务,展开一对一互动交流,同时获得缴费等在线支付服务。政务微信互动私密,传播形式丰富,信息不容易沉没,有助于解决政府在线服务"最后一公里"的问题。

政务微信公众号有多种形式,大致而言,共青团、宣传类部门的微信公众订阅号以信息发布为主,社保等民生类部门的微信公众服务号以办理业务为主,交警类部门的微信公众服务号以缴费为主。

基于平台设定,微信公众号每天只可发布一次信息,且对信息格式有着较强的规范。为保证信息的质量,公众号通常发布的是图文信息,一次发布多项内容标题,通过标题可点击查看正文、链接网站,使提供在线办事服务成为可能。此外,微信公众号还可通过界面上的自定义菜单,提供自助服务、自动回复等功能。用户可点击按钮切换至输入界面反馈信息,进行查询,获取服务,政府部门也可通过该页面完成一对一的互动交流,互动界面第三方不可见,保密性较强。

(四)移动政务客户端

伴随着移动互联网和智能终端的普及,手机终端应用APP迅速发展,其产生的数据流量占比越来越多，成为移动互联网重要的应用平台。APP（application program）本义为"应用程序"，指可安装于手机、平板等智能移动终端的应用软件，多为满足人们社交、消费、咨询、娱乐等需求。政务APP则指专门提供政务服务的移动终端应用，功能可覆盖传统电子政务信息公开、在线办事、互动交流等。

近年来，越来越多的政府部门积极主动适应移动互联网和移动用户需求，依托网站、微博、微信等平台，开发集合性的政务客户端，拓展服务渠道和平台。其最大的优势在于操作便捷、信息集中性和针对性强。当前所有政务APP基本都具有信息发布的功能，部分政务APP还具有信息查询、在线交流功能，少数APP提供在线办事服务。

除了政府自己开发的移动应用终端，支付宝、微信等第三方平台也主动对接政务资源，提供整合性多样化的移动政务服务。截至2016年12月，通过支付宝或微信城市服务平台获得政务服务的使用率为17.2%，为网民使用最多的在线政务服务方式。[①]

三 陕西移动政务媒体在线办事服务存在的问题

近年来，陕西移动政务媒体建设取得一系列的进展，但平台关注度低、引导效果差、影响力弱等问题仍然凸显，移动政务媒体成为一站式信息、服务提供平台，还有很长的路要走。

（一）整体服务水平落后

当前陕西各移动政务媒体功能多以官方新闻信息公开为主，且内容陈旧、雷同、更新滞后、随意；甚至少数政务微博内容以无意义的鸡汤文或天气预报为主，信息冗余严重；栏目设置不科学，用户难以迅速便捷获取服务

[①] 《第39次〈中国互联网络发展状况统计报告〉发布》，中国互联网络信息中心，最后访问日期：2017年9月15日。

和信息；互动很少，用户的参与感较差；少数媒体平台办事服务仅提供办事指南，实用性较差；缺乏特色栏目、特色内容、特色活动，与网民互动浮于表面，缺乏主动回应质疑的意识，线上线下隔离，对地区敏感问题、负面新闻不能及时表态、有效监督。

（二）缺少统筹规划

陕西移动政务媒体总体数量庞大，但都各自为政，缺少全省层面的规划设计，难以形成系统联动的办事服务平台；各移动政务媒体开发模式不一、风格各异，设计和运营极其随意，难以统一管理；同一主管单位的各部门政务媒体，或者同一部门的不同政务媒体平台，归口于不同机构运营，发展不平衡性凸显，服务能力层参差不齐，无法实现共建共享和互联互通，传统政务服务条块分割，信息孤岛的现象不仅没有解决，反而愈演愈烈，数据共享难以实现，一站式服务缺少机制性的支撑。

（三）技术理念落后

当前，陕西各级政府部门虽然开通了各类移动政务媒体，但同移动互联网技术发展和群众需求相比，实践进展严重滞后，内容建设、运营管理仍停留在传统公共服务阶段。大多数移动政务媒体以长文字为主要内容形式，单向宣传灌输，风格陈旧，语言生硬；界面多延续电脑页面设计风格，无法适应手机等小屏终端尺寸，拥挤不堪，有的甚至需要上下左右拖曳；服务事项只有内容或目录，实用性不足；技术理念落后，不能及时应用新的传播方式、拓展传播渠道、创新服务手段，总是处于被动补齐层面。

（四）管理滞后

当前移动政务媒体数量庞大，层次参差不齐，出现诸多问题的背后归根到底还是运营管理的不恰当不科学。大多数主管部门、领导和工作人员对移动政务媒体功能定位模糊，甚至少数政务媒体为完成任务而建，责任心不强，出现阶段性"休眠"现象；少数基层政府盲目开发移动政务媒体，有平台无内容，同时囿于财力，建成后无力维护，多呈"僵尸"状态；有的政务媒体内容雷同，服务空泛，访问量和满意度都亟待提高；还有的移动政务媒体为逃避责任，不互动不回应；移动政务媒体整体存在低层次重复建设，网站、微博、微信上的内容几乎毫无差别，平台对接、内容细分和差异化发展严重不足。

四 陕西移动政务媒体在线办事服务的创新对策

近年来，陕西各级政府积极推动网站移动化、政务"两微一端"建设，不断提升行政效能和公共服务水平，旨在推进以公众需求为导向的服务型政府建设，而移动政务媒体的平台化建设则是其中重要的抓手之一。

（一）加强顶层设计，建立全省政务媒体的统一逻辑

1. 统一规划、统一管理

针对当前全省移动政务媒体数量庞大、各自为政、水平参差不齐的现象，应从用户实际需求出发，在目标要求、建设标准、服务目录、管理规范、评价体系等方面予以统一规划统一管理，整体提升全省移动政务媒体建设水平；不断规范功能设计、内容展示、后台管理和服务标准，优化各政务媒体的形式、内容、功能和风格，形成高品质的移动政务媒体文化；围绕在线办事服务的准确度、实用性、满意度，构建全省移动政务媒体考核评价体系。

2. 统一身份认证，一网通办理

省级政务机构可尝试在全省范围统一用户身份认证，即用户只需验证一次，便可在政务大厅窗口、政务网站、政务微博、微信、移动APP等平台上无差别通行，全流程通用，减少反复提交身份证明材料的现象。同时政务服务平台也可通过保存用户认证信息，主动提供全生命周期的服务，提升个性化精准推送服务水平。

（二）积极应对新技术带来的挑战和机遇

未来，随着移动互联网的发展，必然产生更多的移动政务媒体和服务平

台，形成新的应用模式。各级政府要勇于面对技术进步带来的挑战和机遇，改变传统行政科层管理理念和自上而下的单一控制思维，提升服务意识，进行前瞻性预判，运用互利网思维来构建电子政务系统。依托云计算、大数据、人工智能等技术，将工作重心由实体办事大厅窗口服务向在线服务转移，将开放、互动、去中心等精神融入政务服务中，拓展服务手段，创新服务方式，从而提供高效便捷、均等精细、个性化无缝隙的政务服务，进而推进服务型政府建设。

（三）提升服务层次

当前陕西移动政务媒体服务平台建设还局限于仅提供查询服务，一体化办事程度较差。未来一方面要加强对各移动政务媒体平台服务完整性、及时性、准确性、实用性的考核监督，积极探索媒体功能纵深化发展的方式方法；另一方面，依托信息技术倒逼行政体制改革，通过简政放权、优化服务、放管结合、行政审批制度改革等，积极推进陕西省"互联网+政务服务"的实施落地，以提升政府在互联网时代的服务水平来推进移动政务媒体转型升级。

（四）加强移动政务媒体间的融合

不管是政府网站、政务微博，还是政务微信公众订阅号、移动政务APP，不同的媒介形式具有不同的优势和特点，如网站更适合提供系统化信息和服务，社交媒体更适宜于互动交流。实践中，我们要加强各媒介形式的融合发展，如在网站提供社交媒体账号和信息，网站内容可通过社交媒体进行分享，社交媒体根据需要链接网站深度内容等，最终通过各移动政务媒体的对接，提供无缝隙不间断的服务。

（五）科学运营管理

摒弃为建而建的思路，各政府部门根据需要及条件，选择适宜的移动政务媒体服务平台，而非一味追求高大全。刚性需求大的政府部门应加大投入，与时俱进开设多样化的移动政务媒体；需求不那么大且独立开发、运营移动政务平台有难度的基层单位，可借助第三方平台，联合推出移动政务信息与服务。

（六）引入用户参与，共建共享

新时期，移动政务媒体可依托大数据等互联网技术对用户信息和行为进行收集、分析和整理，准确把握用户需求，优化整合资源；基于社交媒体的互动性，政务媒体服务平台可及时向用户推送个性化的信息和服务，用户也可以随时向政府部门提供信息反馈、意见和监督。未来，移动政务媒体可开通"个性化定制"栏目，针对不同的用户需求提供精准化差异化的服务。同时紧密联系群众，广泛吸纳社会和群众参与媒体内容建设，自下而上改进媒体信息和服务生产、传播以及反馈的形式，倡导公众与政府共创共建公共服务，吸纳公众评价和监督媒体内容、服务等职能的履行情况和水平。

B.10
陕西省特色小镇文化资源开发模式研究

王永莉*

摘　要： 本文在调查陕西省特色小镇文化资源开发现状的基础上，分析特色小镇文化资源开发过程中存在的问题，探索陕西省特色小镇文化资源的开发模式。

关键词： 陕西　特色小镇　文化资源　开发模式

一　相关研究现状与评述

我国的特色小镇培育与建设经历了一个从试点到推广的过程。2015年，浙江省《政府工作报告》率先提出在全省范围内建设一批聚焦七大产业、兼顾丝绸黄酒等历史经典产业、有独特文化内涵和旅游功能的特色小镇，先后公布两批特色小镇创建名单，如云栖小镇、智慧小镇、地理信息小镇等，开启了在"块状经济"基础上的融生产、生活、生态于一体的经济发展平台新模式，极大地推动了浙江经济转型升级与区域经济发展。浙江特色小镇创建工作以卓越的成效很快引起了其他省、直辖市、自治区的关注与争相效仿以及国家各部门的高度重视。2016年7月21日，住建部、国家发改委、财政部等部门联合发布《关于开展特色小镇培育工作的通知》，强调到2020年要培

---

* 王永莉，历史学博士，陕西省社会科学院文学艺术研究所副研究员，研究方向为历史人文地理、西北地域文化。

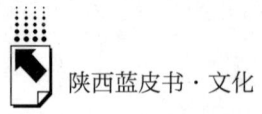

育1000个左右各具特色、富有活力的休闲旅游、商贸物流、现代制造、教育科技、传统文化、美丽宜居的特色小镇。2016年10月,住建部、国家发改委等部门联合公布首批国家特色小镇示范名单127个,陕西省有5个入选;2017年7月,第二批国家特色小镇示范名单公布,陕西省有9个入选。

陕西是文化大省,从距今80万~20万年前的蓝田猿人开始,黄河流域的先民们就开始在陕西这片土地上繁衍生息,开创了辉煌灿烂的农耕文化,从半坡人培植世界上最早的粟开始,周、秦、汉、唐等朝代先后在这里建都,五六千年的农耕史,两千多年的建都史,为陕西留下了无数宝贵的历史文化资源,环境优越、平坦肥沃的关中,沟壑纵横、贫瘠荒凉的陕北,还有气候湿润、生态优良的陕南,到处都有先民们留下的历史文化遗存,目前已入选第一、二批国家特色小镇示范名单的14个特色小镇中,均保留了丰富的文化遗存,这为本文研究对象的提出奠定了坚实的物质基础。

当今学界对特色小镇文化资源开发的专门研究相对较少,但在以特色小镇培育与文化建设为关注对象的众多研究成果中,往往隐藏着研究者们对特色小镇文化资源开发的真知灼见。目前,关于特色小镇培育与文化建设的研究成果,按照研究对象与方法可分为三类。

一是有关特色小镇培育与文化建设的战略规划研究,代表成果如乔海燕《基于地域文化特征的嘉兴旅游特色小镇建设》①、肖勇智《基于凸显地方特色文化的特色小镇编制方法探索——以诏安汾水关风情小镇概念规划为例》②、陈立旭《论特色小镇建设的文化支撑》③、邵力《以城市文化为内涵的特色小镇规划探讨》④ 与王梦飞《区域文化与特色小镇建设的协同发展研究》⑤ 等,均或多或少地涉及对当地文化资源的整合、利用,这些成果从战略角度探讨特色小镇培育与文化建设的意义、规划,为特色小镇培育与文

---

① 乔海燕:《基于地域文化特征的嘉兴旅游特色小镇建设》,《城市学刊》2016年第3期。
② 肖勇智:《基于凸显地方特色文化的特色小镇编制方法探索——以诏安汾水关风情小镇概念规划为例》,《福建建材》2017年第7期。
③ 陈立旭:《论特色小镇建设的文化支撑》,《中共浙江省委党校学报》2016年第5期。
④ 邵力:《以城市文化为内涵的特色小镇规划探讨》,《住宅与房地产》2017年第6期。
⑤ 王梦飞:《区域文化与特色小镇建设的协同发展研究》,《山西建筑》2017年第1期。

建设指明发展方向，高屋建瓴，具有较强的理论性，缺点是可操作性相对较弱。

二是特色小镇培育与文化建设的实现路径与政策措施研究，代表成果如郑巧茜《浙江省特色小镇建设路径探究——以杭州良渚文化村建设为例》①、张立波等《"文创兴镇"视野下非遗小镇发展路径研究》② 与吴小花《信息时代关中地区特色小镇建设和民俗文化的保护》③ 等，更是从良渚文化、非物质文化遗产与民俗文化等文化资源着眼，强调文化在特色小镇建设中的重要作用，立足于特定地域与具体路径，针对性与可操作性较强，缺点是研究对象受地域限制，缺乏普遍性。

三是外来理论与特色小镇培育、文化建设的耦合性研究，代表成果如冯云廷《特色小镇建设的产业—空间—文化三维组织模式研究》④、谢青青与吴忠军《文化场域视角下的民族地区旅游特色小镇建设研究》⑤ 等，前者强调传承历史经典产业、弘扬历史文脉，后者关注对民族传统文化的保护，以先进理论为特色小镇文化建设提供思路与借鉴，研究视角新颖，理论性强，实践性差。

综上所述，学界从不同专业和角度论证特色小镇培育与文化建设的意义、路径等，不同程度地涉及对特色小镇文化资源的开发，为本课题的研究奠定了坚实基础，具有强烈的现实意义。但是，由于学科体系、个人兴趣的不同，现有的研究成果也存在一些问题，如基础理论研究少，应用研究多，个案分析远多于理论建树；研究对象往往面向特定小镇，针对性强而普遍性

---

① 郑巧茜：《浙江省特色小镇建设路径探究——以杭州良渚文化村建设为例》，《黑龙江科技信息》2017 年第 3 期。
② 张立波、张奎：《"文创兴镇"视野下非遗小镇发展路径研究》，《北京联合大学学报》（人文社会科学版）2017 年第 1 期。
③ 吴小花：《信息时代关中地区特色小镇建设和民俗文化的保护》，《遗产与保护研究》2017 年地 1 期。
④ 冯云廷：《特色小镇建设的产业—空间—文化三维组织模式研究》，《建筑经济》2017 年第 6 期。
⑤ 谢青青、吴忠军：《文化场域视角下的民族地区旅游特色小镇建设研究》，《广西经济管理干部学院学报》2017 年第 1 期。

差，结论无法推广；大多数研究成果旨在回答"为什么"要重视特色小镇培育与文化建设的问题，却对开发、利用地域性文化资源的方式方法缺乏深入探讨，忽略了"干什么""怎么干"等现实问题，而且陕西省特色小镇培育工作起步晚，相关研究滞后，这些都为本课题的研究留下了足够的研究空间。

目前，我国城镇化建设陷入发展瓶颈，地方经济转型升级亟待解决，开发文化资源、促进陕西省特色小镇培育工作的健康有序发展，已成为当务之急。丰富的文化资源是陕西省特色小镇的优势之一，合理开发、利用丰富的文化资源，在结合当地产业结构、生态环境、地域特色等客观现实的基础上，探索一种行之有效、适应性强的文化资源开发、利用模式，将对陕西省特色小镇的培育工作乃至"块状经济"、县域经济的健康有序发展产生深远影响。

二 陕西省特色小镇文化资源分布与存在问题

陕西省位于黄河流域中游，关中是中华文明的发祥地之一，保留了大量的文化遗迹，目前入选的14个特色小镇分别位于陕北、关中、陕南地区，其中尤以关中地区分布最为密集，因此，陕西省特色小镇在文化资源上也占有压倒性优势。具体分布情况见表1。

表1 陕西省特色小镇文化资源分布

特色小镇	行政区划	物质文化遗产	非物质文化遗产
汤峪镇	西安市蓝田县	大兴汤院；蓝天水陆庵；兴教寺；蓝田猿人遗址、蔡文姬墓；鼎湖延寿宫遗址；辋川溶洞；王顺山国家森林公园等	东峰山古庙会、三月三桃花节、水陆庵法会
汤峪镇	宝鸡市眉县	周代的汤峪温泉；钟吕坪；西周遗址；法正故里；井大春故里；庵岭古城；太白山国家森林公园等	太白山庆圣庙会
青木川镇	汉中市宁强县	青木川老街建筑群；文昌庙；回龙寺；魏氏庄园；明清祠堂；观音岩摩崖石像；林氏桃园三洞墓葬；商运古栈道；革命先烈碑等	—

续表

特色小镇	行政区划	物质文化遗产	非物质文化遗产
照金镇	铜川市耀州区	陕甘边照金革命根据地纪念馆;薛家寨、陈家坡会议旧址;芋园游击队大本营;中共陕西省委坟滩旧址	—
五泉镇	陕西省杨凌区	隋文帝泰陵;后稷教稼园	—
武侯镇	汉中市勉县	武侯祠;武侯墓;马超墓;读书台;古阳平关城墙;云雾寺;万寿塔;皇姑坟等	—
长安镇	安康市平利县	秦楚边关古长城;西岱顶道教文化	—
漫川关镇	商洛市山阳县	乔村古文化遗址;蛮王冢;骡帮会馆;双戏楼;北会馆;武圣宫;万福娘娘庙;武昌会馆;明清街;千佛洞;漫川关战役旧址等	—
亭口镇	咸阳市长武县	昭仁寺;卧龙山公刘庙;长武县博物馆;丝路亭口车辙遗址;亭口黑河大桥等	陕西省级非物质文化遗产"柳毅传书"
法门镇	宝鸡市扶风县	法门寺;法门寺宝塔;法门寺地宫;四面大佛宫;周原遗址;周原历史博物馆;杨鄂墓;师旷墓;杨珣碑;马援祠堂;封神台;子牙庙等	法门寺旅游文化节、法门寺春节法会
柳林镇	宝鸡市凤翔县	古丝路驿站;雍山血池;灵山净慧寺;北方园林东湖;《西游记》中的晾经台;凤翔八景之一"回龙烟雨"等	陕西省级非物质文化遗产:西凤酒酿制技艺
云盖寺镇	商洛市镇安县	云盖寺古街;刘家大院子;白侍郎洞;云盖寺大庙;伊斯兰清真寺等	—
店头镇	延安市黄陵县	白石遗址、狮坪东遗址、车村遗址、新庄科遗址等	国家级非物质文化遗产:黄陵面花
文安驿镇	延安市延川县	文州书院;古驿站;烽火台;奎星阁;文安驿石像;乾坤湾、延川黄河蛇曲地质公园等	剪纸大师高凤莲等

目前已入选国家第一、二批特色小镇示范名单的14个特色小镇中,文化资源可分为物质文化遗产与非物质文化遗产两大类,时间界限从旧石器时代到明、清、民国,物质文化景观包括宗教、教育、交通、墓葬、军事、民居等,其中尤其以宗教类景观为最多;非物质文化遗产主要有民俗、传说故事、生产工艺等。就目前的开发、利用情况而言,陕西省特色小镇文化资源开发利用中还存在以下问题。

其一,相关管理部门对当地文化资源情况调查不足,重视不够,导致不少文化资源鲜为人知，更谈不上开发、利用；一些知名度较高的文化资源则开发不足，严重地阻碍了陕西省特色小镇文化资源的开发、利用乃至特色小镇的培育进程。如距离蓝田县汤峪镇不远的王顺山国家森林公园，不仅有王顺担土葬母的历史故事，也拥有众多的历史文化遗迹，著名的蓝关栈道、王顺孝母祠、魏晋以来的摩崖石刻以及韩湘子成仙的美丽传说，都是风景优美、历史文化底蕴深厚的旅游胜景。无独有偶，位于宝鸡市眉县汤峪镇附近的太白山国家森林公园，除美丽的自然山水与丰富的动植物资源以外，也有着丰富的文化遗存，不仅是著名道教文化圣地——道教第十一洞天的玄德洞天所在地，而且拥有数量繁多的古代建筑，包括历代庙宇14处，现存房屋32栋80余间，石碑5通，铁碑10通，铁佛110余尊，木雕像64尊，还有铁钟、铁炉等。诸如此类的文化资源鲜为人知，更遑论开发、利用，这固然与它们地处偏僻的深山不无关系，但相关管理部门的不重视、不作为也是导致这种现象存在的重要原因。

其二，相关管理部门缺乏长远的文化发展规划，特色小镇培育过程中存在严重的重产业、轻文化的发展倾向，对现有文化资源的开发、利用仅停留在遗迹表面，对文化资源的文化内涵挖掘不足，蓝田汤峪镇的大兴汤院，是唐玄宗时期开建的皇家御用汤院，分设玉女、融雪、涟珠、漱玉、濯缨五池，唐玄宗与杨贵妃经常驾临沐浴，沐浴养生文化十分悠久。为了开发、利用唐代大兴汤院，当地管理部门在现址上建立了大兴汤院遗址公园，保留有古秦岭石门汤泉老洞子遗址、明代石门汤泉洗浴时辰碑等，其中的古泉桥、九龙汤、水眼石、古泉汤祭祀的庙堂、石门汤，据说是唐玄宗与杨玉环泡汤的遗址，有汤池、出水口、水道等遗迹。相关部门在开发过程中更多关注温泉沐浴的经济效益，仅仅进行了简单的保护，唐代悠久的沐浴养生文化并未得到充分的宣传与弘扬。

其三，特色小镇培育工作局限于当地地域环境与文化内涵，孤立发展，与外界联系不足，缺乏长远性与整体性。不少特色小镇在自然环境、文化资源方面具有一定的相似性，如蓝田县汤峪镇和眉县汤峪镇，均具有丰富的地下温泉资源，温泉养生文化源远流长；二者均属于秦岭—渭河地带，动植物资源丰富，文化遗存丰富，相似的自然地理、文化资源与背景，决定了它们在发展路径上的趋同性，因此，加强联系，互通有无，在学习借鉴的基础上独立发展，促进优势互补，对双方来说都是一个值得共同努力的方向。另外，诸如蓝田县汤峪镇的蓝田猿人遗址，灞桥区的半坡遗址，还有黄陵县店头镇的众多仰韶文化遗址，从历史时期上看，前者属于旧石器时代，后二者属于新石器时代，作为史前文化的景观文本，显然具有不同的文化面貌，对于普通游客而言，孤立地参观某个史前遗址，难以建立对黄河流域史前文明的整体印象，如果能将这些史前遗址通过行政方式联结起来，则可以让游客在生产、生活的比较中建立直观具体的历史脉络，强化对黄河流域史前文明的历史认知，可事半而功倍也。

其四，特色小镇培育过程中对当地的非物质文化遗产的关注严重不足，许多已列入国家级、省级非物质文化遗产的地方民俗、生产工艺等，由于缺乏具象的物质载体，开发、保护难以进行，或流于形式，或仅存名目，往往处于非常尴尬的境地。如陕西省非物质文化遗产"柳毅传书"，讲述的是发生在长武县芋元乡柳泉村的传奇故事，唐代陇西人李朝威据此撰成传奇《柳毅传》，元代尚仲贤改编为杂剧《柳毅传书》，影响极为深远。后世人们感念柳毅功德，世代祭祀。如今，当地仍有"柳泉"、"马刨泉"、"笔蹾井"、"牧羊山"、龙泉寺等遗址。据龙泉寺现存碑石记载，明清以来，当地人多次重修此寺，并为柳毅塑像，寺中平时还有常住僧道奉祭。新中国成立初年，寺毁人空。每年农历正月十六举行庆圣庙会，已成为传统习俗。越剧曲目《柳毅传书》广为流传，香港、内地均曾改编过电影和舞台剧，而作为"柳毅传书"故事发生地的长武县却不为人知，仅在当地小范围流传，不得不说是陕西省非物质文化遗产保护中的尴尬之事，也是陕西省特色小镇培育的一大失策。

三 陕西省特色小镇文化资源开发模式初探

特色小镇管理部门对历史文化资源的不重视、不作为，与文化资源开发难度大等因素，共同造成了陕西省特色小镇文化资源开发、利用工作的滞后状态，严重地阻碍了陕西省特色小镇培育与新型城镇化建设的健康有序发展。那么，怎样才能充分开发、利用陕西省现有的文化资源，为陕西省特色小镇培育与新型城镇化建设助力？

从宏观角度而言，各特色小镇管理部门首先应加强对当地文化资源及其开发现状的调查，摸清家底，在此基础上制定小镇文化发展长期规划，针对不同的文化资源制定不同的开发、利用对策，并从财政拨款、人才引进与域内协调等方面予以大力支持，为特色小镇文化资源开发、利用奠定坚实基础。具体操作方式上，则应依照物质文化遗产与非物质文化遗产的不同属性，制定具有针对性、操作性的开发利用模式。

（一）物质文化遗产开发模式

陕西省各特色小镇的文化资源大多属于物质文化遗产，除去那些早已湮灭在岁月长河中的历史遗迹以外，还有不少具有明确物质载体的文化遗存，如蓝田县汤峪镇大兴汤院中的九龙汤、贵妃汤，水陆庵里的彩绘雕塑，距今80万~20万年的蓝田猿人遗址；眉县汤峪镇的周代汤峪温泉、井大春故居、法正故居；勉县武侯镇的武侯祠、武侯墓、马超墓、诸葛亮读书台；扶风法门镇的法门寺、法门寺塔、法门寺地宫、四面大佛宫等，都可以作为特色小镇文化资源开发、利用的着眼点。具体操作上，可按照物质文化遗产的性质进行分类，制定适宜的开发方式。

1. 史前文化遗址

陕西地处黄河流域中游地区，是中华文明的主要发祥地之一，从距今80万年前的蓝田猿人开始，黄河流域的先民们就在这片土地上繁衍生息，留下了数量繁多的史前文化遗址，如蓝田县汤峪镇附近有蓝田猿人遗址；黄陵县店头镇附近有白石遗址、狮坪东遗址、车村遗址、新庄科遗址、橡柳遗址等，山阳县漫川关镇有乔村古文化遗址，大多为新石器时代遗存与仰韶文化遗存。目前，除蓝田猿人遗址建有博物馆以外，其余如黄陵县店头镇、山阳县漫川关镇已发掘的史前文化遗址均未建立博物馆，与同为仰韶文化时代的半坡遗址相比，其宣传力度、旅游规模都逊色不少，相关管理部门对这些史前文化遗址的宣传力度严重不足，致使其历史文化价值没有得到充分挖掘。蓝田县汤峪镇、黄陵县店头镇和山阳县漫川关镇可与西安半坡博物馆、蓝田猿人遗址博物馆之间加强直接文化合作，开通考古体验直通车旅游专线，通过蓝田人、半坡人与店头史前先民不同的生活环境、生产方式等的对比，让游客在发掘现场体验历史，掌握知识；同时在保护的基础上在各发掘现场开辟实地考察体验区，建设历史学、考古学等专业学生实习基地，亦可供中小学生与有兴趣爱好的游客深入考古现场，增强现场感。

2. 宗教景观

宗教景观是陕西省各特色小镇中留存数量最多的文化遗产，从古到今，宗教均与百姓生产、生活休戚相关，吸引着众多的善男信女长期顶礼膜拜，这也是宗教景观留存多的主要原因。目前，陕西省各特色小镇附近的寺庙宫观基本上由当地文物旅游管理部门如文广新局管辖。这些宗教景观虽与特色小镇无直接的行政隶属关系，但因其位于特色小镇的辖区范围内或附近地区，"近水楼台先得月"，完全可以将其纳入小镇的文化旅游体验体系之中，与其联合开展宗教文化普及活动，如共同举办祈福法会、宗教知识讲座等，也可为游客提供熏香、志愿者讲解、开通宗教文化体验旅游专线等，将本不属于其管辖的宗教景观与特色小镇产业建设紧密联系起来。如扶风县法门镇邻近法门寺，即可充分利用法门寺这一宗教景观，将法门寺地宫、四面大佛宫、佛指舍利等作为法门镇佛教旅游文化线路的主打产品，开通旅游专线，与法门寺共同举办春节祈福法会、佛教知识讲座等，既促进了法门镇旅游业的良性发展，又能让游客在旅游中体验佛教文化，一举两得。

3. 交通线路景观

陕西自古为封建王朝统治核心区，周、秦、汉、唐等十四个王朝先后在此建都，交通四通八达，秦有直道，唐有丝路，北通漠北草原，南连川鄂，西达河西陇右，东至河东大海，蓝田县汤峪镇附近的王顺山国家森林公园中，有著名的蓝关古道，伟大的文学家韩愈南贬潮州即路过这里，写下了脍炙人口的"云横秦岭家何在，雪拥蓝关马不前"著名诗句；长武县亭口镇有丝路亭口车辙遗址；凤翔县柳林镇有古丝路驿站，法门镇亦处于丝路要道上；延川县文安驿镇地处古代草原丝绸之路之上，不仅保留有古代驿站，就连镇名都以文安驿命名；山阳县漫川关镇更是古代著名的交通重镇等。这些在古代曾发挥重要联通作用的交通要道、驿站等，在现代公路、铁路、航空运输空前发达的冲击下，已渐渐毁弃，道路状况不佳，各特色小镇管理部门可根据当地具体情况，规划古道探险体验旅游线路，体验丝路、古道文化。

4. 温泉养生景观

很早以前，古代中国人便已发现温泉的强身健体、康复养生功能，并总结出系统的温泉养生文化，眉县汤峪镇的周代汤峪温泉就是古代中国温泉养生文化的典型代表，距今已有2000多年的历史。蓝田县汤峪镇的大兴汤院则建立于唐玄宗时期，距今也有1400多年的历史，保留有古秦岭石门汤泉老洞子遗址，包括古泉汤祭祀的庙堂、石门汤、出水口、水道等遗迹，还有明代石门汤泉洗浴时辰碑等历史遗迹。目前，眉县汤峪镇与蓝田县汤峪镇的开发，均围绕开发温泉沐浴的经济效益展开，对周代汤峪温泉、唐大兴汤院及其历史文化价值的开发利用严重不足，仅有简单的保护措施与标志设立，更谈不上对传统温泉养生文化的传承，相关管理部门可在现有温泉遗址上建立主题博物馆或展室，围绕周代汤峪温泉、唐大兴汤院的建立、历史事件、名人逸事等主题，宣传古代沐浴文化与养生知识；定期联合举办以养生健体为主题的汤峪温泉旅游节，按照四季景观与人体需要设定旅游节宣传主题，同时充分利用秦岭山脉的自然山水美景设立"氧吧长廊"，组织各类养生活动如健步走、中老年运动会等慢节奏运动项目，普及养生文化与健康知识；引入先进的光、电、声设备，图解温泉的多重功能，演示古代温泉养生文化，让游客更直观地认识温泉沐浴的优点；亦可组织专业人员在民间故事的基础上排演温泉沐浴舞台剧。

5. 名人故居景观

从古到今，陕西涌现出了无数的名人贤士，从开创农耕文化的后稷到统一六国的秦始皇，从出使西域的张骞到写作《史记》的司马迁，都是土生土长的陕西人；长安长达1400多年的定都史，多少外地文人入陕西为官，从李斯到董仲舒，从王维到李白，他们在这片神奇的土地上谱写了光辉灿烂的篇章，也留下了无数的名人故居，蓝田县汤峪镇的辋川溶洞，就是著名诗人王维在宋之问别墅旧址上再建的居所，至今还有王维手植银杏树；眉县汤峪镇的东汉经学家井大春故里与三国蜀汉法正故里，均可以作为特色小镇旅游产业的宣传亮点，相关管理部门可根据当地实际情况设立相关展览室或主题博物馆，加大宣传力度，充分利用名人效应推动当地特色小镇旅游产业健康发展。

除此以外，陕西省特色小镇中亦不乏特定断代文化或地域文化突出者，如宝鸡市扶风县法门镇、凤翔县柳林镇与杨凌区五泉镇的周文化；汉中勉县武侯镇的三国文化；商洛市山阳县漫川关镇的明清商业文化；蓝田汤峪镇与眉县汤峪镇的道教文化；扶风县法门镇的佛教文化与唐文化；山阳县漫川关镇与耀州区照金镇的红色文化等，可在特定地域内以独特的断代文化或地域文化为主题，设置相关展览室或主题博物馆，同时加强与其他相关特色小镇之间的文化、旅游合作，规划多地复合旅游线路，让游客在对比、联合中体验主题文化，增强"地方感"。凤翔县柳林镇的雍山血池秦代祭祀文化，则可与黄陵县黄帝陵景区加强双边合作，按照史书记载复原祭祀程序、仪式并举行定期祭祀，亦可围绕祭祀主体建筑与仪式创作舞台剧或歌舞表演。

（二）非物质文化遗产开发模式

与物质文化遗产一样，非物质文化遗产也是文化资源的重要组成部分，但是二者有一个显著区别，那就是非物质文化遗产没有明确的物质载体，这是非物质文化遗产保护、开发必须面对的巨大困难。目前，已列入省级、国家级的陕西省特色小镇的非物质文化遗产主要是酿酒技艺、面花制作工艺、剪纸工艺、民间故事之类遗产，在长期的传承历史中，始终受传承人的主观能动性与个人心智等主观因素的影响，无法形成某种固化的文化形态或物质载体。

从宏观角度来说，非物质文化遗产的保护、开发似乎可分三步走：第一步，采用现代化手段实地复原、保存非物质文化遗产的制作、产生过程；第二步，保护特定的非物质文化遗产传承人对该文化遗产的理解、创新；第三步，在保护非物质文化遗产的基础上，规划非物质文化遗产体验旅游活动，在体验中推广非物质文化遗产。

具体保护、开发手段，应针对特定的非物质文化遗产设定对应的保护、开发措施。

国家级非物质文化遗产——黄陵面花，是流传在黄陵县农村的一种汉族民间传统风俗礼馍，以做工精巧、造型别致而著称，具有很高的艺术性、观赏性。因长期以来作为清明公祭黄帝的重要祭品，制作工艺传承完整，但因主要流行于黄陵县及周边农村，传播范围有限，应在采用现代化手段实地复原、保存的基础上，加强宣传，充分利用每年清明海内外华夏儿女公祭黄帝陵的契机举行推广活动。

同样的道理，省级非物质文化遗产凤翔县柳林镇的西凤酒酿制技艺的保护、开发，亦应与黄陵面花相似，首先是应用现代化手段实地复原、保存其生产流程；其次是保护西凤酒厂对西凤酒酿制技艺的理解与创新；最后是在保护基础上规划"观西凤酒生产""品西凤酒美味"的体验旅游活动。

省级非物质文化遗产——"柳毅传书"，由于宣传力度小，传播范围有限，传播形式单一，目前仅在长武县一带地区流传，知名度较低。相关管理部门应加强宣传力度，增加传播形式，参照越剧《柳毅传书》，聘请专业人员创作秦腔甚至更多剧种的《柳毅传书》，亦可排演同名舞台剧，扩大其传播范围；同时将长武当地百姓祭祀、纪念柳毅的寺庙等纳入保护、开发范围。

总而言之，目前陕西省特色小镇文化资源的开发现状堪忧，与相关管理部门的不重视、不作为，重经济、轻文化的特色小镇培育倾向以及文化资源开发的客观难度等因素密切相关。相关管理部门应解放思想，重新认识文化资源对特色小镇培育的重要性，对当地文化资源进行深入调查研究，制定有针对性、可操作性的文化发展长远规划，与周边特色小镇、文化管理部门等加强协作，充分开发现有文化资源，助推当地特色小镇培育与"块状经济"发展。

B.11
陕西纪录片走向研究报告

马燕云*

摘　要： 纪录片作为陕西形象传播的重要媒介载体之一，与城市形象传播的其他载体相比，以自身的独特优势对传统媒体产业进行了补充，不仅为观众带来了多元立体的视觉享受，更符合当下新媒体时代受众的诉求，也为陕西形象的传播带来了新的契机。近年来，陕西纪录片虽数量不少、获奖众多，但仍存在视野不够开阔、传播区域及受众不够广泛、传递内容不够深入、故事性表达不够充分等一系列问题。本报告从陕西纪录片走向和现状入手，探讨发展中存在的问题，并有针对性地提出促进陕西纪录片持续发展的对策和建议。

关键词： 陕西　纪录片　城市形象

习近平总书记指出，讲中国故事是时代命题，讲好中国故事是时代使命。当前，纪录片已成为立体展现城市文化的一扇窗口，成为城市及国家对外传播的一个重要组成部分。陕西是一个蕴含荣耀与奇迹的"故事宝藏"，悠久的传统文化、厚重的革命历史、壮美的三秦山川、繁荣发展的经济、热情质朴的人民都是纪录片创作的宝贵资源。2007年，陕西省第十一次党代会提出"文化强省"的奋斗目标，出台了一系列支持文化产业发展的政策举措，进一步促进了陕西纪录片与时代同步飞速发展。2009年9月10日，

---

* 马燕云，博士，陕西省社会科学院文学艺术研究所助理研究员。

联合国总部举行了主题为"西安城市形象国际推广暨《大明宫》首映式"活动,陕西纪录片《大明宫》成为第一部在联合国总部举行国际首映式的中国剧情纪录片。纪录片《大明宫》通过先进的计算机数字CG技术生成唐长安城和大明宫影像,由人物扮演进行叙事讲述,将历史文献的文字记载影像化,还原真实的历史,实现观众"回望历史,走入现场"的最直观的欣赏体验,正向展示了陕西历史文化的内涵,以新型影像手段传播了悠久历史的当代价值,改善了长期以来留存于观众脑海中对于陕西历史文化的固化印象,是陕西纪录片影像创作的一次思维转变,也是以纪录片塑造陕西新形象的大胆尝试和实践。讲好中国故事,传播陕西声音,陕西纪录片无疑是能够肩负起这份重任的最有效媒介载体之一。

一 国产纪录片现状概述

"纪录片是影视艺术中一种特定的体裁、形式,它以活动影像为媒介,对社会(包括政治、经济、文化、历史和军事领域的事件和人物)及自然事物进行记录,对非虚构内容进行表现。"[①] 可以说,纪录片实则是伴随时代发展对社会历史、当下现实和自然事物进行纪实和思考的一种文化行为。与其他影视媒体相比较,纪录片最大的意义在于它的"真实性",其重要功能和作用就在于升级认知和转变价值取向。由此,纪录片不仅是一种简单的影像基础呈现,还发挥着将所述对象的人文价值和社会价值进行完整表达并充分传递的功用。

新中国成立以来,国产纪录片的发展离不开相关政策与管理制度的变迁。1949~1999年,是纪录片管理以管控为主的时期。1999~2010年,是纪录片管理以规范和鼓励、支持为主的时期,2009年是中国纪录片市场转型的关键时刻。2010年,国家广电总局出台《关于加快纪录片产业发展的若干意见》,这是在新的社会历史条件下发展国产纪录片、建设纪录片大国

---

① 周兰:《纪录片——影像对历史的传播》,四川大学出版社,2010,第8页。

的客观要求和自觉选择,在我国纪录片发展史上具有里程碑式的意义,纪录片管理着重规范发展的时期由此开始。① 2011年,据《中国青年报》社会调查中心通过民意中国网和搜狐中心对2500人进行的一项在线调查显示,2010年85.9%的受访者看过纪录片,其中,收看国产纪录片的人数占67.8%。2012年,中国纪录片开始深入进行制作资源整合、播出资源整合,提升现实关注度,规范行业运营模式,拓宽国际传播渠道,将纪录片的影响力渗透到全社会的多个领域,创造出超越以往任何时期的经济价值和文化价值。在《舌尖上的中国》《故宫100》等一系列纪录片的引领下,2012年成为中国纪录片的品牌元年。② 2013年,国家广电总局出台《关于加快发展纪录片产业发展的若干意见》,将因《舌尖上的中国》热播而引发的"纪录片热"推向新一轮的高潮。纪录片播出总量(含首播和重播)约35630小时,与2012年相比增幅33.2%,纪录片产业已经进入了新常态结构期。③ 2014年纪录片行业进入"调整年",自1月1日起,国家新闻出版广电总局要求所有34个上星综合频道平均每天必须播出30分钟以上的国产纪录片,并要求播出时段必须在晚间6:00至次日凌晨1:00之间。2014年中国纪录片生产总投入约19亿元,总收入约30亿元,卫视频道和专业纪实频道共播出纪录片每月75800小时,内容成为核心竞争元素,年轻观众有增长趋势,新媒体对纪录片生产和传播的影响更加凸显。④ 仅互联网上与中国纪录片相关的新闻报道就多达30万条,纪录片成为社会关注的焦点,"从小众产品发展为大众内容,从国内走向国际",中国纪录片迎来了自己的春天。2015年,中国纪录片向"公众时代"迈进,呈现与以往不同且有持续固化倾向的"新常态""互联网+"语境下互联网纪录片商业模式逐步成型,中国纪录片跨文化传播进程体现了近乎质变级别的转向——从以前的"走出去"

---

① 杨明品、方德运:《国产纪录片发展政策梳理与管理创新思考》,《中国纪录片发展报告(2011)》,社会科学文献出版社,2011,第47~49页。
② 张同道、刘兰:《2012年中国纪录片作品研究报告》,《南方电视学刊》2013年3期。
③ 何苏六:《中国纪录片发展报告(2014)》,社会科学文献出版社,2014,第1~38页。
④ 樊启鹏:《2014年中国纪录片市场研究报告》,《当代电影》2015年第5期。

"国际化",转向"拉进来""世界化"。① 2016年,中国纪录片年生产总投入为34.7亿元,总产值超过52亿元,同比分别增长15%和12%,卫视频道和专业纪录频道播出纪录片时长总计77600小时,同比增长1.6%;全年首播节目总量为24600小时,同比增长2.5%。据不完全统计,2016年纪实影像的全网点击量约50亿次,可称为中国新媒体纪录片的井喷年。新媒体在世界范围内显示了强劲的发展势头,由其开辟的传播新空间令纪录片传播得更加广泛。中国在线视频市场整体规模为609亿元,《我在故宫修文物》《鸟瞰中国》等纪录片更是在网上获得了过亿的播放量,足见新媒体对于纪录片传播的巨大影响力。② 同时,来自纪录片研究机构CDRC的数据显示,2016年在国家新闻出版广电总局电影局过审的纪录电影31部,进入院线放映的中外纪录片6部,纪录电影总票房2.041亿元。中国纪录片即将迎来夏天,迈进"大片时代"。

二 陕西纪录片③发展概况及传播特点

(一)陕西纪录片发展的历史和现状

1938年,由袁牧之、吴印咸等拍摄的纪录片《延安和八路军》,以全纪实的手法记录了毛泽东、朱德和八路军其他高级指挥员的延安生活,当时延安的自然、社会风貌,和全国各地抗日爱国青年从四面八方来到延安的真实情景,成为中国早期的包含陕西元素的文献纪录片。1960年西安实验电视台成立,1965年更名为西安电视台,1978年正式改名为陕西电视台。1985年陕西电视台成立"对外宣传部",是中国地方电视台中较早成立专门创作电视纪录片的践行者。1993年陕西电视台对外宣传部正式定名为"国际

---

① 何苏六:《中国纪录片发展报告(2016)》,社会科学文献出版社,2016,第1~54页。
② 樊启鹏、任伯杰:《2016年中国纪录片产业发展研究报告》,《电影艺术》2017年第4期。
③ 本报告"陕西纪录片"包括由陕西各级电视台、企业影视机构、陕西籍独立纪录片人投资拍摄的纪录片,同时也涵盖部分非陕西出品但包含陕西元素的纪录片。

部",与国内外纪录片创作团队或个人交流切磋,推出纪录片作品、积极参加各大电影节。"21世纪初,对陕西电视台的发展来说具有划时代的意义。"①2001年7月1日,陕西有线电视台与陕西电视台合并,陕西卫视被列为主打频道,《影像》栏目建立并逐步发展成为陕西纪录片的重要展示平台。2008年,第四届中国西部(西安)文化产业博览会上,陕西以纪录片《大秦岭》《裸俑背后的帝国——汉阳陵探秘》《古墓壁画之天可汗的世界》《古墓壁画之汉人世界》《唐代十八陵》宣传城市形象。2010年,在上海世博会陕西馆内运用多媒体播放《舞动西安》《大明宫》《大秦岭》《印象陕西》等纪录片,以展示"人文长安之旅"的主题。2009年6月9日,注册资本22亿元的陕西文化产业投资控股(集团)有限公司挂牌成立,筹资投拍《兰花花》《黄帝》《西安与罗马》《我们的延安》等多部电影电视纪录片。从2009年至2010年,由作家路遥的弟弟王天笑筹资拍摄的8集纪录片《路遥》顺利完成,这是陕西纪录片发展历程中个人投拍纪录片的一次成功尝试。国家广电总局于2010年出台《关于加快纪录片产业发展的若干意见》,2014年5月国家新闻出版广电总局下发《关于推荐2014年第一批优秀国产纪录片的通知》(新广电发〔2014〕95号),推荐各地方电视台主动选购选播优秀国产纪录片,对于相关栏目、机构播出推荐片的情况可作为纳入年度扶持项目评选考核体系的重要指标,通过对34个卫视频道节目单的分析和人工监控,依据各栏目、机构播出纪录片的情况,对相关频道纪录片的栏目和节目进行确定。借助这一有利政策,通过上星卫视的最广泛传播,许多优秀的陕西纪录片得以与更多的观众见面,为陕西城市形象的良性动态传播起到有力的助推作用。加之纪录片市场自身的转型升级,陕西纪录片也进入由春到夏的发展大时代。由国家新闻出版广电总局主办的"第五届优秀国产纪录片及创作人才扶持项目表彰活动",2017年6月12日晚在上海举行。经过严格评选,共有11类65项国产纪录片、人才、机构入选2016年度优秀国产纪录片及创作人才扶持项目。入围本届活动的陕西纪录片推优

---

① 马娜:《"真实的叙事"与"叙事的真实"》,西北大学硕士学位论文,2007。

作品有5部,其中2部是由非陕西出品、包含陕西元素的《丝路印象》《延安十三年》,另外3部是由陕西出品的《帝陵·西安》《唐墓壁画中的丝路风情》《汉水安康》(见表1)。同时,陕西卫视也与山东卫视、新疆卫视、上海纪实频道、上海东方卫视、四川卫视、浙江卫视、湖南卫视、北京纪实频道、北京卫视一起成为此次表彰活动特别节目的首批展播频道。

表1 2011~2016年国家新闻出版广电总局推优陕西纪录片一览

作品名称	篇幅（集×分钟）	首播平台	制作单位	推优情况
《陕北启示录》	6×36	CCTV-10探索发现	陕西省委宣传部、陕西文化产业投资控股(集团)有限公司、省林业厅、省环境保护厅、榆林市委宣传部、延安市委宣传部、陕西电视台	2011年度优秀编剧奖
《大鲁艺》	5×50	CCTV-10及全国多家卫视	中央电视台、陕西省委宣传部、陕西省广播电影电视局、陕西广播电视台	2012年度纪录片中片奖
《陕北民歌》	5×10	天津卫视	天津电视台	2012年第三季度推优评优作品
《习仲勋》	6×56	CCTV-1综合频道	中央党史研究室、国家新闻出版广电总局、中央电视台	2013年第四季度推优评优作品
《延安延安》	2×47	陕西卫视	中共陕西省委、中央电视台、陕西广播电视台	2013年第四季度推优评优作品；2014年第一批推优评优作品
《最后的女乡村邮递员》	1×24	中国教育电视台	西安电视台、中国教育电视台	2014年第一批推优评优作品
《陕甘风云》	5×24	CCTV-9纪录	中共陕西省委、陕西省新闻出版广电局、陕西广播电视台、中共西安市委、西安曲江影视投资(集团)有限公司、陕西莽原文化发展有限公司	2014年第三批推优评优作品
《吴天明》	1×40	CCTV-10人物	中央电视台	2015年第二批推优评优作品
《西安城墙》	2×35	CCTV-10探索发现	西安城墙景区管理委员会、西安曲江影视投资(集团)有限公司	2015年第二批推优评优作品

续表

作品名称	篇幅（集×分钟）	首播平台	制作单位	推优情况
《帝陵·西安》	11×40	CCTV-10探索发现	西安市浐灞生态区管委会、陕西广播电视台、陕西新华出版传媒集团数字出版基地发展有限公司、西安复兴文明艺术文化科技有限公司	2016年第一批推优评优作品
《丝路印象》	5×50	宁夏卫视	宁夏隆盛艺术品交易中心有限公司、宁夏回族自治区新闻出版广电局	2016年第一批推优评优作品
《延安十三年》	6×50	CCTV-9纪录	中共中央党史研究室、中央新闻纪录电影制片厂（集团）、南京广播电视台	2016年第三批推优评优作品
《唐墓壁画中的丝路风情》	4×40	CCTV-10探索发现	中共陕西省委宣传部、陕西广播电视台、陕西广播电视台	2016年第三批推优评优作品
《汉水安康》	3×40	CCTV-10探索发现	安康电视台、陕西河马文化传播有限责任公司、北京五星传奇文化传媒有限公司	2016年第四批推优评优作品

资料来源：中国纪录片网，http://www.docuchina.cn/showcase/index.shtml，最后访问日期：2017年5月23日。

（二）陕西纪录片的传播特点

1. 陕西省各级电视台纪录片对陕西形象的传播

《中国纪录片发展研究报告2017》课题组负责人、北京师范大学纪录片中心主任张同道教授认为，目前，中国纪录片已经形成了以央视纪录频道、上海纪实频道、北京纪实频道、金鹰纪实频道4家专业纪录片频道、各卫视综合频道为主力，以新媒体为助力的基本格局。① 据此，陕西卫视已与央视其他频道和江苏国际频道《纪录》、北京卫视《档案》、安徽卫视《经典纪录》、云南卫视《经典人文地理》、深圳卫视《解密》、湖北卫视《大揭秘》、江西卫视《经典传奇》等共同构成了纪录片的第二阵营。2006年，渭

---

① 《国产纪录片平稳前行 行业基本格局已经形成》，人民网（海外版），http://media.people.com.cn/n1/2017/0508/c40606-29259406.html，最后访问日期：2017年6月21日。

南电视台制作的《最后的跳戏》，讲述了流传于陕西省合阳县沿黄河一带被称作"研究中国戏曲史的活化石"——跳戏的故事，荣获第八届陕西电视"金鹰奖"纪录片短片类一等奖。2009年，潼关电视台制作的《影人春秋》《三十年黄金路》都获得了"庆祝新中国成立60周年纪录片暨第六届国际纪录片选片"铜奖的荣誉。延安广播电视台制作的《咱们的运动会》荣获2007年度第四届中国纪录片国际选片会"十大纪录片奖"。西安电视台制作的反映西安60年巨变的文献专题片《奠基石》，作为国庆60周年的献礼搬上了荧屏。2011年，陕西电视台制作的《陕北启示录》，荣获国家广电总局2011年度优秀编剧奖。2014年，第十二届陕西电视金鹰奖中，多部由陕西省各市县级电视台制作的纪录片都取得了好成绩，如延安广播电视台制作的《山沟里的岁月》（二等奖）、《再回陕北过大年》（三等奖），韩城广播电视台制作的《韩城古城》（三等奖），渭南电视台制作的《皮影春秋》（三等奖），汉中电视台制作的《古镇青木川》（三等奖），榆林广播电视台制作的《红石峡》（三等奖）。2016年，安康电视台制作的《汉水安康》入选当年国家新闻出版广电总局第四批推优评优作品。2016第十三届陕西电视金鹰奖评选活动中，渭南电视台制作的《富平柿饼手工技艺》荣获二等奖，汉中广播电视台制作的《汉中抗战记忆》荣获荣誉奖。可以看出，由陕西省各级电视台制作播出的纪录片，以反映陕西本土特色的内容为主。这一方面是与栏目定位有关，另一方面则是为积极推动陕西形象传播而服务。开播于1997年3月18日的陕西卫视，成为自2001年陕西电视台与陕西有线台合并之后的主打频道，早期如《影像》，近期如《纪录时间》，先后成为纪录片在陕西卫视的主要展示平台。《影像》栏目立足人文历史，既关注历史也关注小人物，以平静的叙事风格讲述社会历程和人生经历。《纪录时间》栏目则是以平凡视角、真实镜头记录百姓的平凡生活和文化名家的成长历程，以小人物故事为主，不灌输、不批判、不强迫，将观赏感受完全交由观众自身去感知、去思考。无论是陕西省各级电视台出品的纪录片，还是陕西卫视纪录栏目节目源的选择，始终立足于陕西本土文化，多面深挖陕西的社会变迁、历史渊源、人文生活、自然生态等，以贴近平常百姓的心态去观察发生在三秦土地上的大历史和小故事，使不同的观众都能够充分感受到陕西文化特色与众不同的方方面面。

2. 专题系列纪录片对陕西形象的传播

"城市形象，通常是指城市带给大众的整体印象和感受，包含一座城市的文化传统、历史景观、现代文明等内容。当城市的形象被大部分人认同时，城市形象本身就有了社会文化意义，变成了这个城市的文化资源。"①陕西省是文化大省，正逐步迈入文化强省。从周、秦、汉、唐的十三朝古都长安，到引领全国革命斗志的红色圣地延安，再到今天日新月异的西安，文化资源丰富、内容多元、形态多样，系列专题纪录片恰好是一种可以对陕西文化某一领域或某一方面，集中深入地用非虚构创作的艺术手法，通过多集连续讲述的传播形式，对陕西形象的诸多特色进行客观的、真实的基础呈现。从20世纪80年代到今天，陕西专题系列类纪录片从注重关注历史、民俗等方面的"专题片"，逐步转变到真正意义上的注重观众、贴近生活的"纪录片"。1988年，陕西省电视台制作12集纪录片《长安》，并荣获当年全国优秀电视社教节目（系列类）二等奖。2008年，为纪念改革开放三十周年，中共陕西省委宣传部、陕西省人民政府新闻办公室、陕西省广播电影电视局和陕西电视台共同策划制作并推出纪录片《舞动陕西》。这是一部航拍纪录片，摄制组人员乘坐直升机从空中穿越陕西省全境，全方位向观众讲述了陕北、陕南、关中改革开放30多年以来取得的巨大变化，呈现给观众不同以往的观看视角和感受，成为陕西省绿色、现代、和谐新形象传播的一条有效渠道。2009年，在中央电视台经济频道《经济半小时》首播的大型人文纪录片《望长安》，荣获第22届中国电视文艺"星光奖"电视纪录片大奖。该纪录片共10集，每集30分钟，从十个不同的角度，通过众多历史故事及其细节的诠释和分析，讲述观众所不曾深入了解的陕西。"望长安"之"望"既为回望也为展望，更有深思。对于长安繁盛背后的原因，创作

---

① 张鸿雁：《城市形象与城市文化资本论：中外城市形象比较的社会学研究》，东南大学出版社，2004，第50页。

者力图通过镜头语言和解说词准确传递给观众。不同于以往仅仅是对相关历史文化素材的简单堆叠，《望长安》勾勒出一个开放、包容、进步、乐观、自强的陕西形象。2012年，为纪念毛泽东同志《在延安文艺座谈会上的讲话》发表70周年，中央电视台、陕西省委宣传部、陕西省广播电影电视局、陕西广播电视台特别制作了大型专题系列文献纪录片《大鲁艺》，生动再现了延安鲁迅艺术文学院的成长和发展过程。该片由《宝塔山下》《延河春晓》《五月盛会》《植根沃土》《风云征程》5集构成，每集50分钟，采用口述历史的表达方式，100多位平均年龄90岁的亲历者亲自讲述了70年前的峥嵘岁月。为了使纪录片达到史实准确、内涵厚重、风格创新、价值独特的预期定位，摄制组分赴全国各地采访了于蓝、贺敬之、于敏、王昆等80多位耄耋老人，并使用了艾青、光未然、时乐濛、欧阳山尊、吴印咸、华君武等20多位已故的老一辈文艺工作者的影像资料，最终构成了一部鲜活的集体记忆，真实自然地向观众传递光芒永存的延安精神。这部专题纪录片，对不懈努力、锐意进取的陕西形象的传播起到积极作用。借助专题系列纪录片可以将陕西形象的精神风貌多面地折射出来，相比早期说教式的宣传片，这样的方式更能吸引观众、打动观众，也将陕西形象描绘得更加完整。

3. 城市元素对陕西形象的传播

现代化的飞速进程，使众多城市的外在表象很是相近，如何以纪录片的途径表述城市形象的魅力之处？深挖文化内涵仅仅只是其中一种路径，独特而深厚的城市积淀才是支撑持续展现城市形象的有力保证，陕西就是这样一个具有极其深厚的文化积淀的特色地域。

历史与民俗。历史文化和民俗艺术来自城市长期发展中的积淀和传承，也蕴含着独具地域特征的人文特色。以表现中国各地美食生态为线索的纪录片《舌尖上的中国》一经播出就广受好评，并于2014年推出第二季、2016年推出纪录电影《舌尖上的新年》，而第三季也将于2018年春节播出。通过对饮食的微观展现和饮食文化的深入表达，《舌尖上的中国》系列集中展示了中国传统文化的诸多方面，是一次通过美食影像这一载体集中展示中国城市形象的传播盛宴。2014年，由陕西广播电视台制作的《秦味儿》在陕西卫视首播，央视网、陕西网络广播电视网、优酷网等主要媒体平台播出。这是首部以陕西美食文化为题材的纪录片，被网友评为最地道最好看的"舌尖上的陕西"。该纪录片由《山野乡风》《在水一方》《五谷杂粮》《舌尖密语》《心口相传》六集构成，每集30分钟。片中以美食为载体，将视线拉入美食之后普通百姓的故事。通过镜头对"没有高档的装潢，却有特色的味道。没有黄金的地段，却有火爆的人气"的真实记录，使观众感受到一种"令一座城难以割舍的味道"所承载的"令一方人难以忘怀的记忆"的充满了人情味和家乡情的陕西形象。

城市与景观。城市是动态的、发展的，不同历史阶段的城市总会展现出独具时代特色的新面貌，而城市景观则是最能具体展现这种发展变化的记忆载体。2014年，由西安城墙景区管理委员会、西安曲江影视投资（集团）有限公司、陕西省新闻出版广电局共同推出的2集纪录片《西安城墙》，以上下两集、每集35分钟的结构，完整讲述了十三朝古都地面上最辉煌的建筑遗存——古城墙历经400余年风雨的故事。如果说《西安城墙》是一部记载过去的纪录片，那么《西安2020》就是一部立足当下穿梭未来的纪录片。2012年，西安曲江影视投资（集团）有限公司出品推出纪录片《西安2020》，这是一部以未来城市发展为主题的大型未来时纪录片，即使在距离2020年只有2年的今天来看，仍独具价值。《西安2020》全片6集（每集25分钟）：《千年寻梦》《古都格局》《丝路新途》《筑基长安》《绿色家园》《明日之城》。带领观众从2012年的西安出发，透过西安辉煌的历史轮廓，寻找中国城市发展的现代化路径，提前体验2020年中国的城市生活样态。从古长安到新西安，纪录片以独特的方式，让观众既可回到过去又可体验未来，展现出陕西一直是一个有梦想、有追求、充满机遇和不断进取的地域形象。

自然与生态。纪录片的价值有很多，可以有效保存历史影像是它的价值之一，而对于时代和问题的观察、反思则是它的另一重要价值。1992年，陕西电视台拍摄纪录片《最后栖息地的朱鹮》，是陕西纪录片的一次创作探索，视线由"宣传专题片"贴近和生活息息相关的自然生态。1993年，该片荣获在日本举行的"1993年度世界野生生物电影节"三个奖项——"环境保护奖""亚洲、大洋洲地域奖""地球奖"。这是陕西电视台首个赢得国际奖项的纪录片。2010年，由陕西省委宣传部、陕西省人民政府新闻办公室、陕西电视台联合制作的8集纪录片《大秦岭》，在 CCTV-10《探索发现》栏目首播。这部纪录片，第一次以纪录片的形式从中华文明的角度切入，在中国历史的进程中审视一座山脉；第一次在纪录片中用唐诗作为主题歌；第一次耗时一年拍摄秦岭山脉。2016年，由安康电视台、陕西河马文化传播有限责任公司共同推出的纪录片《汉水安康》，从朱鹮保护到汉水水运再到依江而设的安康城，展现了具有独特地理环境的汉水流域，在自然风光充满荧屏的呈现中，传递出人对自然的生活依赖、人对自然的感情依赖以及人与自然共生的内涵，没有宣教、没有刻意，绿色、和谐的陕西形象自然呈现。

4. 人物故事纪录片对陕西形象的传播

陕西历史悠久、文化深厚，但新时代的陕西纪录片不应只是将创作目光紧盯在深挖历史文化和独特民俗上，而应突出时代变迁中所展现出的包容、多元、向上的陕西精神。陕西精神也不只存在于古老的城墙、恢宏的建筑、秀美的山川中，还表现在勤劳质朴的陕西人身上。一方水土养一方人，三秦山水养育了积极进取、乐观豁达的陕西人，陕西形象的传播也应通过生活在这片热土上的人的故事来讲述、来传播。2009年，著名作家路遥胞弟王天笑筹资拍摄了8集纪录片《路遥》，于2010年完成并在凤凰卫视首播，纪录片以陈忠实、贾平凹、贾樟柯等人的讲述，全方位还原了一个真实的路遥的人生故事。2013年国家新闻出版广电总局第四季度推优评优作品《习仲勋》，通过聚焦习仲勋各个阶段精彩的人生片段，以及对许多历史当事人的采访和历史文献的研究发掘，遵循习仲勋参与创建陕甘根据地和倡建经济特区两条线索的结构方式，讲述他走过的革命道路。片中还运用最新影像修复技术，还原了1955年中国人民解放军首次授勋授衔仪式上习仲勋代表国务院宣读命令的历史场景。纪录片通过对习仲勋六七十年革命生涯的讲述，让坚持实事求是、坚韧不拔的陕西人的形象在真实故事中得到传播。2014年，由中国教育电视台和西安电视台联合制作的《最后的女乡村邮递员》荣获世界山地纪录片社会类"提名奖",也是同年国家新闻出版广电总局第一批推优评优作品。纪录片《最后的女乡村邮递员》讲述的是石泉邮政唯一的一名女乡村邮递员赵明翠的故事。全片用 24 分钟时间浓缩了赵明翠 22 年的坚守与奉献。在她负责投递的全长 90 多公里的邮路上,山大沟深、道路崎岖,那里是全县地形最复杂的乡邮片区。途中需要骑摩托车、爬大山、穿隧道、渡汉江,要用 3 天时间才能走完一趟。在这样一条最复杂最艰辛的邮路上,勤劳朴实、诚实守信的赵明翠以 22 年的光阴走出了一条直指人心的道路。这种对人物生活的真实展现的方式,以非主观的表达,让人物形象在一种自然、完整、不修饰的表述中得到彰显。

三 陕西纪录片发展中存在的问题

(一)故事性叙事表达不充实

2011 年,在有"世界的十字路口"之称的美国纽约时代广场的大屏幕上,播出了以"中国名片"为主题的系列城市形象片,这是中国文化对外传播、讲述中国故事的一个重要举措。回顾中国纪录片的发展史,以 20 世纪 90 年代为分界,历经从重宣传到讲故事的长时期转变,陕西纪录片也不例外。纪录片是一种基于非虚构创作的影像呈现方式,通过架构故事素材来表达意图,是一个从写实到写意的过程。以《舌尖上的中国》为例,令观众点赞的原因,不仅在于其优美的画面和入理的解说,更在于它通过中国美食所折射出的人与人、人与自然的情感。陕西纪录片《望长安》第一集,30 分钟的时间里共出现 17 次专家访谈的画面,平均 1 分多钟出现一次。专家解读能使观众更好地理解、内容更好地传播,但过于频繁地出现会割裂纪录片中故事元素的整体节奏,从而使故事性不足、宣传味有余。纪录片的展演是一个讲述故事的过程,不同于停留于纸面上的文字讲述。文字的呈现可以提供给读者无限的想象,而以视听呈现为全部的纪录片,给人以思维启迪

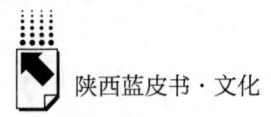

是它的重要价值所在,"故事"是它的唯一表达方式,也是纪录片能够更广泛更充分传播的必备前提——充实的故事性叙事表达。

(二)产业化发展不充足

纪录片是一个包括生产、传播、销售、消费四环节在内的文化产业。纪录片产业化不足的问题,不只是陕西纪录片而是中国纪录片发展中普遍存在的问题,中国纪录片成为"被市场严重低估的产业"。[1] 产业战略导向和重点不明确、以市场为导向的生产机制尚未形成、纪录片产业链尚未成型、纪录片龙头或骨干单位实力不强、纪录片"走出去"能力偏弱等是目前中国纪录片产业化发展亟待解决的问题。[2] 究其原因,中国纪录片研究中心依托11年产业数据支撑,并结合近年来纪录片市场的发展情况,研究认为,一是纪录片产业数据统计困难,真实信息难以完全统计。二是国家部委、地方政府、大型企业、非传统媒体及民间力量等主体未被有效开发,这些都是纪录片产业水平面下的隐形冰山。三是党政机关、行业团体、企业等系统内部的交流、学习、宣传影像内容质量提升明显,具备走入市场的潜质。四是本体与类型跨界之争:纪实娱乐、纪实移动短视频、网络直播等泛纪实产品划分归类模糊。五是纪录片经济价值多元性尚未被清晰划分和认同。[3] 陕西纪录片是传播陕西文化形象的载体,强烈的地域特色既有优势也有劣势。纪录片中的陕西特色,虽与众不同但可能受众面窄,能否最终实现纪录片销售与消费环节的利益最大化,陕西形象能否在全国甚至国际上同样得以最广泛最有效地传播,充分的产业化发展是上述情况得以实现的前提。

(三)独立纪录片参与不充分

"中国故事必然是全面的、立体的。它既是历史的,也是现实的;既是

---

[1] 《纪录片:被严重低估的产业》,人民网,http://media.people.com.cn/n1/2017/0925/c414476-29557894.html,最后访问日期:2017年9月25日。
[2] 何苏六:《中国纪录片发展报告(2011)》,社会科学文献出版社,2012,第50~52页。
[3] 何苏六:《中国纪录片发展报告(2016)》,社会科学文献出版社,2016,第1~54页。

群体的,也是个体的;既是理论的,也是生活的;既是物质的,也是精神的。全息的中国画像需要全息的中国故事描述。"① 同样,全息的陕西形象需要全息的陕西故事讲述。陕西不但拥有优美的自然环境和独具特色的历史建筑以及蕴含其内的陕西文化,还拥有普通百姓的日常生活和他们的所思所想。从宏大的社会、文化、历史叙事到微观的百姓日常,多者相辅、真实亲切才是陕西纪录片需要追寻的以展示地域完整而非完美价值的趋向。陕西纪录片对陕西形象的传播,实则展现的是陕西的独特价值和魅力。就目前已经出品的陕西纪录片来看,以政府、电视台、传媒公司合作拍摄的居多,独立纪录片参与的不多。2000年,中国影像代表人物,出生于陕西宝鸡的杜海滨,完成纪录片《铁路沿线》。这部作品用平实的视角,以一群流浪在陇海铁路沿线宝鸡站附近的小孩为拍摄对象,展现出这些生活在社会最底层的人物的多彩的个性和温和的人性。2001年,该片获中国首届独立映像展最佳纪录片和日本山形国际纪录片电影节特别奖,在豆瓣的评分也是高达8.3分。山王杨完成于2007年的纪录片《地下-空间》,是以西安旧城改造为拍摄对象,通过对城乡接合部里各个公共空间的持久观察,记录环境的巨大变化所带来的时代局部剪影。独立纪录片多将镜头对准普通百姓,关注其生活及心理状况。通过纪录片传播的陕西形象应当是多元且包容的,立足生活、着眼现实,从普通琐事中观察社会变迁、从百姓生活中描绘社会变革,独立纪录片的充分参与可以完整、全面体现陕西形象的地域价值。

四 推动陕西纪录片发展的对策建议

陕西纪录片所面临的问题是具有普遍性的,而陕西纪录片叙事方式的精准定位、升级打造核心内容、与时代发展相适应的传播形式的整合,都决定了陕西故事的传播走向和陕西声音的传递范围。

---

① 张福海:《坚守使命 继往开来:持续讲好中国故事》,《对外传播》2017年第8期。

（一）国际化陕西纪录片的叙事方式

"将一个城市和一座乡村区别开来的不是它们的范围和尺度，而是它与生俱来的城市精神。"① 每一个地域都有自己独特的历史积淀和文化表达，也因此塑造了各不相同的地域形象特征，例如，西安的古长安形象、延安的红色革命形象等。但需要注意的是，在纪录片领域，"陕西特色"是不存在的，如果人为地强调"陕西特色"，反而会阻碍陕西故事在国际上的表达。"陕西故事，国际表达"的叙事方式，是陕西纪录片以市场方式走入国际主流媒体并能得以播放所需遵循的规则，也才能更好地体现自己的文化价值。② 陕西的历史文化、风土人情、自然地理等素材，丰富多元，合理运用"陕西故事的国际化表达"叙事方式，便足以在更广泛的地区和国家传播。

（二）产业化陕西纪录片的核心内容

2009年，中国第一部文化产业专项计划——《文化产业振兴计划》由国务院常务会议审议通过，标志着我国的文化产业已经上升为国家战略。2010年，国家广电总局出台《关于加快纪录片产业发展的若干意见》。2011年，中央电视台向全球以中英文两种语言开播纪录频道。2014年和2015年，国家新闻出版广电总局先后批准上海纪实频道、北京纪实频道、湖南金鹰纪实频道上星播出。中国纪录片市场的步伐加快，纪录片工业化生产和传播模式同步加速。与《故宫》《舌尖上的中国》等人文类品牌纪录片的成功制作和传播模式相比，无论是制作规模还是传播模式，陕西纪录片还是相对比较滞后，依旧停留于"就陕西说陕西"的创意思维上。这样的立足点，势必会影响陕西纪录片在纪录片已然市场化的发展进程中的位置。

---

① 朱鸿军、王玉玮：《电视剧的城市形象传播与文化软实力竞争》，《江苏大学学报》（社会科学版），2010年第1期。
② 吴晓东、张同道：《免费赠送的纪录片不会有影响力》，《中国青年报》2013年4月2日。

（三）多样化陕西纪录片的传播形式

目前，城市形象片的发展进入了一个新的时期——移动互联网时代。这个时代的特征可以从两个层面理解，一是技术的更迭与融合带来媒介形态的变化，二是移动网络所激发的新型文化氛围及实践。① 新技术新媒体为陕西纪录片的发展带来新的拓展空间，同时也为陕西纪录片资源的全方位整合与持续推广创造了新的可能性。陕西纪录片在传统的人文历史纪录片、社会现实纪录片、自然地理纪录片等形式的基础上，虽已陆续推出真人秀纪录片、微纪录片、中外合拍纪录片等多种传播形式，但仅是相对提高了关注度，还不足以支撑陕西纪录片在世界范围内的持续输出。

早期纪录片是综合历史学、社会学和传播学的特点和观点，通过运用多种纪实手法，起到阐释过去、分析现在并指引未来的宣教功用。随着时代的巨变，新媒体浪潮和"互联网+"模式，已将纪录片的传播形式延展至多种样态，更便捷的观看方式、更新鲜的观赏体验，以及随之而来的更多元化的视听要求，都促使陕西纪录片向更广空间升级和拓展成为可能。

"要精心做好对外宣传工作，创新对外宣传方式，着力打造融通中外的新概念、新范畴、新表达，讲好中国故事，传播好中国声音。"② 这是时代给予陕西纪录片的方向指引，也是时代给予陕西纪录片的使命责任。

---

① 孙玮、钟怡:《移动网络时代的城市形象片——以上海为例》,《对外传播》2017年第7期。
② 《讲好中国故事 传播好中国声音》, 中国新闻网, http://www.chinanews.com/gn/2013/08-21/5187666.shtml, 最后访问日期: 2017年6月21日。

B.12
陕西碑刻文献数字化及其前景展望[*]

党　斌[**]

摘　要： 碑刻文献是中国古代文献的重要组成部分之一，也是近年来学术界持续关注的热点研究对象。在当今数字化、信息化的时代，碑刻文献数字化工程对于史学、文学、社会学、宗教学等相关学科的研究均具有重大意义。陕西历代存藏碑刻的种类繁多、数量巨大，且具有一定的典型代表性，对于陕西碑刻进行数字化的探索，将有助于推进全国碑刻文献数字化的进程。

关键词： 陕西　碑刻　数字化

广义的"碑刻"注重的是其载体性质，凡在天然或人工制作的石材之上镌刻文字或图像者，均可称为"碑刻"。而"碑刻文献"的概念较小，注重的是以石质为载体、以文字为记载内容的石刻。依据不同的形制，碑刻文献又可以分为若干类型，主要有：碑碣、墓志、造像题记、塔铭、经幢、摩崖题刻等。"碑刻"与"碑刻文献"两者相较，历代所刻各类仅有造像、舆图或画作，而没有镌刻任何文字的碑刻，不在本文论及的碑刻文献之列。

---

[*] 本文系2014年度国家社科基金重点项目《陕西碑刻文献精粹汇编》相关成果，项目编号：2014AZD095。
[**] 党斌，陕西师范大学博士，陕西省社会科学院古籍研究所副研究员。

一 碑刻文献成果及其数字化现状

碑刻文献是中国古代文献的重要组成部分之一，也是中国古代历史和文化的特殊载体。自北宋至清代数百年，学者们对于碑刻文献的关注度越来越高，相关的记载和研究成果十分丰富。其中，首开碑刻文献搜集、整理、研究先河的是北宋欧阳修，其于嘉祐八年（1063）撰成《集古录》，首次对前代金石文献进行了全面和系统的整理。《集古录》也成为中国现存最早的金石学著作。其后，时代略晚的赵明诚、李清照夫妇在《集古录》体例的基础上，损益增补，并依时代先后排序，编纂了《金石录》一书，成为金石学的另一本重要著作。《集古录》《金石录》两书共同奠定了中国古代金石学研究的基础。此后又有南宋洪适的《隶释》《隶续》、陈思的《宝刻丛编》、王象之的《舆地碑记目》，元代潘昂霄的《金石例》，明代于奕正的《天下金石志》、赵崡的《石墨镌华》，清代顾炎武的《金石文字记》、孙星衍的《寰宇访碑录》、王昶的《金石萃编》、陆心源的《金石萃编补》、方履籛的《金石萃编补证》、毛凤枝的《关中金石文字存逸考》《关中石刻文字新编》、陆增祥的《八琼室金石补正》、缪荃孙的《艺风堂金石文字目》、杨守敬的《寰宇贞石图》、罗振玉的《碑别字》、叶昌炽的《语石》《邠州石室录》等。以上仅是中国古代碑刻文献著述的一小部分。

近代以来，尤其是20世纪后半期至今，伴随着经济、社会的不断发展和考古事业的蓬勃兴盛，数量巨大的碑刻文献陆续被发现和出土，为新时期碑刻文献的整理和研究提供了丰富的实物资料。各类以碑刻文献为研究对象的成果亦产出颇丰，如《汉魏南北朝墓志集释》《汉魏南北朝墓志汇编》《唐代墓志汇编》《唐代墓志汇编续集》《隋唐五代墓志汇编》《全唐文补遗》《全唐文补编》《陕西金石文献汇集》《石刻史料新编》《北京图书馆藏中国历代石刻拓本汇编》等。伴随着考古发掘工作及相关资料的公布，此类成果仍在不断刊布和出版，如《新中国出土墓志》《隋代墓志铭汇考》《西安碑林博物馆新藏墓志汇编》《西安碑林博物馆新藏墓志续编》《大唐西市博物馆藏墓志》《新出魏晋南北朝墓志疏证》《长安碑刻》《西安新获墓志集萃》《宋代墓志辑释》《长安高阳原新出土隋唐墓志》等。与古代金石学家著述相比，新时期的碑刻文献研究立足考古发掘新资料，研究对象的领域更加广阔。与此同时，以碑刻文献为对象的研究将文献整理和学术研究紧密结合，深入挖掘其文献价值，研究的深度和广度均达到了前所未有的新阶段。

伴随着计算机和网络技术的发展、推广和普及，近30年来，文献数字化日渐受到关注并成为研究热点问题，且已经取得了令人瞩目的成就。《中国大陆地区古籍数字化问题及对策》一文指出："据2010年的不完全统计，我国大陆地区有179家单位从事古籍数字化，形成各类数据库415个，许多数据库的字数都在1亿以上。较权威的统计表明，2012年我国公藏机构已经拥有超过20亿字的数字化文本格式的古籍。一些已成规模的大型古籍数据库还在原有基础上不断拓展和完善。"① 但目前各类文献数字化的研究多以传世的古籍文献为对象，对于碑刻文献数字化的关注和理论研究较少，其具体实践则更显迟滞，且存在诸多问题和不足。

在碑刻文献数字化的实践方面，目前已经取得了一些成果，主要有中国国家图书馆开发的"碑帖精华"、爱如生数字化技术研究中心开发的"中国金石库"、时代瀚堂科技有限公司开发的"出土文献库石刻子库"、台湾"中研院"史语所开发的"汉代石刻画像拓本数据库"等碑刻资源数据库，而相关的理论研究成果主要有：《国家图书馆石刻拓片的数字化》②，该文主要结合国家图书馆石刻拓片数据资源库建设的经验和存在的问题进行了论述，但从研究对象来说仅涉及国家图书馆藏历代石刻拓本，无法反映目前各类碑刻资源数据化存在的共性问题；《石刻拓片数字化保护刍议》③ 一文同样是以石刻拓片为对象的专项研究成果，但对于拓片资料的收集、整合及存

---

① 高娟、刘家真：《中国大陆地区古籍数字化问题及对策》，《中国图书馆学报》2013年第4期。
② 袁玉红：《国家图书馆石刻拓片的数字化》，《图书馆理论与实践》2011年第5期。
③ 郭茂育：《石刻拓片数字化保护刍议》，《兰台世界》2012年第14期。

在的问题并未进行论述;《石刻文献数字化及其成果开发利用》① 则结合石刻文献本身的特征,指出了目前石刻文献数字化存在的问题,并提出开发专题数据库、建设数字石刻展馆的设想,有了较为深入的思考,不过对于具体的实施步骤和规划则没有进行详细的论述;《石刻文献数字化建设现状分析与思考》② 一文则以已经建成的各类石刻文献数据库及相关数据为基础,分析其内容、类型,指出其不足之处,并提出根据石刻文献特点和时代特征建设有针对性的专题性数据库的设想,是目前较为可行的一种碑刻文献数字化发展思路。

总体来看,碑刻文献的数字化明显落后于传统典籍文献的数字化进程。

二 传世陕西碑刻的总量和特征

在全国诸多省份中,陕西因为在中国古代历史中的特殊地位,传世碑刻资源已经十分丰富,再加上近年来陆续出土和新发现的各类碑志,陕西现存历代碑刻的总量堪称全国之最。陕西历代碑刻资源表现出渊源已久、跨度惊人、品类齐全、名碑荟萃、地域分布广泛、时代特征鲜明、内容丰富多样等多方面特点。

陕西碑刻渊源已久,可追溯至先秦时期,其代表性碑刻即唐贞观元年(627)发现于凤翔府陈仓山(今宝鸡市石鼓山)的"先秦石鼓"。③ "先秦石鼓"共10石,篆书10首四言古诗,共计718字,是国内现存最早的碑刻实体,其内容记载周宣王出猎之情景,故兼具文物和文献的双重价值。秦统一后,秦始皇曾多次出巡并刻石记其事。现存西安碑林博物馆的秦始皇二十八年(前219)所刻《峄山刻石》即为其一。④ 而陕西境内现存年代最早的

---

① 李虎、王东峰:《石刻文献数字化及其成果开发利用》,《兰台世界》2014年第2期。
② 牛红广:《石刻文献数字化建设现状分析与思考》,《大学图书情报学刊》2015年第3期。
③ "先秦石鼓"原石现藏故宫博物院。关于其刻石年代,历代学者均有不同观点,目前学术界关于石鼓文的确切年代虽无定论,但其刊刻于战国后期的观点为多数学者认同。
④ 《峄山刻石》原石年代久远,早已损毁。西安碑林博物馆所藏为北宋淳化四年(993年)据原石拓本所翻刻,碑阴有郑文宝题记。

碑刻为东汉永平九年（66）摩崖而刻的《鄐君开通褒斜道摩崖题刻》，现藏汉中博物馆。此后历经魏、晋、南北朝、隋、唐、宋、元、明、清、民国千余年，历代刊刻的碑刻、墓志、造像题记、塔铭、经幢、摩崖题刻等各类碑刻数量巨大，涵盖了中国古代碑刻的各种类型，可谓品类齐全。其中有相当数量的碑刻为历代金石学家推崇，且见于《集古录》《金石录》《金石萃编》等前代金石文献著录。其内容则涉及中国历代政治、经济、社会、文化等诸多领域，可与典籍文献记载相互补证，具有极高的史料文献价值。

尽管自北宋以来已有数百种金石著述和其他各类典籍文献对陕西历代碑刻进行了著录，新中国成立以来又有大量存藏机构和学者的专著、论文成果产出，但对于陕西历代碑刻的数量、陕西现存碑刻总量，均未能有准确的数据统计。

据《陕西石刻文献目录集存》对新中国成立以前的24部金石专著和6部志书著录的陕西碑刻进行统计，共收3161条。① 据1984年和1987年两次陕西省文物普查资料数据统计，陕西碑刻存藏数量为14000~15000种。此后的20余年中，又有大量碑刻、墓志等在考古发掘中得以面世。为了全面科学、准确、全面统计陕西现存碑刻的总体数量，并在此基础上制定碑刻资源保护、利用和开发的长期规划方案，经陕西省委、省政府批准，陕西省古籍整理出版工作领导小组决定编纂《陕西碑刻总目提要》，并于2005年底将《陕西碑刻总目提要》列为陕西省"十一五"古籍整理出版规划重大项目。2006年，该项目又被列入国家"十一五"古籍整理出版规划重点项目。经过多次项目可行性论证和具体实施方案的修改，《陕西碑刻总目提要》于2007年正式启动。此后，陕西省古籍整理出版工作领导小组办公室作为项目负责单位，委托陕西省文物局、陕西省宗教事务管理局等单位，收集与项目相关的碑刻信息和资料。由于陕西碑刻资源分布于全省117个市、县，且分散存藏于文物、文化、宗教等各类性质不同机构中，另外还有大量碑刻保存于野外，该项目的资料历经"十一五""十二五"十年时间才最终汇总完

---

① 陕西省古籍整理办公室：《陕西石刻文献目录集存》，三秦出版社，1990，第9页。

毕。据项目组统计，陕西现存历代碑刻资源的总量约有20000种，其中仅历代重要碑刻就多达10000余种。与此同时，仍然有各类碑刻、墓志陆续被发现和出土。

从碑刻类型、内容来看，陕西碑刻的时代性和阶段性特征十分明显。

北宋欧阳修称"自后汉以来，门生故吏多相与立碑颂德矣。余家《集古》所录三代以来钟鼎彝盘铭刻备有，至后汉以后，始有碑文，欲求前汉时碑碣，卒不可得。是则冢墓碑自后汉以来始有也。"[①] 陕西现存碑刻与欧阳修指出的特点基本吻合。陕西现存汉代碑刻主要有以《仓颉庙碑》《鲁泽碑》《曹全碑》《仙人唐君之碑》等为代表的碑刻，以《熹平石经》为代表的石经及其残碑，以《石门颂》《郙阁颂》《杨淮表》为代表的摩崖题刻，以及各类墓葬纪年刻石等。上述碑刻均属东汉时期刊刻，其字体均为趋于成熟的汉隶，但风格则各不相同。

魏晋南北朝时期，北方少数民族南迁，与中原地区汉族长期融合，在一定程度上推动了社会的发展。此间，西晋、前赵、前秦、后秦、西魏、北周等均曾以长安为都城，陕西是这一时期政权交替、民族融合的主要区域。这一时期的陕西碑刻种类增多、数量激增，主要有以《张僧妙碑》为代表的造像碑，以北魏皇室元氏、弘农杨氏为代表的大量墓志，以《石门铭》为代表的摩崖题刻等。赵超先生曾总结魏晋南北朝时期石刻特征说："石刻在这一时期内不断变化和发展。很多种新的石刻种类，像墓志、造像、刻经、题名等，都正在蓬勃兴起或者固定成型，演化成石刻中的大宗。"[②] 同时期的陕西碑刻与赵超先生的概括亦基本相同。

隋、唐两代，伴随着社会、经济、文化的全面兴盛，古代碑刻也进入了最为辉煌的阶段。陕西作为国家政治、经济、文化的中心，碑刻数量巨大，出自欧阳询、褚遂良、颜真卿、柳公权等书法名家的珍品不胜枚举，李建成、李贤、尉迟敬德、上官婉儿等高规格等级墓志亦陆续出土。碑碣、墓志成为

---

① 宋·欧阳修：《集古录跋尾》卷四"宋文帝神道碑"条，载《历代碑志丛书》，江苏古籍出版社，1998，第48页。
② 赵超：《中国古代石刻概论》，文物出版社，1997，第91页。

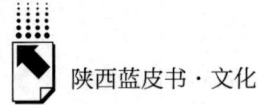

这一时期的大宗,造像题记、摩崖题刻、佛道经幢等的数量也相当可观。

唐末五代陕西遭受战火侵袭,至宋代国都东迁后,历经宋、元、明、清至民国数百年,陕西在全国的地位和影响发生了巨大的变化。但是,从陕西现存宋代以来碑刻情况来看,仍然数量巨大,品类齐全,内容则涉及古代社会的方方面面,且这一时期的碑刻在陕西现存历代碑刻资源中所占比例很高,时代较晚的明、清两代则数量最多。

陕西历代碑刻的时代和阶段性特征与全国范围内历代碑刻的总体特征基本吻合。换言之,陕西历代碑刻资源的特征具有一定的典型性和全面性,在一定程度上可以代表全国碑刻资源的总体特征。

三 陕西碑刻文献数字化工程前景及实施策略

目前,全国碑刻文献数字化工作仍然处于起步和探索阶段,如郭茂育所说:"由于石刻拓片数字化的手段和方法要求较高,其数字化程度还仅仅停留在理论研究和制定元数据标准的层面上。"① 得益于《陕西碑刻总目提要》项目的推进,陕西碑刻数字化在制定元数据标准方面已经取得了一定的经验和成绩,但在理论研究和实际应用方面仍然没有太多的成果。但如前文所述,由于陕西碑刻文献存在渊源已久、跨度惊人、品类齐全、名碑荟萃、地域分布广泛、时代特征鲜明、内容丰富多样等多方面特点,陕西碑刻文献数字化工程的前景十分可观,目前正处于资料数据积累和项目构建的酝酿阶段。

对于陕西碑刻文献的数字化,必须结合陕西碑刻文献资源的特征,制定有针对性的数字化实施方略,并分阶段、分步骤推进实施。

首先,应当全面掌握陕西现存碑刻资源的总体情况。关于这一点,自陕西省"十一五"古籍整理重大项目《陕西碑刻总目提要》启动以来,项目组历时近十年,通过实地调研考察和文献资料查阅,对陕西现存碑刻资源的

---

① 郭茂育:《石刻拓片数字化保护刍议》,《兰台世界》2012年第14期。

总体情况已经有了基本的掌握。该项目的阶段性成果《陕西碑刻总目提要（初编）》即将由科学出版社出版。相较早年出版的《陕西石刻文献目录集存》仅对前代金石著作进行的考察，《陕西碑刻总目提要（初编）》所收碑刻数量更多，信息也更全面。由于近年来仍然有零星的碑刻陆续出土和发现，该项目的数据仍在不断扩充和完善。而这些数据是我们全面掌握陕西现存碑刻资源总体情况的重要依据。

第二，以《陕西碑刻总目提要》项目积累的碑刻资料和信息为基础，编制"陕西碑刻目录数据库"。编制便于检索和利用的碑刻文献目录数据库是十分复杂的大规模工程。一方面是由碑刻资源本身的性质决定的。相较传世典籍文献多存藏于图书馆中的情况而言，碑刻文献的存藏状况十分复杂，涉及多种性质的单位部门以及相关的规章管理制度。同时，碑刻文献本身包含了更为复杂多样的基本信息元素，如：名称、年代、材质、尺寸、额题、书体、行款、纹饰、撰书刻立者姓名、出土时地、现藏地点、著录情况、保存状况等。这些基本元素中又依据碑刻类型的不同，存在很多个体性差异，从碑刻文献中提取上述基本信息元素已经是一项十分复杂、耗费时力的工作。另一方面，前代文献对于碑刻的著录存在同碑异名、异碑同名的复杂情况。这就需要对著录文献进行全面的核查和甄别，并通过有针对性的标记信息对同碑异名和异碑同名的情况进行有效的区分，保证数据检索的科学准确性。关于编制可检索的碑刻书目，《金石目录学与石刻拓片书目控制——传统学术与现代理论的结合与互补》一文已经做了有益的探索。[①] 由于陕西现存大量碑刻，尤其是汉唐时期的碑刻在前代典籍文献中有大量著录，对于"陕西碑刻目录数据库"的编制而言，核查前代文献著录情况是一项十分重要的工作，这就又涉及了前代金石文献的全文检索数字化问题。这两项工作应当投入足够的资金、技术和人力同步推进。

第三，在"陕西碑刻目录数据库"的基础上，分别进行碑刻高清图版

---

① 张靖：《金石目录学与石刻拓片书目控制——传统学术与现代理论的结合与互补》，《图书情报工作》2009年第13期。

的扫描制作和编制可供全文检索的"陕西历代碑刻文献数据库"两项工作，保证图版和文本的相互对应。其中，碑刻高清图版的扫描需要以制作碑刻拓片为基础。打制碑刻拓片并进行收藏是中国古代学者和收藏家保护、利用碑刻文献资料的重要手段之一。许多前代碑刻因自然、人为等原因损毁和亡佚，其内容通过历代递藏的拓本流传至今。通过碑刻拓片扫描制作高清图版是基于现代化技术对于碑刻资源的另一种保护和利用的新途径和新方法，避免了拓片长时间收藏过程中纸质老化、拓片受损的问题，在一定程度上再现和保存了碑刻资源的最原始信息和状况。对于少量已经亡佚的陕西碑刻，国家图书馆、故宫博物院等其他机构中仍然存有珍贵的原石拓本，且部分已经制成数据化文件，可供免费查阅。在保护知识产权的基础上，获取此类拓本的高清图版，将在一定程度上提高"陕西历代碑刻文献数据库"的完整性。

鉴于陕西碑刻数量巨大，"陕西历代碑刻文献数据库"的文本建设应当分若干子数据库分期建设。子数据库可按照朝代先后顺序和体量进行划分，对于唐代、清代等碑刻分布数量较多的时期则又可以分为若干子库。目前已经出版的大量碑刻文献整理著作为文本数据库的建设提供了大量的前期资料，对于工作的进展大有益处。但是，目前关于陕西碑刻文献的整理著作存在"重汉唐，轻后期"的情况，针对大量明清时期碑刻文献的专项整理成果较少。同时，由于碑刻文献存在大量异体字、碑别字的特性，文本数据库的建设需要大量文献学专业和计算机网络技术工作人员的通力配合方能完成。

第四，充分发挥陕西省古籍整理办公室的职能，以陕西省古籍整理办公室官方网站为平台，通过"陕西碑刻目录数据库"和"陕西历代碑刻文献数据库"的建设，为相关研究人员提供便捷的查阅和检索渠道。而数据库的信息还需要结合实际的使用、新出土发现和刊布资料等进行定期的更新、调整和维护。

四 结语

通过对碑刻文献数字化现状的解读和陕西碑刻文献资源总体状况的考察

分析可以看出，陕西碑刻文献数字化是未来文献整理与研究的必然趋势。而陕西碑刻文献数字化工程规模大、耗时长，需要有稳定的政策、资金、专业技术人员的投入以保证其规划分阶段、分步骤逐步实施。其阶段性成果和最终数据库的建成，将为历史学、考古学、文学、社会学、宗教学等多领域、多学科的推动和发展提供良好的研究基础和研究依据。

陕西碑刻文献数字化工程对于"十三五"期间陕西全面推进文化事业和文化产业的发展，构建"大文化"发展理念具有重要战略意义和价值。与此同时，该项目以点代面、由局部到整体的研究和实施思路，绝不局限于陕西一地。宏观来看，该项目的推进对于全国碑刻资源的保护、开发、利用均有重要借鉴意义，响应了国家"十三五"期间更好地运用先进技术发展和传播先进文化的号召，对于弘扬中华传统文化、展示中华文化独特魅力、增加国家文化软实力、进一步坚定文化自信、增强文化自觉、奋力开创中国特色社会主义文化建设新局面等都具有重大的理论和现实意义。

B.13
陕西非物质文化遗产泾阳茯砖茶研究

刘立云*

摘　要： 目前，非物质文化遗产保护及传承已成为促进陕西文化大发展大繁荣的重要内容之一。陕西历史悠久，先后曾有十三朝在此建都，在长达千余年的漫长岁月中创造了灿烂的民族民间文化。随着"泾阳茯砖茶压制技艺"已于2007年恢复试制成功，2011年该项技艺被列入陕西省非物质文化遗产名录。作为"中国茯茶之源"，陕西泾阳茯砖茶历史悠久，在当代具有规模化产业发展潜力、茯砖茶文化发展魅力，具有积极贡献与重要意义。

关键词： 陕西　非物质文化遗产　泾阳茯砖茶　"一带一路"

一　引言

2013年秋，国家主席习近平先后提出共同建设"丝绸之路经济带"与"21世纪海上丝绸之路"的倡议。2015年3月28日，《推动共建丝绸之路经济带和21世纪海上丝绸之路的愿景与行动》由国家发改委、外交部、商务部联合公布，标志着"一带一路"正式成为国家层面的行动。习近平主席分别于2015年8月23日致电祝贺第22届国际历史科学大会的召开、2017年5月14日致辞"一带一路"国际合作高峰论坛，先后指出："历史

---

* 刘立云，陕西省社会科学院文化研究所助理研究员。

研究是一切社会科学的基础,承担着'究天人之际,通古今之变'的使命""历史是最好的老师"。

历史上,古丝绸之路在东西方商品交流与文化传播方面均有深远影响。茶叶成为中国沿古丝绸之路外销的三大类货物之一(另外两项是丝绸、瓷器)。据史料记载,南北朝时期,中国茶叶最早向海外传播,中国商人在与蒙古比邻的边境,通过以茶易物的方式,向土耳其输出茶叶;隋唐时期,借助西北丝绸之路、南方丝绸之路,陕西泾阳茯砖茶远销国内的西北、西南各省以及蒙古国、俄罗斯、伊朗、朝鲜等四十余国,被边塞、远东游牧民族地区誉为"中国古丝绸之路上的生命之茶、神秘之茶"。

"不忘故土者,仁也。"关中,陕西中部,东起潼关,西到宝鸡,南至秦岭,北到北山。据说,关中取意"四关之中","四关"亦称"四塞",即秦朝四个重要关隘。东、南、西、北分别为:函谷关(今灵宝市函谷关镇王垛村)、武关(今丹凤县武关镇武关村)、大散关(今宝鸡市渭滨区神农镇附近)、萧关(今固原县到海原县一带)。整个关中平原由西至东,横贯宝鸡至潼关,平均海拔520米。东西长360公里,面积约占全省土地总面积的19%。这里自然资源丰富、气候常年温和、交通运输便利、经济基础发达,约占全省2/3的粮油产量和国民生产总值,号称"八百里秦川"。

陕西省第一批非物质文化遗产名录共含有175项非物质文化遗产,2007年5月11日公布。然而群峰之中,尚有高地。2007年,"泾阳茯砖茶压制技艺"恢复试制成功;2011年,该项技艺被列入陕西省非物质文化遗产名录;2012年荣获中国陕西(商洛)茶叶节特别奖;2013年荣获国家地理标志称号;2015年5月20日泾阳被中国茶叶流通协会命名为"中国茯茶之源";2015年6月,陕西泾水金花茯茶有限公司的首批产品上市,销量颇好。可见,其渊源之深、影响之广,特此撰文记述之。

二 泾阳茯砖茶的历史缘起

"自古岭北不产茶,唯有泾阳出名茶。"位于泾河下游、关中腹地的泾阳，自古是三辅名区，京畿要地。战国晚期置县，距今已2200多年。同时，泾阳也是南茶北上的加工制作输运中心枢纽，始自汉代，兴于唐宋，盛于明清。历史最兴盛时期，泾阳县城以及周边就有逾110家茶行林立，12处水运码头，商贾云集，热闹非凡。至今，泾阳县城仍存有当年茶市遗址，比如麻布巷、骆驼巷、造士街、粮集巷等。

泾阳作为茯砖茶的加工制作发祥地，历史悠久。史料记载，北宋神宗熙宁年（1068~1077年），泾阳茯茶（散茶）在泾出现；明洪武元年（1368年）前后，泾阳茯砖茶定性、定型、定名；清道光年间（1860年前后），泾阳茯砖茶问世。当时，茶工将湖南安化所产的黑毛茶踩压成90公斤一块的篾篓大包，运往陕西泾阳，经过二次筛选加工和再发酵制作筑制茯砖。整体配料以湖南安化黑毛茶为主，加有不同比例湖北老青茶、四川边茶、广西六堡茶及陕西紫阳茶。茯砖茶制成后，包装封印，时称"封子条"，又称"泾阳砖"。中国茶基本分为红、绿、青、黑、黄、白茶六大类（其中，泾阳茯砖茶属黑茶系列）；按再加工茶特征分为紧压茶、萃取茶、花茶、药用保健茶、含茶饮料，泾阳茯砖茶又属紧压茶类；按功效特征还可归属药用保健茶类。在长期的加工、制作、集散过程中，茶叶受潮"霉变"长出"金花"，之后人们发现口味竟然独特，且对人体颇有健康功效。国内著名文化学者余秋雨曾对茯茶口味有专门撰文。

经研究，"金花"是一种有益曲霉菌，生物学家现定名为"冠突散囊菌"；全国1000多种茶品中，唯泾阳茯砖茶品生长繁殖有"金花菌"，泾阳茯砖茶与国内其他黑茶最大的区别在是否有天然"金花"，故传统上作为高档茯茶的特征。[①] 由此销量更好，又经茶工的不断探索、总结，完善制作工艺，形成了国内仅有的泾阳茯砖茶品。

当地流传有泾阳茯砖茶"三不离"之说，即若无泾阳当地的水、气候、技术，便无法制出正宗的茯砖茶。这是先人们经过无数摸索实践的经验总结，也是泾阳在茯砖茶加工史上重要地位的明显写照。究其原因，一是泾阳

---

① 详见中华人民共和国国家标准 GB/T9833.3-2013 紧压茶茯砖茶。

地表水质咸涩，偏碱性的酸碱度，以及水中硝酸根离子、钾离子、钙离子、氟离子等适宜"金花菌"生长发育的矿物质含量丰富。二是泾阳独特自然环境下所形成的独有气候条件，适宜"金花菌"的培育繁殖。三是泾阳成熟的茶叶制作工艺及匠工的经验和感知技术（比如炒茶的火候及水分含量、发花的温度、筑制砖体的松紧度等）。曾有人试图将泾阳茯砖茶制作技术引向外地，均未成功。可见，泾阳特有的地理位置、自然环境、气候条件及技术水平，才造就出独特的泾阳茯砖茶品。

1949年，泾阳在全国工商资产改造大环境下，在对县内老茶行、茶店进行改造整合的基础上，泾阳县人民茯砖茶厂随之成立，所产茯砖茶统一以"红星"牌人民茯茶向外销售。后因在全国推行"大而统"和多快好省的形势下，中国供销合作总社茶叶局为了降低成本，考虑泾阳既不是茶叶原产地，又不是茯茶主销区，原茶从南方到泾加工制作，再外销，二次运输费用增大，成本增高等原因，于1953年下令撤销了泾阳茯砖茶厂，归并到咸阳茶厂，并由西北矿山机械厂为其研制切茶、筛茶加工机械，以代替原始手工操作。有效缓解了茶工劳动强度，提高了生产效率。但因所产茶品质量一直未能实现突破。1958年国家商业部茶叶局与陕西、湖南[①]两省茶叶主管部门协商，决定将茯砖茶加工制作转移到湖南安化，撤销原有的咸阳茯砖茶厂，此后陕西就完全停止了茯砖茶的加工制作。1980年，湖北蒲圻羊楼洞茯砖年产500吨。[②] 但是，"发花"技术始终未能彻底解决。现在，茯砖茶集中在湖南的益阳、临湘两处生产，益阳茯砖年产量约2万吨。

三 泾阳茯砖茶的当代发展

当前，为了重新振兴泾阳茯砖茶产业，重新打造泾阳茯砖茶这一品

---

① 1951年湖南安化白沙溪茶厂就地加工获得成功。
② 该厂产品有特茯和普茯之分，特茯全部用三级黑毛茶为原料；普茯原料三级黑毛茶只占40%~50%。四级占5%~10%，其他茶占50%。茯砖茶的压制需要经过毛茶原料筛分—半成品拼配—蒸汽渥堆—压制定型—发花—干燥—成品包装等工序。制成后运往新疆、青海、西藏、甘肃、宁夏，以兰州为集散地，从主产地益阳运送供应。

牌，泾阳专门组建了泾阳县茶业协会，成立了"陕西泾阳人民茯砖茶研究中心"，为泾阳茯砖茶的进一步挖掘创造了条件。泾阳新产的茯砖茶在2009年9月咸阳市举办的"中华养生节"展评中，以其独特的品质、口感和滋味，得到众多养生专家、茶叶界同仁和广大消费者的认可和一致好评。

（一）茯砖茶产业发展规模

目前，泾阳县茯砖茶加工企业已达94家，其中，生产企业41家，销售企业53家，从事茶产业的人员1万多人；从2012年至今，共开展各类茶叶知识、技能培训30多次，培养茶叶专业人才3000多人。计划至2017年底，年产量突破2万吨。全县正在全力打造一业三区。一是在县城北环路与泾云路交界东北处，建设占地636余亩、投资15亿元、以茯砖茶生产为主的泾阳茯砖茶加工区。园区建成后，可入驻大型生产企业11家，年产量2万吨，产值20亿元。2017年，签订入驻产业园意向企业12家，10家已做出企业厂房建设规划初步方案，正在申请政府组织审核。计划年内3家企业开工建设。二是在温商产业园打造茯茶文化产业区。三是在泾河新城茯茶小镇打造茯茶文化产业旅游展示区。茯茶小镇位于西咸新区，具体在泾河新城的茶马大道、高泾中路交叉处西北角，占地约1300亩，总投资约30亿元。开园以来累计接待游客1500多万人次，实现旅游综合收入约10亿元，极大地推动了茯砖茶产业的快速发展。为完善产业链条、加大扶持力度，一是召开了2016泾阳茯砖茶产业发展促进会，听企业心声，找存在的问题，全力助推产业发展；二是组织20家茶企赴陕南2市7县进行考察，建设泾阳茯砖茶原料基地，县政府分别与汉中市南郑县、西乡县、勉县政府及安康市汉滨区、紫阳县、平利县政府签订了茶产业合作协议，茯砖茶企业代表与陕南茶企签订了近2万吨的毛茶基地项目；三是举办了"媒企融合创新发展高层论坛暨泾阳茯砖茶营销战略合作洽谈会"，有120家媒体参会，会上多家报社与县生产企业签署了经销协议；四是县政府分别设立两个500万元，一个用于贴息补助（放款760万元），一个用于"政银增"发展基金，用1∶10

的比例放大10倍，撬动银行资金5000万元，解决企业资金困难问题（目前放款990万元）；五是与西安陆桥保税物流有限公司签订了泾阳茯砖茶出口中亚项目协议，指导企业完成进出口贸易手续，进一步为泾阳茯砖茶迈入国际市场打好基础。

（二）茯砖茶文化拓展潜力

2011年5月16日，陕西省第三批非物质文化遗产名录中，"泾阳砖茶制作技艺"赫然在列；目前正在进一步申报国家级非物质文化遗产。2012年3月29日，在"泾阳茯砖茶产业发展规划暨茶文化论坛专家座谈会"上，泾阳被与会的国内外茶业界顶尖级专家一致定位为"中国乃至世界茯砖茶的摇篮"。2012年9月启动泾阳茯砖茶"三项保护"工作（申报泾阳茯砖茶地理标志产品保护、编制泾阳茯砖茶地方标准和申请泾阳茯砖茶证明商标）。2014年，"三项保护"工作全面完成，按照泾阳茯砖茶的"三项保护"工作要求，依据《地理标志产品 泾阳茯砖茶技术规范》，制定了《泾阳茯砖茶地理标志产品保护管理办法》《泾阳茯砖茶证明商标使用管理办法》，使企业从茯砖茶原料采购、生产工艺流程以及销售等环节把关，严格执行生产标准，规范各企业生产和销售行为。注重搜救和保护泾阳茯砖茶历史文化，编写了生产工艺流程，积极挖掘历史文化，保护传统工艺，特邀西北大学李刚教授搜集和整理了泾阳茯砖茶历史文化资料。而且，聘请传统泾阳茯砖茶工艺传承人"县前八老"为制茶工艺指导老师，进行泾阳茯砖茶传统工艺的保护、传承。随着对泾阳茯砖茶历史文化资料的挖掘，创作出一大批优秀的文艺作品，有歌曲《茯茶情歌》、微电影《茯茶的故事》、宣传片《茯砖茶韵》、秦腔《泾阳茗》和书籍《天下第一砖》等，对泾阳茯砖茶品牌的宣传起到了积极的推动作用。特别是随着2017年秋季大型电视连续剧《那年花开月正圆》的播出，使更多人了解了泾阳茯砖茶的历史。未来五年，泾阳将继续全面建成泾阳县茯砖茶产业园；省内政校联合，省外联动发展，整合产业资源，增强市场竞争力；积极争取项目资金，狠抓标准化建设；加大宣传力度，提升品牌知名度。

四 结语

时光如梭,如今距"一带一路"倡议提出已4年,遵循《茶马古道文化遗产保护普洱共识》(2010年6月)、《"一带一路"愿景与行动》(2015年3月)等共识,以民族交往互信为核心的"一带一路"建设的"五通"已成为强大助推器。历史上的马帮驼队已被陆海空的运输取代,但古老商道及其商品交易的文献取证及田野调查、考古探险仍在推陈出新。作为"中国茯茶之源",陕西泾阳茯砖茶历史悠久,在当代具有规模化产业发展潜力、茯砖茶文化发展魅力,具有积极贡献与重要意义。在此,针对茯茶古镇特提出几点今后的发展建议。

(一)发展古镇商业的"体验经济"

鉴于古镇商业的沧桑历史感及文化传承性,其与城市商业群的最大区别在于感观差别,由此带来由约瑟夫·派恩(B. Joseph Pine)、詹姆斯·吉摩尔(James H. Gilmore)于1998年所提出的"体验经济"(Experience Economy)[1],使它可以回归"前店后厂"的小规模作坊形态,"仿古"元素的加入将使游客有回归田园的美好体验。当然,该类街区型小商铺要有鲜明特色,比如古法烹制的特色食品及其过程,增强人们对悠久"茶文化"等的记忆。

(二)布局古镇商业的"客流动线"

由于游玩的最大乐趣在于探索未知,店铺需要游客自我发现,讲究"能弯不直"的动线设计;在道路规模上"能窄不宽",以便提高游客的到

---

[1] Pine, B. J. and Gilmore, J. H., "Welcome to the experience economy", *Harvard Business Review* 1998 (4).

店率,一般不超过6米,辅助以台阶以及沿街敞开的门面等。由此,增强亲近感,在提升总消费额的同时带动人均消费的频次。

(三)打造古镇商业的"特色商铺"

以街区型的特色商铺为核心的古镇商业业态,主要由特色民宿+特色美食+特色手工制品+特色休闲娱乐构成,体现产业链的完整,突出地缘及属地标签特征,避免盲目跟风。

B.14
荣信教育"乐乐趣"童书创新发展及品牌打造报告

王艺桦　袁秋乡*

摘　要： 荣信教育成立之初，出于差异化竞争的策略需求和对于培养新的蓝海市场的期许，以引进国外的立体互动式高品质童书为市场突破点，"乐乐趣"品牌童书应运而生，成为一家专业从事少儿图书出版的民营企业。其在发展的同时仍存在着幼儿阅读市场的出版数量少、质量低、表现手段简单落后、缺乏创意、普及率低等问题。荣信教育针对问题提出的市场对策主要是内容的变革和营销模式的变革、发力原创，做经典的传承者和创新者。

关键词： "乐乐趣"童书　荣信教育　打造品牌

一　荣信教育的市场地位及发展脉络

荣信教育是一家专业从事少儿图书出版的民营企业。公司成立之初，出于差异化竞争的策略需求和对于培养新的蓝海市场的期许，以引进国外的立体互动式高品质童书为市场突破点。"乐乐趣"品牌童书应运

---

* 王艺桦，荣信教育文化产业发展股份有限公司董事长；袁秋乡，荣信教育文化产业发展股份有限公司总编审。

而生。

"乐乐趣"品牌童书产生的背景，是古城西安厚重的历史和文化积淀；中国经济超常规发展，成为世界第二大经济实体的新的世界经济格局；80后父母成为消费主力群体，对幼儿教育从观念到形式的要求发生了根本性的转变，向发达国家靠拢的倾向明显。在这样的文化背景和市场背景下，"乐乐趣"品牌的诞生恰逢其时。

在荣信教育创办之前，国内传统的童书卖场形态几十年来几乎没有过改变——不管什么样的书店，童书都放在一个不起眼的角落里，数量和种类本身就很少，更谈不上质量。印刷粗糙低劣，表现形式简单，就是文字+图画。功能单一，就是"教娃读书认字"，不考虑孩子的天性和特点。童书的成年化和千篇一律，成为中国童书的痼疾。

荣信教育在当时瞄准高端互动立体书市场，是一种开拓之举，可以说是一种超前，也可以说是一种冒险。当时，"无市场"说盛行，国内的业界认为，中国经济虽然发展了，但还没有形成消费立体书的实力；国外同行则认为，中国教育缺乏接受立体互动童书的观念。

但是，荣信教育的创业者坚信，不是中国的孩子们不喜欢这种书，而是没有人给孩子们做这种书。不是中国的家长们买不起这样的书，而是家长们不懂得其对于孩子的开智启蒙具有怎样的作用和意义。

11年来，荣信教育坚守着"为中国的孩子做最先进好看的童书"的初心，把孩子的阅读当成现在和未来的头等大事，不断地探索和发展，在中国的童书领域独树一帜，成为立体互动高品质童书的市场开拓者。完成了改变中国童书卖场形态和阅读生态的改变；促进了中国幼儿阅读的转型升级和与世界发达国家同步接轨的理想目标，快速成长为低幼出版的业界"黑马"。

据开卷2017年4月公布的数据，荣信教育和"乐乐趣"童书在全国500多家少儿图书零售市场中排名全国第五（见表1）。

表1 2017年1~8月零售总渠道少儿图书前20出版单位

本期排名	环比变化	出版单位	码洋占有率（%）	动销品种数（种）	新书品种数（种）	动销品种占有率（%）	动销品种排名	出版效率	实体店（家）	网店（家）
1	↑1	浙江少年儿童出版社有限公司	4.62	4656	409	1.91	5	2.42	1	3
2	↓1	二十一世纪出版社有限责任公司	4.41	5936	324	2.43	4	1.81	7	1
3	↑2	安徽少年儿童出版社	4.25	4610	348	1.89	6	2.25	5	2
4	↓1	长江少年儿童出版社有限公司	4.05	7668	614	3.14	1	1.29	2	4
5	↑3	荣信教育	3.02	1378	90	0.56	50	5.4	10	5
6	↓2	明天出版社有限公司	2.89	2595	218	1.06	18	2.72	4	7
7	↓1	中国少年儿童出版社	2.40	4493	367	1.84	8	1.3	3	11
8	↓1	吉林出版集团股份有限公司	2.37	6573	868	2.69	3	0.88	25	6
9	↑1	中国人口出版社	2.17	2985	331	1.22	15	1.78	30	8
10	↑9	四川少年儿童出版社有限公司	2.10	3189	403	1.31	12	1.6	11	10
11	↑2	北京联合出版有限责任公司	1.99	2902	408	1.19	16	1.67	20	9
12	↓4	童趣出版有限公司	1.93	3800	283	1.56	10	1.24	6	16
13	↓2	接力出版社有限公司	1.72	3092	244	1.27	14	1.36	8	18
14	↑3	吉林美术出版社有限责任公司	1.72	6641	480	2.72	2	0.63	16	14
15	↓3	湖北美术出版社有限公司	1.67	2293	44	0.94	22	1.77	63	13
16	→	长江出版社	1.62	942	95	0.39	75	4.21	125	12
17	↓2	人民文学出版社有限公司	1.59	2065	314	0.85	29	1.87	9	19
18	↓4	北方妇女儿童出版社有限责任公司	1.39	4521	234	1.85	7	0.75	31	15
19	↑5	黑龙江美术出版社有限公司	1.34	3767	632	1.54	11	0.87	33	17
20	↑2	青岛出版社有限公司	1.32	2425	183	0.99	21	1.32	19	21

注：开卷系统少儿出版行业竞争排名发布，插入荣信教育码洋占有率对比。

在细分市场上，荣信教育生产的低幼认知和科普阅读产品，自2014年以来，市场占有率、码洋占有率和销量，一直稳居第一（见表2）。

表2　2017年1~8月零售总渠道低幼启蒙类图书前5出版单位

本期排名	环比变化	出版单位	码洋占有率（％）	动销品种数（种）	新书品种数（种）	动销品种占有率（％）	动销品种排名	出版效率	实体店（家）	网店（家）
1	→	荣信教育	9.45	466	16	2.36	7	4.00	5	1
2	↑3	中国人口出版社	6.77	643	92	3.35	3	2.02	4	2
3	↓1	吉林美术出版社有限责任公司	5.63	1231	112	6.42	1	0.88	1	3
4	↓1	青岛出版社有限公司	4.49	320	1	1.67	15	2.69	8	5
5	↑46	新疆青少年出版社	4.46	87	2	0.45	53	9.83	76	4

注：开卷系统少儿出版行业竞争排名发布，插入荣信教育码洋占有率对比。

二　幼儿读物市场的结构及其存在的问题

（一）幼儿阅读市场的起根发苗

国内的幼儿阅读，起始于2005年。在此之前，中国幼儿阅读物相较于发达国家落后不少。主要表现为出版数量少、质量低、表现手段简单落后、缺乏创意。在理论上被置于很高的地位，赋予很多的使命，但是在出版实践中没想法、没做法、没产品。无法满足幼儿阅读的需求，对于幼儿的各个成长阶段和阅读敏感期，没有进行科学深入和系统的研究，缺乏有针对性的、适合幼儿天性和阅读特点的阅读物。产品成人化现象严重，背离幼儿天性和生理发育特点，强调和突出教化与认字识数功能，不注重寓教于乐，不重视孩子动手能力和好奇心的满足，甚至脱离了成长敏感期，脱离了科学实际。和欧美发达国家以及港澳台地区相比，存在着较大的差距。

2005年，市场相对成熟并且竞争激烈的日本幼儿教育出版界，将目光投向了中国大陆——这片幼儿阅读尚未苏醒和开发的阅读处女地,在中国大陆开办了第一个绘本馆,"蒲蒲兰"绘本馆。

绘本17世纪便诞生于欧洲,19世纪初成为发达国家幼儿教育的重要构成部分。可谓历史悠久、源远流长。

日本的"蒲蒲兰"绘本馆在中国大陆站稳脚跟,市场反响巨大、收益显著。于是,台湾地区的出版机构闻风而动,纷纷踏上中国大陆这片幼儿阅读的市场沃土,"启发""信谊"绘本阅读推广与出版机构相继诞生。与此同时,台湾的阅读推广人,比如花婆婆方素珍、余治莹、杨美琴、李文华、林文宝等,也都因为阅读推广成为家长和孩子们心目中的偶像。他们行走在大陆各个省会城市、地区,将一种崭新的阅读方式和教育理念带给正在"嗷嗷待哺"的家长和孩子们。此为中国幼儿绘本阅读的滥觞。

(二)幼儿阅读市场的普及率低

发达国家一直将幼儿教育放在一个至高无上的地位。各个相关行业专家通过探索、发现、总结,并运用现代科学手段,对幼儿生理、心理和成长敏感期,进行了长期的跟踪分析和全面细致的研究,形成了一整套完整科学的阅读培养体系。虽然在具体的实践层面有很多流派,而且各有千秋,但有一点是高度统一的,那就是尊重孩子的天性、尊重孩子的生理发育阶段和心理接受特点。在尊重的前提下,用富有创意的表现形式,寓教于乐,让孩子爱上阅读,并用阅读培养孩子的认知能力、观察能力、沟通能力、想象力、创造力等。

有数据显示,国外的幼儿在进入学龄期前,仅绘本阅读,就普遍能够达到1000本左右的阅读量。但在我国,即使目前绘本阅读已经受到家长、孩子和幼儿园的重视与喜爱,但是阅读量仍不及发达国家的1/10(见图1)。

形成这种结果的原因如下。

1. 家庭与幼儿园的阅读习惯和观念需要改变

80后成为主力父母群体后,对孩子的教育更加重视。但是,更多的家庭将目光锁定在好的学校教育上,不惜重金购买学区房、交择校费。就家长

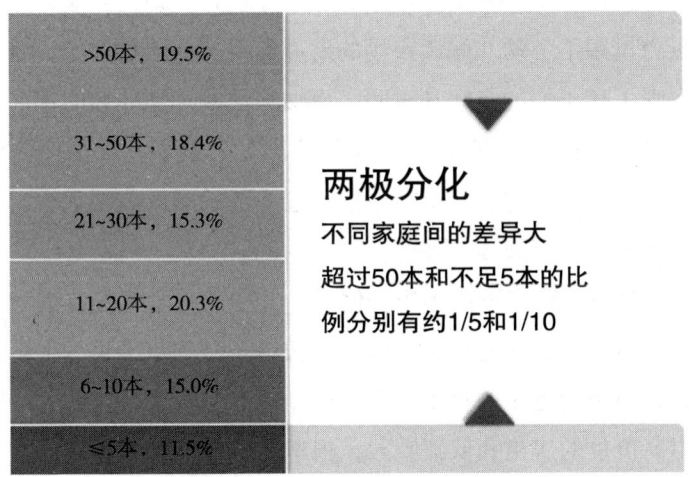

图1 中国幼儿给本阅读量情况

自身而言,没有起到表率作用,没有做好孩子的"第一任"老师,结果,"熊孩子"现象层出不穷。除此之外,对另一些家长而言,虽然他们很了解阅读对于孩子的重要性,却苦于不知道给孩子读什么、怎么读。

当然,这并不完全是家长的责任,问题的关键在于,我们的教育产业链上,幼儿教育本身就处于一个缺位状态,发达国家为12年义务教育,我们是九年义务教育,幼儿教育被排除在外。幼儿教育在某种意义上,完全成为父母的选择行为,带有很大的盲从性和不确定性。

2. 传播机构和社会力量介入的薄弱

在发达国家,幼儿教育是一件政府的大事,也是全社会的大事。直到今天,幼儿阅读的刊物和阅读指导活动盛行不衰。而且,国家在幼儿从生育到阅读,都有制度性的介入和保障机制。但在我国,幼儿阅读至今还停留在民间的自发行为上。虽然"全民阅读"已经立法,但在动员全社会力量为幼儿阅读建设良好环境方面,依然没有起到行之有效的建设作用。

目前的阅读群体划分,经济实力和学历分割明显,主力阅读群体为高职父母,即父母一方或有高学历、或有高收入。目前,还惠及不到普通市民阶层,遑论那些城市打工者、城中村的居住群体。进入小学的孩子,有学前阅读的在重点学校占1/2，在普通学校比例不到10%。幼儿园缺乏完整的阅读建设，师资力量跟不上幼儿阅读市场的发展需要。从小学开始，繁重的作业就挤压和吞噬了孩子们的空间和时间，更加缺乏阅读辅导和阅读活动，甚至将滋养心灵的阅读视为"课外书""闲书"。尤其是那些缺失家庭温暖、父母呵护，心灵空虚苍白的农村留守儿童，连一般的阅读物都很匮乏，就根本谈不上科学系统的学前阅读了。

西安市目前有100多家绘本馆。但是，其中的一大半经营惨淡。原因就在于，很多绘本馆经营的初衷，是因为家长给自己的孩子买了很多绘本，孩子受益后，希望带动更多的孩子加入阅读。他们是带着公益的善心来做这件事情的，但高价位的房租和低廉收入，根本无法保障绘本馆的正常运转。例如，西安的民间组织"西部儿童阅读联盟"，在全国具有很大的影响，他们抱团取暖，互相鼓励，不断地义务组织各种各样的家长讲座和绘本阅读活动，但官方职能部门知之甚少，媒体基本不介入。甚至在一些公共场合，热心的绘本馆长给孩子义务讲故事的时候，还被严厉禁止。他们反复呼吁，希望政府能够像在各个社区建设"老干部活动中心"一样，建设一个"幼儿阅读中心"，给予绘本馆一点点的政策性扶持，让他们保持一个收支平衡状态，不要因为亏得太多不得不关门。这样，他们的作用就会成倍地发挥出来，继而吸引更多的家庭和孩子走进阅读，爱上阅读。

3.阅读起步晚、结构偏颇

虽然说绘本阅读催醒了中国大陆的幼儿教育和阅读市场。但是，这种力量完全来自民间，是一种自下而上的家长和孩子们的自发行动，缺乏顶层设计的政策性扶助和经营性规范。

在我们庆幸绘本阅读终于走进中国幼儿教育的同时，也对此深深担忧。由于绘本故事性强、阅读见效快，接受起来直接简单。一段时间以来，市场上出现了绘本阅读代表一切、代替一切的倾向。这种状况，一是导致了绘本阅读公益属性被冲淡，二是使幼儿阅读出现一种结构性的偏颇和倾斜。

具体表现为，幼儿阅读在发达国家，是一个科学的、立体的教育和阅读体系，由低幼认知、益智游戏、绘本阅读、科普阅读等四大板块构成，致力于0~6岁的幼儿智力、能力、智商、情商的全面养成和开发。几大板块环环相扣，相辅相成，缺一不可。但是，在市场急功近利的心态驱使下，很多出版机构和阅读推广人，把精力集中在了绘本的阅读推广上，相对淡化了其他阅读板块的建设和完善，使幼儿阅读从一开始就出现了不够科学合理的问题。

如果说，低幼认知和益智游戏还可以在绘本故事中得到补充和完善，那么，科普阅读对于中国的孩子，将成为未来成长中的一个硬伤，留下的遗憾也是无法弥补的。

从图2中可以看出，科普阅读的占比较小，而且在这个占比中，统计的对象和数据是"少儿科普"，即进入了学龄期以后，以文字和教学为主的科普。幼儿科普阅读数据在这里并没有显现出来。

差距在哪里？根源就在于幼儿教育的空白和缺陷。

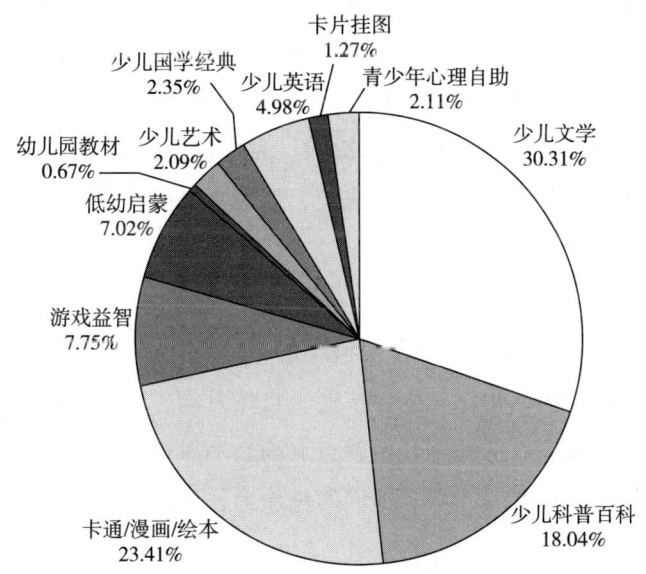

图2　2017年1~8月少儿市场各细分品类码洋占比统计

科普阅读在发达国家已经非常普及，从幼儿一直到成年人。社会化的、常态化的科学普及，使人们在享受科学带来的种种生活乐趣和便捷的同时，

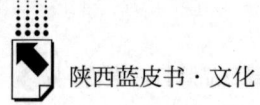

也可以理性地规避科技带来的衍生灾害。虽然我国近年来科普阅读已经有了很大的普及和提升,但是相较于其他类别的阅读量,尤其是幼儿科普阅读依旧不足。

三 荣信教育的发展战略和市场对策

荣信教育在创立之初,选择立体互动高品质童书和科普书为市场突破口,完全是基于对市场的研究和判断。但是,当这个市场从无到有、从小到大,并且被同行业的人模仿和追赶的时候,荣信教育开始考虑和研究幼儿阅读的结构问题及智力开发的均衡问题(见图3)。在确定了"心智均衡教育倡导者"的品牌定位以后,"乐乐趣"童书从内容到形式,对传统的幼儿阅读,尤其是科普阅读,做了全方位的革新和突破。

公司确定了以立体互动科普书为抓手,改变中国孩子阅读理念,完善阅读形态和结构,改变中国童书的卖场形态的战略目标。在产品上先是成系列引进,规模化生产,接着发力原创,用更富有创意的阅读形式,将生硬的、枯燥的科学常识普及给孩子们和家长们。为中国的家庭补上科普常识这一课,让孩子和家长共同阅读,共同成长,形成良好的科学素养。

(一)具体目标

(1)打开孩子的知识视野,用科学的方法帮助孩子阅读,把那些和孩子成长关系密切的生活常识、生存技能、自然万物、宇宙秘密、生命发展变化等基本规律和数据,从幼年开始就点点滴滴地渗透到孩子的成长中,成为他们人生成长的精神营养,培养他们的创造力,同时,让他们爱上阅读,将书籍作为成长的陪伴。

(2)打通孩子与世界的连接,让他们与自然息息相通,尊重大自然,尊重所有的生命,享受生活的每一种美好。不要成为心胸狭窄的井底之蛙。海阔凭鱼跃,天高任鸟飞。

(3)让阅读给孩子勇气和胆识,让孩子独立面对生活,沉着应对危机,提高生存技能和生命发展质量。当他们遭遇人生的灾难和困厄时，可以从容面对、积极克服。同样，孩子在未来的成长过程中，面对人生事业发展的机遇，可以反应敏捷、进退得宜，不会和稍纵即逝的机遇失之交臂。

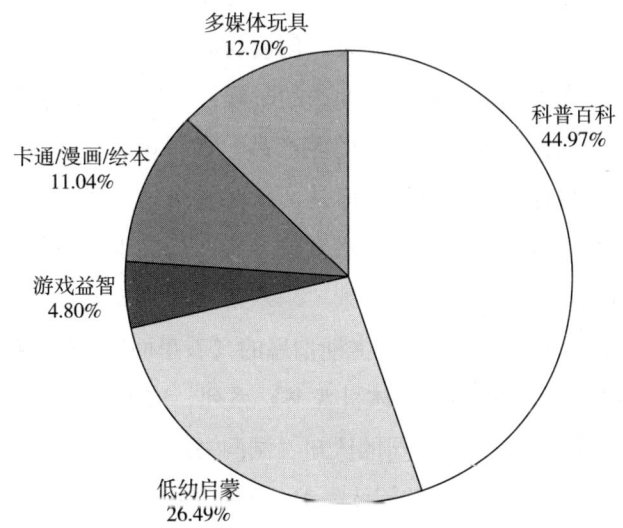

图3　2017年1~8月荣信教育各品类码洋占比

（二）内容上的变革

1.花样翻新，让孩子成为阅读的主人

提到"乐乐趣"童书，不管是业界还是读者，第一个反应就是，它代表着阅读的惊喜和视觉的冲击，代表着孩子成为阅读的主人。

在平面阅读占据主要市场的大环境下，荣信教育独辟蹊径，引进和生产各类立体互动系列童书，像翻翻书、洞洞书、洗澡书、滑板书、发声书、立体互动科普书。十年时间，荣信教育共引进和原创了800多个套系，2000多册高品质的立体互动童书，在童书市场上引起了巨大的反响。"乐乐趣"童书所到之处，都是一片惊叹声。无数孩子因为"乐乐趣"，爱上了阅读。家长们也因为"乐乐趣"生动多样的阅读形式，喜欢上了和孩子一起阅读。在"乐乐趣"的官方网站上，留言最多的达上万条，感慨最多的是：在给

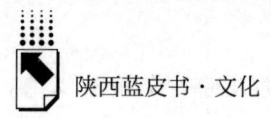

孩子的阅读中,自己也补上了科普这一课,和孩子一起成长。

2. 激发创意,以立体科普作为拳头产品

荣信教育一直在思考这样的问题:孩子们的创造力是否可以通过阅读获取?许多理论研究证明,孩子在幼儿时期的阅读积累,将伴随其一生,成为孩子漫长人生成长和发展的力量源泉、创造的灵感。

当绘本阅读在大陆进行得如火如荼的时候,荣信教育却独辟蹊径,选择了高端的立体书和科普书作为自己的主产品。如果站在纯商业的角度解读,可以解读为剑走偏锋、兵出奇招,但是,站在整个幼儿教育的宏观层面上,则是荣信教育践行自己"心智均衡教育倡导者"的品牌定位的必然之举。

自2009年起,荣信教育旗下品牌"乐乐趣"开始着眼于出版儿童科普阅读系列童书。先后引进出版了英国尤斯伯恩的《看里面》《偷偷看里面》系列科普书、英国泰普勒的《趣味立体科普书》系列、法国拉鲁斯的《豪华立体百科全书》、法国意大利瓢虫公司的认知《洞洞书》系列……满足和覆盖了不同年龄层的幼儿对于科普知识的阅读需求,填补了中国幼儿阅读的空白。

3. 改变了传统的阅读形态

平面阅读变成了三维立体阅读,孩子的空间概念立刻发生了翻天覆地的变化。打开书的一瞬间,立体的画面腾空而起,给孩子视觉和感觉上造成了极大的冲击和震撼。同时,也给孩子带来极大的喜悦感,满足了他们的好奇心,让孩子对于书产生了一种美好的初心——读书是一件美好的、快乐的、好玩的事情。在孩子的潜意识里植入了一种恋书情节。爱上阅读,将书作为自己最好的成长伴侣。从"乐乐趣"开始,中国的立体互动童书和科普书已经成为一个新的品类,越来越受到家长和孩子们的欢迎。因此,"乐乐趣"在市场上表现出强大的生命力和旺盛的成长性,连续六年,每年以30%~50%的速度增长。

(三)营销模式的变革

产品足够多,足够好,创意足够新。但是,怎样把这样好的产品推进市场,怎样让更多的人认识到幼儿阅读和科普阅读之于儿童成长的重要性,是一个严峻的考验和课题。

开拓一个新市场，打造一个新品牌，是一个从产品策划、设计、制作，到最后进入渠道和消费的完整闭环。没有对手，只有与自我的博弈。没有经验和借鉴，也没有任何捷径，只有大胆的创新和不断的拼搏。

市场是在丛林法则中竞争和运转的。再好的童书，都需要一个良好的传播和营销平台。而且，这个平台没有现成的顺风车可搭，更不可能有人慷慨赐予。就像自己的产品一样，荣信教育的客户渠道和营销平台，全部依赖于自己的全力创新和开拓。

1. 改变观念，不遗余力奋勇推广

荣信教育面对的第一个问题不是卖书，而是对强大的传统观念的变革。荣信教育要完成的任务第一步不是孩子，而是家长。国内的幼儿教育长期处于僵化和保守的状态中，不思改变和进取。要让家长们跳出幼儿教育就是"认字+识数"的误区，必须给他们灌输新的幼儿教育理念。理念改变了，产品的销售就不是问题。

为此，荣信教育培养了一批优秀的"阅读推广人"和"故事姐姐"，他们奔走穿梭于全国各地的学校、图书馆、社区、文化商圈。只要有孩子的地方，就有他们活跃的身影，通过完全公益和义务的活动，比如"科学小实验""阅读分享会""科普阅读进校园"等丰富有趣的形式，让"乐乐趣"童书走进孩子们的世界。

仅在2016年，荣信教育的故事姐姐和阅读推广人就在线下举办活动1350余场，线上分享500余场，微信公众平台发布阅读和亲子阅读指导性软文600多篇，直接覆盖和受益人群上千万。

为了让更多的孩子和家长们亲身体验到"乐乐趣"童书的精致和创意，享受优秀版权和品牌原创童书的视听盛宴，同时把先进的幼教理念普及进千家万户，荣信教育还在全国创新性启动了大规模的"全国楼宇品牌巡展活动"。在2012年和2014年，公司先后招聘和抽调了近100人，前后组建近20支小分队，经过严格培训，统一着装和形象标识，先后深入一、二线城市的生活社区、商业综合楼、文化商圈，将"乐乐趣"童书呈现于孩子和

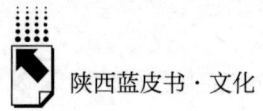

家长面前，实现了体验、消费与理念灌输的互助式拉动和互证，取得了良好的效果。

历时两年的品牌巡展活动，极大地提升了"乐乐趣"品牌的影响力。巡展期间，"乐乐趣"童书共走进北、上、广、深等省会城市的写字楼1680多座，商业楼及社区700多家，接触直接有效读者群150多万。更重要的是，通过这种自创的"走基层"品牌推广模式，不仅创造出"乐乐趣"高品质童书和目标消费群体零距离、面对面、互动式的消费体验，同时对"乐乐趣"所秉持的先进幼教理念进行了一次"点对点"的普及。

2016年10月，荣信教育旗下的"乐乐趣童书馆"落成，这是全国首家立体互动主题童书馆，面积上千平方米，可实现0～14岁儿童阅读需求全覆盖。童书馆突出公益性质，免费给父母举办各种培训和讲座，为孩子举办各种阅读和创意活动，提升了"乐乐趣"的品牌美誉度和影响力。

2017年，荣信教育承办了西安市首届"小红鸟绘本剧表演大赛"。大赛自4月11日启动，至5月27日颁奖典礼完美落幕，历时47天。整个大赛中，西安市各区县共计207家幼儿园及阅读组织参赛，4000多个家庭参与绘本剧表演，影响力覆盖60多万人群。其中，800多个绘本剧视频参与初赛选拔，100个参赛节目进入复赛，24个决赛节目在广电大剧院石榴花剧场展开激烈角逐，同时产生了10个专项奖、14个优秀奖、24个优秀人气奖、14个优秀视频奖和50个入围奖。

大赛的节目数量，在全国创造了一个纪录；参与和辐射的家庭和人数之广，也创造了一个纪录；节目的质量更是直逼专业级表演水准。不仅在陕西，而且在全国的儿童阅读推广领域和童书出版界备受关注和好评。"小红鸟绘本剧表演大赛"已经成为西安市"全民阅读"的一件盛事，也将会成为西安市幼儿阅读和教育的一个里程碑事件和平台。

2017年秋季开学季，"乐乐趣"联手必胜客，开始了"套餐+阅读、美食+知识"科普故事公益阅读活动。活动在北京、上海、南京、广州、深圳、西安等全国各大城市同时展开。必胜客分布于全国的1700多家门店在短时间内变成了一个个科普阅读书店。全国上百名会讲科普故事的妈妈们义务集结于必胜客门店内,给孩子和家长们进行有关于《太空》的知识分享。这种新的阅读形式不仅提升了必胜客的文化形象,也提升了"乐乐趣"的品牌影响力和知名度,更是一次空前的、难得的科普知识普及活动。

2. 建设"互联网+"平台,产品全面开花

荣信教育发扬自己的优势所在,在一段时间内集中财力、物力和人力,将中国童书的销售渠道进行了仔细的分类、梳理和研究,针对市场的特点,对现有营销模式进行了狂飙突进式的变革和创新。除了实现传统的新华主渠道全覆盖,还开拓了网络平台、机场渠道、母婴渠道、大客户渠道等。

早在2010年,荣信教育就开始了网络贸易平台的搭建,和当当网、淘宝网、京东商城都是重量级的战略合作盟友。2013年,更是不惜重金打造了自主B2C平台和微信平台,开展了体验、购买、服务三位一体的线上线下互动体验式消费模式。体验活动开展仅仅一个月,便赠出"乐乐趣"童书3000多本,产生的可观流量和用户数对扩大"乐乐趣"品牌认知的实际销售起到很大的推动作用。

另外,荣信教育还创新开发了"童书定制"这一独一无二的、带有互联网基因的全新产品,通过家长们提供的必要信息进行创作,让孩子成为童书的主角。这种个性化童书定制模式推向市场,为荣信教育B2C垂直网站的成长种下了生命力强大的种子。这种赠书体验活动和童书定制模式,不仅是对传统销售渠道的补充和优化,更是一种基于互联网思维的大胆尝试和突破。曾经的"客户"正在转换成数量庞大的"用户",随着用户主动消费数量几何级的增量,粉丝经济时代对于"乐乐趣"童书来说,呼之欲出。

3. 量身定制,服务大客户,寻找企业和文化的新契合点

企业在营销的过程中,都会有各种各样的促销活动。传统意义上的就是打价格战,你方降罢我登场,最后打得两败俱伤。怎么才能让企业避开价格大战,让营销和企业文化、情怀结合起来,让营销变得更加人性化、接地气,成为荣信教育营销人员的一个新课题。

从2016年起,经过不断的市场调研,荣信教育拿出了为大客户量身定制的创意性方案。就是按照企业的要求,将企业的品牌和文化追求用创意

内植于幼儿阅读物中，为他们量身定做充满创意和惊喜的定制品和赠品。这样的营销手段，不仅拉近了企业和消费者的距离，而且让企业的文化品位大大提升。更重要的是让阅读辐射更多的孩子，带动更大、更广泛的普通人群。

此种做法，受到了很多国际大品牌的青睐和欢迎。荣信教育不仅一直持续着与美赞臣的大订单合作，同时还和"帮宝适""惠氏""美素佳儿""广州长隆"等国内国际知名品牌建立起紧密的合作关系。这一种营销模式不仅为公司销售创造过亿的码洋，同时为"乐乐趣"童书品牌形象的传播提供了得天独厚的渠道。

（四）发力原创，做经典的传承者和创新者

任何一个国家和民族，都离不开文化的滋养和熏陶，最强盛的生命皆源自文化的强大。荣信教育创办伊始，就把"创新创造"作为自己的使命和追求。早在2009年，荣信教育就成立了自己的原创部门。

荣信教育的原创分为几个层面。

1. 授权原创

和国际大品牌的合作性原创。它们包括迪士尼、梦工厂、迪士尼英语、托马斯、小马宝莉、培乐多、星球大战等赫赫有名的品牌。产品主要以低幼认知和发声书为核心，开发原创了《豆豆熊认知》系列、《我会读aoe》《我的第一本英语发声词典》《我会读ABC》《和米奇一起学钢琴》《和维尼一起学钢琴》等产品100多套，共计180余本。这些产品兼具国际化的卡通形象和本土化的内容，对于孩子和家长们来说，具有极高的辨识度和亲和力，极易调动孩子的阅读兴趣。同时，这种国际文化教育合作，给荣信教育版权的"走出去"带来了得天独厚的优越条件。上述童书在国内风行于市的同时，版权也输出至港澳台地区及韩国、法国等国家。

2. 国学原创

荣信教育的国学原创开始于2009年，爆发于2016年。原创是参与国际市场竞争的核心竞争力，原创也是厚积薄发的终极目标。经过多年的引进、

学习、历练和准备，荣信教育有实力和能力拿出自己的原创作品，参与国际竞争。

从 2009 年开始，荣信教育原创的国学经典系列发声书《我会读古诗》《我会读〈三字经〉》《我会读〈论语〉》《我会念童谣》《我会读〈千字文〉》等国学系列，至今已有 161 个套系 323 个产品，一经出版，就成为市场上的新宠。原创的互动益智游戏书《毛毛虫嘉年华》获"冰心奖"、国家新闻出版总署向青少年推荐的 100 种优秀童书、"中华印制大奖"金奖和银奖，销量单本突破 100 万大关。原创的立体互动节日系列《过年啦!》成为春节送孩子的最佳礼品之一，长销不衰，年年供不应求。此系列的《中秋节》刚刚推出，就成为抢手货，创造了上市半个月就断货，市场上炙手可热、一书难求的业界传奇。

2017 年，是荣信教育的"原创元年"，公司组建了庞大的原创团队，策划、立项和正在制作 40 多本互动式科普翻翻书。这个大项目大制作，一开始就站在国际化的视野和高度上，聘请了英国著名的插画师团队作为"御用插画师"，不仅保证了作品的高水准和高端品相，更重要的是大大提升了国际竞争的实力和质量。

3. 立体互动高端童书原创

中国对世界立体互动高端童书的引进和生产，始于荣信教育。中国的立体互动高端童书原创和"走出去"，也应该始于荣信教育。引进就是为了学习消化，然后服务于我们民族的文化需要和传播。因为长期引进学习，并且和国外的高手打交道，荣信教育培养出了一批在国内堪称一流的原创人才，他们才思敏捷、动手能力强、国际意识清晰、创造能量旺盛。一出手，就呈现高开高走、高举高打的喜人局面。

2014 年，荣信教育经过严谨周密的准备和论证，完成了经典名著《大闹天宫》的立项。这个家喻户晓的经典名著被荣信教育纳入视野，并且要赋予经典新的生命力和表现力。

致敬经典，就是给经典新的表现形式，让它与时俱进，重放光芒。《大闹天宫》从纸艺设计、文字改编、美术绘画等方面，调集了陕西最优秀的创作团队，成立了一个20多人的项目组，用一种精益求精的工匠精神，历经两年时间打磨，完成了六大跨页的立体场景设计和绘画，绘草图10000多幅、修改2000多次，最终定稿300多个画面和零部件。2016年10月在北京国际书展甫一亮相，就惊艳了中国童书界，吸引了包括中央电视台在内的多家主流媒体的追踪报道。之后，荣信教育带着《大闹天宫》亮相"法兰克福国际书展"和"博洛尼亚国际书展"，同样惊艳了国际出版同行。他们纷纷称赞中国的原创立体书一出手就表现出的高品质，出人意料。

从专业程度上讲，荣信教育的原创立体书团队几乎可以说"处于国内领先水平"。《大闹天宫》立体书成为中国原创立体经典图书的标杆、陕西出版界的骄傲。版权同步以多种文字版本输出，简体中文版和繁体中文版同时上市，并计划于2018年在北美地区进行英文版的出版发行。

从2014年开始，在国际性的大型书展上，荣信教育已经拥有自己装修豪华的大展位。从想方设法约谈著名出版人和画家到国外的出版机构纷纷来到"乐乐趣"展位前，洽谈版权的输出问题，荣信教育成为引人注目的一匹黑马，在国际童书领域引人注目，实现了从"引进来"到"走出去"的大翻身。在国外同行艳羡的目光里，荣信教育感觉到了发自内心的快乐和骄傲。这就是文化自信。

如今，作为中国童书的代表品牌，荣信教育在国际上已经颇有影响力和知名度。很多国际品牌会主动和荣信教育进行交流与合作，很多欧美国家的画家会主动与荣信教育建立合作关系，很多出版机构愿意和荣信教育进行深度的合作。

2015年10月8日，荣信教育在全国中小企业股份转让系统（新三板）挂牌，荣信教育打下了从产品经营、品牌经营到资本经营的市场化运营的坚实基础。2016年，荣信教育自建了10000多平方米的物流仓储基地，完成了互联网和物联网的叠加；2017年，荣信教育组建了原创英国编辑部。2018年，荣信教育将于北美、欧洲等多地寻求其他可以收购的原创力量，完成全球化内容核心竞争力的布局。

公共文化篇

Public Culture

B.15
深化陕西碑刻文献整理与研究的对策思考[*]

吴敏霞[**]

摘　要： 目前陕西碑刻文献整理与研究取得了突出成就，但也存在缺乏全局性及不平衡性等不足，深化陕西碑刻文献的整理与研究，需要充分认识其重要意义、强化整理与研究队伍建设、发挥好整理与研究成果对于其他相关学科研究的重要作用。

关键词： 陕西碑刻　整理研究　深化

---

[*] 本文是2014年度国家社会科学基金重点项目《陕西碑刻文献精粹汇编》（立项批准号：14AZD095）的阶段性成果。

[**] 吴敏霞，陕西省社会科学院古籍整理研究所研究员。

碑刻即镌刻有文字的石刻，形制大致有碑碣、墓志、造像题记、摩崖等，内容十分丰富，集历史、文学、艺术于一体，是历史文化的重要载体，具有重要的历史文化价值。碑刻又是不可再生的文献资源，保护碑刻实物，记录其内容，具有继绝存亡、弘扬中华传统文化的积极意义。陕西是文物大省，也是碑刻珍藏和拥有数量最多的省份。据初步统计，目前陕西存藏有20000余通碑刻，根据形制可分为五大类，即碑碣、墓志、塔铭、造像、摩崖等。根据内容可分为四大类，即纂言、纪事、述德、文学艺术等。对陕西碑刻的研究自宋至今呈现持续不间断状态，特别是改革开放以来，随着大规模基础设施建设的开展，一大批碑刻得以出土，这对于深化细化历史研究的学者无疑是一大福音，故而研究成果不断呈现，研究深度不断加强，研究队伍不断扩大，研究呈现炽热状态。

一 国内外研究综述

（一）国内研究状况

中国古代对陕西碑刻文献的研究，主要见于古代金石学和地方史志各类著作。从学科史的角度考察，真正意义上的碑刻文献整理与研究，是伴随着器物学、古文字学而产生的，传统称之为金石学。就中国古代对碑刻文献研究的全局来考查，这一研究已有一千多年的历史，成果丰硕，其中较为主要的成果如表1所示。

在这些金石学的著述中，保存了许多有价值的碑刻文献资料，甚至有的书籍还辑录了一些碑刻的图像等，这就使金石学的著述具有了一定的史料价值。上述著述均有对陕西碑刻文献的著录和辑录。除此之外，研究陕西碑刻文献的古代著述主要有：田概《京兆金石录》、赵崡《石墨镌华》、毕沅《关中金石记》、朱枫《雍州金石记》、毛凤枝《关中金石文字存逸考》和《关中石刻文字新编》、叶昌炽《邠州石室录》、张维《陇右金石录》等；另外，在古代编修的地方史志中，也著录有陕西碑刻文献资料，如清代沈青

表1 中国古代主要金石著述

序号	朝代	作者	书名
1	宋	欧阳修	《集古录》
2	宋	赵明诚	《金石录》
3	宋	洪适	《金石录》《隶释》《隶续》
4	宋	陈思	《宝刻丛编》
5	宋	王象之	《舆地碑记目》
6	元	潘昂霄	《金石例》
7	明	于奕正	《天下金石志》
8	清	顾炎武	《金石文字记》
9	清	孙星衍	《寰宇访碑录》
10	清	王昶	《金石萃编》
11	清	陆心源	《金石萃编续》
12	清	陆增祥	《八琼室金石补正》
13	清	杨守敬	《寰宇贞石图》
14	清	叶昌炽	《语石》

崖《陕西通志》、张聪贤《长安县志》、李恩继《同州府志》等。对陕西碑刻文献的研究，传统金石学偏重于著录和录文，但对碑刻的来源、存藏地、形制等，或缺乏严谨的考据，或以讹传讹，遗漏、偏颇、错误之处颇多。古代陕西方志中著录的碑刻文献，仅为个别重要者，只占陕西古代碑刻文献中的极小部分，与全面研究陕西碑刻文献差距极大，且基本没有现代意义上的学术研究。

现当代对陕西碑刻文献的研究，是随着现代考古学的兴盛而发达的。20世纪初中国考古学开始形成，经过长达百年的发展，至21世纪初，中国的考古事业迅猛发展，各类碑刻资料大量出土，碑刻的整理与研究成为一门显学。陕西是文物大省，碑刻文献数量位列全国前茅，其内容包罗万象，几乎涵盖了古代和近代社会生活的各个层面，堪称中国古代与近代史料特别是陕西地域史料之百科汇典，引起了学术界高度重视。涉及陕西碑刻文献或专门研究陕西碑刻文献的专著不断问世，具体如表2所示。

表2　新中国成立后有关陕西碑刻的主要成果

序号	编著者	书名	出版社	出版年
1	赵万里	《汉魏南北朝墓志集释》	科学出版社	1956
2	毛汉光	《中央研究院历史语言所藏历代墓志铭拓片目录》	台北中研院历史语言研究所	1985
3	李根源	《曲石精庐藏唐墓志》	齐鲁出版社	1986
4	陈垣	《道家金石略》	文物出版社	1988
5	北京图书馆	《北京图书馆藏中国历代石刻拓本汇编》	中州古籍出版社	1989~1991
6	杨殿珣	《石刻题跋索引》	商务印书馆	1990
7	王仁波	《隋唐五代墓志汇编》	天津古籍出版社	1991
8	王素	《新中国出土墓志》	文物出版社	1994~2015
9	赵超	《汉魏南北朝墓志汇编》	天津古籍出版社	1992
10	周绍良	《唐代墓志汇编》	上海古籍出版社	1992
11	赵超	《唐代墓志汇编续集》	上海古籍出版社	2001
12	吴钢等	《全唐文补遗》	三秦出版社	1995~2007

上述古籍整理专著，主要特点是把碑刻文献作为专门研究对象，并把对碑刻文献的研究完全归纳于科学研究的视野之中，运用多学科如历史学、文学、考古学、文字学、文献学的研究视角与方法，实现了对陕西碑刻文献研究的质的飞跃。

（二）国外研究状况

近代以来，随着西学的涌入及西方传教士、考古队、探险队在中国的活动，中国的碑刻文献亦为欧美汉学界所重视，并出现了一批高质量的论著，如清光绪四年（1878）刊（葡）阳玛诺著《唐景教碑颂正诠》，该书是外国人最早研究中国碑刻的专著之一；1893年，（法）沙畹著《中国两汉碑刻》（La sculpture surpierre en Chine au temps des deuxdynas. ties Han，1893），第一次将汉画像介绍到西方。

海外汉学界对中国碑刻文献的研究，大致可分为碑刻文本著录、碑刻文献研究两类。著录类著作包括碑刻著录形式、著录内容、著录条例的讨论，也包括著录具体碑刻文献,如碑目、跋尾、图录、录文等,如日本京都大学人文科学研究所所藏石刻拓本资料,包括拓本的照片、名称、时代等信息,但不含录文。研究类著录有碑刻文献本身的研究,如碑款研究,包括碑刻形制体式、纹饰、石质、尺寸大小、出土、流转、收藏、残损情况的调查与研究,如松下宪一《北魏後期墓誌における官位と大きさの関係》(北魏后期墓志的官位与大小的关系)(《史朋》44),考察了北朝后期的二百多方墓志,确认了对墓志大小没有相关礼制规定,指出墓志价值不仅与大小,也与形制、文章、重量、书法、雕刻等多种要素有关。① 碑刻制作研究,包括选石、撰文、书丹、镌刻研究,如室山留美子《出土刻字资—料研究における新しい可能性に向けて——北魏墓志を中心》(面向出土刻字资料研究的新可能性),关注墓志的形态、行文顺序、外形等。碑刻辨伪研究,包括挖洗补缀、翻刻、伪刻辨伪方法的研究。碑刻考古研究,包括田野调查、考古发掘等,内容非常丰富。② 此外,利用碑刻文献进行具体学科如历史、哲学、政治、经济、宗教、民俗、书法、语言文字、文学、艺术等研究的论文数量非常大,显著特点是碑刻文献与传世典籍的综合运用,视野开阔,启发性强。美国哥伦比亚大学艺术与考古系韩文彬(Robert. E. Harrist, Jr)教授对包括刻经在内的摩崖石刻做过许多探讨,并于2008年出版有关摩崖石刻的专著。③ 日本学者对中国碑刻的研究值得重视,尤其是数种目录的问世,如高桥继男《中国五代十国时期墓志墓碑综合目录稿》《以近二十年出版的隋唐五代为中心有关石刻书籍目录(稿)》《中国石刻关系图书目录(1949~2007)》《中国石刻关系图书目录(2008~2012前半)稿》、梶山智史《新出北朝墓志所在部合目录》《隋代墓志所在总合目录》、气贺泽保规《新版唐志所在总合目录》等成为学界利用的便利工具。另外,日本学者塚

---

① 〔日〕松下宪一:《北魏後期墓誌における官位と大きさの関係》,《史朋》第44号,2011年12月。
② 〔日〕室山留美子:《出土刻字资—料研究における新しい可能性に向けて——北魏墓志を中心》,载《中国史学》,(日)朋友书店,2010年。
③ Robert. E. Harrist, Jr., *The Landscape of Words*, University of Washington Press, 2008.

本善隆对房山石经有着深入的研究，相关论述多收于1974～1976年大东出版社《塚本善隆著作集》；① 气贺泽保规的《中国佛教石经的研究》，其中亦有其对房山云居寺及日本学者对四川刻经研究的相关论文。②

上述国外汉学界对中国古代碑刻文献的研究，其中部分成果中也涉及了陕西碑刻文献研究的内容，如《化度寺塔铭》《九成宫醴泉铭》《昭仁寺碑》《杨逸墓志铭》《孔长宁墓志铭》等。上述成果，对于扩大陕西碑刻文献研究的视野，提高研究质量，具有重要的参考价值。

二 对已有相关代表性成果的分析评价

（一）主要成就

20世纪80年代以来，有关陕西碑刻的研究成果主要分为选辑性、地域性和专题性三大类。

1. 选辑性成果

这部分研究成果，集中表现了陕西某一地域或单位、部门存藏的碑刻文献，其特点是收集了这一地域或单位、部门大部分的存藏碑刻文献，基本上反映了这一存藏地域、单位、部门所存陕西碑刻文献的总体面貌、主体内容、地位价值等（见表3）。

这些成果主要特点是汇集了陕西碑刻文献的部分精华，或以历史学研究需要为引领，或以文学研究所需为出发点，或以书法艺术欣赏为目的，突出了陕西碑刻文献的精华。

2. 地域性成果

这部分研究成果又分为两类：一类以陕西现行行政区划中的地市、县为单位；一类则是碑刻集中存藏的博物馆等单位（见表4）。

---

① 〔日〕塚本善隆：《塚本善隆著作集》，大东出版社，1974。
② 〔日〕气贺泽保规：《中国佛教石经的研究》，京都大学学术出版会，1996。

表3 选辑性主要成果

序号	编著者	书名	出版社	出版年
1	李慧	《陕西石刻文献目录集存》	三秦出版社	1990
2	张廷皓、余华青	《陕西碑石精华》	三秦出版社	2006
3	陕西省博物馆	《陕西历代碑石选辑》	陕西人民出版社	1979
4	郭荣章	《石门汉魏十三品》	陕西人民美术出版社	1988
5	田润霖	《西安碑林名碑》	三秦出版社	1989
6	李正峰	《西安碑林名碑品评》	陕西旅游出版社	1992
7	武天合	《陕西名碑刻石欣赏》	西安地图出版社	1996
8	高峡	《陕西珍贵文物集成碑刻书法卷》	陕西人民教育出版社	1999

表4 地域性主要成果

序号	编著者	书名	出版社	出版年
1	张鸿杰	《咸阳碑石》	三秦出版社	1990
2	张沛	《安康碑石》	三秦出版社	1991
3	董国柱	《高陵碑石》	三秦出版社	1993
4	张沛	《昭陵碑石》	三秦出版社	1993
5	张江涛	《华山碑石》	三秦出版社	1995
6	李启良	《安康碑版钩沉》	陕西人民出版社	1995
7	陈显远	《汉中碑石》	三秦出版社	1996
8	高峡	《西安碑林全集》	广东经济出版社、海天出版社	1999
9	刘兰芳、张江涛	《潼关碑石》	三秦出版社	1999
10	张进忠	《澄城碑石》	三秦出版社	2000
11	曹发展、李慧	《咸阳碑刻》	三秦出版社	2003
12	康兰英、宋英	《榆林碑石》	三秦出版社	2003
13	刘兆鹤、吴敏霞	《户县碑刻》	三秦出版社	2005
14	陈忠凯	《西安碑林博物馆藏碑刻总目提要》	线装书局	2006
15	穆晓军	《长安新出墓志》	文物出版社	2011
16	胡戟、荣新江	《大唐西市博物馆藏墓志》	北京大学出版社	2012
17	刘兰芳、刘秉扬	《富平碑刻》	三秦出版社	2013
18	魏叔刚、党斌	《大荔碑刻》	陕西人民出版社	2013
19	曹永斌	《药王山碑刻》	三秦出版社	2013
20	吴敏霞、宋英	《长安碑刻》	陕西人民出版社	2014
21	陕西省公祭黄帝陵工作委员会	《黄帝陵碑刻》	陕西人民出版社	2014

3. 专题性成果

这部分研究成果又可以分为古籍整理专著和研究论文两部分。其中古籍整理专著情况如表5所示。

表5 专题性主要著作类成果

序号	编著者	书名	出版社	出版年
1	北京图书馆	《北京图书馆藏中国历代石刻拓本汇编》	中州古籍出版社	1989
2	吴钢	《隋唐五代墓志汇编（陕西卷）》	天津古籍出版社	1991
3	周绍良	《唐代墓志汇编》	上海古籍出版社	1992
4	荣丽华	《1949~1989四十年出土墓志目录》	中华书局	1993
5	赵力光	《鸳鸯七志斋藏石》	三秦出版社	1995
6	王忠信	《楼观台道教碑石》	三秦出版社	1995
7	刘兆鹤、王西平	《重阳宫道教碑石》	三秦出版社	1998
8	吴钢、吴敏霞	《新中国出土墓志（陕西卷）》	文物出版社	2000、2004、2015
9	郭荣章	《石门石刻大全》	三秦出版社	2001
10	吴钢	《全唐文补遗》	三秦出版社	1995~2007
11	王其祎、周晓薇	《隋代墓志铭汇考》	线装书局	2007
12	赵力光	《西安碑林博物馆新藏墓志汇编》	线装书局	2007
13	赵力光	《西安碑林博物馆新藏墓志续集》	陕西师范大学出版社	2014
14	吴敏霞	《秦岭碑刻经眼录》	三秦出版社	2014
15	西安市文物稽查队	《西安新获墓志集萃》	文物出版社	2016

除上述所列中国大陆地区出版的研究成果外，在港台地区及日本也有学者的专题性研究成果涉及陕西历代碑刻，其中具有代表性的包括台湾学者毛汉光所编的《唐代墓志铭汇编附考》（台北中研院历史语言研究所，1984~1994年）；日本学者气贺泽保规所编的《新版唐志所在总合目录》（日本汲古书院印本，2004年）等。

此外，还有大量学者的研究论文散见于各类刊物中，如《唐神策军步军使李孝恭及夫人游氏墓志考释》[①]、《唐秦王李茂贞之妻刘氏墓志考释》[②]、

[①] 曹龙:《唐神策军步军使李孝恭及夫人游氏墓志考释》,《文博》2012年第6期。
[②] 王凤翔:《唐秦王李茂贞之妻刘氏墓志考释》,载《唐史论丛（第9辑）》,三秦出版社,2007。

《唐〈韩秀实墓志〉及其他》①、《唐韦承庆及继母王婉两方墓志铭文释读》②、《西安新出土唐徐浩楷书〈李岘墓志〉及〈李岘妻独孤峻墓志〉》③、《内容有涉大明宫的三方唐代墓志》④、《西安新见〈唐第五琦墓志〉考疏》⑤、《新发现的唐韦应物夫妇及子韦庆复夫妇墓志简考》⑥。此外还有汇集成书的《陕西碑石墓志资料汇编》⑦。此类研究论文总量不下千余篇。

上述成果大部分是在改革开放以后取得的，其主要特点大多是对新出土的陕西碑刻文献进行研究，集中体现了考古成就与碑刻文献研究的有机结合，也有将碑刻按内容分类进行专题研究者，如张建民《碑石所见清代后期陕南地区的水利问题与自然灾害》（《清史研究》，2001年第2期），所以，研究问题较为集中，研究思路较为清晰，研究内容较为深刻。

（二）主要问题

上述国内外各类研究陕西碑刻文献的成果，在学术界产生了不同程度的影响。其主要特点是汇集了陕西碑刻文献的精华部分，研究目的或是为了扩大史料范围，或是为了书法艺术欣赏，突出陕西碑刻文献的精华。对陕西碑刻文献的地域性研究成果，基本上反映了某一存藏地域、单位、部门所存陕西碑刻文献的基本情况，集中表现了这部分碑刻文献的主要内容与学术价值等。对陕西碑刻文献的专题性研究成果，或是对新出土的陕西碑刻文献的研究，大部分出版、发表于改革开放以后，其主要特点集中体现了考古成就与碑刻文献研究的有机结合；或是按碑刻内容进行分类研究，研究思路清晰，研究问题指向明确，研究较为集中深入。

---

① 陈根远：《唐〈韩秀实墓志〉及其他》，《文博》2010年第4期。
② 徐雍初、王京阳：《唐韦承庆及继母王婉两方墓志铭文释读》，《出土文献研究》第7辑。
③ 樊波、李举刚：《西安新出土唐徐浩楷书〈李岘墓志〉及〈李岘妻独孤峻墓志〉》，《书法丛刊》2005年第4期。
④ 何山：《内容有涉大明宫的三方唐代墓志》，《考古与文物》2010年第5期。
⑤ 李举刚、王亮亮：《西安新见〈唐第五琦墓志〉考疏》，《书法丛刊》2010年第5期。
⑥ 马骥：《新发现的唐韦应物夫妇及子韦庆复夫妇墓志简考》，《文汇报》2007年11月14日。
⑦ 西安碑林博物馆：《陕西碑石墓志资料汇编》，西北大学出版社，1996。

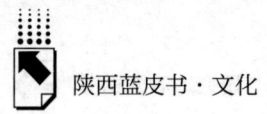

但上述对陕西碑刻文献的研究，仍然存在明显的不足，主要表现在以下三个方面。

一是缺乏全面性。因对陕西碑刻文献整体存藏数量不清，目前尚无全面收录陕西碑刻文献的成果问世；又因学术视野的局限，对于清代晚期和民国时期碑刻重视程度不够，收录多有遗漏；同时，伴随着近年来考古事业的发展，不断有新发现和出土的碑刻，这些碑刻尚未得到全面有效的收集和整理。这些都是陕西碑刻文献整理方面需要加强之处。

二是缺乏系统性。历代学者对陕西周、秦、汉、唐时期碑刻文献的整理和研究，重视程度较高，但对宋代以后陕西碑刻文献研究重视不足，这就使陕西碑刻文献的发展脉络未得到完整、清晰的梳理，需要进一步完善。另外，现当代学者一味追求新出土新发现的碑刻，围绕着新出土的碑刻不断做文章，而疏于系统整理整个陕西碑刻，因此目前尚未有专门的著述出现。

三是有关陕西碑刻文献研究的成果，科学性、准确性有待进一步提高。目前关于陕西碑刻文献研究的成果，特别是陕西省内研究成果，因以前专门研究队伍建设迟缓、专业研究整体水平不高、研究经费不足等原因，存在碑刻基本信息不够准确、图版模糊不清、释文断句存在明显错误等问题。因此，关于陕西碑刻文献研究和出版的整体质量尚有很大的提升空间。

四是缺乏资料库。当今是大数据时代，历史资料同样存在大数据资料库的建设问题，如二十四史等历史资料都已制成可以检索的电子资料库，大大方便了学术研究。如果能够将陕西碑刻制作成大数据资料库，则将嘉惠学林、遗香万世。

三　深化陕西碑刻文献整理与研究的思考

深化陕西碑刻文献的整理与研究，必须要有广阔的学术视野，需要把陕西碑刻文献研究放在保护人类文化遗产、继承中华民族优秀传统文化的高度来认识，同时还要强化学术研究团队，形成特色鲜明的学术研究体系，为相关学科的研究提供有价值的资料，发挥陕西碑刻文献的价值作用，充分体现陕西碑刻文献整理与研究的学术意义。

首先,必须深刻认识陕西碑刻文献整理与研究有着保护人类文化遗产、弘扬中华民族优秀传统文化的重要意义。人类文化遗产可分为物质文化遗产与非物质文化遗产,根据《保护世界文化和自然遗产公约》的定义,物质文化遗产包括古遗址、古墓葬、古建筑、石窟寺、石刻、壁画、近代现代重要史迹,以及代表性建筑等不可移动文物;非物质文化遗产主要指人类以口头、动作方式相传和以文字记录等方式,记述的具有民族历史积淀和广泛、突出代表性的民间文化遗产,包括民间传说、习俗、语言、音乐、舞蹈、礼仪、庆典、烹调以及传统医药等。我国文化遗产蕴含着中华民族特有的精神价值、思维方式、想象力,体现着中华民族的生命力和创造力,也是全人类文明的瑰宝。陕西碑刻文献是人类文化遗产以及中华民族优秀文化遗产的重要组成部分,它作为一种特殊的历史文化,有着特殊的地位。从物质形态来看,它是物质文化遗产;从所承载的内容来看,它又有着非物质文化遗产的内容。把陕西碑刻作为文化遗产,无论是物质的还是非物质的,其在人类文化系统中,抑或在整个中华民族文化体系中都具有重要的地位。陕西碑刻文献中记载了古代政治制度、经济状况、军事战争、天文历法、历史地理、宗教信仰、社会习俗、农业水利、医学医药等诸多内容,是中华民族优秀传统文化的重要组成部分。当前建设社会主义先进文化,必须继承和发扬中华优秀传统文化;建设社会主义先进文化的过程,也应当是中华民族优秀传统文化在当代中国创造性转化、实现新的升华的过程。陕西碑刻文献研究就是契合当前社会主义文化建设发展需要的一项重要工程,对陕西碑刻文献的整理与研究,以建设社会主义先进文化为牵引,充分展现其承载的中华民族优秀传统文化的内涵,为当前建设社会主义文化服务,是陕西碑刻文献整理与研究的目的和意义所在。

其次,强化陕西碑刻文献整理与研究队伍建设,形成特色鲜明的学术研究体系。当前,对陕西碑刻文献的整理与研究,已经形成了诸多学术群体。在全国范围内,有以北京大学荣新江教授为首的学术群体,有以复旦大学陈尚君教授为首的学术群体,有以北京故宫博物院王素研究员为首的学术群体,他们对古代碑刻文献的整理与研究,较为关注陕西现存碑刻文献,有许多重要成果问世。在陕西省内,业已形成了对陕西碑刻文献整理与研究各具特色的学术群体,如陕西省社会科学院、陕西师范大学、西北大学、西安碑林博物馆、陕西省考古研究院、西安市文物保护考古所、大唐西市博物馆等。上述研究群体,尽管取得了可喜的成就,但研究的侧重点不同,研究力量比较分散,没有形成统一的力量体系。所以,强化研究队伍建设的重点,应该是在发挥各群体研究侧重的基础上,建立有效的合作分工机制,形成统一的研究力量,并通过长期和短期规划,深化对陕西碑刻文献的整理与研究,逐渐形成陕西碑刻文献整理与研究的学术体系,凸显陕西碑刻文献整理与研究的整体效应。

再次,要充分发挥陕西碑刻文献整理与研究成果对于其他相关学科研究的重要作用。碑刻文献无疑是一种非常独特的历史资料,历史学、文学、宗教学、医学、书法艺术等诸多学科研究,都需要碑刻文献提供有价值的资料。由于历史上的区域优势地位,陕西碑刻文献更具重要性,对于上述学科研究都有着直接的学术意义。以历史学研究为例,药王山存藏的南北朝时期的佛道教造像碑刻文献,是研究当时佛道教发展状况、研究北方少数民族宗教信仰生活习俗、研究其与汉族关系的重要的第一手资料;西安出土的晚唐祆教徒《苏谅妻马氏墓志铭》,是用汉文和波斯婆罗钵文合写的墓志,为研究唐代祆教史及中西关系史提供了宝贵的资料;《大秦景教流行中国碑》,是研究基督教在中国传播情况的重要史料;《汉曹全碑》则详细记录了东汉末年黄巾起义许多不见于史书的事迹;《大观圣作之碑》,是记载宋徽宗大观元年(1107)推行"八行八刑"新政内容的碑刻,"八行"即"善父母为孝,善兄弟为悌,善内亲为睦,善外亲为姻,信于朋友为任,仁于州里为恤,知君臣之义为忠,达义利之分为和","八刑"即"不忠、不孝、不悌、不和、不姻、不睦、不任、不恤",以之取士,为研究宋代教育制度提供了重要的资料;高陵通远坊现存的天主教碑,为研究天主教在陕西的传教历史提供了非常重要的资料;华阴县出土的北魏杨颖、杨阿难等杨氏家族墓志铭,则为了解杨氏家族的历史及杨氏宗亲关系史提供了史料。唐太宗昭陵出土的唐初达官贵人及文臣武将碑与墓志铭,是研究唐代历史和唐代人物极好的历史资料。可见,陕西碑刻文献在补史、纠史、证史等方面,具有非常重要的学术意义。但目前发挥陕西碑刻文献整理与研究成果的价值还不是很好,需要主动宣传整理与研究成果,扩大成果的影响力,使相关学科的研究充分认识到运用陕西碑刻文献整理与研究成果的价值。

最后,应启动陕西碑刻文献基础档案数字化工程。这个工程应包括碑刻的形制、图版、基本情况说明、录文及研究成果,要做到高水准的数据采集、图像处理和数字建设,建设高水准的陕西碑刻文献数据库,从而全方位展示陕西碑刻的整体风貌,并实现数据库的网络化、开放化和社会化,充分实现碑刻这种冷冰冰实物的学术价值和社会价值。

B.16
陕西民间文学文化资源现状与保护传承研究报告

樊为之*

摘　要： 陕西民间文学文化资源丰富，传承、保护和利用好陕西的民间文学资源，有助于保护传统文化，促进陕西文化发展，推动文化与旅游融合。陕西民间文学分布广泛，地域色彩鲜明，其种类以民间传说为主，兼有谚语、歇后语、门楣题字、礼仪词、歌（童）谣、皮影戏文学剧本等多种体裁；其内容丰富，包括了历史、神话、说教故事等。加强保护与传承好陕西民间文学很重要，需要拓宽传播渠道和传承方式，做好对传承人的保护工作。

关键词： 陕西　民间文学　传承　保护

民间文学是人民群众千百年来在生产生活中流传的故事、神话、史诗、传说、谚语等文学形式。非物质文化遗产民间文学项目通过遴选各地民间文学中具有一定代表性的作品而来。国家层面非遗（非物质文化遗产，简称"非遗"，下同）民间文学项目是在政治、历史、文化、社会生活等方面具有重要意义的民间文学精品，其中史诗类作品占据重要位置，不仅有少数民族的作品如《格萨尔》（藏族）、《江格尔》（蒙古族）、《玛纳斯》（柯尔克

---

* 樊为之，陕西省社会科学院文化研究所副研究员。

孜族)、《阿诗玛》(彝族)、《拉仁布与吉门索》(土族)、《米拉尕黑》(东乡族)、《西岗里》(佤族),更有大量的优秀汉族作品,如从唐代敦煌变文等发展而来的《河西宝卷》(甘肃),从汉代"古歌"到明代,一直传唱至今的"河间歌诗"(河北),还有《济公传说》(浙江)、《西施传说》(浙江)等在单一省份流传的民间文学,而部分的汉族地区民间文学在多个省份流传,如《董永传说》流传于山西、江苏、河南、湖北等省,《梁祝传说》流传于江苏、浙江、山东、河南等省,《牛郎织女传说》流传于山东、陕西、山西等省,《木兰传说》流传于河南、湖北、陕西等省,《烂柯山的传说》流传于山西、浙江等省。民间文学内容有的源自历史故事,有的是对现实生活的演绎与神化,有的是书面文学、传统戏剧的重要来源,更多的则与本地自然风俗相关联。各种因素交接穿插,让民间文学具有顽强的生命力,变成传统社会中构建民众文化认同的重要素材。

陕西民间文学作品丰富多彩,有些在题材上与其他省份作品一致,如《木兰传说》《牛郎织女传说》和"谚语"(陕北民谚)。有的主要流传于陕西省内,如《蔡伦造纸传说》《仓颉传说》。以《蔡伦造纸传说》《仓颉传说》《木兰传说》《牛郎织女传说》为代表的陕西民间文学,是陕西传统文化重要资源。保护、传承、利用好丰富的陕西民间文学对于繁荣群众文化生活、传承民族文化具有重要意义和作用。本文通过对流传在陕西的国家、本省和各地市级非物质文化遗产名录中的民间文学进行梳理,研究陕西民间文学资源保护、传承和利用情况。

一 陕西民间文学的特点

(一)陕西民间文学分布广泛,地域色彩鲜明

陕北、关中和陕南地区普遍拥有流传在当地的民间传说,它们有着鲜明的地域特点,有的内容上虽与其他地方故事有诸多共性,但也有与其地域相结合的特定内容。民间传说的地域色彩正是其顽强生命力的重要源泉。能够

在当地流传久远的传说往往与地方地理特征、历史人物、建筑、风俗等要素有较紧密联系，让地方因素渗透进故事之中，使本地民众产生一种亲近甚至认同感，而这种认同感赋予了民间传说这一文化形式特殊的文化亲和力。

陕西民间文学地域特色的一种表现形式，是将流传广泛的民间故事与本地地理特征相结合，要么有一定历史渊源，要么进行了别具特色的再加工。陕西杨家将故事中的神木县《杨家城传说》就是以神木本地古麟州城为背景，叙述杨家将的故事，而铜川的《金锁关杨家将的传说》将杨家将故事移植到了铜川金锁关，绘声绘色描述了他们在金锁关特定地点战斗生活情况，这反映了军事要冲金锁关民众对杨家将爱国精神的推崇。铜川的民间文学孟姜女传说，特别是《孟姜女与哭泉传说》将孟姜女的故事发生地放置在了铜川境内。据传早在唐代铜川宜君县的哭泉乡就建有孟姜女祠，此外陕西省内外多个版本都谈到了孟姜女系陕西同官（今陕西铜川）人，这些要素使孟姜女传说具有了很强的陕西特色。陕西民间文学中的牛郎织女故事、木兰传说等同样通过将故事发生地点和背景安插在陕西，加强了这些故事中陕西元素的分量，增加了本地民众对这类传说的认同感。

以本地人物、地理特征等为故事主角表现了陕西民间文学地域特色。陕西民间文学中相当一部分就是描述陕西人物与地域的传说。部分作品描述了当地著名人物，《燕伋传说》是关于宝鸡千阳人燕伋的故事，《杨双山的传说》是描写兴平人杨双山的故事，而《汉滨徐世仁传说》《汉滨刘智灵的传说》则是关于汉中名人的故事等。部分作品描述了在当地发生的故事，如《寒窑传说》故事发生地在西安曲江寒窑，而《香溪洞传说》的地点则位于安康的香溪洞，《汉滨牛山传说》《镇安云盖寺传说》《宝塔山的传说》《瓦窑堡的传说》这些故事发生的地方分别在安康汉滨的牛山、商洛镇安的云盖寺、延安的宝塔山和延安子长县的瓦窑堡。

以历史上发生在陕西的故事作为描述对象是陕西民间文学的另一个特点。陕西在中国历史演进中有重要地位，西周、秦、西汉、隋、唐等大一统王朝的国都在陕西，许多重要历史事件发生在陕西，为陕西民间文学重大历史题材创作提供了素材。《张骞传说故事》发生的地点就在包括陕西在内的丝绸之路上；《褒斜栈道故事》则涉及了秦岭山中褒斜古栈道历史；《商山四皓传说》描述了隐居商洛丹凤县的商山四皓，影响西汉初年政治局势变革的故事。

另外，部分民间文学来自当地民众若干年来对生产生活情况经验的总结，如地方谚语等，有浓郁的地方色彩。谚语"五月十六滴一点，耀州城里买大碗"等就凸显了其地域特点。

（二）陕西民间文学体裁多样

陕西的民间文学以民间传说为主体，但同时具有体裁多样的特征，还包括谚语（民谚、农谚）、歇后语、门楣题字、礼仪词、说唱词、歌谣、童谣、皮影戏文学剧本、傩歌唱诵辞等。谚语、歇后语类的民间文学项目包括"关中民谚""陕北民谚""吴堡民谚""耀州民间谚语""安康农谚""平利民间谚语""汉滨歇后语"等。歌谣、童谣类民间文学有"陕南歌谣""旬邑民间歌谣""安康童谣"等，"陕南歌谣"中还包括了一定数量宣传红军事迹的红军歌谣。说唱词类有"旬邑民间执事说唱词"等。礼仪词类有"汉中巴山乡村婚礼知客司礼仪词"，它以当地属于川西方言的土腔土调进行表演，包括婚礼、插香、祝寿、建筑等礼仪词。民间文学剧本类的有兴平《历代皮影戏文学剧本》等。少数民族民间文学类的有"羌族傩歌唱诵辞"等。

韩城古门楣题字在陕西民间文学中独具特色，镶嵌在门楣上的题字是民居建筑的一部分，亦是中国传统文化的一部分。韩城古门楣题字内容丰富，最早的门楣题字往往能够起到家族标志的作用，如"三槐世家""延陵旧家"分别是状元王杰之后的王姓和吴姓的标志，后来一些门楣题字起到了显示他们家族辉煌历史的作用，如铜川耀州"父子御史"牌，产生过两位知州的薛氏故居"十马高轩"牌（汉代郡守乘五匹马的车，五马指代郡守），另外还有"秩重华封"（明代门楣题字）、"世进士"、"文魁"、"武举"、"外翰第"、"文林第"、"登科举"等门楣题字。大多数的门楣题字则是倡导忠厚持家，如"孝弟慈""树德裕""谦受益""笃敬""忠信"等，或者希望子孙幸福吉祥，如"诒谋燕翼"（语出《诗经·大雅·文王有声》："诒厥孙谋，以燕翼子。"）、"庆有余"、"安乐第"、"瑞气永凝"等，有的表达自身对平静生活的追求，如"安详恭敬""诵清芬""清平乐""陋室清馨""芝兰其室"等。

（三）陕西民间文学内容丰富，历史、神话、说教等不一而足

民间传说从数量上在陕西民间文学中占据多数，有的属于神话传说，如《长安斗门石婆庙七夕传说》《柳毅传书》《劈山救母传说》《刘海金蝉传说》《鲤鱼跃龙门传说》《南五台观音菩萨传说》《钟吕坪传说》《烂柯山传说》等；有的属于上古历史传说，如有关上古人物的女娲传说、华胥传说、炎帝传说、黄帝传说故事，另外还有与尧帝和大禹有关的《宝华山尧帝传说》和《灵龟负书与大禹导洛传说》；有关于新石器时代重要人物农业始祖后稷的传说，有关于创造中国文字的史官仓颉传说和长寿之星彭祖的传说，有关于史前国家古豳国传说等；有属于周、秦、汉、唐、宋、明等时期历史人物传说，如关于周文王姬昌的《周文王与太姒的传说》，春秋时期教育家孔子门徒的《燕伋传说》，战国时期思想家鬼谷子传说，西汉政治家张良的《张良庙与紫柏山的故事》，西汉初年政治家商山四皓的传说，西汉外交家、开辟丝绸之路的张骞传说，东汉开国皇帝的刘秀传说和发明造纸术的《龙亭蔡伦造纸传说》，还有关于三国人物的《马超刺曹（槐）传说》，唐代将领秦琼、敬德的《门神传说》，唐代著名医学家孙思邈的《药王孙思邈传说》和韦善俊的《药王韦善俊传说》，北宋的《杨家城传说》，明代的《张三丰传奇》等。关于周、秦、汉、唐朝代女性传说数量较多，如涉及西周人物太姒，秦国公主弄玉（《吹箫引凤传说》），秦代烈女孟姜女，东汉的貂蝉（《貂蝉传说》），唐代奇女子王宝钏（《寒窑传说》），南北朝人物木兰等。这些传说有的关涉爱情故事，如周文王与其王后太姒、秦穆公女弄玉和萧史（吹箫引凤）、王宝钏与薛平贵；有的展现了妇女的英雄气概，如《木兰传说》；有的体现了妇女与封建王朝斗争精神，如孟姜女故事。部分民间文学有一定的教育色彩，如二十四孝故事之一的《丁兰刻母

传说》，部分是关于教育家的传说，体现了对教育的重视，如《燕伋传说》和清代农业教育家杨双山的传说等。

二 国家级非物质文化遗产目录中的陕西民间文学项目

陕西关中、陕南和陕北均有民间文学被选入国家级非物质文化遗产名录。其中陕西省汉中市申报的民间文学《蔡伦造纸传说》入选第三批国家级非遗名录。西安市长安区申报的《牛郎织女传说》和延安市宝塔区申报的《木兰传说》入选第二批国家非遗扩展项目名录。陕西白水县、洛南县申报的《仓颉传说》入选第四批国家非遗名录。陕西榆林市申报的谚语（陕北民谚）入选第三批国家非遗扩展项目名录（见表1）。

表1 陕西省入选国家非物质文化遗产名录的民间文学项目数量

单位：项

地区 \ 批次	第三批	第二批扩展	第四批	第三批扩展
关中地区	—	1	1	—
陕北地区	—	1	—	1
陕南地区	1	—	1	—
总计	1	2	1（均系《仓颉传说》）	1

牛郎织女传说在我国流传久远，山西、山东版《牛郎织女传说》入选第二批国家非遗名录，陕西西安长安区的《牛郎织女传说》入选了第二批国家非遗扩展项目名录。《诗经·小雅·大东》上就有"维天有汉，监亦有光。跂彼织女，终日七襄。虽则七襄，不成报章。睆彼牵牛，不以服箱。"有了对牛郎、织女、天汉的描述。1975年发现的《云梦睡虎地秦简·日书甲种》中涉及了牵牛织女的内容，有"丁丑、己丑取妻，不吉。戊申、己酉，牵牛以取织女，不果，三弃"。这则出土的秦代简书反映了当时利用牛郎织女婚姻神话占卜娶妇日期的行为。[①] 西汉在长安斗门昆明池侧立起了牵

---

① 李立：《云梦秦简"牛郎织女"简文辨正》，《长江大学学报》（社会科学版）2008年第6期。

牛织女石像，1956年陕西省政府将此牵牛织女石像列为首批保护文物。中国第一部岁时民俗志南朝梁人宗懔创作的《荆楚岁时记》中就有"天河之东有织女，天帝之女也。年年织杼劳役，织成云锦天衣。天帝怜其独处，许嫁河西牛郎，嫁后遂废织纴。天帝怒，责令归河东，唯每年七月七日夜渡河一会"。可见南北朝至隋代时期，牛郎织女故事的主体框架已经形成，但这时牛郎织女的婚姻似属于天界婚姻，在后来的民间文学中逐渐演变成今天的内容。汉唐时期七夕民俗活动逐渐在长安地区流传盛行起来。这些都为长安区斗门镇地区"牛郎织女传说"的形成提供了条件。2007年长安区以《长安斗门石婆庙七夕传说》为名申报的牛郎织女故事入选了陕西第一批非遗民间文学名录。2011年以《牛郎织女传说》为名入选了国家非遗名录。陕西专家学者对长安区斗门镇等地方的七夕乞巧风俗和牛郎织女传说，进行了实地调查。调查了牛郎织女石像历史渊源、牛郎织女传说、石婆庙庙会活动（早在唐代这里就建起了石婆庙，也称作织女庙）、乞巧活动、相关民间歌谣等，收集整理了18个版本的牛郎织女口头文学故事，汇总了传承这一故事的8种形式，包括歌谣、快板、皮影戏、传说故事、秦腔、剪纸和庙会等，故事不仅和其他版本内容相同的部分，也有切合当地历史的独到之处，如七月七日石婆庙上见；土地说媒牛女成夫妻；石爷石婆实有其人，后人修石怀念等。这里的七夕乞巧民俗活动有祭拜石婆、耍巧娘、乞巧、赛巧、听牛女私语、看牛女相会。庙会则有正月十六、十七庙会和七夕庙会。①

民间文学《蔡伦造纸传说》有多个版本，故事传说以龙亭故县为中心分布。故事的发生地点在汉中洋县龙亭及周边地区，这里是蔡伦的封地、埋葬地点和传说中造纸实验的地方。蔡伦曾经担任尚方令，主管制造皇家专用器物的作坊。这一时期他总结西汉以来的造纸术，全面改革了造纸工艺，《后汉书·蔡伦传》称："自古书契多编以竹简，其用缣帛者谓之为

---

① 傅功振、樊列武：《长安斗门牛郎织女传说考证与民族文化内涵》，《民俗研究》2008年第2期。

纸。……伦乃造意,用树肤、麻头及敝布、鱼网以为纸。"人们将用这种工艺制作的纸张称作"蔡侯纸"。洋县蔡伦造纸传说故事多,有蔡伦舂纸浆、龙亭还魂纸、蔡伦与徒弟比赛揭纸、纸坊街蔡伦造纸、阳庄河蔡公爷揭纸、踩浆焙纸和龙亭由来的传说等,多与蔡伦造纸的工艺有关。

《木兰传说》在中国流传甚广,武汉黄陂区、河南商丘虞城县的《木兰传说》分别选入了第二批国家非遗名录,此外陕西延安、安徽亳州、河北完县的《木兰传说》也很有名。对于木兰的描述,各地版本大体一致,但也有差异。《木兰辞》最早出现在南北朝时期,因此木兰生活的时代不应晚于南北朝。对于木兰的姓氏,安徽《亳州志》称"木兰,一名花孤,姓魏氏",河南商丘、河北完县均持木兰姓魏说,并都称木兰被封"孝烈将军"。湖北黄陂称木兰姓朱。关于木兰生存年代,立于元至顺三年(1332年)的河北完县木兰庙的碑石"汉孝烈将军记",称其为汉文帝时代的人。《亳州志》和《完县志》均称木兰故里为亳州。[①] 而延安民间文学《木兰传说》中的木兰则姓花,这与延安城南万花山产生了联系。延安人在万花山上修建了木兰陵园、祠堂、碑石,将山顶的一块平地,描述为木兰练兵跑马场。[②] 较之于其他版本,延安的《木兰传说》内容更接近《木兰辞》,只不过将木兰与延安万花山的关系紧密相连,称其故里为万花山下的花原村,离开军营后回到了万花山,并在这里生活至80岁,长眠于此。延安的《木兰传说》与湖北黄陂和安徽亳州、河北完县等地的木兰传说有相当大的差异,自成体系。

仓颉传说是一个古老的民间故事,入选国家非遗名录(四批)的是陕西白水县、洛南县申报的《仓颉传说》。这与白水的全国重点文物保护单位,始建于汉代的仓颉庙有一定关系。《韩非子》《荀子》《吕氏春秋》都谈到了仓颉造字的故事。汉代仓颉传说逐渐丰富。1930年发现的"居延汉简"《仓颉篇》残简中记录了"仓颉作书,以教后嗣,幼子承诏,谨慎敬

---

① 亮俦:《巾帼英雄木兰女——木兰传说初探》,《文史知识》1989年第1期。
② 时国强:《木兰传说辨正》,《商丘职业技术学院学报》2009年第6期。

戒"的文字。①《汉书》称"仓颉，黄帝史"，西汉末年创作的《春秋元命苞》还介绍了仓颉的最后归宿地，称他"终葬衙（陕西白水一带）之利乡亭"。关于他造字的过程，《说文解字·叙》称："黄帝之史仓颉，见鸟兽蹄远之迹，知分理之可相别异也，初造书契，百工以乂，万品以察。"《春秋元命苞》则称他"穷天地之变，仰观奎星圆曲之势，俯察龟纹鸟羽山川指掌而创文字"。关于其造字产生的影响，《淮南子·本经》称："天雨粟，鬼夜哭。"有学者认为这表现了封建文人对文字崇敬与敬畏的复杂心情。② 这些丰富的材料为民间文学《仓颉传说》的发展演变提供了素材。《仓颉传说》的申报地之一白水县，有全国重点文物保护单位，建于162年的仓颉庙，存有仓颉鸟虫书碑，庙内还有"石楼造字""黄帝赐衣""天雨粟"等壁画和千年古柏槐等，这些实物与传说相映衬，传说为壁画提供了素材，实物让传说更有魅力。仓颉鸟虫书碑有28个古字就是传说中仓颉所造文字的本形，其"鸟迹书"由小图形画面组成，堪称世界最早的象形文字。仓颉传说中有仓颉在石楼沟创造文字、文字能够驱除避邪、仓颉到各地传播文字等故事。《仓颉传说》的另一申报地洛南不仅有仓颉庙、仓圣祠，还有仓颉授书处、灵龟负书遗迹等，并流传有仓颉在洛南创造了28个文字的故事。

　　谚语是人类语言中的重要组成部分，它通过表达一定的经验和道理，展现了语言以真实性为基础的概念功能。③ 作为非物质文化与进行信息交流工具的汉语谚语，不仅是古老传统文化的载体，④ 而且具有传送传统共同价值观念的功用。⑤ 作为国家级的非遗项目，由陕西省榆林市申报的谚语（陕北民谚）言简意赅，反映了陕北民众的生活实践经验，如礼多人不怪、偏方治大病、寅里不知卯里事、懒汉肯说来年话、有钱难买五月旱，六月连阴吃饱饭、人活眉眼树活皮等。有的谚语劝人节约，有的告诫人们要明事理，有

---

① 孙淑霞：《〈仓颉篇〉研究综述》，《绵阳师范学院学报》2013年第4期。
② 杨琳：《仓颉的传说及索隐》，《文史知识》1992年第2期。
③ 李霞：《从语义学辨析谚语和歇后语的功能》，《民间文学论坛》1998年第3期。
④ 吴竟红：《略论谚语中的传统文化内涵》，《山东社会科学》2010年第4期。
⑤ 罗圣豪：《论汉语谚语》，《四川大学学报》（哲学社会科学版）2003年第1期。

的劝人学习，有的劝人惜时，有的劝人勤劳，有的劝人善于思考，有的劝人励志，有的劝人处理好人际关系，有的蕴含丰富的哲学道理，有的倡导环境保护的理念，不一而足。

三 陕西各地省级非物质文化遗产名录中的民间文学项目

（一）关中地区民间文学项目

2007年陕西第一批非遗代表性项目名录中民间文学类仅有两项，其一是《长安斗门石婆庙七夕传说》，申报地区是西安市。2009年陕西第二批非遗民间文学类项目有16项，其中来自关中地区的有8项，分别为咸阳地区武功文化馆申报的《农业始祖后稷传说》、凯发地产公司申报的《秦琼敬德门神传说》和长武文体旅游局申报的《柳毅传书》，宝鸡地区陈仓区文化馆申报的《吹箫引凤传说》，渭南地区罗建民（个人）申报的"韩城古门楣题字"、华阴图书馆申报的《劈山救母传说》，铜川地区王益区文化馆申报的《孟姜女传说》和耀州区文化馆申报的《药王孙思邈传说》。2011年陕西第三批非遗民间文学类项目有7项，来自关中地区的有4项，分别为"仓颉造字传说"项目下的《长安仓颉造字传说》（西安市长安区非遗保护中心申报）和《仓颉传说》（渭南白水史官镇史官村申报）、《寒窑传说》［西安非遗中心、曲文旅（集团）曲江池遗址公园申报］、《古豳国传说》（咸阳彬县非遗保护中心申报）和《炎帝传说》（宝鸡渭滨区文化馆申报）。2013年陕西第四批非遗民间文学类项目有6项，其中3项来自关中地区，分别是咸阳兴平市非遗保护中心申报的《丁兰刻母传说》和渭南韩城非遗保护中心申报的《鲤鱼跃龙门传说》，另外《鬼谷子的传说》系由宜君县文化馆和石泉文化文物广电局共同申报。2015年陕西第五批非遗民间文学类项目有6项，其中3项来自关中地区，分别是西安户县文化馆等申报的《刘海金蝉传说》，咸阳旬邑文化馆申报的《旬邑石门爷传说》和陕西师范大学文学院申报的"关中民谚"（见表2）。

表2 陕西各地市入选陕西省非物质文化遗产名录的民间文学项目数量

单位：项

地市\批次	第一批	第二批	第三批	第四批	第五批
西安市	1	—	2(其一与白水"仓颉造字传说"属于同一项)	—	1
渭南市	—	2	1	1	—
铜川市	—	2	—	1(与石泉"鬼谷子的传说"属于同一项)	—
咸阳市	—	3	1	1	1
宝鸡市	—	1	—	—	—
榆林市	—	—	—	2	3
延安市	1	3	—	—	—
汉中市	—	2	1	—	—
安康市	—	2	—	2	—
商洛市	—	1	1	—	—
共计(37)	2	16	7	6	6(陕西师范大学申报一项"关中民谚")

（二）陕南地区民间文学项目

陕西第二批非遗民间文学类项目中来自陕南的有：汉中市民间文艺家协会申报的《龙亭蔡伦造纸传说》，群众艺术馆申报的"汉中巴山乡村婚礼知客司礼仪词"；安康地区岚皋文广局申报的《龙安茶传说》，汉阴文旅广电局申报的"陕南歌谣（包括红军歌谣）"；商洛地区洛南县文化馆申报的《仓颉造字传说》。陕西第三批非遗民间文学类项目中来自陕南的有：汉中城固县文化馆申报的《张骞传说》；商洛地区洛南非遗保护中心申报的《沉香传说》。陕西第四批非遗民间文学类项目中，有安康平利文化文物广电局申报的《女娲的传说》和石泉文化文物广电局申报的《鬼谷子的传说》。

（三）陕北地区民间文学项目

陕北地区省级非遗民间文学类项目，有延安市黄陵县申报的《黄帝传说故事》，它是陕西第一批非遗民间文学类项目。陕西第二批非遗民间文学类项目中来自延安地区的有：洛川县文化馆申报的《烂柯山传说》，甘泉文化馆申报的《美水泉传说》和宝塔区文化馆申报的《花木兰传说》。延安宝塔区非遗保护中心申报的《宝塔山的传说》是省第三批非遗项目。延安子长县文化馆申报的《瓦窑堡的传说》和榆林市非遗保护中心申报的"陕北民谚"是省第四批非遗项目。陕西第五批非遗民间文学类项目中，有来自榆林神木文化馆申报的《杨家城传说》，米脂文化馆申报的《李自成传说故事》和《貂蝉传说》。

陕西还有一批民间文学项目入选市级非遗代表性项目名录，其中入选西安市非遗代表性项目名录的有《牛郎织女传说》（一批，长安区）、《寒窑传说》（三批，曲江新区）、《长安仓颉造字传说》（三批，长安区）、《南五台观音菩萨传说》（三批，长安区）、《终南山故事传说》（四批，钟馗故里欢乐谷度假村）、《刘海金蟾传说》（四批，同上），《华胥传说》（五批，蓝田县）、《丰镐三灵民间故事传说》（五批，长安区）等；入选榆林市非遗代表性项目名录的有《杨家城传说》（二批，神木）、《李自成的传说故事》（二批，米脂）、《魁星楼的传说》（二批，清涧）、《赫连勃勃与统万城传说故事》（五批，靖边文化馆）、"吴堡民谚"（五批，吴堡县文化馆）等；入选延安非遗代表性项目名录的有《花木兰的传说》（一批，宝塔区）、《蓝花花的传说》（一批，宝塔区）、《美水泉的传说》（一批，甘泉县）、《烂柯山的传说》（一批，洛川县）、《宝塔山的传说》（二批，宝塔区）、《瓦窑堡的传说》（二批，子长县）、《圣马桥的传说》（二批，甘泉县）、《香林寺的传说》（二批，甘泉县）等；入选渭南非遗代表性项目名录的有《鲤鱼跃龙门传说》（三批，韩城）、《闻太师大战绝鹿岭》（三批，潼关）、《宝华山尧帝传说》（五批，华州区）、《女娲抟土造人传说》（五批，潼关）、《马超刺曹（槐）传说》（五批，潼关）、《周文王与太姒的传说》（五批，合阳）等；入选铜川非遗代表性项目名录的有《彭祖的传说》（一批，宜君）、《孟姜女故事传说》（二批，印台区）"耀州民间谚语"（二批，耀州区）、《孟姜女与哭泉传说》（三批，宜君）、《金锁关杨家将的传说》（三批，印台区）

等；入选宝鸡非遗代表性项目名录的有《炎帝的传说》（二批，渭滨区）、《张三丰传奇》（三批，金台区）、《党阁老传说》（三批，金台区）、《女登传说》（三批，凤翔县）、《钟吕坪传说》（三批，眉县）、《燕伋传说》（五批，千阳）等；入选咸阳非遗代表性项目名录的有《历代皮影戏文学剧本》（一批，兴平）、"旬邑民间执事说唱词"（二批，旬邑）、《旬邑石门爷（扶苏）传说》（二批，旬邑）、《弄玉吹箫的传说》（三批，渭城区）、《杨双山的传说》（三批，兴平）、《丁兰刻母传说》（三批，兴平）、"民间歌谣"（三批，旬邑）、《绣鞋运坟土》（三批，淳化）等；入选商洛非遗代表性项目名录的有《仙娥湖的传说》（二批，商洛群艺馆）、《黑女潭的传说》（二批，商洛群艺馆）、《商山四皓传说》（二批，丹凤）、《药王韦善俊传说》（二批，洛南）、《灵龟负书与大禹导洛传说》（二批，洛南）、《刘秀的传说》（二批，洛南）、《玉虚洞的传说》（二批，洛南）、《罗汉洞的传说》（二批，洛南）、《河图洛书》（二批，洛南）、《甪里先生隐居处传说》（二批，商南）、《三马地传说》（二批，商南）、《镇安黑龙潭传说》（二批，镇安）、《镇安舍尸崖传说》（二批，镇安）、《褒斜栈道故事》（四批，留坝）、《镇安云盖寺传说》（二批，镇安）等；入选安康非遗代表性项目名录的有"安康童谣"（一批，汉滨区）、《香溪洞传说》（一批，汉滨区）、《红军老祖的故事》（一批，旬阳）、《女娲传说》（一批，平利）、《风物传说》（一批，紫阳）、《月儿潭绿松石传说》（一批，白河）、《唐老爷的传说》（一批，汉阴）、《南宫山肉身传说》（一批，岚皋）、《宦姑与贡茶的传说》（三批，紫阳）、《鬼谷子的传说》（三批，石泉）、《"七夕"的传说》（二批，安康市）、《汉滨牛山传说》（二批，汉滨区）、《汉滨徐世仁传说》（二批，汉滨区）、《汉滨刘智灵的传说》（二批，汉滨区）、《谢青天的传说》（二批，汉滨区）、《汉滨织女石传说》（二批，汉滨区）、《汉滨鲤鱼山传说》（二批，汉滨区）、《汉滨凤凰山传说》（二批，汉滨区）、《金牛传说》（二批，汉滨区）、"安康农谚"（二批，汉滨区）、"汉滨歇后语"（二批，汉滨区）、《张良传说》（二批，旬阳）、《二郎庙的传说》（二批，石泉）、《燕子洞的传说》（二批，石泉）、《铜钱峡的传说》（二批，石泉）、《银屏山的传说》(二批,石泉)、《滚鼓坡的传说》(二批,石泉)、《关门石的传说》(二批,石泉)、《龙安茶传说》(二批,岚皋)、"平利民间谚语"(二批,平利)、《鸡心岭传说》(二批,镇坪)等;入选汉中非遗代表性项目名录的有《张良庙与紫柏山的故事》(五批,留坝)、"羌族傩歌唱诵辞"(五批,留坝)、《张骞传说故事》(二批,城固)、《龙亭蔡伦造纸传说故事》(一批,民间文艺家协会)、"汉中巴山乡村婚礼知客司礼仪词"(一批,群艺馆)等。(见表3)

表3 陕西省市级非物质文化遗产名录的民间文学项目数量

单位:项

地市\批次	第一批	第二批	第三批	第四批	第五批
西安市	1	—	3	2	2
榆林市	—	3	2	2	2
延安市	5	4	13	7	—
铜川市	1	3	3	1	
渭南市	—	4	2	—	4
咸阳市	1	2	5	1	2
宝鸡市	1	1	4		1
汉中市	2	1	—	1	2
安康市	8	22	2	—	
商洛市	1	15			

四 陕西省民间文学传承、保护、开发和利用

我国重视对民间文学采集、保护和传承等工作。我国学者从五四运动时期就创办了《歌谣》周刊,开始了歌谣的征集活动。改革开放以后的1982年决定编辑《中国民间故事集成》《中国民歌、民谣集成》《中国谚语集成》,到2009年,三套集成全部出齐。它对以后的非遗民间文学保护、传承等工作开展具有重要的意义,第一批国家非遗民间文学名录中的"花儿""刘三姐歌谣""吴歌""薅草锣鼓"等一大批民歌民谣,就得益于三套集

成普查过程中的发现整理工作。① 与此同时，我国还对民间文学进行过一次大规模调查采录，总共收集记录了民间故事（包括神话、传说在内）184万篇、歌谣302万首、谚语700万条。② 2003年联合国教科文组织通过了《保护非物质文化遗产公约》，2004年8月经全国人大批准后，我国加入该公约，有利于进一步加强包括民间文学在内的非遗资源保护。

（一）加强民间文学保护与传承的意义

保护和传承好陕西的民间文学是传播优秀传统道德思想的需要。陕西的民间文学中包含着大量体现中华传统道德的内容，如强调爱国主义精神的《木兰传说》《杨家城传说》等，宣传与封建势力斗争精神的《孟姜女传说》等，倡导尊师重教精神的《燕伋传说》等，推崇勇往直前开拓丝绸之路精神的《张骞传说故事》等，通过故事的讲述来释放道德力量能够产生事半功倍的效果。另外作为民间文学重要部分的陕西民间谚语等文化资源，对传承优秀道德也能产生相当重要的作用。

保护和传承民间文学是弘扬传统文化、凝聚民族精神的需要。作为一种历史话语，民间传说是特定地域内特定群体对历史的解释，相当程度上发挥着历史教育工具的作用，增强了民众对民族历史的认同。陕西有不少描述中华民族始祖三皇五帝时代的民间传说，《炎帝传说》《黄帝传说故事》《华胥传说》《宝华山尧帝传说》《灵龟负书与大禹导洛传说》等就是叙述史前文明的历史故事，配合《农业始祖后稷传说》和汉文字创造者《仓颉造字传说》，形成了兼有政治、经济和文化的上古历史叙事体系。这类传说并不是脱离现实的简单叙事，而是将文学形式与陕西地理因素相结合的表述形式，从感性上增加了可信度，加之与史前考古发现相联系，增添了故事内容的科学成分。另外，民众多从小就能够接触到这类民间传说，通过潜移默化的熏陶，让民众从小就认识到中华民族的悠久历史和文明的博大精深，增强了他

---

① 廖元新：《非遗语境下民间文学"三套集成"的承启意义》，《文化遗产》2016年第4期。
② 刘锡诚：《反思与进言：聚焦非遗名录之民间文学》，《西北民族研究》2014年第1期。

们的民族自豪感，具有独特的教育意义。

保护和传承陕西文学是促进陕西文化发展的需要。陕西民间文学是其非物质文化遗产的重要组成部分，是陕西文化发展的重要资源，合理利用民间文学这一文化资源对于推动陕西的文化与旅游融合等有特殊作用。作为文学作品的民间文学，有助于提升陕西旅游景观的知名度，增加旅游景点的文化含量，特别是提升地区性文化旅游区域的吸引力。通过传播民间文学故事，可以让更多的人认识陕西，了解陕西不同地域的文化，进而提升人们对不同文化旅游融合示范区的兴趣度。

（二）加强和创新陕西民间文学的传承方式

加强对民间文学的传播力度，让更多人了解与掌握它，应该是一种理想的民间文学传承方式。民间文学过去多是口耳相传，在特定区域的人群中流传。随着社会的发展，原有的生产生活方式发生了显著变化，信息传播渠道与从前大不相同，民间文学的传播方式不断发展。新的时代，由于增加了纸质文本和电子文本，民间文学由以口头叙事为主，转变为口头叙事和书面叙事、电子叙事并重的阶段。新的叙事方式有助于民间文学的保存、传承和向更大人群的传播。

以影视作品反映陕西民间文学的内容是一种创新，为其传播提供了更广阔的平台。影视改变了民间文学信息传递模式，由口头叙事转变为形象传播。早在20世纪五六十年代，《梁山伯与祝英台》等一批经典民间文学就以电影形式呈现，近些年来《花木兰》《白蛇传说》等民间文学被改编为动画片、电视剧等，产生了很大影响。陕西丰富的民间文学为影视作品的创作提供了素材，将其部分改编为影视作品，对于宣传陕西民间文学将产生重要作用。

互联网宣传为陕西民间文学传播提供了新的渠道。网络传播的广泛性让陕西民间文学能够为更多的人所接触，扩大了它的传播地域。网络传播的多样性为陕西民间文学的传播提供了多种选择，它不仅能够以文字的形式进行传播，而且能够以语言、动漫、形象等形式传播，可以同步传播，可以面对面地互动，也可以供用户根据爱好点播。总之，采取"互联网+"的新形式来创新陕西民间文学的传播模式，能够更好地发挥这一资源的社会服务功能。

通过建立展览馆和景点实地宣讲，不仅拓宽了陕西民间文学的传播方式，而且增加了文化与旅游融合的新模式。陕西民间文学的地域性特点强，文学作品中的具体内容多与特定地域密切相关，有些能够尝试通过展览馆的形式进行宣传，如建立陕西仓颉文字史馆，将《仓颉传说》与仓颉庙等文物景点资源相联系，使旅游资源具有更强的趣味性；有的能够结合地理特征宣讲民间文学，让旅途更轻松。

（三）重视和做好非遗民间文学类传承人工作

传承人是陕西民间文学保护与传承的重要承载与传递者，保护好他们对于传承民间文学有特殊的作用。民间文学非遗传承人能够熟练掌握并承续有关非遗项目，在其领域或区域内被公认具有代表性和影响力。他们在陕西民间文学的保护与传承中具有独特的作用。

陕西省重视保护非遗民间文学类传承人工作，将一批民间文学传承人纳入省级非遗项目代表性传承人，进行保护。如陕西将《吹箫引凤传说》传承人（宝鸡陈仓区人张礼，陕西省第二批非遗项目代表性传承人）、《陕南歌谣》（包括红军歌谣）传承人（汉阴王家坤，二批）、《鬼谷子的传说》传承人（石泉人李佩今，从艺时间30年，四批）、《孟姜女传说》传承人（铜川王益区秦凤岗，从艺时间52年，四批）、"陕北民谚"传承人（榆林王建领，从艺时间30年，四批）等选入陕西省非遗项目代表性传承人，按照《陕西省非物质文化遗产条例》，享受非遗代表性传承人应享有的权利，承担他们要履行的义务。陕西规定县级以上文化主管部门要根据需要，提供必要的传承场所和经费，资助他们开展授徒、传艺、交流等活动，支持他们参加社会公益性活动等。陕西省还要求给县级以上人民政府规定的代表性传承人提供补助费，并要求他们开展传承活动，培养后继人才，保护好有关非遗的实物和资料，配合调查，参加非遗展演等公益活动。

陕西各市将其民间文学类传承人纳入市级非遗项目代表性传承人,支持他们开展非遗传承活动。如西安市将《华胥传说》传承人(曾宏根,四批)等选成西安非遗项目代表性传承人。榆林将《李自成传说故事》(米脂县申长明)、《神木杨家城传说》(神木县杨文岩)《貂蝉传说》(米脂县李长江)等榆林非遗项目代表性传承人推荐为陕西省第五批非遗项目代表性传承人。延安将《黄帝传说故事》(黄陵县苏峰,二批)等选成延安非遗项目代表性传承人。咸阳将《历代皮影文学剧本》传承人(兴平南产分,一批)、《柳毅传书的传说》(长武赵守晋,一批)、《旬邑石门爷传说》(旬邑王新民,二批)、《神农后稷传说》(武功刘志宏,二批)、"旬邑民间执事说唱词"(旬邑刘有勤,二批)、《黄帝铸鼎传说》(泾阳刘秉武,五批)、《孝子刘霞传说》(长武赵亚儒,五批)选成咸阳非遗项目代表性传承人。

这些民间文学传承人很多从小就喜欢民间文学,且拥有很强的记忆力和丰富的阅历。民间文学传承人有着独特的传承路径。有的来自家庭,属于家族传承,有的来自社会,属于社会传承。传承的民间文学有直接源头和清晰传承脉络。代表性传承人在陕西民间文学的保护和传承中发挥着重要的作用,陕西应进一步加强对这些传承人的资助力度,帮助他们创造更好的传承条件,创新传承模式,将陕西民间文学这一宝贵的文化资源保护好、传承好、利用好,让其在促进陕西文化发展、扩大文化影响力方面产生更显著作用。

B.17
陕西农家书屋建设状况调查

王立平*

摘　要： 农家书屋是我国公益文化建设的重要内容。2012年，陕西省在全省行政村普遍建立了农家书屋。本文就陕北志丹县、关中富县和陕南勉县三个县30个行政村农家书屋建设现状和村民阅读现状进行访问调查，并提出了发展对策和建议。调查表明，农家书屋均配置了一定数量的各类图书，具备初步的阅览条件；农家书屋主要由兼职人员管理；普遍存在新书少、开办和维持运转的资金不足等困难；虽有具体开放时间的规定，但相当部分书屋的运转并不充分，村民很少到书屋读书看报；图书品种单一。受到图书更新慢、投入不足、管理缺失、读者少等不利因素的困扰，陕西农家书屋的后续发展面临诸多困难。农家书屋建设应做出长远规划，加大后续建设资助力度，加强管理队伍建设，因地制宜确定不同地区的发展模式。

关键词： 陕西　农家书屋　图书

农家书屋工程主要解决农民群众"买书难、借书难、看书难"的问题，促进新时期农村经济社会协调发展。国家从2007年开始在全国范围内实施"农家书屋"工程。通过加大政府对新农村文化建设的投入，充分调动社

---

* 王立平，西北政法大学新闻传播学院编辑出版系教授。

各方面力量，大力发展社会主义先进文化，保障农民群众最基本的文化权益。

2007年，西北地区开始农家书屋试点工作，2008年全面开始规划建设。截至2012年8月，陕西省共建成农家书屋27364个，覆盖了全省所有行政村，并率先建成"卫星数字农家书屋"1070个。①

农家书屋工程是陕西省公益性文化建设的重要内容。陕西省大体可分为陕北、关中和陕南三个部分，我们分别选取了陕北的志丹县、关中的富县和陕南的勉县三个县，2013年就各县开展农家书屋工程建设的情况进行了调查，以期掌握陕西省农家书屋工程建设的现状、建设成果及存在的问题，并对陕西等西北省区农家书屋工程建设提出对策和建议。

整个调查分为两个部分，第一部分主要在每个县或区选取10家农家书屋，对书屋的管理人员进行问卷调查；第二部分主要对100位村民进行问卷调查。第一部分问卷主要对包括农家书屋的调查对象，书屋的选址、硬件设备及面积，图书的来源渠道、种类、数量，农家书屋的管理，农家书屋存在的问题等多个方面进行调查。第二部分主要调查村民使用农家书屋的情况，包括农家书屋开放情况，村民去农家书屋的频次、原因，农家书屋对村民的影响等几个方面进行调查。问卷调查采用提问和记录的方式来完成，由调查人员提出问题，然后记录被调查者的回答并将数据整理出来。

一 志丹县农家书屋调查②

志丹县位于陕西省北部黄土高原丘陵沟壑区，辖7镇1乡1个街道办，200个村委会，5个社区，1114个村民小组。2011年末全县总人口14.05万人。③

---

① 田进：《陕西改善基层文化设施，建成近3万"农家书屋"》，中国新闻网，http://www.chinanews.com/cul/2012/08-21/4123152.shtml。
② 调查附有多个表格，限于篇幅，除保留调查对象外，其他表格略去，主要调查结果以文字表述呈现，下同。
③ http://www.zhidan.gov.cn/zjhidan/zdgk.jsp?urltype=tree.TreeTempUrl&wbtreeid=10716。

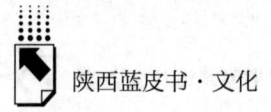

（一）志丹县农家书屋建设现状调查

1. 农家书屋的调查对象

我们选取了志丹县杏河乡、张渠乡、义正乡、流曲乡、小惠乡四个乡镇的10个村，对其农家书屋建设情况进行了调查。在这10家农家书屋中，最早的建于2007年，最晚的建于2010年（见表1）。

表1　志丹县农家书屋调查对象

	乡（镇）	村	建立时间（年）
志丹县	杏河乡（镇）	牛沟村	2007
	杏河乡（镇）	小沟村	2007
	张渠乡（镇）	王嵝岘村	2008
	张渠乡（镇）	田家湾村	2007
	义正乡（镇）	枣林村	2007
	义正乡（镇）	阳洼河村	2007
	张渠乡（镇）	孟洼村	2007
	杏河乡（镇）	牛寨村	2007
	流曲乡（镇）	流曲村	2009
	小惠乡（镇）	仁和村	2010

2. 农家书屋的选址、面积及硬件设备

志丹县农家书屋全部设在村委会，书屋多占有一间屋子，面积有限。农家书屋配置的硬件设备主要有书架，多数书屋配置有电脑、电视机、DVD和卫星数字接收装置。

3. 农家书屋图书的来源、种类及数量

志丹县农家书屋的图书主要由新闻出版部门统一配置，图书种类以种植养殖、时政、文学、法律等各类图书为主，图书总量在2000册左右，种类不足千种。

4. 农家书屋的管理

志丹县的每个农家书屋有一个管理员，管理员主要由村委会干部和村民兼任。其中两人接受过培训。书屋均有借阅制度和管理制度，其中3家有具体的开放时间要求,但每周的开放时间及次数并不固定。

5. 农家书屋存在的问题和困难

志丹县农家书屋的图书存在品种不合适、新书少、图书更新速度慢、到书屋读书的村民不多、书屋的资金不足等问题。也面临管理制度不完善、资金来源单一、基础设施不足、实施效果不佳等多个问题。其中,经费不足、难以维持是志丹县农家书屋建设面临的最大困难。

(二)志丹县村民阅读现状调查

1. 农家书屋的开放情况

被调查的42位村民表示,该村农家书屋每周开放三次;44人次不知道农家书屋的开放次数;51人次不知道农家书屋开放的具体时间。这说明村民对志丹县农家书屋的开放制度并不熟悉,村民们不知道农家书屋的开放次数和具体开放时间。

2. 村民去农家书屋频次

农闲时间村民主要活动是打麻将、做家务、看电视或闲逛,读书看报的村民较少。这说明虽然建立了农家书屋,但村民并未养成读书看报的习惯。从村民去农家书屋的频次来看,经常去的只有17人,偶尔去的有25人,从未去过的有55人。如何吸引村民到农家书屋仍然是志丹县农家书屋工程建设面临的重要任务。

3. 村民去农家书屋的原因

村民之所以去农家书屋,主要原因是可以看自己喜欢的图书,还可以顺便看看报纸。

4. 农家书屋的阅读情况

调查发现,村民最喜欢阅读种植养殖类图书,其次是日常生活类和法律类图书。只有21人认为所在村的农家书屋图书可以满足其阅读需要;认为不能满足者则有27人;90人认为书屋的图书品种单一,应该增加政治读物、农家科技读物和生活百科读物。

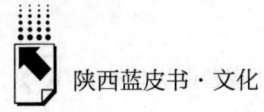

5. 农家书屋的影响

调查发现，多数村民不认为农家书屋对自己有影响，53人认为农家书屋的建立对全村风气的好转没有影响，而回答有影响的人数很少。这表明，志丹县农家书屋对村民个人及全村的影响都很小。

二　勉县农家书屋调查

勉县位于陕西南部汉中盆地西端，北依秦岭，南缘巴山。全县辖19个镇，242个村（社区），总面积2406平方公里，总人口42.9万人。境内生态环境良好，矿产资源丰富，交通便利，区位优势明显，拥有丰厚的两汉三国历史文化积淀，境内历史文化遗迹多。①

（一）农家书屋建设现状调查

1. 农家书屋的调查对象

我们选取了陕南勉县武侯镇和定军山镇的10个村，进行调查。这些村的农家书屋建立于2010～2011年。

表2　勉县农家书屋调查对象

	乡（镇）	村	建立时间（年）
勉县	武侯镇	土关铺村	2010
	武侯镇	七里砭村	2011
	武侯镇	龙王沟村	2011
	武侯镇	杜家坝村	2011
	武侯镇	南沟门村	2011
	武侯镇	武侯村	2010
	定军山镇	吴家湾村	2011
	定军山镇	诸葛村	2010
	定军山镇	右所村	2010
	定军山镇	沟口村	2011

---

① 《勉县概况》，勉县人民政府门户网站，http://www.mianxian.gov.cn/mxgk/mxgk.htm。

2. 农家书屋图书的来源、种类及数量

勉县农家书屋的图书统一由新闻出版部门配送。图书数量在 2000 册左右，种类在千种以内。种植、养殖类等有关农业生产的读物最多。

3. 农家书屋的管理

勉县农家书屋管理人员均由村委干部兼职，多数未受过培训，无工资性收入。农家书屋的管理制度和借阅制度齐全，书屋有开放时间的规定。

4. 农家书屋建设存在的问题

农家书屋的图书主要存在品种不合适、新书少等问题，同时书屋的开办资金不足也制约了图书的更新速度。农家书屋工程建设普遍存在资金来源单一、基础设施不足、实际效果不佳等问题。

（二）勉县村民阅读现状调查

1. 农家书屋的开放情况

农家书屋每周开放两次。25 个村民知道开放时间，46 人不知道开放的次数，33 人不知道书屋开放的具体时间。调查表明，近一半的受访者不知道勉县农家书屋开放的次数和具体开放时间。

2. 村民去农家书屋的频次

农闲时间，村民主要看电视、闲逛，读书看报的较少。经常去农家书屋的村民不多，有些人甚至从未去过；有些村民只是偶尔去农家书屋。这表明，农家书屋的功能还未能充分发挥出来。

3. 村民去农家书屋的原因

村民之所以去农家书屋，主要是可以看自己喜欢的图书，也可以看看报纸，并与相识的村民聊天。

4. 农家书屋的阅读情况

村民最喜爱读种植养殖类图书，其次是有关日常生活的图书和时政类图书。勉县农家书屋的图书可部分满足村民的阅读需要，但书屋图书品种单一，难以满足所有村民的阅读需要。被调查的村民希望再增加农业科技、生活百科等方面的图书。

5. 农家书屋的影响

近一半接受调查的村民认为,农家书屋对自己基本没有影响;一半多的村民回答农家书屋对全村风气的转好没有影响。这个结果表明,农家书屋还未对村民产生较大的影响。

三 富平县农家书屋调查

富平县位于关中平原中北部,面积1242平方公里,总人口81万,为陕西省第一人口大县。富平县区位优越,交通便捷,是关中通往陕北的要冲。①

(一)富平县农家书屋建设现状调查

1.富平县农家书屋调查对象

我们选取了富平县小惠乡、流曲乡等乡镇的10个村的农家书屋作为调查对象,这些农家书屋多建于2007~2010年。

表3 富平县农家书屋调查对象

	乡(镇)	村	建立时间(年)
富平县	小惠乡	小惠村	2009
	小惠乡	田村	2008
	小惠乡	果坊村	2008
	小惠乡	石灰道村	2010
	小惠乡	中惠村	2007
	薛镇乡	宏化村	2008
	曹村乡	小贾村	2010
	流曲乡	大岗村	2010
	流曲乡	流曲村	2009
	小惠乡	仁和村	2010

---

① 《富平县情》,富平县人民政府网站,http://www.fuping.gov.cn/about_list.aspx? id = 8&oid = 1&menu = 1。

2. 富平县农家书屋的选址、面积及硬件设备

与勉县、志丹县农家书屋的选址不同,所调查的富平县的农家书屋主要设在村民家中。其中,6个设在村民家中,2个设在村委会,1个设在学校。每个农家书屋仅占有一间屋子。

3. 富平县农家书屋图书的来源、品种及数量

富平县农家书屋的图书均由新闻出版部门统一配送。也有书屋自行购买部分图书,还有一家农家书屋接受过社会的捐赠。种植和养殖类图书最多。

4. 农家书屋的管理

农家书屋的管理者均为兼职,没有任何报酬。农家书屋均有借阅制度和管理制度,也有开放时间的规定。

5. 富平县农家书屋建设存在的问题

富平县农家书屋的图书更新速度慢、新书少、办书屋的资金不足。

(二)富平县村民阅读现状调查

1. 农家书屋开放情况

富平县农家书屋每周开放数次;开放时间较长,基本上是全天开放。

2. 村民去农家书屋的频次

村民的农闲时间主要花在看电视、闲逛上,其次是做家务、打麻将。经常去农家书屋的村民并不多,而多达67人回答从未去过农家书屋。

3. 村民去农家书屋的原因

村民之所以去农家书屋,主要出于和村民聊天,以及可以看自己喜欢的图书。

4. 村民的阅读情况

被调查的100个村民中,有83人最喜欢看种植养殖类图书,其次是时政类、日常生活类图书。74人认为所在村的农家书屋只能部分满足阅读需要。被调查的村民都认为,农家书屋的图书品种单一。村民认为应该增加种植养殖类、时政类和生活百科类图书。

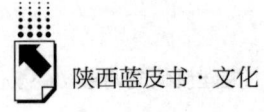

5. 农家书屋的影响

被调查的多数村民认为，农家书屋对自己有影响，但有36人认为，农家书屋对自己基本没有影响。是否对全村风气有影响，61人回答有影响，39人回答基本没有影响。调查结果表明，当地的农家书屋无论对村民个人，还是对全村风气都有一定的影响。

四 陕西省三县农家书屋的调查结果及其分析

（一）陕西三县农家书屋调查结果

1. 农家书屋建设现状的调查结果

从农家书屋的选址、面积和配套的硬件设备来看，富平县、勉县和志丹县三县的农家书屋绝大多数设在村委会的办公场所内，面积不大，多为一间房。书屋都配置有书架，有的还配置有电脑、DVD、卫星数字接收装置等，农家书屋具备初步的阅览条件。

农家书屋的图书等各类出版物主要由书屋所在地的新闻出版部门统一配置，图书的总量在2000～3000册，品种在千种以内。个别书屋也有自行购买的图书，以及接受社会捐赠的图书。出版物主要有种植养殖类、生活百科类、时政类等，这几类也是村民最喜欢阅读的出版物。

从农家书屋的管理来看，书屋的管理人员多由村委会工作人员兼任，部分管理人员接受过专业培训，所有的书屋管理人员都无报酬，只能依靠其他收入。农家书屋建立和验收之际，对书屋的管理制度及开放时间均有明确要求，许多书屋都有明确的管理制度，且多将制度要求公示。

所调查的农家书屋普遍存在新书少、图书更新速度慢、开办和维持书屋运转的资金不足等困难和问题。从农家书屋工程建设的总体来看，普遍存在资金来源单一、实际效果不佳等问题。

2. 村民阅读现状的调查结果

农家书屋开放的次数及开放的时间均有具体规定，有的每天开放，有的每周开放数次。从村民的回答可以看出，相当多的村民并不知道所在村农家书屋的开放次数及开放时间。这表明，相当一部分农家书屋的运转并不充分，或者虽有开放的具体时间要求，但实际并未向全体村民开放。

村民农闲时间大多用于做家务、看电视、闲逛、打麻将等活动，很少到农家书屋去看书，相当一部分也只是偶尔去农家书屋转转。村民之所以去农家书屋，主要是因为可以看看自己喜欢的图书，也可以与村民聊天。

对村民的调查表明，村民最喜爱阅读种植养殖类、日常生活、时政、法律等类图书，这与书屋管理人员的回答基本一致。多数村民认为，农家书屋的现有读物可以满足他们的部分阅读需要，他们认为农家书屋的图书品种单一，应增加农业科技、政治读物、生活百科等各类图书。

农家书屋对村民个人的影响有限，相当一部分村民认为对自己基本没有影响。农家书屋对全村风气的好转虽有影响，但这种影响也非常有限。这表明，农家书屋尚未发挥其真正的作用。

（二）陕西省农家书屋调查结果的分析

从上述调查结果可以看出，农家书屋的出版物数量及品种有限，只能向村民提供最基本的阅读服务，还不能完全满足村民的阅读的需要。农家书屋虽有管理制度，但管理人员大多由村委会工作人员兼任，无任何报酬，书屋的开放也难以保证。从村民自相矛盾的回答中不难看出，有些农家书屋并未按规定的时间向村民全部开放。村民到农家书屋读书的频次也非常有限。农家书屋还未真正发挥其作用。农家书屋设在村委会，且面积极为有限，只具备基本的阅览条件，而且阅览时间也无保证。农家书屋的这种天然缺陷必将严重制约今后农家书屋的发展。农家书屋工程建设的速度非常快，短短几年时间内，陕西省每个行政村基本都建成一家农家书屋，然而，因受到图书更新慢、投入不足、管理缺失等多重不利因素的困扰，陕西农家书屋的后续发展困难重重。

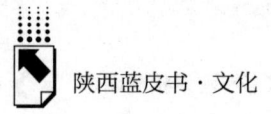

五 发展陕西等西北省区农家书屋公益文化事业的对策与建议

基于对陕西等西北省区农家书屋所做的调查和研究，我们就西北地区农家书屋工程建设提出以下对策和建议。

（一）农家书屋工程建设应做出长远规划

西北各省区农家书屋都是按照国家要求，在短短几年内按统一标准建立的规范化的农村小型图书室。目前农家书屋面临的最大问题是利用率很低，达不到最初设定的目标。农家书屋建成后，村民并未像农家书屋工程设计者最初所预期的那样，会蜂拥而至，自发来到书屋读书，从而完全解决农民无书可读、读书难的问题。

农民并未有从书本中寻找解决农业生产问题的答案，或者出于娱乐休闲或充实自己的需要而投身于书本中的习惯，他们并不会因为拥有农家书屋而自然而然地变成书屋的读者。因此，如何培养农民使用农家书屋的习惯，从而提高书屋的利用率，将是农家书屋工程建设，也是农村文化建设面临的一个长期的任务。这将是一个漫长的过程。

近年来，随着我国经济的快速发展，许多农村地区的青壮年都常年外出打工，留守农村的多为妇女、儿童和老人。农村的青壮年群体本应是农家书屋的主要潜在读者群，他们的缺失，也使农家书屋难以吸引到更多读者。这也是农家书屋使用率不高的主要原因。同时，农民使用书屋习惯的养成，还与当地生活水平及农民的职业化和专业化水平有密切关系。

因此，农家书屋可以在短时期内建成，但农家书屋设定的目标不可能在短期内实现。如何让已建成的农家书屋发挥其应有的作用，如何对农家书屋工程建设进行持续的投入，必须做出长远的规划。

（二）加大农家书屋工程后续建设的资助力度

2013年4月，财政部下发《中央补助地方农村文化建设专项资金管理暂行办法》的通知，规定"行政村文化设施维护和开展文化体育活动等支出基本补助标准为每个行政村每年10000元"，其中，"农家书屋出版物补充及更新每村每年2000元"。后续建设经费支持非常有限，因此，如何继续支持农家书屋工程建设，是农家书屋工程后续建设所面临的问题。

建议继续加大对农家书屋工程后续建设的支持和资助力度，大幅提高对农家书屋工程后续建设的资金支持力度，特别是提高对西部地区农家书屋工程后续建设的资助力度，以巩固农家书屋现有的建设成果，保证农家书屋工程的后续建设。

（三）加强书屋管理队伍建设

农家书屋的管理员多为兼职，兼职人员无任何报酬。许多兼职人员虽然担任村信息员等工作，但其收入很低，不足以养家糊口。他们要把许多精力投入家庭生产中。虽然每个农家书屋都有开放时间的规定，却无法保证书屋的管理人员全身心投入这项工作。结果是，农家书屋对村民的开放落空。

现有的农家书屋工程政策均未考虑向书屋管理人员支付报酬的问题。在我们所做的调查中，所有的农家书屋的兼职管理人员都希望得到一定的报酬。

各地应根据当地经济发展水平和收入水平，确定农家书屋管理人员的付酬标准，向他们支付适当的报酬，以调动其工作积极性，全身心地投入农家书屋的公共阅读服务事业，最终目标是实现农家书屋管理人员的专职化。

（四）因地制宜确定不同地区农家书屋的发展模式

农家书屋的建设应该因地制宜。现有的建设模式是每个行政村设立一个农家书屋，农家书屋就似撒胡椒面，面面俱到，遍地开花。各个农家书屋的规模相同，图书种类相同，只能满足农民初级的阅读需要。因此，农家书屋的布点设局，更应该因地制宜。在人口密集、交通便利的农村地区，可在几个村建立一个农家书屋。农家书屋的规模应更大，图书品种和类型应更加丰富。

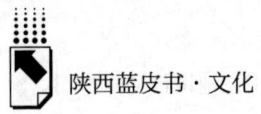

农家书屋单一的阅览功能还不足以吸引农民。在有条件的农村地区，应考虑农家书屋向多功能方向转变。其周围应该既是乡村的文化中心也是娱乐中心，这样可能更有利于吸引农民读者。

对规模较大、图书品种丰富的农家书屋，应创造条件让其向小型专业图书馆过渡。应借助各地的图书馆管理系统来完成这种过渡，完成转变后的农家书屋可纳入专业图书馆的管理体系之内，使之更好地发挥其功能和作用。这应是未来农家书屋发展的方向。

（五）理性看待农家书屋工程建设的争议问题

农家书屋工程建设全面展开以后，对农家书屋工程的争议也一直存在。引发争议的最主要原因就是农家书屋的读者少，难以发挥作用。许多研究及调查也都表明，农家书屋的利用率低。

如前所述，农家书屋的建成，并不意味着农民使用习惯和阅读习惯的养成，农家书屋的读者少不应出乎人们的预料，但我们不能因此而否定农家书屋工程建设的意义。建立农家书屋旨在为农民提供基本的公共阅读服务，解决其读书难的问题，从而保障农民群众的基本文化权益和文化权利。同时，这也是消除城乡在公共文化建设和服务方面的巨大差异，实现城乡公共文化权益平等化、公平化的一项重要举措。如果取消或停止这种面向农村的公共文化服务，其结果将会加大农村与城镇在享受公共文化服务方面的差距，损害农民应享有的基本文化权益。

农家书屋工程建设从2007年启动到2012年全面建成也只有短短数年的时间，农家书屋是否发挥了作用或能否发挥作用，还需要做进一步的观察和研究。任何轻易否定或一味夸大农家书屋作用的做法都不科学。应继续对各地农家书屋进行定期的、实证化的研究，提出更加切合实际的办法来解决农家书屋阅读率低的问题，以充分发挥农家书屋的功能和作用，并为未来发展农村的公共阅读服务决策提供更多参考。

区域报告篇

Regional Report

B.18
西安市公共图书馆"一体六翼"供给侧结构性改革研究报告*

项目课题组**

摘 要: 为贯彻落实党中央、国务院"文化强国"发展战略,实现西安市"国家公共文化服务体系示范项目"创建工作新突破,项目组以党的十八大精神为指导,结合示范项目创建工作总要求和西安"建设具有历史文化特色国际化大都市"基本目标,系统分析了西安市文化服务体系建设的重点、难点以及"结构性"矛盾问题,形成了以公共文化供给侧结构性改革

---

* 本文系第三批创建国家公共文化服务体系示范项目"陕西省西安市公共图书馆总分馆信息化建设平台"(该项目后更名为西安市公共图书馆集群信息化管理平台)制度设计成果。

** 项目主持人:段小虎,西安文理学院图书馆研究馆员;项目参与人:曹云,陕西省社会科学院副研究员;许佩军,西安市文广新局公共文化处处长;胥文哲,西安图书馆馆长;王东文,西安图书馆副馆长;闫小斌,陕西科技大学图书馆副研究馆员;宋军,西安图书馆副研究馆员;白苏红,西北政法大学图书馆馆员。

理论为基础，以供给创新为抓手，通过供给结构调整、实现居民文化消费品质提升的研究思路。具体措施包括：构建供给网络、扩大供给规模、优化供给结构、创新供给方式、提升供给效能、改善供给品质。

关键词： 公共图书馆　供给侧结构性改革　制度设计

一　西安市情概况与公共图书馆事业发展现状

（一）西安市情概况

西安市地处关中平原中部，北临渭河，南依秦岭，是世界历史文化名城，中国中西部地区重要的科学研究、高等教育、国防科技工业和高新技术产业基地；中国重要的航天、航空工业中心，机械制造技术转化中心和纺织工业中心。截至2015年，西安市拥有各类普通高等学校63所，各类科研技术机构3000多个，各类独立科研机构661个。全市辖新城、碑林、莲湖、雁塔、未央、灞桥、阎良、临潼、长安、高陵、鄠邑11个市辖区及周至、蓝田2个市辖县，总面积10108平方公里，常住人口为870.56万人。

目前，西安已经建成以机械设备、交通运输、电子信息、航空航天、生物医药、食品饮料、石油化工为主的门类齐全的工业体系，培育了高新技术产业、装备制造业、旅游产业、现代服务业、文化产业等五大主导产业，形成了高新技术产业开发区、经济技术开发区、曲江新区、浐灞生态区、阎良国家航空高新技术产业基地、西安国家民用航天产业基地、国际港务区、沣渭新区八大发展平台。近几年，西安先后荣获国家卫生城市、国家园林城市、中国优秀旅游城市、中国最具幸福感城市、全国文明城市、联合国"全球最具发展潜力新兴城市"等荣誉称号。西安市政府在"建设具有历史文化特色国际化大都市"的发展目标下，确立了主城区"南优、北拓、东延、西联"的城市发展战略,正在系统推进承古开新、开放包容、高端优质、和谐宜居的品质西安建设,全力打造"丝绸之路经济带新起点"、"内陆型改革开放新高地"和"中国向西开放新窗口",积极拓展"海外西安"发展新空间,着力构建全方位、高水平对外开放新格局。

(二)公共图书馆事业发展现状

大力实施文化强市战略、完善覆盖西安城乡的公共文化服务体系,是西安打造"丝绸之路经济带上最具发展活力、最具创新能力、最具辐射带动作用的新起点"的基本要求。然而,现有统计数据表明,西安市公共图书馆基础设施和基本服务资源等主要指标,均远低于国际图联和文化部相关标准,市域公共图书馆数量、人均财政投入、人均建筑面积、人均图书数量等重要指标,也与东部或全国省会城市有不小的差距。

截至2015年12月,西安有市级公共图书馆1个、有独立馆舍的区县馆7个、非独立馆舍的区县馆3个、没有图书馆的区县3个。其中,西安图书馆建筑面积15752平方米,文献总藏量89.5万册(件),阅览座位1200个,在编60人。区县公共图书馆总建筑面积23827平方米,馆藏总量104万册(件),阅览座位2459个,在编125人。服务产品供给的"结构性"矛盾非常突出。

二 公共图书馆服务体系建设中的结构性矛盾

(一)服务资源供给的"结构性"矛盾

2008年6月1日和11月1日,我国正式颁布了公共图书馆设施建设的国家标准。对比标准发现:西安市区县图书馆建筑面积能够达到国家最低标准的仅有蓝田1县,其他9个区县图书馆建筑面积均低于全国县级图书馆平均水平(见图1)。

另外,将西安市、区县两级公共图书馆建筑面积、阅览座席、馆藏图书

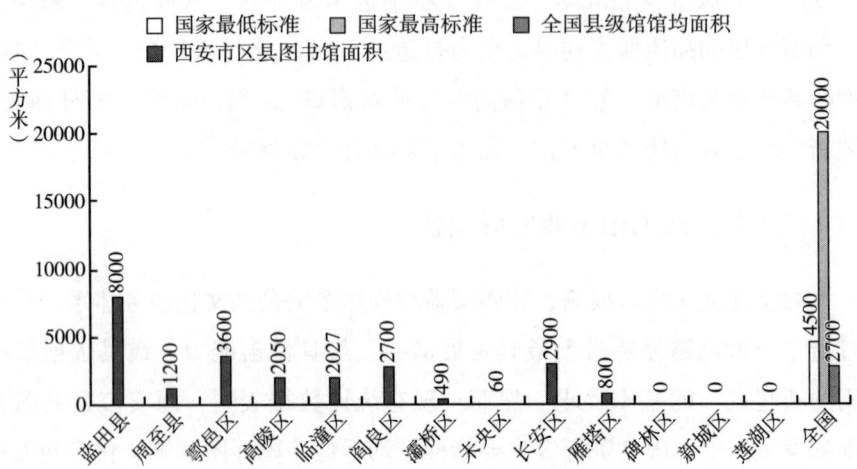

图1 西安市各区县公共图书馆建筑面积与国家最低标准、国家最高标准和全国平均水平对比

叠加计算后的数据显示：西安市万人拥有公共图书馆建筑面积仅为45.87平方米，是国家最低标准的76%，全国平均水平的48%（见图2）。

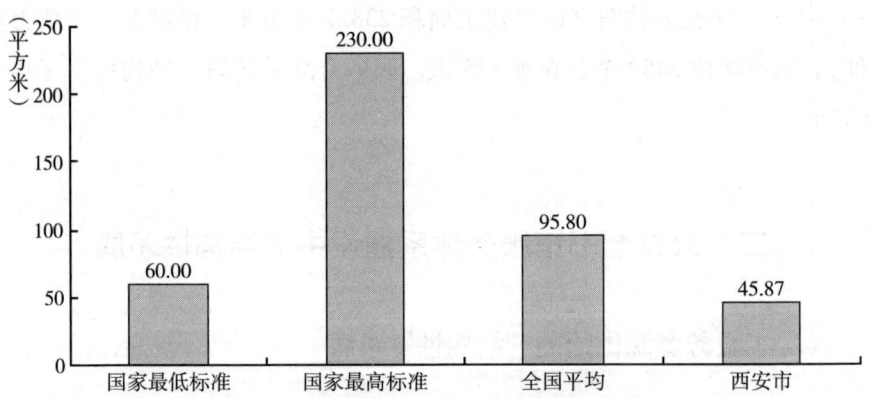

图2 西安市万人拥有公共图书馆面积与国家最低标准、国家最高标准和全国平均水平对比

万人拥有公共图书馆座席数为4.24个，是国家最低标准的141%、全国平均水平的64%（见图3）。

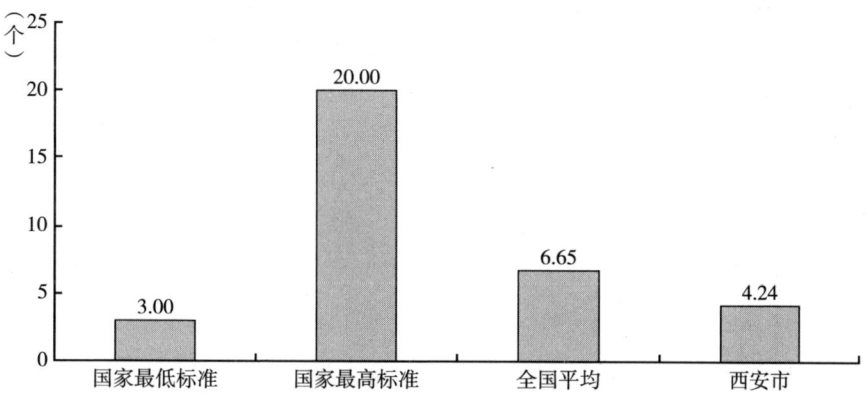

图3 西安市万人拥有公共图书馆座席数与国家最低标准、
国家最高标准和全国平均水平对比

人均拥有馆藏图书0.22册（统计未包括乡镇、街道和农家书屋），是国家最低标准的37%、全国平均水平的36%（见图4）。

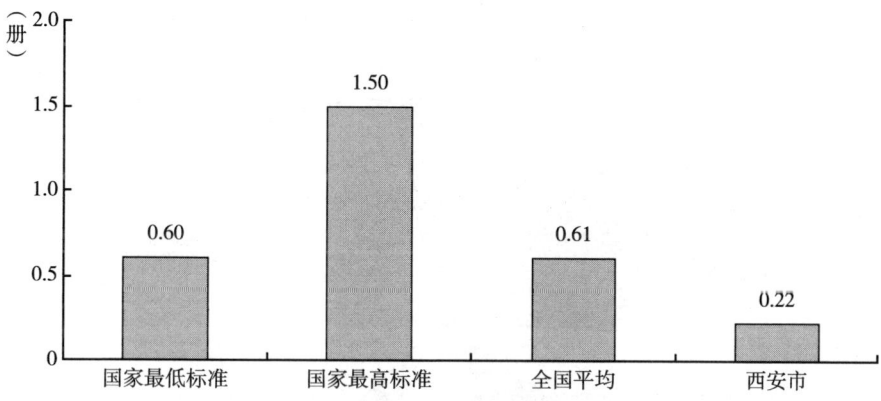

图4 西安市人均拥有馆藏图书与国家最低标准、
国家最高标准和全国平均水平对比

（二）市域图书馆馆舍布局的"结构性"矛盾

西安市域内图书馆布局结构严重不均衡，处于市区核心位置、交通最便利、人口最稠密和商业最繁荣的新城区、碑林区、莲湖区和未央区、灞桥区、雁塔区不是没有独立的馆舍，就是图书馆达不到三级的基本要求，区县图书馆总体现状是：总量不足、分布不均、覆盖不全（见图5、图6）。

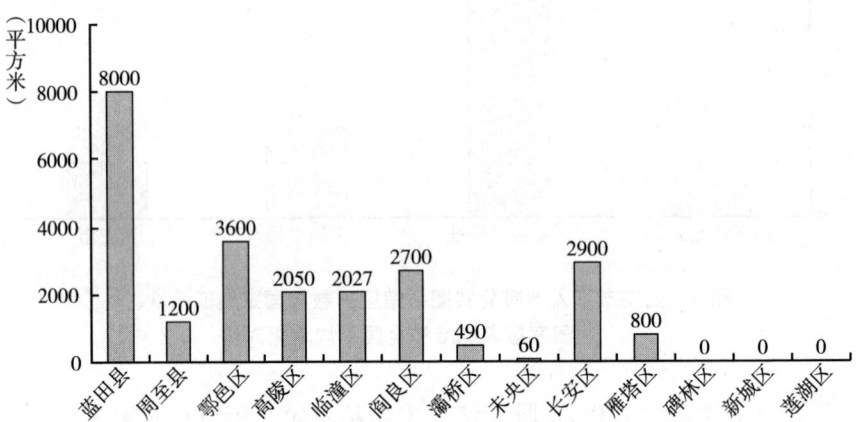

图5　西安市区县公共图书馆馆舍面积对比

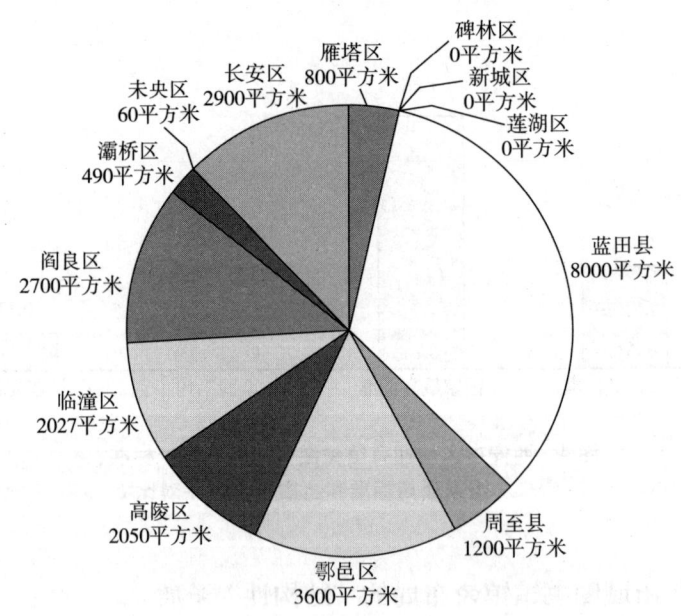

图6　西安市区县公共图书馆馆舍面积对比

(三)区县图书馆服务能力的"结构性"矛盾

近几年,部分区县公共图书馆的基础设施建设等"硬实力"有了较大幅度的提高,如蓝田县、长安区、鄠邑区等分别建成了面积为8000平方米、2900平方米和3600平方米的新馆舍,但人力资源结构及人才专业化建设等服务"软实力"没有得到同步提升。2015年,全国万人拥有图书馆员数量是0.41人,而西安市区县合并计算后该指标仅为0.24人,人员缺口高达0.17人(见图7)。

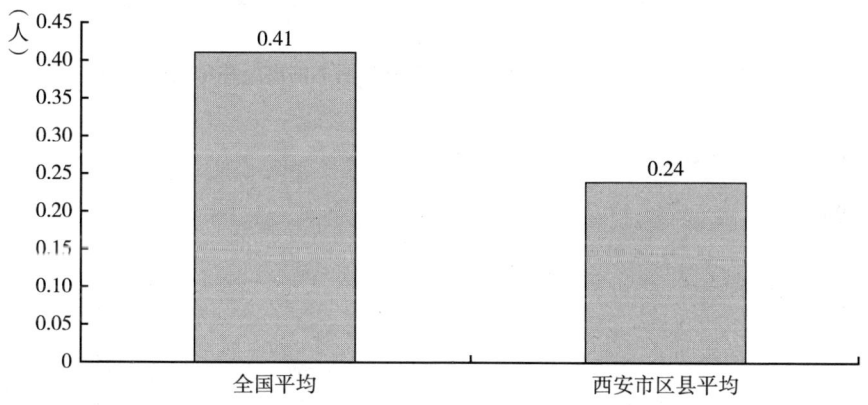

图7 西安市域公共图书馆万人拥有图书馆员数与全国平均水平对比

西安市13个区县公共图书馆正式在编人员总共125人,具有高级职称的专业人员仅2名,占在编人员的1.6%,与全国公共图书馆从业人员高级职称占10.2%的比例相距甚远。专业技术人员在数量、专业结构、职称结构和能力结构等方面极不合理,计算机管理与维护、数据库建设与应用方面的人才严重缺乏,服务软实力很难适应现代公共图书馆服务体系特别是县域总分馆建设需要(见图8、图9)。

(四)图书馆建设主体的"结构性"矛盾

一是建设主体的"结构性"矛盾主要表现为没有形成政府、市场、社

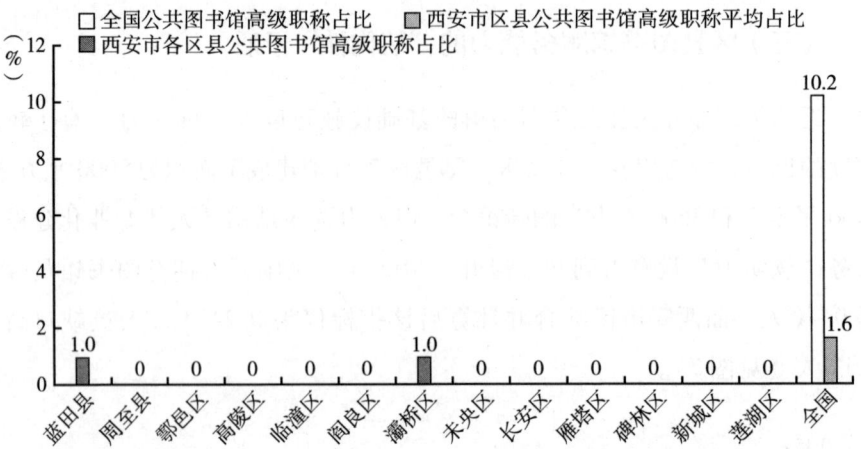

图8 全国公共图书馆与西安市区县公共图书馆高级职称结构对比

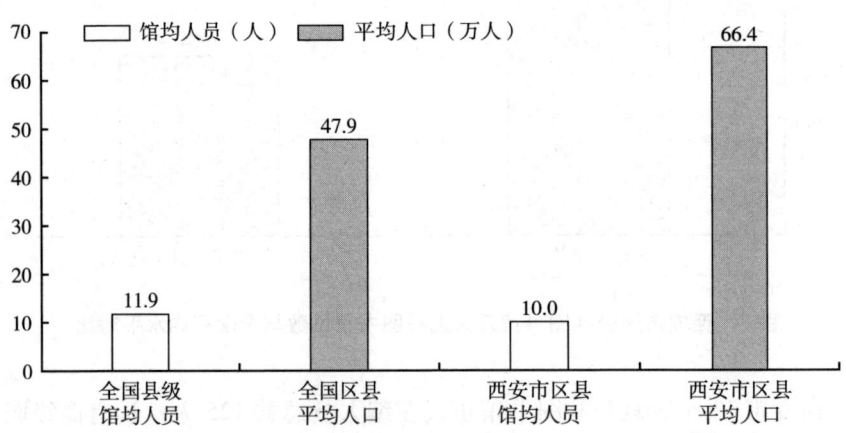

图9 全国区县平均人口与区县图书馆馆均人员对比

会等多元社会主体共同推动公共图书馆事业发展的格局。作为"中国十佳最具软实力城市",西安市的教育和科研实力处于全国省会城市的前列,通过广泛合作拓展公共图书馆服务能力的空间很大,但这种外部优势并未有效利用。二是民间图书馆、企业工会图书馆、社区自建图书馆数量较少,影响力有限,没有形成与公民社会发展趋势相适应的开放型、多元化公共图书馆服务资源供给机制。三是民间文化服务的"自组织"能力不足,农村与社区公共文化服务的自我保障机制有待培育,基层自治性质的阅读组织有待引导和培养。

(五)图书馆经费收支"结构性"矛盾

在财政投入方面,2015年西安市区县图书馆馆均财政投入为104.4万元(包括未建图书馆的三个区),远低于全国县级图书馆馆均186.59万元的平均水平。各馆2015财政年度投入情况详见图10。①

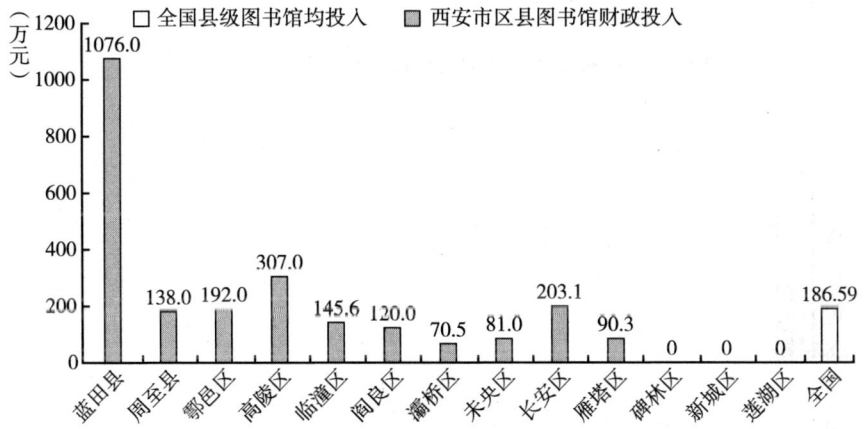

图10 西安市各区县图书馆2015年财政投入与
全国县级图书馆馆均投入对比

在人均公共图书馆财政投入方面,根据国家图书馆研究院2015年数据统计:2015年全国公共图书馆人均财政拨款9.3元,人均购书经费1.434元。西安市上述两项指标分别为3.1元(市、区县两级财政数据累计计算)和0.22元(仅计算了13个区县的平均数据)。西安市公共图书馆人均财政拨款与全国人均对比详见图11、西安市各区县图书馆人均财政拨款与全国人均对比详见图12。

---

① 需要说明的是,蓝田县和长安区图书馆属于2015年建成的新馆,当年两馆新增购书与设备专项经费分别为900万元和80万元。特别是蓝田县,2015年图书馆财政投入为1076万元,其中就包含900万元的新馆建设专项经费。

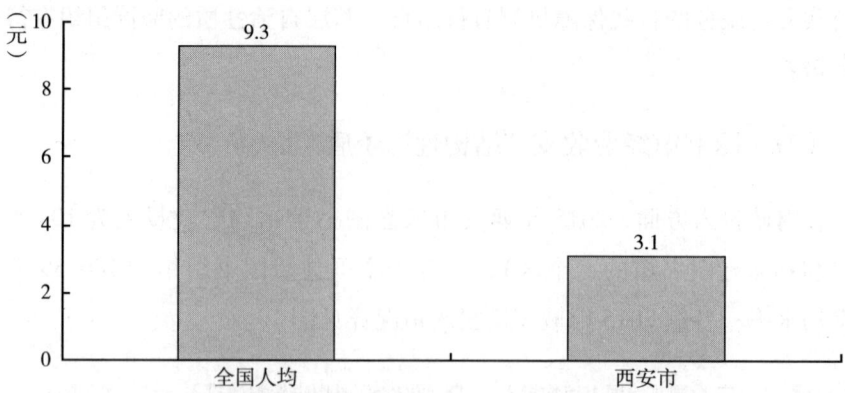

图11　西安市公共图书馆人均财政拨款与全国人均对比

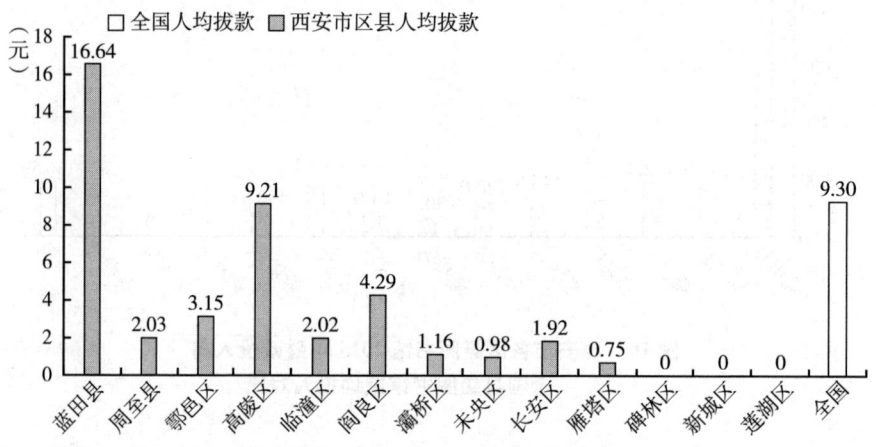

图12　西安市各区县图书馆人均财政拨款与全国人均对比

西安市各区县图书馆人均购书经费与全国平均水平对比详见图13，需要说明的是2015年蓝田县、长安区新馆建设分别新增文献购置专项经费300万元和80万元。

2015年全国区县级图书馆馆均新增藏量购置费22.33万元，但西安市区县馆新增藏量购置费差异极大（见图14）。

除了西安市各区县馆与全国平均水平之间、各区县馆内部之间"结构性"矛盾之外，西安市公共图书馆财政支出占市级一般性财政支出的比例

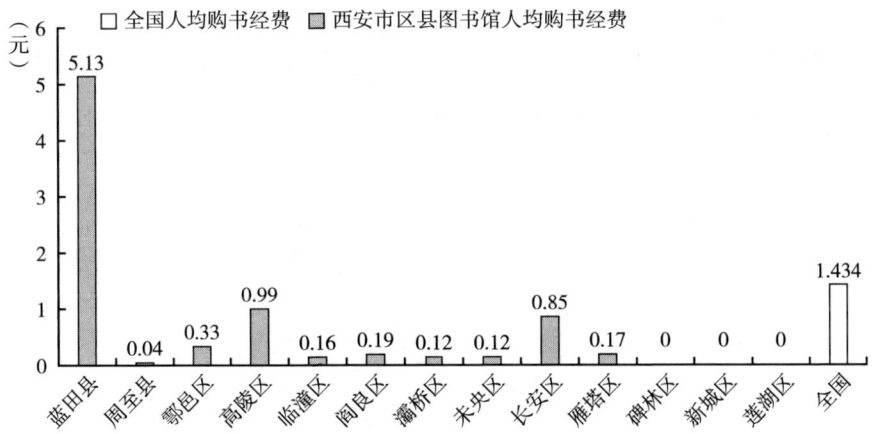

图13 西安市各区县图书馆人均购书经费与全国平均水平对比

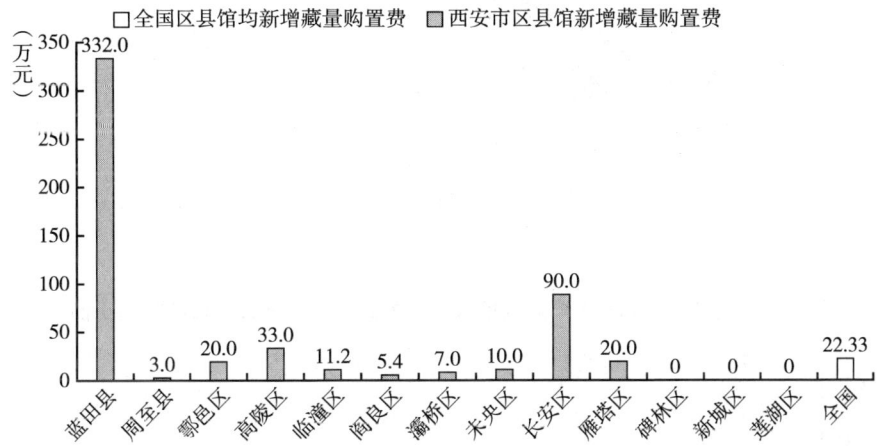

图14 西安市各区县馆新增藏量购置费与全国区县馆平均值的对比

也明显偏低。以西安市市级财政为例，西安市财政预算执行情况报告数据显示，2015年西安市市级一般公共预算支出478.9亿元，其中"文化体育与传媒"支出18.1亿元，主要支出项目是：城市形象宣传2.17亿元，文化产业发展3.12亿元，文化惠民及群众体育1.37亿元，文物保护及博物馆建设1.46亿元，文化产业增资扩股4亿元。其中，市公共图书馆财政支出1463万元，占市级一般公共预算支出的0.029%、文化体育与传媒支出的1%,仅占文化惠民及群众体育11%,为文物保护及博物馆建设的10%(详见图15)。各区县图书馆财政投入占区县本级"文化体育与传媒"支出比例详见图16、各区县图书馆财政投入占地方一般公共预算支出比例详见图17。

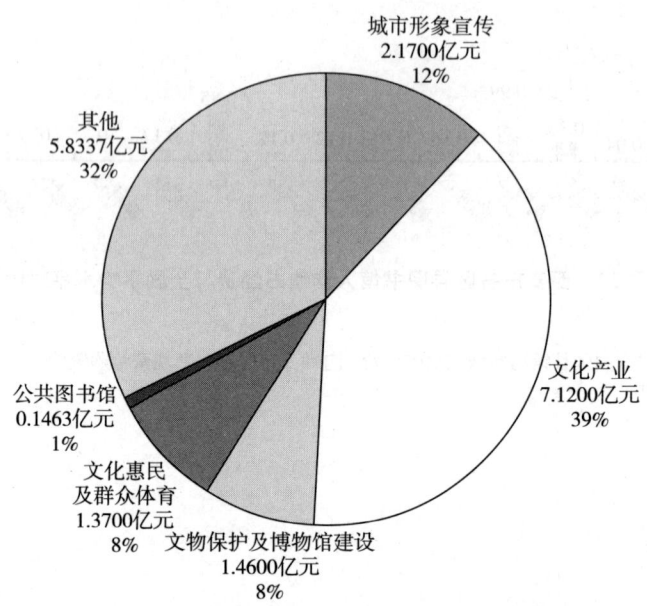

图15 西安图书馆2015年财政投入占市本级"文化体育与传媒"的比例

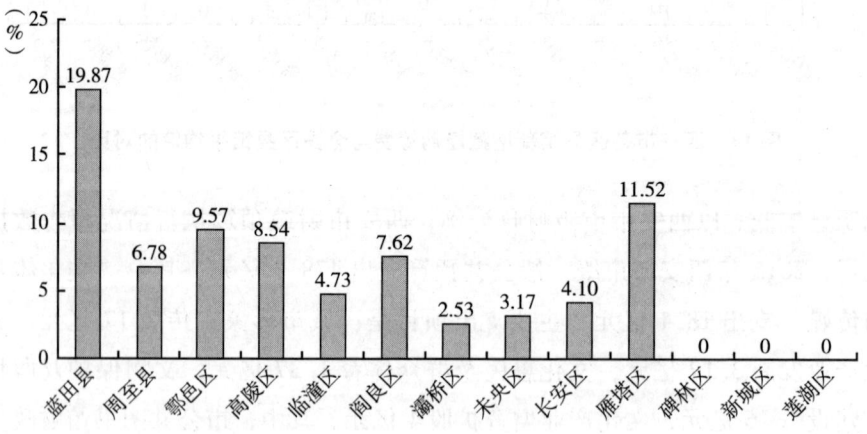

图16 各区县图书馆财政投入占区县本级"文化体育与传媒"支出比例

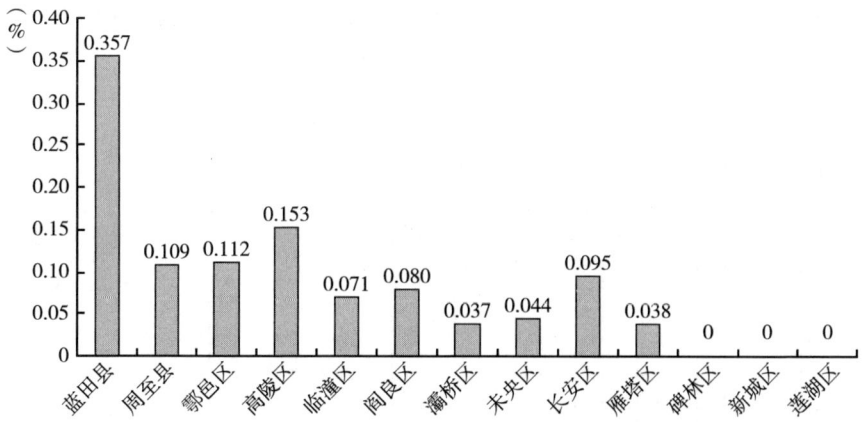

图17 各区县图书馆财政投入占地方一般公共预算支出比例

从支出结构看,根据国家图书馆研究院2015年的统计数据,2015年全国县级图书馆馆均财政拨款为186.59万元,其中馆均新增藏量购置费22.33万元,占图书馆财政拨款的11.96%,西安市各区县图书馆新增藏量购置费占比详见图18。

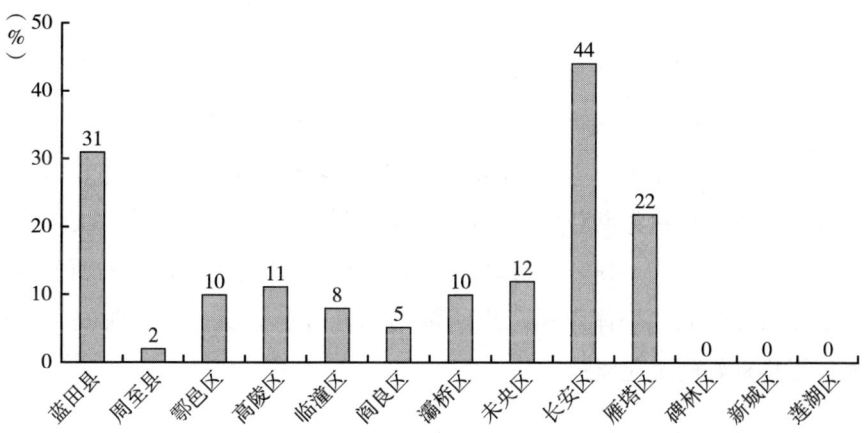

图18 各区县图书馆新增藏量购置费占比

另外,2015年全国县级公共图书馆馆均工资福利支出占图书馆支出总额的36%,但西安市有5个区县图书馆的该项指标超过60%,工资福利支出占比过高,意味着文献购置和开放服务经费不足(见图19)。

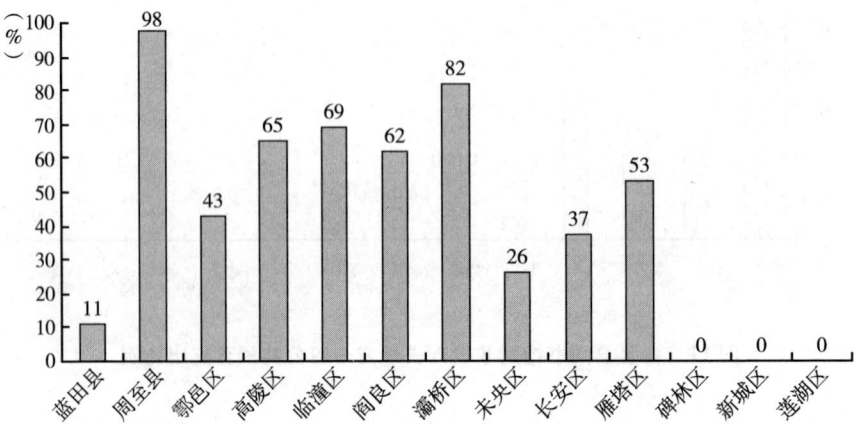

图19　西安各区县图书馆工资福利支出占财政拨款总额的比例

三 "一体六翼"供给侧结构性改革措施

为着力解决制约西安市公共图书馆服务体系建设的"结构性"矛盾,课题组在深入开展实地调研和对国内外制度创新成果积极借鉴的基础上,提出了以供给创新为抓手,以公共图书馆集群信息化管理平台为主体,以标准化服务产品集成供给为创新点,以构建供给网络、扩大供给规模、优化供给结构、创新供给方式、提升供给效能、改善供给品质为主要内容的西安市公共图书馆服务产品"一体六翼"供给侧结构性改革方案。以为西安经济社会发展提供良好的文化支持。

(一)构建供给网络

1.组织网络:组建"西安市域公共图书馆服务联盟"

"西安市域公共图书馆服务联盟"将采取一主两副开放式组织架构。主架构是以西安图书馆为中心馆,区县图书馆与乡镇文化站图书馆(室)为副架构构成总分馆的服务联盟体系。中心馆作为"联盟"的业务管理中心、区域文献编目中心、资源调配中心、数字资源中心、参考咨询中心、大数据中心、技术支持中心和业务培训中心,统筹"联盟"事务、指导服务体系建设中的各项业务。副架构有两个:一是区县馆将按照国家公共文化服务体系建设的总体要求探索建立区县"总分馆"服务体系,区县"总分馆"在人、财、物的管理方面有更大的权限,这将在客观上进一步强化"市联盟"建设;二是从2010年开始,西安和各区县图书馆已经逐步纳入"西安市域公共图书馆服务联盟"体系之中,"市联盟"成立后,西安和各区县图书馆仍将保留在"省联盟"之内,共享"省联盟"的数字资源、咨询服务、培训服务和书目数据库。

总体上看,"市联盟"充分体现了包容、开放、互利、共享的合作精神,但仍需进一步完善"联盟"组织建设,积极帮助推动区县"总分馆"服务体系建设,打造能够高效运行、具有本土特色的区域信息资源共建、共享联合体。

2. 技术网络:构建以互联网为基础的信息化管理平台

利用图创Interlib3.0集群自动化管理系统,构建以互联网为基础的信息化管理平台。系统总平台包括图书馆自动化管理系统、电子资源馆外访问系统、读者行为大数据分析系统、智能客流统计系统、开放式采购平台、微信公众服务平台、双机热备系统和活动管理、积分管理、全媒体客服等软件。通过管理模块、县域控制模块、资源管理模块、活动管理模块、统计分析模块等实现多系统、多功能集成。

系统管理模块具备菜单管理、权限管理、用户管理等功能。县域控制模块是指在后台通过不同权限,对不同县域地区的终端设备管理,系统后台可以查看所有县域的终端屏媒设备,通过县域管理来查看、编辑屏媒信息、设置每个屏媒的栏目功能,能够在线实时监测屏媒的运行状态及使用状态,同时可以定制屏媒背景图片、LOGO、运行参数设置以及资源内容等信息。资源管理模块主要是对资源的分类、上传、修改、浏览、检索、统计等内容进行管理,包括资源库和资源下发功能。资源下发功能可实现对各县的综合服务平台进行目录和分类定制。活动管理模块主要实现对综合服务平台发布的活动进行统一管理，主要功能包括活动创建、活动列表、活动发布、活动检索、活动预约、评价反馈等。统计分析模块需要具备主办单位活动统计、资源访问量统计、活动热力图、场馆预约率统计等功能。

3. 业务网络：建立区域信息资源共建共享联合体

服务资源共建共享是供给侧结构性改革的核心内容，主要包括以下几个方面。①在区域联盟内部，统一业务规范和服务标准。②推动地方文献与特色数据库协同共建、资源共享。由中心馆牵头，采取统筹协商方式规划各委员馆地方文献与特色数据库建设，争取到2020年，形成比较完备的地方文献典藏体系，特色数据库建设形成体系化、规模化，服务资源配置更加科学合理。③在全市范围内实行图书通借通还和数字资源"一卡通"服务，通过增加图书流量的方式，最大限度地弥补存量的不足。

4. 设施网络：固定设施、流动服务和数字服务相互补充

统筹规划服务设施建设，市、区（县）服务设施设置率2020年前达到100%，逐步形成固定设施、流动设施与数字服务相结合的服务网络。基层固定服务设施建设将采取"三制"方式：一是农村基层服务点建设采取"责任制"；二是城镇社区、企事业单位等基层服务点建设采取"申请制"；三是支持和鼓励企业和其他社会力量采用"捐赠制"方式参与建设。

（二）扩大供给规模

扩大供给规模是供给侧结构性改革的基础性工作，当供给规模不足或严重不足时，供给结构调整的空间也将非常有限。西安市公共图书馆服务产品"一体六翼"供给侧结构性改革将从以下几个方面扩大供给规模。

1. 馆舍建设"填平补齐"

充分发挥各区县政府公共文化建设的主体作用，按照中省两办相关政策要求以及《陕西省基本公共文化服务实施标准（2015~2020年）》规定，尽快完成碑林、莲湖、新城、未央、雁塔五区新馆建设，确保在2020年前，市辖13个区县公共图书馆馆舍面积全部达到国家三级馆的基本要求。西安市11区

2县的109个街道、67个镇、782个社区和2991个行政村,通过固定设施、24小时图书馆、流动服务等方式,实现服务全覆盖。

2. 财政投入"足额到位"

2015年,西安市、区县两级公共图书馆财政投入合并计算后为3924万元,公共图书馆人均财政投入3.1元,远低于全国人均9.3元的平均水平。未来几年要制定切实可行的财政投入增长方案,计划到2020年,西安市公共图书馆馆均和人均财政投入略高于全国平均水平,在西部省会城市处于领先地位。

3. 文献建设"奋起直追"

截至2015年,西安市人均公共图书馆文献占有量0.22册(未包括乡镇、街道和农家书屋存量文献),仅为国家最低标准(0.6册)和全国平均水平(0.61册)的37%,馆藏文献总量缺口约324.18万册。2015年西安市、区县两级公共图书馆文献购置经费合并计算后为人均1.29元,也低于当年全国人均1.434元的平均水平,年度文献购置费缺口约为124万元。考虑到区县总分馆制和基层服务点建设需要,全市文献购置费总额每年增加100%~150%是一个比较合理的选择。当然,在弥补购书经费不足的同时,还要适度加大数字资源建设。

4. 专业技术人员"达标增编"

切实加强各级公共图书馆人才队伍建设,从提高区域公共图书馆服务专业化水平出发,在国家现行相关政策框架内,制定公共图书馆专业人员选拔地方标准;根据全市公共图书馆服务网络建设的实际需要,适当扩大专业技术人员编制数量,设立一批公益性就业岗位或西部特殊人才岗位作为补充,造就一批适应现代公共图书馆发展需要的基层管理者、志愿服务者与阅读推广专业人才。

5. 服务产品供给"多元并举"

充分利用政府购买公共文化服务的制度红利,采取直接购买、委托管理、政府租赁、特许经营、战略合作等多种形式,创新公共图书馆服务产品供给方式和加大公共图书馆服务产品供给力度。

（三）优化供给结构

1. 优化供给主体结构

构建政府主导、多元社会主体共同参与公共图书馆服务体系建设的制度安排：大胆探索公办民助、民办公助和多元共建等合作形式，鼓励和支持市场主体、事业单位、民间组织和社会各界人士通过捐助、捐建、认建、合建等方式参与服务体系建设；积极探索以项目合同制管理为手段，以技术和智力支持为基本内容，以提升基层文化机构服务软实力为主要目标的高校图书馆"对口帮扶"新机制。目前已经制定完成了区县馆计算机人才培养项目的帮扶工作标准、考核标准、验收标准。探索公共文化自主供给新机制，充分发挥人民群众文化创造能力，培育基层群众文化"自组织"能力建设，扶持基层各类形式的"读书会"建设。

2. 优化文献信息资源结构

采取统筹规划、分工协作、成果共享的原则，不断优化西安市域文献信息资源结构，重点解决文献资源建设历史欠账多、数字资源建设协调机制差、地方文献建设体系化程度低、特色数据库建设进程慢等深层次矛盾问题。

3. 优化专业技术人才结构

为了加强"联盟"体系人才队伍建设，需要采取外引、内培两种方式，全面优化图书馆人才结构。"外引"就是按照具体工作要求，集中引进一批公共图书馆建设与服务紧缺的专业技术人员，增加高层次专业技术人才比例；"内培"就是制订在岗人员职业技能培训计划，争取利用2~3年时间，使在岗人员专业能力和职业素养明显提升，各级公共图书馆人员专业结构、职称结构、能力结构有较大改善。

（四）创新供给方式

十八届五中全会审议通过的《中共中央关于制定国民经济和社会发展第十三个五年规划的建议》特别强调要"创新公共服务提供方式"。西安市

"国家公共文化服务体系示范项目"制度设计将通过合作治理方式推动一批协同创新服务项目，不断推动"西安市公共图书馆服务产品'一体六翼'供给侧结构性改革"的发展和服务要素匹配能力。

1. 筹建西安图书馆众创科技分馆

西安是我国西北重要的科技创新基地。为了更好地服务西安"双创"事业，制度设计小组先后与西安图书馆、腾讯众创空间、西安交通大学图书馆、陕西省科技情报院、国家科技图书文献中心（西安站）、西安天天读书教育科技有限公司、西安卜酷塔网络科技有限公司等单位或机构进行多次协商协调，最终达成了按照整合创新资源、服务创新群体、共享创新成果的合作原则，联合打造全国首家服务于"双创"企业与群体的公益性科技图书馆的决定。

西安图书馆众创科技分馆位于西北最大创客空间——西安创新设计中心四楼，建筑面积760平方米，拥有先进的智能楼宇设施和office365云服务功能。空间规划有：图书与数字资源阅览区、一站式服务受理区、视频会议室、项目路演大厅、头脑风暴室、科技成果展台、咖啡休闲区、露天氧吧等。在该项目策划、建设中，学术研究团队、公共图书馆、高校图书馆、科研院所和企业等合作各方本着服务国家"双创"战略的共识，充分整合各自在制度设计、专业人才、社会资本、物理空间、信息平台和管理经验等方面独特的优势资源，向全市"双创"企业与群体提供包括图书线上线下借阅、中外数据库查阅检索、科技查新与文献传递、参考咨询与用户培训等全方位服务。其中，国家示范项目制度设计学术团队负责统筹协调并制定发展规划，腾讯众创空间提供馆舍，西安天天读书教育科技有限公司负责建设和运行管理，西安交通大学图书馆和陕西省科技情报院、国家科技图书文献中心（西安站）提供数字资源服务和人才支持。

2. 帮助企业策划开发的"云端书馆"

帮助西安卜酷塔网络科技有限公司策划和开发了"云端书馆"。该系统可向读者提供24小时线上图书借阅服务。读者通过微信客户端就可以对图书馆书籍进行搜索、查询、借阅、归还等操作，两分钟即可完成下单操作。

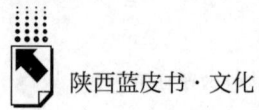

图书借还均可通过快递等方式快速送达。使读者不受图书馆地理位置及开闭馆时间限制，通过手机就可以享受到一系列图书馆服务。

3. 通过对口帮扶为区县图书馆培养计算机网络管理人员

"西安科技大学图书馆"组织本单位最优秀业务骨干，通过专家授课、基地培训、委托培训、在岗培训、学徒制等方式，为每个区县图书馆培养1~2名网络管理人员；培训内容包括计算机网络管理和维护知识、图创Interlib3.0集群自动化管理系统及主要模块利用知识、基本数据库和数字资源检索知识等。目前已完成了鄠邑区、临潼区的培训任务。

4. 推动社区"二十四小时智慧图书馆"建设

2016年4月11日，西安图书馆与西安群书教育科技有限公司、碑林区文化体育局共同签署了《关于碑林区社区智慧图书馆建设及运营管理平台合作的框架协议》：碑林区政府负责投入建设资金，西安图书馆负责提供文献信息资源，社区负责提供场所，企业按照国家相关标准（GB/T 1.1-2009，WH/T 73-2016）和服务规范，负责社区"二十四小时智慧图书馆"设计、施工建设、运行管理。目前已建成仁厚庄等六个社区分馆，得到社会各界的广泛好评。

（五）提升供给效能

建立西安市域公共图书馆服务联盟的根本目的，就是要推动市域各级公共图书馆之间的合作、协作与协调，有效提高市域公共图书馆的服务供给效能，解决西安市域公共图书馆服务体系建设中的结构性问题，推进西安市公共文化服务城乡均衡发展。提升市域公共图书馆的服务供给效能也将支撑和加速西安市公共图书馆服务体系的建设和可持续发展。

（六）改善供给品质

文化是一个国家发展的精神动力，也是衡量人民生活质量和社会文明程度的重要标志。作为中国最具幸福感城市、全国文明城市、联合国"全球最具发展潜力新兴城市"之一，改善公共图书馆服务产品供给品质、推动服务提挡升级，不仅是系统推进承古开新、开放包容、高端优质、和谐宜居的"品质西安"建设的必然要求，同时也是着力构建全方位、高水平对外开放新格局、"建设具有历史文化特色国际化大都市"的必然要求。

供给品质既不完全等同于供给质量，也不完全等同于供给数量，它是质量、数量、结构和城市文化力的综合体现，需要从增强服务硬实力、提升服务软实力、扩大服务影响力、推动文化创造力等几个维度出发，重视将信息技术、网络手段和现代科学管理方法运用到服务创新和产品开发之中，逐步加大高品质文化服务产品供给力度，适应人民群众不断提高的审美品位和精神需求，推动市民文化消费结构全面升级调整。为西安市全力打造"丝绸之路经济带新起点""内陆型改革开放新高地""中国向西开放新窗口"提供不竭的精神动力和强大的智力支持。

四 制度设计研究的主要特点

《西安市公共图书馆服务产品"一体六翼"供给结构改革制度设计》研究，构建了以公共文化供给侧结构性改革理论为基础，以供给创新为抓手，通过供给结构调整升级实现居民文化消费品质增长的研究框架，具体制度设计内容具有较强的时代性、理论性和包容性。

首先是时代性。改革开放以来，中国经济持续高速增长，但在人口红利衰减、"中等收入陷阱"风险累积、国际经济格局深刻调整等背景下，中央提出的供给侧结构性改革战略部署，成为指导当前和今后一段时期我国各项事业改革的总要求。调研数据已经表明西安市域公共图书馆服务发展存在严重的结构性问题，从供给侧结构性改革入手既抓住了问题的关键节点，又符合当下我国各项改革事业的发展方向。

其次是理论性。供给侧结构性改革原本主要针对当前我国经济发展面临的新常态、新挑战问题，而将其应用于公共文化建设领域则是理论上的新探索。也正是有了这个理论创新，才进一步拓展了制度创新和实践创新的空间。

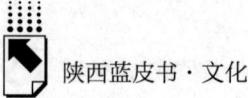

最后是包容性。由于历史的原因，西安市公共图书馆事业发展面临一系列复杂的"结构性"矛盾问题，而国家公共文化服务体系示范项目——"西安市公共图书馆集群信息化管理平台"建设原本是一种改善领域比较有限的技术性方案，很难对其他"结构性"矛盾进行有效干预。"一体六翼"供给侧结构性改革的制度设计涵盖了西安市公共图书馆服务体系建设中的各主要领域，相关研究与实践因此也更加开放、自由并能够保持适时调整的弹性。

B.19
汉中文化旅游产业发展报告

赵 东*

摘　要： 汉中文化旅游资源极大丰富，发展文化旅游产业有着先天优势。近年来，汉中市聚力打造"中国最美油菜花海汉中旅游文化节"，创建国家全域旅游示范市，塑造"两汉三国，真美汉中"城市品牌，不断加快项目建设，持续增强汉中文化旅游产业实力，取得了良好成效。但是，也存在着理论认识不足、产业刚刚起航、缺乏相关人才、"旅游重，文化轻"、融合度不够等一系列问题。通过把脉问诊，在中省发展文化旅游产业精神指导下，全市上下共同努力，攻坚克难，汉中文化旅游产业前景广阔。

关键词： 汉中　文化旅游　产业发展

21世纪以来，文化旅游产业日益成为社会经济发展的重要引擎。汉中市辖2区9县，历史悠久，文化底蕴深厚，自然山水风光宜人，旅游资源极大丰富，发展文化旅游产业有着先天优势。在中省发展文化与旅游精神指导下，近年来汉中市逐步确立"文化旅游强市"目标，大力发展文化旅游产业，不断取得良好成效，成为陕西省文化旅游产业发展的重要力量。

---

* 赵东，陕西省社会科学院副研究员，博士，陕西文化产业发展研究中心主任。

一 汉中文化旅游资源概况

汉中为陕西省地级市，北界秦岭主脊，与宝鸡市、西安市为邻，南界大巴山主脊，与四川省广元市、巴中市、达州市毗连，东与本省安康地区相接，西与甘肃省陇南地区相接。市域总面积27246平方千米，以山地为主，占总土地面积的75.2%（其中低山占18.2%，高、中山占57%），丘陵占14.6%，平坝占10.2%。汉中市总人口385.21万人，辖汉台区、南郑区和城固、洋县、勉县、西乡、略阳、镇巴、宁强、留坝、佛坪9个县。2016年，全市生产总值1156.49亿元，居陕西省第6位；人均5058元，居第7位。

汉中因汉水而得名，自然生态良好，珍稀动植物大量保留，有"天汉"美称，早在120万年前就有古人类在这里发展繁衍；地通南北，为兵家必争之地，栈道最具特色，系汉家发祥地，汉文化丰富而独特，红色遗迹遍布各县区。在行政上，汉中隶属陕西，但处于秦岭以南的陕南西部，南方亚热带气候，民风民俗更接近四川。汉中是著名的"世界特色魅力城市""国家历史文化名城""中国优秀旅游城市""国家生态建设示范市""中国最佳历史文化魅力城市""中国休闲城市""影响世界的中国文化旅游名城""十大文化特色旅游名市"。

汉中拥有丰富的文化旅游资源。结合资源稀缺性与品牌影响力等因素，汉中文化旅游资源可以分为三个层级：国际级、国家级和区域级。国际级主要包括珍稀动植物、秦蜀古道、张骞世界文化遗产等；国家级主要包括古人类遗址、两汉三国文化资源、山地生态资源、古镇古村和红色文化资源等；区域级主要包括非物质文化遗产、民族宗教文化资源、水利风景、森林公园、乡村旅游资源等（见表1）。近年来，汉中市致力建设"文化旅游强市"，境内丰富的文化旅游资源不断得到认知、开发与利用。

表 1　汉中代表性文化旅游资源一览

级别	类型	代表性资源	所属区县
国际级	珍稀动植物	秦岭四宝（大熊猫、金丝猴、羚羊、朱鹮）以及红豆杉、庙台槭等珍贵植物	佛坪、洋县、城固等
	秦蜀古道	陈仓道、褒斜道、傥骆道、子午道、荔枝道、米仓道、金牛道七条古栈道	全市各区县
	张骞世界文化遗产	张骞墓等	城固
国家级	古人类遗址	龙岗寺遗址、李家村遗址、何家湾遗址等	南郑、西乡等
	两汉三国文化资源	古汉台、拜将坛、张良庙、蔡伦墓、武侯墓、武侯祠、马超墓、石门十三品、灵崖寺摩崖石刻等	汉台、留坝、洋县、勉县、略阳等
	山地生态资源	紫柏山、定军山、大汉山、午子山等	留坝、勉县、汉台、西乡等
	古镇古村	青木川、华阳、骆家坝、白雀寺古街等	宁强、洋县、西乡、略阳等
	红色文化资源	川陕革命根据地纪念馆、红二十五军司令部旧址、红二十九军军部旧址、红四方面军总后医院、陕南第一个党支部旧址、百年党史纪念馆等	南郑、洋县、西乡、镇巴、留坝等9区县
区域级	非物质文化遗产	汉调桄桄、镇巴民歌、端公戏（傩戏）、蔡伦造纸传说、洋县黄酒酿造技艺等	各区县
	民族宗教文化资源	镇巴苗族、氐羌故里、张鲁五斗米道、青山观、龙岗寺、小南海、灵崖寺、天台寺、万寿寺、鹿龄寺、古路坝等	各区县
	水利风景	石门水利风景区、南湖、红寺湖、南沙湖、金沙湖等	汉台、南郑、城固、洋县等
	森林公园	黎坪、五龙洞、天台、汉水源等	南郑、略阳、汉台、宁强等
	乡村旅游	油菜花节、桔园风景区、化果山、梨园景区、秦巴民俗村等	各区县

二　汉中市发展文化旅游产业的工作与成效

　　针对文化旅游资源丰厚而独特的状况，汉中市把大力发展文化旅游产业作为一项工作重心，致力建设"文化旅游强市"，以其为新动能，带动相关产业与文化经济社会发展，积极构筑陕西乃至全国文化旅游新高地，激发区域发展新活力，共同建设人民群众新生活，全力彰显汉中新形象，成效颇为显著。

（一）聚力做好"中国最美油菜花海汉中旅游文化节"等节庆活动，引领汉中文化旅游产业蓬勃发展

自2010年起，汉中市开始轮流以6个平川县区之一为主会场，其他区县为分会场举办"中国最美油菜花海汉中旅游文化节"。该节会已成为汉中市一年一度的大型文化旅游节庆活动，成为展示汉中文化旅游形象和风采的重要平台，成功入围"中国十大花节花会"。通过在各县区设置主会场或分会场举办"中国最美油菜花海汉中旅游文化节"，文化旅游基础设施得到不断改善提升，文化旅游品牌得到不断锻造强化，汉中成为每年春季周边市民旅游的首选之地。2017年"油菜花节"期间，全市接待游客845万人次，实现旅游收入41亿元。

除了汉中市主办的"中国最美油菜花海旅游文化节"外，汉中市各县区还纷纷结合区域文化旅游资源状况，分别举办了"诸葛亮文化节""茶文化节""柑橘节""梨花节""樱桃节""国际滑雪节""高山杜鹃节""红叶节""熊猫节"等一系列重大节庆活动，把本县区以及汉中文化旅游推向了高潮。"十二五"期间，汉中市接待游客、旅游总收入年均增速分别达21%、28%，是"十一五"时期的2.55倍和4倍。2016年接待游客3240万人次，实现旅游总收入173亿元。2017年上半年，汉中市接待游客达2699.5万人次，实现旅游总收入139.2亿元，同比增长25.1%和28.4%。

（二）积极创建国家全域旅游示范市，驱动文化旅游产业盛大起航

汉中市文化旅游资源极大丰富。通过认真调查研究，2012年汉中市即提出发展"全域旅游"，2014年起开始实施全域旅游工程，立足文化旅游资源优势，编制完成了《汉中市全域旅游发展总体规划》，以做大做强汉中旅游，带动文化旅游以及相关产业发展。2015年8月，国家旅游局下发《关

于开展"国家全域旅游示范区"创建工作的通知》，汉中市积极申报，2016年2月成为首批"国家全域旅游示范区"创建单位。为了做好创建工作，汉中市很快制定印发了《创建国家全域旅游示范市工作实施方案》，全面推动汉中旅游业由"景区旅游"向"全域旅游"模式转变，构建新型旅游发展格局。

在创建全域旅游示范市工作中，汉中市成立了以市委书记任政委、市长任总指挥的创建工作指挥部，多次召开全市旅游产业发展大会、创建国家全域旅游示范市动员会、指挥部推进会等重要会议。按照"先易后难、硬软件并举"的建设原则，汉中市不断加快旅游交通、公共厕所、集散中心等基础设施和公共服务设施建设，推动创建工作扎实开展。按照全域旅游示范市创建"1+3"旅游综合管理体制改革要求，汉中市、留坝县先后成立旅游发展委员会，组建了市文物旅游稽查支队、旅游信息服务中心，专门设置了旅游警察、旅游工商分局、旅游巡回法庭等机构。全市智慧旅游项目不断推进，市级旅游在线平台已经投入使用，黎坪、华阳、武侯祠等9家4A级景区视频监控系统成功与省级平台对接，全市3A级以上景区、三星级以上宾馆基本实现免费无线网络全覆盖。

（三）成功塑造"两汉三国，真美汉中"城市品牌，凝聚汉中形象，努力讲好"汉中故事"

在近年来区域经济社会发展过程中，越来越多的人认识到了城市品牌的重要性。城市品牌具有强大的凝聚力、吸引力和辐射力，集结起来后可以大大增强区域文化竞争力，从而产生巨大的文化、社会与经济价值。城市品牌的价值首先表现在文化旅游产业发展方面。结合汉中在中国历史上尤其是两汉三国时期所形成的历史文化遗产与汉中自然山水生态文化特色，经过不断地研究与反复讨论，2014年8月汉中市提炼出了"两汉三国，真美汉中"的城市品牌。

为了推广"两汉三国，真美汉中"这一城市品牌，汉中市不遗余力。先后投资2000余万元在中央电视台开展了时长10秒钟、为期8个月的城市整体形象宣传和全年气象旅游宣传,在中省主流媒体开展了16项形象宣传,参加了丝博会等20多个会展活动,多次赴北上广深等各大城市以及西安、成都、兰州等周边城市开展文化旅游推介。还在《中国旅游报》《陕西日报》《东方航空》和北京西客站LED大屏进行了专题宣传,在西安北客站、钟楼地下通道设置了大型灯箱广告,在西汉、十天高速等交通沿线设置大型户外广告牌20多面。通过多层次、广角度、全媒体的不懈推介,"两汉三国,真美汉中"已不断深入人心,汉中丰厚的历史文化资源不断活态化、显现化,纯美的自然山水生态文化不断得到彰显,"汉中故事"不断讲到市外、省外以至国际上,为汉中发展文化旅游产业凝聚了良好的文化内涵与吸引力、竞争力。

(四)不断加快项目建设,持续增强汉中文化旅游产业实力

项目建设是产业发展的最主要抓手和具体表现,尤其是重大项目与重点项目,不仅本身是产业发展的表现,而且能够带动整个产业发展。作为主导产业,汉中文化旅游产业坚持"板块推进、园区建设、错位发展、差异开发",不断提升核心竞争力。一方面紧紧围绕中省产业政策和投资重点,加强项目包装策划,会同相关部门申报了五大类50个文化旅游项目,争取中省补助项目31个、到位资金3475万元。另一方面狠抓招商引资,在招商引资中不断创新方式,突出招大引强,先后多次参加西洽会、兰洽会等活动,举办了汉中文化旅游产业专题招商推介会、区域合作共推全域旅游创新发展座谈会,成功引进陕旅集团、港中旅集团、陕西水务集团、陕西广厦集团等大企业投资诸葛古镇、温泉、红寺湖、南湖等项目建设。2016年汉中市签约文化旅游项目15个、投资额125亿元。

在项目建设中,各方均须签订项目建设责任书,建立"五个一"推进机制,加强项目建设管理,全力加快建设进度。目前,汉中市一大批文化旅游项目正在如火如荼建设,"一江两岸"文化园、文化休闲广场以及天汉文化公园E区、"尤曼吉游乐水世界"、南郑大汉山文化广场、龙头山景区、诸葛古镇、诸葛水城等一批重点项目迅速建成开放,陕旅集团精心打造的中国首部大型实景开合剧场节目《出师表》盛大开幕。华阳、黎坪等景区旅游专线纷纷铺设；青木川古镇升级改造、西乡廊桥水城一期建成；洋县"一心三馆"建设加快推进；小南海等景区建成开放，朱鹮梨园、苗族风情谷、午子山、天台山等系列项目建设也纷纷取得了成效。

（五）大力践行PPP模式，加快建设文化旅游产业地标性兴汉新区

兴汉新区是汉中市文化旅游产业发展中最具代表性的重大项目，是文化部重点扶持的文化建设项目、陕西省首批PPP建设项目、"十三五"规划重点项目。该项目由汉中市人民政府主导，设有派出机构兴汉新区管委会，具体由汉中文化旅游投资集团有限公司实施。汉中文化旅游投资集团有限公司由陕西国际信托投资有限公司、汉中市汉台区人民政府、汉中经济技术开发区管委会和民营汉中万邦置业发展有限公司共同出资35亿元注册成立。兴汉新区得到了国家开发银行、中国工商银行、恒丰银行、西安银行、陕西信合等众多金融机构的大力支持。项目全程由中铁集团、中建集团等近50家"中字号"企业参与建设，致力打造汉中文化旅游产业新地标。

兴汉新区以汉文化为核心，以文化旅游产业为引擎，致力打造成为国家级汉文化特区、世界汉文化旅游的第一品牌。兴汉新区计划总投资2000亿元，规划总面积为27.7平方公里，预留面积10.6平方公里。项目依托汉文化遗存，集中建设观光旅游、休闲度假、文化娱乐、教育培训、医疗保健、养老养生、艺术工艺、旅居安居、商贸会展九大产业，全力打造具有汉中模式、陕西特色、中国方向意义的示范城镇。整个项目包括兴汉胜境、汉文化博览园、汉乐府、兴汉城市展览馆、蜀道乐园、汉苑等单元板块。项目启动以来，进展十分顺利，目前已进入全面开工阶段，部分基础设施已经建成，累计完成投资近800亿元。

三 存在的主要问题以及今后的发展建议

近年来，汉中市通过大力发展文化旅游产业取得了巨大成就，在省内外

形成了一定的影响。但是，因各种要素影响，当前汉中市文化旅游产业发展还存在着一些问题与不足。

（一）对文化旅游产业认识不足，需加强理论研究

随着社会经济的飞速发展，人们对文化旅游的精神需求越来越呈旺盛趋势，文化旅游产业很快成为一种新兴产业。但是，正因为文化旅游产业属于新兴产业，在理论认识方面却又明显存在不足，而且对于像汉中这样的西部地级市而言，问题更为突出。例如，在宏观层面，文化旅游产业是指文化产业还是旅游产业？还是文化与旅游产业？是以文化部门为主还是以旅游部门为主？这一问题使在运行中存在着体制不顺而影响发展。另外，汉中历史文化底蕴深厚，尤其是汉文化影响深远；同时自然生态也非常良好，山水风光旖旎。这些都是优势，但是以哪一方面为主？这些问题令人感到纠结。在中观与微观方面，更多的问题需要认识。

基于此，建议加强对汉中文化旅游产业的研究，有必要成立汉中市专门的文化理论研究机构。结合汉中市汉文化资源突出的情况，应成立中国汉文化研究院，重点围绕汉中文化旅游产业进行研究，在设置方式上可以利用现有市社科联，做实做好社科联，与其合署办公。汉中市目前有市一级的社科联，但挂靠在市委宣传部，未独立设置。可以在独立设置市社科联基础上，同时挂牌"中国汉文化研究院"（事业单位），面向国内外招聘名誉院长、院长。社科联常务副主席兼任常务副院长，主持日常工作，内设综合部与业务部等机构部门。研究院每年设置相关研究课题，面向国内外招标。合适时，在市社科联基础上联合省社会科学院成立陕西省社会科学院汉中分院，同时挂牌汉中市社会科学院，增强研究力量，加深汉中文化旅游产业研究。

（二）总体上文化旅游产业还处于起步阶段，要有清醒的认识

经过各界不懈的共同努力，汉中市文化旅游产业盛大起航，有力推动了"区域中心城市、文化旅游强市、陕西最美城市"的"三市"建设，取得了喜人成就，但是很明显到目前尚处于起步阶段，在各个方面还需不断加力从

而使宏伟目标早日达到。在综合管理体制改革方面，旅发委等机构仅仅还只是从文旅局更名挂牌，委员会至今尚无相关部门负责领导担任委员，全域旅游发展相关支撑尚不到位。在景区打造方面，汉中市11个区县仅有9家4A级景区，1个区县平均不到1个，镇巴等县至今尚属"秦巴秘境"，景区打造与文化旅游产品很不尽人意。在文化产业方面，一些园区项目尚在建设或规划，相关文化企业正在成长，汉中文化产品制定还需大力开发。

为了加快推进发展，对于汉中文化旅游产业尚处于起步阶段必须有清醒的认识，并采取相应措施，追赶超越。首先是加快深化体制机制改革，做实旅游发展委员会，由发改、交通、农业、林业、水利、文化、商务、经合、国土、人社、规划、住建、工信、科技、市场监管、教体、卫计等政府组成部门、派出机构以及相关国有企业分管领导担任委员，明确职责、分配任务，实行考核。在文化产业发展方面，要强化文化体制改革与文化产业发展领导小组职能，在宣传部设置办公室，从党委口推进文化产业发展。在文广新局应设置文化产业科室，具体负责文化产业。其次是加快推进文化旅游领域政企分开、政事分开，推动优势文化旅游企业跨地区、跨行业、跨所有制兼并重组。推动国有景区、文化企业改革，整合部门职能，打破条块分割，鼓励有条件的景区实行乡镇、景区一体化管理，逐步建立所有权归国有、行政管理权由景区管委会负责、经营权由企业承担的管理运作模式，实现所有权、管理权、经营权分离。支持国有文化旅游企业探索实行特殊管理股制度，建立社会效益和经济效益相统一的体制机制；深化完善汉中市县文艺院团改革，解决院团改制后的遗留问题。

（三）缺乏相关人才，要下大功夫引进、培养一批文化旅游产业高端人才

目前，在文化旅游产业发展过程中，相关人才特别是创意性策划与经营管理高端人才非常缺乏，在西部地级市尤为突出。汉中市地处秦巴山区，交通不够便利，经济文化较为落后，缺乏人才成长环境，仅有的一些优秀人才往往也被大城市所吸引，从外部引进人才更是难度极大。对于文化旅游这样

的新兴产业而言，汉中市的情况更为严重。汉中市文化资源丰富，但是真正能对其进行创意、策划的文化旅游产业人才非常紧缺，特别是原创性人才短缺，严重影响和制约了市域文化旅游产业的提质增效。更为重要的是，汉中市文化旅游产业经营管理人才也很紧缺，尤其是具有文化创意且善于经营和管理的综合性人才极度缺乏。这种状况非常不利于汉中市文化旅游产业的长远发展。

面对这种状况，需要汉中市委、市政府以及相关文化旅游企业有足够的胆识和谋略。一方面，机制灵活、高薪引进一批文化创意新、经营管理能力强的复合型人才，制定留住文化旅游产业人才的特殊待遇和长效机制；鼓励文化旅游企业多渠道，诸如从相关高校、科研院所引进各类高精尖人才，大胆提拔任用其进入管理层，发挥其领导、管理、市场开拓等辐射带动作用；加强从高校、科研院所、省级机构中选派青年人文社科博士到区县、企业挂职，培养他们成为高级文化旅游产业人才。当然，对于引进的优秀人才，除了足够的待遇外还应给予充分的人、财、物调配权力。另一方面，要注重与省内外高等院校合作，通过"校企合作"模式建立文化旅游产业人才基地，与东部沿海发达地区加强联系交流，通过他们来为汉中市培养专门人才。鼓励社会、政府、企业和高校共同培养文化旅游产业人才，加快培养培训文化创意研发设计、经营管理、市场营销人才。同时，要建立和完善文化旅游业人才激励机制，通过资金扶持、成果入股、利润分成、现金奖励等多种方式，创造有利于人才脱颖而出的良好环境。

（四）存在"旅游重，文化轻""重规划，轻策划"现象，要大力发展文化创意产业，加强文化旅游项目策划力度

和许多地方一样，汉中市对文化旅游产业的定位基本上是文化与旅游产业。问题是，在发展过程中明显偏重旅游产业，而文化产业发展非常乏力。目前，汉中市旅游产业总值占GDP比例已超过15%，然而文化产业仅占2.5%。原因在于地级市层面旅游产业更容易操作，文化产业因更注重文化创意而较难。但是，既然文化旅游产业是指文化与旅游产业，就不能差别太

大，需要对两者都有足够的重视；而且，对于汉中这样一个文化底蕴深厚的地方，在旅游产业发展中，文化含量必须充分，必须要有文化创意性。因此，目前这种"旅游重，文化轻"的局面必须改观。另外，在当前汉中市大部分文化旅游产业项目中，明显重规划、轻策划，在项目前期主要由规划设计团队参与，而创意策划团队很少参与，在策划方面多是"领导思维"，汉中特色文化资源明显挖掘不足。两种现象相互交织，总体上使汉中文化旅游产业在很多方面停留在较浅层面。

为了实现"文化旅游强市"目标、文化旅游产业腾飞发展，必须要引起对文化创意策划足够的重视，要大力发展文化创意产业，加强文化旅游项目策划力度。结合当前，一是要加快汉中市博物馆文博产品创意示范点建设，通过自主与联合发展逐步形成形式多样、特色鲜明、富有创意和竞争力强的文物创意产品体系，支持策划文创产品开发，使陈列展览与文化创意产品有效结合，促进优秀文物资源传承传播。支持文物资源与创意设计、旅游等相关产业跨界融合，提升文化旅游产品质量。二是要增强历史文化街区、古镇古街、旅游度假区的文化吸引力，精心策划张骞文化园、汉人老家、氐羌文化、文明寻根、乡愁记忆等特色文化旅游品牌，创意策划"汉中记忆"主题文化街区和非物质文化遗产体验传播基地，保护开发一批老民居、老会馆、老茶馆、老厂房等。三是要深入挖掘底蕴深厚的天汉文化、两汉三国文化、栈道文化、龙岗文化等，策划提升《出师表》、《张骞》、镇巴民歌等特色演艺剧目的品牌效应和市场效益，创新传统剧种剧目，支持鼓励发展流行音乐、现代歌舞、综艺表演等时尚演出，打造具有全国影响力的演艺产品。

（五）文化旅游产业以及其他产业融合度不够，要加快"旅游+""文化+"步伐，并积极倡导"+旅游""+文化"

文化是旅游的灵魂，旅游是文化的载体，文化旅游产业必须融合发展，即使是自然山水旅游也要赋予足够的文化成分，发展文化产业、生产文化产品必须考虑旅游层面。目前，汉中文化旅游产业在一这方面已经做了大量工作，但是还不足够，在一些自然旅游、观光旅游、体验旅游方面做得还不够好，需要加大文化旅游融合力度。在与其他产业融合方面基本上还刚刚开始，主要表现为旅游产业与相关产业不融合，且不深入，因文化产业自身发展的不足而与其他产业的融合更是很不到位。

按照当前全域旅游与文化产业发展的要求，汉中文化旅游产业要加快"旅游+""文化+"的步伐，要注重把旅游要素、文化产业要素渗透到各个产业门类，实现"处处是景观，业业都具吸引力""处处有文化，业业都有增加值"。进一步积极倡导、鼓励支持，使各个产业门类在发展中自觉"+旅游""+文化"，使旅游、文化无处不在，从而实现汉中文化旅游产业大发展大繁荣。结合汉中文化旅游产业发展现状，在产业融合方面，迫切需要做好三方面。一是节庆会展业提质增效。继续做好做精"中国最美油菜花海汉中旅游文化节"、增强洋县"梨花节"和西乡"樱桃节"等知名度、影响力，塑造区县节庆品牌。尽快建设汉中市会展中心，举办系列文创、电子商务、物流等专业展会。依托汉文化，打造国际汉文化节、世界汉学大会等具有世界影响力的高端国际节会。二是文化旅游商品价值延伸。推动汉中玉、楷木雕、石雕、汉绣等特色文化产品的规模化生产，形成集研发、生产、销售于一体的产业链。建设汉中文化产业市场，培育工艺美术旅游产品龙头企业，打造文化艺术品生产和流通集散地。创新旅游商品研究、开发、生产和销售机制，培养一批民间工艺大师，形成富有汉中地域和文化特色的旅游商品品牌。三是在体育休闲养生服务方面大力创新。加强旅游与体育、养老、医疗等产业融合，打造一批体育休闲项目，开发特色医疗、康体保健、疗养康复、美容保健等医疗旅游项目。推出"古栈道徒步体验""山地自行车赛""秦巴醉氧"养生等产品，开展以药膳养生、保健按摩、中医知识修学等为主要内容的中医药健康旅游活动。

B.20
2017年杨凌示范区基层公共文化建设研究报告

许定国*

摘　要： 2017年是杨凌示范区建区二十周年。二十年来，杨凌示范区公共文化建设成效显著，但也存在明显短板。研究杨凌示范区公共文化建设的成就、总结杨凌示范区基层公共文化建设的经验，找出杨凌示范区公共文化建设的四大短板，能为杨凌示范区提升现代公共文化服务效能产生更大动力。

关键词： 杨凌示范区　现代　公共文化　构建

一　杨凌示范区2017年公共文化建设成就

杨凌位于关中平原中部，总面积135平方公里，下辖一个杨陵区，有2个镇和3个街道办事处，总人口24万。杨凌农业高新技术产业示范区（简称杨凌示范区）成立于1997年，以农业高新科技闻名于世，被誉为农科城。杨陵示范区成立20年来，示范区管委会一直高度重视基层文化建设。在2015年底，杨凌示范区发布了《加快构建现代公共文化服务体系实施方案》。方案提出：到2020年基本建成覆盖城乡、便捷高效、保基本、促公平、具有杨凌特色的现代公共文化服务体系。① 该方案要求要以国家级公共

---

* 许定国，陕西省社会科学院文化研究所助理研究员。
① 《杨凌示范区加快构建现代公共服务体系实施方案》，2015年12月30日。

文化服务示范区的高标准全面推进杨凌示范区基层公共文化建设，要实现杨凌经济硬实力和文化软实力的双提升。以此方案的实施为标志，2017年杨凌示范区公共文化建设取得了以下成就。

（一）兴建大型文化场馆，公共文化服务网络更加完善

现代公共文化服务体系以公益性、均等性、保基本、促便利为依归。兴建大型文化场馆，能够使基层公共文化服务的公益性更加彰显，满足辖区群众基本的文化需求，更能方便全区群众在家门口就能享受文化活动。因而，重视大型文化场馆建设，对于公共文化服务网络的完善有着以点带面的功效。自2012年以来，杨凌示范区管委会就在辖区的"文化建设十二五规划"中，提出了要大力兴建辖区大型文化场馆，重视城乡居民的日常文化需求。要求以政府为主导，以区、镇（街道办）、村（社区）为节点，加强建设公共文化基础设施，让公共文化基础设施成为基层群众日常生活的重要组成部分。完善公共文化服务网络，让城乡群众广泛享受基本的公共文化服务。在2017年，先后建成了杨凌图书档案大厦、农博馆、文化艺术中心等大型场馆，广受群众欢迎（见表1）。为了防止大型文化场馆建成后无人问津、门可罗雀的不良现象发生，杨凌示范区在已建成的大型文化场馆邀请区内文化单位、大专院校、入区企业开展公益性文化交流活动，极大增强了文化场馆的人气。通过以奖代补的方式鼓励各类大型文化场馆为群众性文化活动提供便利。

表1 2017年杨凌示范区大型文化场馆设施

场馆	功能	投入使用时间
杨凌图书档案大厦	解决全区群众购书难题	2017年1月
杨凌农业历史博物馆	宣传农耕文化	2016年10月
杨凌文化艺术中心	举办日常大中型群众文化活动	2017年3月
杨凌青少年活动中心	丰富青少年文娱活动	2017年1月

（二）文化基础设施实现区、镇（办）、村三级全覆盖

很多地区构建基层公共文化服务体系倾向于自上而下的建设模式，即省、市、县、乡镇、村自上而下的方式层层递进。这样做的好处是均等化突出，但便利性不足。与之不同的是杨凌示范区采取了以镇（办）为突破口，以村为重点的建设模式。2017 年 5 月，杨陵区人民政府印发《杨陵区 2017 年基层综合性文化服务中心建设工作方案》[①]，方案提出：2017 年实现全区村村都有文化室、文化广场。2017 年，建成了揉谷镇文化站、五泉镇文体中心，抓住村这个重点，建成了 20 家村（社区）综合文化服务中心，并实现全区农家书屋和城市社区书屋的全覆盖。

2017 年杨陵区两镇三办综合文化站建设全部达标，室外文化广场不少于 600 平方米；城镇规划区外的行政村（社区）综合性文化室建筑面积不少于 150 平方米，室外文化广场不少于 600 平方米，文化体育健身器材配备齐全。在城镇主要街道、公共场所、居民小区、村文化广场等人流密集地点设置 LED 屏。完善农家（社区）书屋出版物补充更新机制，建设标准配置的公共电子阅览室。

（三）基层文化惠民演出活动常态化

2017 年，杨凌示范区继续实施图书馆、文化馆、影剧院、镇（社区）文化站、村文化室、农村电影放映、农家（社区）书屋、农村文化人才培训等重点文化惠民工程。这些惠民工程大多都是以免费的性质运营，深受基层群众的欢迎。值得一提的是，上述文化惠民工程在杨凌示范区建区之初就在实施，如图书馆、影剧院建设，其他的农家（社区）书屋已经实现了村村有书屋、社区无空白的目标。文化惠民活动贵在坚持，难也在坚持。由于文化惠民活动本身的公益属性，更多地注重社会效益，一些地区基层文

[①]《杨陵区 2017 年基层综合性文化服务中心建设工作方案》，http://wtj.ylqzfw.gov.cn/info/1005/2312.htm。

表2 2017年杨凌示范区村（社区）基层综合性文化服务中心一览

序号	所在乡镇(街道办)	村级(社区)文化中心
1	五泉镇	帅家村
		曹堡村
		椒生村
		郭管村
		官村
2	揉谷镇	姜嫄村
		秦丰村
		白龙村
		石家村
		法禧村
3	杨陵街道办	乔家底村
		半个城村
		上川口村
		张家岗村
4	大寨街道办	杜寨村
		梁氏窑社区
		康乐西路社区
5	李台街道办	阳光社区
		邰北社区
		永安社区

化惠民活动往往虎头蛇尾，或是每年仅蜻蜓点水、象征式地举办一两场活动，导致基层群众难以享受公共文化服务的福利。针对此状况，在2016年6月，杨凌示范区管委会就启动了首届杨凌文化艺术节，配合当年在陕西举办的第十一届国家艺术节活动，使群众享受到了高品质的文化盛宴。2017年第二届杨凌文化艺术节继续举办，第二届杨凌文化艺术节以陕西名人走进杨凌"文化惠民"综艺演出活动为特色，大力宣传了杨凌示范区建区二十年的辉煌成就，取得了社会效益和经济效益双丰收。2017年，杨凌示范区积极发挥示范区文联及其专业协会的作用，利用节庆、重大活动，组织开展干部群众喜闻乐见的文体活动。杨凌"精准扶贫·文化下乡"惠民演出活动从2017年6月26日至6月30日在两镇三街办依次进行演出。"公益有

你,杨凌更美",文化惠民演出已经实现了月月都有新节目的要求。为了使文化惠民演出常态化,杨凌示范区管委会通过授予省内演出剧团"文化惠民演出协作单位",鼓励省内文艺院团和文化名人、演员定期来杨凌开展惠民演出。

(四)城乡基层群众文化活动品牌正在形成

2017年初,杨凌示范区组织开展"百姓舞台、唱响杨凌"群众文化主题活动。该活动以"文化为民、文化惠民、文化乐民"主旨,旨在打造富有杨凌特色的公益性、群众性品牌文化活动。以杨陵区文化旅游局牵头,全年组织不少于10场次的群众文化主题活动。群众文化活动的节目提倡原创,尽可能创作杨凌题材的文艺节目。在群众文化活动的形式上,示范区提倡多样化,音乐、舞蹈、戏剧、曲艺、小品、相声、说唱等均可。

鼓励基层群众利用重大节日,开展节日文化活动。在辖区内的文化广场每周末都有戏曲、歌舞等群众自发组织的文艺演出,丰富了辖区的广场文化;在农村开展社会主义核心价值观和新乡贤文化宣传活动、农村自创文艺节目征集活动,丰富了农村文化;城市社区每年有社区文化艺术节、邻里健身比赛,活跃了社区文化;在辖区高校开展大学生文艺院团节目展演和征集活动,活跃了校园文化。这些形式多样的系列群众文化活动,在2017年实现了杨凌处处有文化活动的热潮。

二 杨凌示范区基层公共文化建设经验

(一)注重文化建设的体制机制创新

2014年5月,杨凌示范区党工委、管委会把示范区社会事业局承担的文化管理职能进行优化调整,将示范区文化局的牌子加挂在党工委宣传部,实行"一个机构两块牌子"。这样做的好处是:党工委宣传部和区文化局两个机构共同推进全区的文化建设,一改过去的基层文化建设仅仅依靠示范区社会事业局一家建设的不足，体现了示范区对文化建设的高度重视。在宏观上，党工委宣传部将辖区基层文化建设领域纳入全区文化建设的总布局，对全区公共文化建设进行宏观指导，缩小城乡文化建设的差距，重视从体制上打通杨凌示范区公共文化建设的"最后一公里"，使基层文化建设的路径更加通畅。在"一个机构、两块牌子"的管理体制下，在微观层面特别强化了杨陵区文化体育旅游局的职能，全区所有基层公共文化建设项目、大型文化活动策划及实施都由杨陵区文化体育旅游局负责，并组建了文化市场综合执法大队，这就理顺了文体管理体制，加强了文化管理力量。建立健全党委统一领导、党政齐抓共管、宣传部门组织协调、有关部门分工负责、社会力量积极参与的工作体制和工作格局，形成文化建设强大合力，共推杨凌示范区公共文化服务体系建设。

（二）盘活示范区各类文化资源，实施校区文化共建

发挥示范区内高校的文化资源优势，充分挖掘校园文化资源，实现校园文化与基层文化相互融合，是杨凌基层公共文化建设的一大特色。杨凌示范区现有西北农林科技大学、杨凌职业技术学院两所高校。示范区管委会鼓励支持这两所高校与村镇社区结对子，在高校举办的文化活动，经常采取开放的模式，鼓励基层群众在校内欣赏文艺节目。基层的文化信息资源共享工程对网络技术的要求很高，而数字网络技术的淡薄是基层的软肋。西北农林科技大学的校园网技术，以无线传输的方式开展远程文化节目视频化、音频化传输，使道德讲堂、党员远程教育、数字图书馆、网上农高会等公共数字资源在农村生根发芽，极大地丰富了基层群众对数字化的需求，实现了校区文化共建的合作共赢。

（三）实施城市主题文化战略带动基层公共文化建设

杨凌示范区城市规划注重与公共文化建设深度融合。杨凌示范区以农科城而闻名。在建设之初，杨凌示范区就颇重视城市规划的文化共建理念。先是在辖区的主要路段设立了体现农耕文化的大型雕塑后稷，接着建设了一批

体现杨凌城市文化主题的标志性建筑。在辖区主要公共场所都有大型影剧院、科技馆、青少年宫、艺术馆、书店，方便群众文化娱乐。已建成的城市公共文化设施对辖区城乡群众实行免费开放，部分城市文化场馆也以优惠的方式有偿低价位运营。2017年，示范区管委会按照建设现代宜居城市和建设"科技杨凌、人才杨凌、园林杨凌、富裕杨凌"的要求，明确提出要促进城市规划与文化建设深度融合。实施城市主题文化战略，要将有杨凌符号的文化元素融入城市建设，以增强全区群众的文化自信。多年来，城市主题文化战略的实施，极大增强了杨凌示范区的文化活力，有助于缩小城乡文化差距。

三 杨凌示范区基层公共文化建设短板分析

（一）全区公共文化资源整合力度不够

2017年杨凌示范区基层公共文化服务实现了全辖区文化设施的广泛覆盖。但存在的问题是：下辖的杨陵区与乡镇（街道办事处）的文化资源缺乏有效整合。表现在文化惠民活动组织中，一些乡镇的文化资源难以有效利用。往往是一个乡镇举办文化活动演出时，其他乡镇大多处于观望状态。还有群众自发组织的文化活动，也仅限于在家门口自娱自乐，并未走出社区；尤其是对一些原创的优秀文艺节目，基层群众的共享意识缺乏，使之只能出现"墙内开花"的窘境。2017年，全区除开展农民运动会、文化艺术节这些大型文化活动外，再无其他的文化资源的共享互动项目，这可以说是一大短板，严重制约了杨凌示范区公共文化资源的活力，更使潜在的社会效益大打折扣。考虑到杨凌示范区相对较小的地域，应以区文化局牵头，城镇社区与农村社区联动的方式，补齐此短板。

（二）杨凌示范区与外部的文化交流有限

长期以来，杨凌示范区以发展高新农业技术而闻名，与省内外、国内外的交流也以农林技术居多。杨凌示范区距离西安、宝鸡仅80多公里,距离咸阳市更近,仅40多公里,但与这三市的文化交流还远远不够,显现出一条腿长、一条腿短的现象。杨凌地处西安、咸阳、宝鸡的中心区域,应融合、兼收并蓄地吸收邻近区域的公共文化建设经验,内外交流开展辖区公共文化服务建设应借鉴宝鸡创办国家级公共文化示范区的成功经验,力争在2018年达到国家标准。

(三)传统农耕文化的负面影响较大

杨凌地处中国内陆、关中腹地,便于农业耕作。自古以来,农业就很发达。发达的农业对基层群众形成了封闭守旧、安土重迁、市场意识薄弱的思想,创新品质缺乏。反映在公共文化领域,当地群众更多地将现代公共文化服务体系的完善寄托在政府身上,政府给什么,自己就用什么。缺乏自己独立办文化的精神。据调查,2017年全年,辖区群众自创自办文化活动的热情偏低,远远低于全国平均水平的30%,此外,基层群众对政府兴办的文化配套设施也表现出无所谓的心态,缺乏个性化的需求表达。在政府配置公共文化资源,发放文化需求问卷调查表时,群众也不愿参与。如何让群众主动享受公共文化福利进而主动参与到辖区基层文化建设中来,由"送文化"变为"种文化"还殊为不易。

(四)政府办公共文化的痕迹明显

在计划经济年代,所有一切文化资源完全由基层文化主管部门调拨分配。导致基层的公共文化更多的是自上而下的送文化,群众自发的种文化、建文化的意识不强。久而久之,城乡基层群众只是在坐等文化享受,基层公共文化建设成了各级文化局的一家之事。这种情况造成的问题是文化局做了太多不该做的事情,承担了太多本不该承担的职责和功能,导致不堪重负、苦不堪言。另外,城乡群众的公共文化福利也并没有得到有效和充足的保障,埋怨、指责声不绝于耳,文化主管部门出力不讨好。这个短板的出现,归根到底还是基层文化队伍薄弱造成的。因基层缺乏文艺人才,群众的文化创造热情没有有效激发，导致本应由群众组织的文化活动，都由文化主管部门组织牵头，政府办公共文化的特征尤为明显。

四 提升杨凌示范区公共文化服务效能的对策建议

（一）重视文化扶贫，祛除农耕文化的不良影响

文化扶贫要注重传播和发扬社会主义先进文化。这是文化扶贫的题中应有之义。贫困的孪生兄弟就是愚昧。我们常说治贫先治愚，扶贫先扶志，扶贫要扶智。很大的原因，是因为长期的贫困会使人变得目光短浅、难以有所作为。因为贫困，下一代的教育质量大打折扣；因为贫困，即使有好的想法也难以付诸实践；因为贫困，人们的思想空间和活动空间会极大受限，相应地，一些落后、腐朽的东西会乘虚而入，比如封建迷信、低级趣味、赌博酗酒等恶习会滋生。所以要通过送文化下乡、建设和完善现代公共文化服务体系，让贫困户形成健康文明的生活方式和休闲方式。要加强贫困地区公共文化基础设施建设和公共数字文化建设。完善贫困地区农家书屋工程，增强农家书屋的多样功能。变过去单纯的阅读场所为读书阅读、致富讲座、产业项目推介、留守儿童的第二课堂，真正成为农民致富的殿堂。要结合贫困地区的实际，有选择地开发当地的民间曲艺、工艺品、文化衍生品，并将其纳入非物质文化遗产保护门类。

文化扶贫首先要激发贫困户的旧式思维，培育脱贫新思维。就是要借助文化的力量，帮助贫困户开智启蒙、创新和培育致富思维。什么是致富思维？简而言之，就是贫困户能全面清醒地认识自身的优势与劣势，依靠自己的力量，在党和政府的帮助下，充分发挥自己的主观能动性，尽快摆脱贫困，彻底拔掉穷根，实现富裕。这就需要充分发挥文化的功效，找到贫穷的根源，连根拔掉。扶智要通过劳动技能培训，开发杨陵示范区贫困户的智力，培育有文化、懂技术、会经营的新型职业农民。要注重培育当地干部的致富脱贫能力，使他们认识到本村贫困的区位原因、产业原因、主观惰性

等,进而形成"不脱贫、不离村"的牢固信念。通过安排干部对贫困户进行培训讲座,使贫困户从内心深处清醒地认识到:自己贫困的根源是什么,为什么多年来还不能摆脱贫困,从而在致富脱贫的观念上实现根本变革。

(二)应用PPP模式提升杨凌示范区公共文化服务效能和水平

PPP(Public Private Partnership)模式,是指政府与私人组织之间,为了提供某种公共物品和服务,以特许权协议为基础,彼此之间形成一种伙伴式的合作关系,并通过签署合同来明确双方的权利和义务,以确保合作的顺利完成,最终使合作各方达到比预期单独行动更为有利的结果。

作为一种新型的项目融资模式,将PPP模式引入公共文化服务领域,可以解决以下问题。

第一,有利于弥补政府对公共文化投入的财政短板。截至2017年杨凌示范区对公共文化建设的投入仅为当年财政收入的3%,实行PPP模式能够及时有效缓解政府财政投入的极大不足。

第二,促进公共文化资本投入的多元化。长期以来,很多基层政府或开发区办公共文化仅仅依靠单一的政府财政投入,这无疑是杯水车薪。调动私人资本进入公共文化领域,政府承诺对投资项目进行回购或对投资项目的盈利能力进行担保,有利于打消私人的顾虑,实现政府和私人组织的双赢,最终惠及城乡群众。

在公共文化建设领域,因为其本质是公益的,所以在应用PPP模式时,不宜让民间资本承担相应的投资风险。同时,民间资本只参与文化基础设施建设,无须负责公共文化设施的运营,也无须提供相应文化服务,在建成后,民间资本更多地要起协调者和监督者的角色。

杨陵文化局要精选一些公共文化项目,建立公共文化预建项目库,联合银行信贷部门,面向全国实行公共文化PPP共建招标,在示范区试行公共文化"5321"PPP共建模式。"5"即出资额为5万元,"3"即期限3年,"2"即免除保证金、免抵押,"1"即一律实行基准利率。促进公共文化领域的民间资本进入。

(三）结合杨凌智慧城市建设，实现公共数字文化升级换代

杨凌示范区的公共数字文化必须走在全省前列。早在 2015 年，示范区就提出了智慧城市的发展措施。当年出台的《关于印发 2015 年杨凌智慧城市建设重点项目任务分解的通知》提出要继续实施光网城市、无线城市建设，提高基础网络支撑能力。实现城区光纤到小区 100% 覆盖，宽带到户 20M 以上速率超过 90%；农村光纤到村 100% 覆盖，农村宽带接入能力达到 20M；4G 移动通信网络覆盖率 60%，全区公共热点区域 WiFi 覆盖率超过 80%。不断推动移动通信技术在各领域的应用，加速"三网融合"业务普及。借助杨凌示范区的示范效应，加强杨凌基层公共数字文化建设。在 2017 年力争实现全区主要村镇、社区无线 WiFi 全覆盖。

（四）将校区文化共建品牌化

依靠西北农林科技大学和杨凌职业技术学院两所大学共建杨凌示范区基层数字文化，将校区共建品牌化，使之可持续发展，需要在全区推动"农创+文创"模式。"农创"即农业领域的创新，多年来杨凌肩负着"支撑和引领我国干旱半干旱地区现代农业发展"的重要使命，杨凌示范区在我国农业科技创新方面，始终处于排头兵、领头羊的角色。借鉴农创的巨大活力，在公共文化建设领域继续推进文化创新。要充分利用好区内两所高校的人才优势，每年培养文化志愿者 100 名，每月至少开展 次文化志愿活动。挖掘杨凌示范区的优秀农耕文化形式，定期在区内两所高校展示和演出。将区内高校的各类文艺特长生和文艺人才在辖区综合文化站聚集起来，建议设立文艺实习基地，丰富辖区内文艺人才的有序流动。在辖区大型文化场所要每月开展乐器、摄影、书法、绘画等门类的公益性艺术培训。依托乡镇（街道）文化站培育和扶持杨凌高校文化社团（团队）建设，在校内培养大学生文化志愿者。

（五）三文联动，激发辖区群众自办文化新活力

三文联动，是指充分发挥杨凌示范区文化局、文化专业协会的文艺工作

者、文化志愿者三方力量，一改过去的公共文化由文化局一家办的弊端，在示范区文化局主办的基础上，发挥文化专业协会的力量。2017年杨凌示范区的文化专业协会已有7家，文化志愿者也依托辖区高校成立了3家。在此基础上，2018年示范区管委会应加大对文化专业协会和文化志愿者组织的扶持力度，使文化专业协会吸收更多会员，遍地开花，增加到10家以上。要让公共文化志愿者组织走出高校，在辖区乡镇和街道办事处也能生根发芽，打破多年来辖区文化志愿者都是清一色大学生的被动局面。

鼓励城乡群众自办文化。乡镇文化站每月定期开展群众自创文化节目征集活动，对一些贴近基层、形式新颖、群众欢迎、彰显社会主义核心价值观的文艺节目予以推广。要重点扶持有杨凌地方特色的文艺节目，在丝绸之路艺术节、非物质文化遗产展示等平台上亮相。

（六）加强杨凌示范区公共文化服务城乡联动机制

促进城乡"结对子、种文化"，加强城市对农村文化建设的帮扶。结合杨凌示范区正在实施的城市主题文化战略，应加强城乡公共文化资源的有机互动。一方面，要坚持城市公共文化场馆继续以免费或优惠的方式向基层群众开放；另一方面，发挥杨凌地处关中中部的优势，加强与西安、宝鸡、咸阳的文化交流，使优质的公共文化资源源源不断地输入乡村。做到城乡文化资源共建、文化设施共建、文化活动共同参与。用城市的优质文化资源改造乡村的落后文化资源，定期开展农家书屋和（城镇）社区书屋的共建机制，建议设立杨凌文化惠民卡，在原有的文化惠民卡可以看演出的基础上，增加文化惠民卡的图书报刊借阅、文化培训和文艺节目参与三大功能。城市在文艺人才方面具有先天优势，建议每月开展全区城乡文艺人才双向交流活动。采取订单方式，在大型文艺节目展演时，尽量吸收城市和农村的骨干文艺人才，促进城乡文化交流。

B.21
韩城全域旅游的"软着陆"与转型升级

杜 睿*

摘　要： 韩城，是历史上司马迁的故里，是鲤跃龙门传说的发祥地，这是一个具有丰富历史文化资源的陕西省计划单列市。韩城从一个重工业城市逐渐发展为陕西省旅游示范市，韩城旅游经历了单一旅游、文化旅游到全域旅游的几个阶段的转型升级，实现了融文物古迹、自然风景、乡村民俗、文化娱乐等于一体的多元化、全域性新型旅游业态。在韩城全域旅游中实现了软着陆，即服务质量的提升和服务设施的完善，服务口碑过硬，宣传上做大做强，韩城旅游的经验和启示值得陕西旅游业借鉴。

关键词： 韩城　全域旅游　历史文化资源　转型升级

当乡村旅游和最美小镇如火如荼地开展，关中的乡村旅游、陕南的生态旅游、陕北的红色之旅成为一道靓丽的风景线的时候，全域旅游正成为旅游业的新标杆。"全域旅游"所追求的，不再停留在旅游人次的增长上，而是追求旅游质量的提升，追求的是旅游对人们生活品质提升的意义，追求的是旅游在人们新财富革命中的价值。然而面对普遍发展、竞争愈烈的市场态

---

* 杜睿，陕西省社会科学院助理研究员。

势,全域旅游的城市化发展如何顺利实现转型升级,如何由发展初期的大众化、粗放式转向健康发展的特色化和品质化,如何由政府主导推进的"事业型",转向以市场杠杆调控的"产业化",如何在全域旅游的市场中赢得一席之地,创新出自己的特色就成为全域旅游实现突破和可持续发展的重大课题。

在秦、晋、豫交会处的韩城,正诠释着全域旅游新概念。在这座被誉为"文史之乡"的城市,从最初靠历史文化的宣传旅游到如今打造"沿黄"景观带,从秦晋交汇的渭南偏远县级市,到如今"首批国家级旅游业改革创新先行区""首批国家全域旅游示范区",在央视《魅力中国城》脱颖而出的文化名城,韩城不仅将历史文化资源与旅游有机结合,并积极打造北方的"江南水乡",成功地融生态与民俗、内陆与水城在一起,还借助"一带一路""黄河金三角"以及构建城市水陆空一体化大格局的黄金机遇,以"史记文化"和"黄河文化"为主题开创陕西文化旅游的新篇章。韩城近年来对旅游业的重视、韩城市委市政府为韩城的转型发展、全域旅游的大胆试验和开辟创新之路,为陕西乃至中国的重工业城市转型摸索出了众多经得起考验的经验。

一 历史文化与自然景观

(一)关中文物最韩城

韩城,是一座历史文化悠久的城市,位于秦、晋、豫交会处,是关天经济区发展的"东大门",已经有千年历史。夏、商属雍州,《书·禹贡》有"龙门,禹贡雍州之域"的记录。相传夏禹"导河积石,至于龙门",因而史以"龙门"为韩城地域的代称。"鲤跃龙门"的传说也因此而来。秦惠文王十一年(前327)始置夏阳县。隋开皇十八年(598)改称韩城县。明太祖洪武七年(1374),韩城属陕西布政使司西安府同州潼关道。1983年10月改为韩城市,2012年5月升格为省内计划单列市、副地级市。

在这座城市内，不仅有悠久的历史，还有丰富的历史文化资源，和陕北的红色之旅、陕南的生态旅游不同，位于关中东部的这个历史名城，依靠的是其娓娓道来的历史和深厚的文化底蕴。最为著名的莫过于司马迁祠。始建于公元310年的司马迁祠，是为了纪念司马迁大信于天下的精神而建。墓坐落在韩城市南10公里芝川镇的韩奕坡悬崖上，始建于西晋永嘉四年。1982年2月，国务院公布为全国重点文物保护位。因"司马迁"的名人效应而让韩城一度成为司马迁故里的代名词，一直以来人们说起韩城，往往会与司马迁祠联系在一起。而除了被人熟知的司马迁祠，还有有着1500多年历史的韩城古城，这个是迄今为止全国六大保存完整和魅力独特的千年古城之一，东西南北分别设有"黄河东带""梁奕西襟""溥彼韩城""龙门胜地"四面墙，呈现唐宋元明清五代古建筑的特点，被誉为中国最有潜力的古城之一。距今680年的党家村，保留了完整的古村寨特色，被国外建筑学家誉为"东方人类古代传统居住村寨的活化石"。梁带村两周遗址则被列为2005年十大考古发现之一，是两周时期古芮国遗址。除此之外大禹庙、普照寺和三庙景区（文庙、城隍庙、东营庙）等众多的地上文物资源让韩城成为一座文化名城、历史古城，因此有着"关中文物最韩城"之称。

（二）独特的自然风景

除了地上文物，韩城具有独特的区位交通优势。韩城位于陕西省东部黄河西岸，关中盆地东北隅，秦晋交界处，处于华北进入陕西的桥头堡位置。从全省来看，韩城是陕西东北部重要门户城市；从黄河中游来看，韩城是秦晋豫黄河金三角区域的重要节点。城乡交通四通八达，市内拥有进京直达始发列车，西禹高速、108国道、304省道贯穿全境，是连接秦晋的交通要道、"进入韩城看陕西"的形象窗口。既是关中—天水经济区的工业核心城市，又是秦晋豫"黄河金三角"的重要组成部分。地处秦晋咽喉，承东启西，面向中原，连陕晋豫，是关大经济区发展的"东大门"。总面积1621平方公里。"水险不通，上则为龙"。黄河龙门，为夏禹治水所凿，也是大禹治水的终点，这里不仅有纵观黄河全景的北国风光，也有历代文人学士"一登龙门"的美好寓意。有"南看长江三峡，北观黄河三门"的秦晋大峡谷、"一泻千里，浑然天成"瀑布的薛峰山水等。因其独特的地理位置，韩城成为一个北方的水乡、一处沿黄河的独特风景。

但是多年以来，韩城旅游一直处于边缘位置，处在陕西的边缘，仅仅依靠历史文化资源无法吸引游客的注意，除了固有的资源，周边的配套设施并未跟上步伐，短线的"一日游"路途遥远完全不能满足游客的需求，而长线深度游则由于交通不便、旅游项目单一、配套设施不完善而导致游客选择规避。相比迅速崛起的陕北红色之旅、陕南生态旅游和关中乡村民俗文化旅游，韩城仍然在历史文化资源里找寻出路，处于一种很尴尬的位置，这成为制约韩城旅游的一个短板。

而改革开放以来重视工业、发展经济的理念也一度让韩城的旅游未受到应有的重视。韩城经济依靠煤炭、焦化、钢铁、电力等四大支柱产业，成功跻身西部百强县（市）之一，一度成为陕西的"煤化之都""钢铁之都"，相应地，环境污染、水资源污染等问题接踵而来。随着各地旅游业的逐渐崛起，各地对生态环境日益重视，旅游形式趋于多元，品质不断升级，让韩城对旅游业重新思考和定位。如何在形式繁多、内容求新的陕西旅游市场中求得一席之地，如何在拥有诸多文化、自然资源的同时，打好手中的"牌"，走在旅游市场的前列成为摆在韩城市委市政府面前的首要问题。

（三）从重工业到文化旅游的发展与转型

曾经被称为煤都、钢铁之都、煤化之都的韩城，钢铁总量占陕西省的70%左右，煤化工业举足轻重。过去提到韩城，很多人都会想到"重工业"城市，重工业成为韩城的支柱产业，而近些年在国家工业转型的要求下，陕西省委省政府将韩城市作为陕西省唯一的计划单列市以后，韩城将工业转型和旅游作为两项重要工作，以旅游作为推动城市经济转型升级的重大突破口。作为一个有着独特历史文化资源的城市，韩城率先发展文化旅游，这也是韩城在旅游业上的优势。从以文物、史记、遗址、古建筑等为代表的历史文化层，以现代文化、艺术、技术成果为代表的现代文化层，以居民日常生活习俗、节日庆典、祭祀、婚丧、体育活动和衣着服饰等为代表的民俗文化层，以人际交流为表象的道德伦理文化层提升文化旅游的品质，建立更加宽泛的文化旅游。自2012年开展创建陕西省旅游示范市工作以来，韩城市委市政府明确了"跻身全国百强，建成区域中心"的发展战略，积极提升旅游产品定位、加快体制机制创新，开展以文化旅游为重点的全域旅游，在提升文化品质、引领对外开放、扩大招商引资、提升基础设施、提高服务软实力，实现吃住行游购娱全方位旅游等方面展现出巨大活力，旅游产业的综合经济实力和关联贡献作用逐渐撑起了韩城社会经济发展的"半壁江山"。韩城不再是单一以重工业为支撑的经济模式，而是着力发展旅游产业，打造一流旅游示范市，吸引陕、晋、豫三地游客，成为陕西旅游业的一颗明星。

为了转变经济发展方式，让韩城经济从重工业经济转型到重旅游产业，做大做强"文化旅游"这个主线，韩城率先步入"互联网+文化产业"的产业结构模式中，加大招商引资力度，实现了"政府主导、企业搭台，市场唱戏"的发展理念，从最初的重工业经济，到重工业为支撑、旅游业逐渐发展，如今实现了旅游业的全方位突破。通过广泛拓宽融资渠道，韩城市政府投资1亿元旅游产业发展基金，运用PPP发展模式，充分发挥市旅游投资公司融资平台作用，与多家金融机构建立了"一对一""一对多"融资机制。① 不仅建设了一批仿古建筑，同时围绕"古城文化""黄河文明""史圣司马"三大主题，全力推进"史记韩城·风追司马"文化景区建设，建成梁代村遗址公园和博物馆、党家村等景区景点，以韩城著名的花椒产业园建立招商引资渠道，成功引入韩城—万荣、韩城—河津黄河大桥投资建设，深挖投融资渠道，开发文化

---

① 徐萍、薛向锋：《大旅游战略助推韩城旅游产业华丽转身》，《中国旅游报》2015年10月21日。

旅游的附加产品带来的经济效应。以司马迁为故事原型的大型历史话剧《司马迁》以及大禹、鲤跃龙门等传说带动旅游景点的间接经济效应。

（四）旅游业带动经济发展

自2012年实行陕西省内计划单列市以来，韩城市把文化旅游作为推动转型发展的突破口，实施旅游突破发展战略，改革创新，高端谋划，全域建设，2015年被列为国家旅游业改革创新先行区和全国全域旅游示范市创建单位，实现了领导指挥、全民参与、定位高远、着力全局的总体目标。成立了以市委书记、市长任总指挥，43个部门主要领导为成员的创作工作指挥部，制定了《韩城市创建陕西省旅游示范市实施方案》，编制了《韩城市旅游总体规划》《旅游产业十三五发展规划（草案）》等20多个旅游规划方案，明确了责任和分工，整合成立了"史记韩城·风追司马"文化景区管委会等部门，"将文物、交通、住建等10个部门列为成员单位，率先在全省成立旅游发展委员会，建立了旅游发展联席会议制度，定期听取旅游发展和创建工作汇报。"① 设立3亿元旅游发展基金，集全市之力共创旅游示范市，同时在多个大中城市设立了旅游招商服务处。不仅如此，韩城还实现了全民参与的热情，在住建、招商、城建、绿化等方面统筹规划，一起调动。同时以"我是韩城人，我为韩城骄傲"作为宣传口号，鼓励每一位市民都参与到韩城市旅游建设当中来。

诸多努力带动了旅游经济的突飞猛进，近年来投入韩城旅游的社会资本突破100亿元，2015年全年接待游客480万人次，旅游综合收入19.7亿元，分别增长26.3%和27%。2016年全年接待游客839.3万人次，综合收入达到34.4亿元，分别增长74.8%和74.6%，成为韩城经济发展的一个重要驱动力。而仅2017年上半年，韩城旅游综合收入就已经达到30亿元，接近2016年全年旅游综合收入。旅游业已成为撬动韩城经济的一个杠杆。

---

① 徐萍、薛向锋：《大旅游战略助推韩城旅游产业华丽转身》，《中国旅游报》2015年10月21日。

二 韩城旅游的转型升级

当韩城文化旅游如火如荼地开展的时候，当韩城旅游业带动经济发展的时候，也带来了诸多问题。交通不便对旅游业的影响，旅游人数激增导致的设施配套不足，文化旅游发展到深度游之后导致的旅游资源单一、项目种类缺乏，历史文化资源丰富而生态娱乐类项目开发不足，宣传的广度还有待提升等制约，使韩城市委市政府开始思考旅游的转型升级。面对日益激烈的旅游业竞争、日益多元化的旅游形式和不断推陈出新的旅游目的地，韩城开始从文化旅游中转变思路，探索全域旅游的新模式。全域旅游目的地就是"一个旅游相关要素配置完备、能够全面满足游客体验需求的综合性旅游目的地、开放式旅游目的地，是一个能够全面动员资源、立足全面创新产品、可以全面满足游客需求的旅游目的地"。[①] 21世纪以来全域旅游逐渐地受到全国各旅游目的地重视，并广泛推广，成为旅游创新模式。韩城率先革新旅游业态，从文化旅游转型到全域旅游，从交通、软硬件配套设施、旅游产品开发、旅游宣传、游客服务、多元化旅游业态等方面做足功夫。

（一）从景点旅游到全域旅游

自2015年成为国家旅游业改革创新先行区和全国全域旅游示范市创建单位以来，韩城的旅游业迅猛发展，但是问题也接踵而来。如何让韩城旅游成为全国旅游的亮点，如何摆脱文化旅游的单一品牌，成为韩城市旅游业的转型关节点。

韩城市委市政府领导在深入思考、广泛调查研究、听取各方意见和建议之后，确立了从景点旅游到全域旅游的发展思路，抓住"一带一路"重大发展机遇以及韩城旅游"十三五"发展规划的优化调整与贯彻落实，围绕"史记韩城·黄河特区"，全面迈入"黄河旅游特区"时代。旅游"1+3"

---

① https://baike.so.com/doc/4901501-5119916.html.

是韩城根据自己旅游发展特色制定的,即在陕西省率先成立旅游发展委员会,建立旅游联席会议制度,同时成立旅游警察分局、法庭和市场监管分局,着力构建"以旅游服务为主,加强全域旅游的产品和配套设施,以宣传为重心"的发展格局。总结了一套具有韩城特色的全域旅游工作经验,即"创新机制、顶层设计是前提,加大投入、打造精品是核心,生态支撑、提升品质是关键,宣传营销、打造品牌是重点,完善要素、优化服务是基础"。①

韩城旅游从文化旅游层面逐渐向多元、纵深化方向发展,逐渐形成了以司马迁祠、韩城古城、三庙等4A级景区,党家村、普照寺、大禹庙等3A级景区和梁带村遗址博物馆等一批历史文化名胜古迹为主导,以黄河龙门、薛峰山水、秦晋大峡谷、澽水河生态景观等一批自然景区为依托,综合了温泉、滑雪、采摘、度假、民俗、乡村旅游等娱乐项目,建成了晋公山滑雪场、欣沐阳高端温泉酒店、韩城花椒产业园、文史公园、芝阳镇马村花椒种植园、神道岭CS野战基地、霸岭狩猎休闲山庄等一批高规格的综合旅游服务;建设了韩城国际大酒店、银河大酒店、禹龙宾馆等一批星级酒店以及澽水河项目主题酒店、大汉行宫、假日阳光商务酒店等一批特色主题酒店,满足游客多层次的需求。而司马迁祠则于2017年开始了核心景区综合提升工程,为升级5A级景区做准备,党家村、韩城古城等景区也迎来了改造、升级;韩城不仅打造北方的"江南水乡",而且实现水陆空旅游,重点构建集支线机场、旅游专列、城际铁路、水上交通及度假休闲于一体的综合立体型旅游项目。韩城民风民俗也是韩城全域旅游的一抹亮色,司马迁民间祭祀暨司马迁文化节、大禹典礼暨大禹文化节、普照寺"四八"庙会以及韩城行鼓、国家级非遗名录韩城秧歌成为韩城大型民俗活动,吃住行游购娱全方位、多角度展示韩城,在韩城夏季可以感受江南水乡的魅力,冬季可以体验滑雪与温泉带来的冰火刺激,韩城的旅游已经从单一历史古迹旅游,变成了融文物古迹、自然风景、乡村民俗、文化娱乐等多元化、全域性旅游业态。

---

① 《韩城市长褚锦锋分享旅游"1+3"模式》,http://www.sohu.com/a/81990209_239815。

（二）绿色化发展实现"从黑变绿"的跨越

一度被称为煤都、钢铁之都、煤化之都的韩城，钢铁总量占陕西省的70%左右，钢铁、煤炭、电力、化工等重工业成为韩城发展的支柱。在重工业的发展下，环境污染急剧恶化，整个城市在追求GDP的过程中，城市色彩是灰暗的。因此当陕西省委省政府将韩城市作为陕西省唯一的计划单列市以后，为响应国家重工业转型的要求，韩城将工业转型和全域旅游作为两项重要工作，从打造北方的"江南水乡"到澽水河生态景观，从鱼跃龙门的黄河到绿水青山的文史公园，韩城从重工业的转型到环境的逐步好转，成功地将旅游与环境保护紧密结合在一起，不仅能够感受到韩城旅游业态的逐渐完善，全域旅游的步伐逐渐加快，而且从灰暗的色调变为实实在在的绿水青山，为旅游注入了鲜活的生机。

（三）有故事的韩城有味道的旅程，宣传上见真知

如果说韩城的历史文物资源是它最具影响力的品牌，那么宣传则让韩城被国内外更多的游客熟知。韩城在旅游宣传方面可谓十分用心，从2015年开始韩城就加大力度做宣传。一是按照"月月有主题，周周有活动、天天在升温"的思路，每月推出一场旅游盛会。2016年已经成功举办了黄河国际音乐节、黄河金三角青少年足球节、"一带一路"国际大学生微电影节、龙门鲤鱼节、韩城国际摄影节、国际锣鼓邀请赛、韩城国际滑雪节和温泉节等12项大型活动。2017年上半年已经举办了"一带一路"灯光艺术节等活动，下半年则举办了"一带一路"双椒论坛暨2017第二届中国·韩城国际花椒节、2017"司马迁杯"韩城中国汽车场地越野锦标赛等大型活动。通过每个月的精彩活动，韩城旅游人气节节升温，景区游客出现井喷现象。二是用品牌打造精品。利用司马迁的名人效应和《史记》的国际影响力，成功排演了话剧《司马迁》，著名演员、韩城本地人冯远征担任"司马迁"一角，在京、陕等地受到了热烈赞誉；多次邀请省内外、国内外知名专家学者、文化名人来韩城开展高端文化论坛、《史记》研讨会，著名作家贾平凹

就曾为韩城文化旅游建言献策；开展"一带一路"百人论坛，带动韩城旅游的国际化进程；黄河龙门的故事《鲤鱼跃龙门》荣获了全国地名文化保护与传承座谈会三等奖。三是"请进来"与"走出去"。韩城不仅把一些大型活动邀请到当地，而且积极"走出去"，让更多国内外游客了解韩城。2017年举办了万名游客逛韩城的活动，让所有的游客都参与进来；大型民俗舞台剧《韩城人》每周演出，在旅途中感受舞台演出的饕餮盛宴，也把许多外地游客"请了进来"；参加中央电视台财经频道栏目《魅力中国城》，为韩城在全国营造了口碑、打响了品牌。

（四）服务品牌和口碑双赢

全域旅游不仅在于旅游内容的多元、形式的多样，更在于旅游服务的优质。在日益激烈的旅游业竞争环境中，文化旅游、乡村旅游、小镇旅游、红色旅游、生态之旅等名目繁多的旅游种类让游客目不暇接，而旅游服务的品质则成为提升旅游产业质量的一个重要关节点。全国各地曝光的许多导游打人事件，以及旅游景点恶意漫天要价、强制消费、服务质量差等消息一度让游客对旅游产生畏惧感，旅游本该是一件美好的过程，却成为许多人痛苦的回忆，而旅游从业人员素质的提升，旅游业的规范化发展则是目前国内旅游普遍面临的问题。

韩城在服务和口碑上打造双赢模式，一方面聘请高水平的导游和景区讲解员为来韩城游客服务，另一方面又下大力气对旅游从业人员进行培训，净化韩城旅游环境，杜绝宰客、强制消费等现象。同时坚持以游客需求为导向，扩大住宿接待容量。在市中心和景区景点周边建成了十多家高档酒店和6家快捷酒店，新增乡村旅游和农家乐床位300余张，满足不同层次游客需求，完善了景区停车场、游客服务中心、景区标识标牌等，极大地缓解了游客停车难、问路难、指向难等问题。投资2000万元对景区厕所进行改造，开展厕所革命，让游客在景区感受到干净和舒适，在主要景区实行了WiFi全覆盖，智能化服务进景区。为了弥补交通短板，韩城先后完成了15条城市道路以及景区旅游路线的改造升级，按照"一路一景观、处处是风景"

完成了乡村主要道路的建设和改造。2017年陕西最美公路韩城段的通车将让游客在驾驶沿途一路游览，风景环境美不胜收。

三 韩城旅游转型升级的经验与启示

韩城旅游经历了单一旅游—文化旅游—全域旅游的转型升级过程，是旅游业态从单一到多元、景点游到深度游的过程，韩城旅游的转型升级说明旅游业要重视多元发展：无论是单一的旅游还是历史文化资源旅游都无法满足游客日益增长的需求，只有不断地推陈出新、不断挖掘旅游的潜在价值才能走在发展前列。重视服务质量：从吃住行游购娱为一体的旅游到重视旅游服务质量，突出服务理念，延伸服务表现方式，使服务成为转型升级和旅游发展的主旋律和主要推手，从大打特色旅游到重视旅游服务，这是旅游未来发展的一个重要阶梯，也是中国旅游业迈向国际化标准的重要指标。重视、延伸宣传的辐射效力：通过宣传使旅游特色彰显出来，并打造"请进来、走出去"的思维模式，宣传的效应让韩城从一个接待游客仅仅百十万人的旅游小市，到容纳近千万人的旅游大市，也让韩城从省内走向了全国乃至全世界，成为国际化的司马迁故里、黄河特区。

而韩城旅游在转型升级过程中也依然存在需要修正和完善的问题，公共交通成为旅游发展亟须解决的问题，最美公路韩城段虽在一定程度上缓解了韩城交通不便的问题，但市内旅游路线和娱乐项目分散、公共交通缺乏让许多无车族望而却步，从晋公山滑雪场到欣源温泉酒店再到韩城市区需要自行开车几个小时，其间要从芝阳镇清水村到板桥镇王村再到市区，耗时长、行程分散、公共交通不便捷，而其他旅游娱乐项目也同样存在此类问题，因此发展公共交通、建立立体化交通体系成为韩城未来旅游发展的一个重要环节；而服务升级也是需要继续提升的一个优势，服务质量成为旅游业竞争的金标准，所以要争取一个更加优质的服务，提升服务质量，建立更加规范、更加务实、更加高效的服务体系，建立智能网络服务平台，让所有景区、游乐场地都纳入这个云平台之中，让服务更加透明、公开，让游客投诉有理可说、有据可寻，以评分制的方式按照好、中、差几个等级对旅游从业人员进行评定，实行末位淘汰制，规范旅游从业人员的行为准则，提升职业道德，提高他们的学历水平。

除了服务软实力，服务硬件设施也应当更加完善，除了景区景点设施的升级改造之外，景区周边的设施也应该完善。比如周边的吃住行等，特别是像晋公山滑雪场、欣沐阳温泉酒店、灞岭狩猎山庄等都是建立在村镇之中，对于这些村落的升级改造和环境提升，也是整个景区服务的重要一环。

韩城旅游的"弯道超车"让我们看到了韩城旅游发展的绚丽明天，韩城旅游的经验和启示也值得陕西旅游借鉴。

大 事 记

Chronicle Events

B.22
2017年陕西文化发展大事记*

1月

2016年12月26日至2017年1月5日 由省文化厅主办的第二届陕西省现代文化艺术节在西安举办。

1月1日 西安广播电视台推出表现陕甘红军创建历程的"我们的节日"红色经典新年主题交响音乐会。这是国内首场以红色乐曲为主题的新年交响音乐会。

1月8日 "津闽秦国粹流芳精品剧目惠民展演"在西安开幕。此次展演活动由陕西省京剧院、天津京剧院、福建京剧院三方院团在同一个剧场连续演出，极具创新性。

1月9~11日 陕西文化产业代表团参加2017香港国际授权展，为陕

---

* 陕西省社会科学院文化研究所邓娟整理。

西文创、动漫和非遗发展创造了更多的合作机会和新的商机，对进一步扩大陕西文化产业对外影响力具有十分重要的意义。

1月10日 由陕西省文化厅出品、渭南市秦腔剧团等基层院团联合打造的大型秦腔现代戏《家园》自北京开启全国巡演，用秦腔讲好陕西精准扶贫故事。

2月

2月3~5日 作为文化部"欢乐春节"活动的组成部分，由陕西省文化厅主办、丝绸之路国际演艺联盟和澳大利亚澳丰集团策划承办的"国风秦韵"陕西传统文化新春庙会，在澳大利亚举行多场活动。

2月16日 陕西省第三届陕北民歌大赛正式启动，面向基层，面向群众自下而上进行。

2月16日 2017年陕西省暨安康市文化科技卫生"三下乡"集中示范活动在白河县举行。

2月18日 陕西省文化厅"永不落幕的艺术节"文化惠民驻场演出活动在西安人民剧院正式启动。

2月18日 由陕西省文化厅、西安曲江新区管理委员会主办，西安美术馆承办的"城墙之外——2017西安当代艺术展"在西安美术馆开幕，是西安当代艺术的第一次大规模展览。

3月

3月17日 由陕西省文化厅、西安秦腔剧院主办的"2017每到周末有好戏"戏曲惠民演出活动在西安启动。

3月29日 由《求是》杂志社与陕西省委宣传部联合共建的"延安精神研究中心"成立暨揭牌仪式在延安大学举行。

4月

4月4日 "第34届中国陕西·日本京都书画联展"暨"第三届中国陕西·日本学生书画联合展"在日本京都举办。

4月7日 第24届北京大学生电影节西北分会场开幕式在西安举行。

4月20日 以"思政课建设创新和社会服务新作为"为主题,全国高校思想政治工作会议精神专题研讨会暨第三届全国高校马克思主义学院院长高端论坛在西安交通大学开幕。

4月20日 2017"一带一路"年度汉字在仓颉造字之地——渭南市白水仓颉庙举行发布仪式。

4月20日 全省重点社科基地工作会议在西北工业大学召开,分别设6家首批陕西省重点中国特色社会主义理论体系研究中心、4家首批陕西省重点舆情信息研究中心,以及6家第二批陕西省哲学社会科学重点研究基地,为全省追赶超越提供理论支撑。

4月22日 由陕西新华出版传媒集团延安市新华书店打造的全国规模最大、场景感最强的红色书店——延安中国红色书店投入使用。书店以"弘扬延安精神,促进全民阅读"为宗旨,努力打造中国最美红色书店。

4月22日 以"构建大关中城市群,奋力实现追赶超越发展"为主题的第十一届大关中发展论坛在西安举行。

4月24日 "见证陕西 追赶超越"2017"CRI中外记者看陕西"大型采访活动启动仪式在西安举行。

4月27日 陕西原创杂技剧《丝路彩虹》赴欧洲六国巡演正式启动。是中国杂技行业首个沿丝绸之路进行国际商演的优秀剧目。

5月

5月6日 陕西"百县千乡送文化"政府文化惠民活动在西安易俗大剧

院正式启动。活动将持续到年底，共安排2000余场基层演出。

5月17日 由陕西省中国特色社会主义理论体系研究中心、陕西省社科联、西安市社科联主办的"一带一路"与大西安建设高层学术应用研讨会在西安召开。

5月21日 由陕西省人民政府主办，西北大学、陕西侨易文明对话研究院等承办的第三届"文明对话·长安论坛"召开，倾力构筑西安成为21世纪人文思想碰撞的世界文明对话高地。

5月23日 陕西文化惠民卡首发仪式在西安举行，首批共计3万张，以共享文化惠民政策、扩大文化消费需求为目标，从供给侧改革出发，精准惠民。

5月23日 由省文化厅主办、西安音乐学院舞蹈系排演的芭蕾舞剧《忆·红色娘子军》在西安首演。这是近几十年来，首个由陕西本土芭蕾演出队伍排演的芭蕾舞剧。

6月

6月3~7日 2017丝绸之路国际博览会暨丝绸之路经济带国际合作论坛在陕西西安举行。大会以"新平台·新机遇·新发展"为主题，抢抓"一带一路"建设机遇，抓紧构建国际化合作新平台。

6月14日 陕西省文化厅陕北文化艺术创作基地奠基仪式在绥德县田庄镇贺家庄村举行。基地将用于省内外艺术院校学生、文艺团体创作人员、文化工作者创作，组织三区人才等专项培训。

6月20日 陕西省文化厅与西北大学共建陕西省文化培训学院揭牌签约仪式在西北大学举行。学院将以弘扬陕西优秀传统文化、培养文化人才为主要内容，充分发挥政府与高校在文化建设工作上的互补优势。

6月25日 陕西全省助力脱贫攻坚文艺巡演在白水启动。活动持续到7月下旬，陕西文艺工作者组成一个个助力脱贫攻坚文艺演出小分队，奔赴全省56个贫困县（区）的镇村进行百场巡演，讲好脱贫故事，凝聚脱贫攻坚斗志。

6月30日 作为中国国家画院的重要品牌性展览项目,"写意中国·2017中国国家画院国画、书法篆刻作品巡展"在陕西省美术博物馆隆重开幕。

7月

7月14日 优秀传统文化秦腔数字《漫赏秦腔》在中央电视台播出。这是秦腔首次以动漫形式通过中央电视台展现给全国观众。

7月28日 由陕西历史博物馆参与、西部8省区博物馆联合举办的"茶马古道——八省区文物联展"在河北博物院开幕。

8月

8月1日 《长征 长征——红军长征到陕北》落地主题展馆在陕西省档案馆正式开馆,免费向公众开放。

8月2日 由陕西省文化厅、贵州省文化厅、河北省文化厅共同主办,庆祝建军90周年文艺晚会的大型主题文艺晚会《只为人民谋幸福》在西安上演。

8月4~6日 2017年丝路国际旅博会在西安举办。展会以"丝路合作·共享发展"为主题,突出展示"国际一流文化旅游中心"形象,为国内外旅游业者和广大民众搭建国际化、专业化的展示、合作、交流、服务平台。

8月9日 两岸千名青年黄陵大祭祖暨黄帝文化大讲堂活动在黄陵县举行。旨在为两岸青年搭建交流平台,共同缅怀先祖伟大功绩,传承黄帝精神,增强炎黄子孙文化认同感。

8月11日 由西安市委主办,西安市委宣传部、西安曲江新区管委会承办的"丝绸之路文化行"大型文化活动在西安启幕。

8月15日 旨在进一步挖掘整合西安市碑林区文化资源、打造西安特色文化品牌的"盛世碑林"大型文化主题活动启动。其中,"一带一路·文化之旅"感知大西安国际活动周活动于8月27日启动。包含"一带一路文化使者"感知大西安国际研修写作计划、"一带一路中华根脉"国际访学体验活动、"一带一路传播中国"丝路外媒看西安采访报道活动。

8月20日 首届世界西商大会开幕式暨主题论坛在西安举行,以"'一带一路':新西安 新经济 新活力"为主题。

8月21日 由曲江新区管委会、荷兰王国驻重庆总领事馆和"贞观"主办的"此城·彼人——外国人镜头下的西安"影展在西安开幕,用照片讲述古城的故事。

8月23日,29日 由省委宣传部、省发改委主办的"追赶超越论坛·'五新'战略任务系列理论研讨会——构筑新高地""追赶超越论坛·'五新'战略任务系列理论研讨会——激发新活力"先后在西安举行。

9月

9月1日,4日 由省委宣传部、省发改委主办的"追赶超越论坛·'五新'战略任务系列理论研讨会——共建新生活""追赶超越论坛·'五新'战略任务系列理论研讨会——彰显新形象"先后在西安举行。

9月7日 第四届丝绸之路国际艺术节在西安开幕。本届艺术节共有来自106个国家和地区的艺术家参与,创下历史新高。艺术节在举办文艺演出、美术展览、文化论坛、惠民巡演的同时,还举办国际现代艺术周、国际创意动漫周、国际儿童戏剧周以及国际青年汉学家研修班等活动。

9月9日 "第四届丝绸之路国际艺术节·国际儿童戏剧周"在西安开幕,与以往相比,本届儿童戏剧周更加具有国际化视野和中国传统文化元素。

9月13日 "澳洲千人游陕"活动首批旅客抵达西安。9月14日,"澳大利亚千人游陕西暨仿唐入城仪式盛典"旅游推介会在西安举行,是近年来陕西面向澳大利亚旅游市场举办的一次最大规模的营销推介活动。

9月15日 由陕西省文化厅和榆林市人民政府共同承办的第八届陕西省艺术节在榆林开幕。陕西省艺术节由陕西省人民政府主办，每三年举办一届，是陕西规格最高、规模最大、最具影响力的艺术盛会。

9月16日 由省委宣传部、省社科联主办，安康市汉滨区委和当代陕西研究会承办的省社科界（2017）第十一届学术年汇"脱贫攻坚理论研讨会"专场活动在安康市汉滨区举行。9月21日，2017欧亚经济论坛在西安开幕。本届论坛以"共建'一带一路'：发展战略的对接"为主题，设金融、文化、科技等11个平行分会以及系列配套专题会议，还举办西安国际投资贸易洽谈会等活动。

9月21~24日 2017西安国际动漫游戏文化周在曲江国际会展中心举行。作为第四届丝绸之路国际艺术节的重要组成部分，本届动漫游戏文化周以"创意·跨界·融合"为主题。

9月26日 由陕西新华出版传媒集团及陕西、甘肃、宁夏、青海、新疆图书馆学会联合主办的第五届陕西（西部）丝路图书交易博览会在西安开幕。

9月28日 由陕西省文化厅、民进陕西省委会主办，陕西省图书馆、陕西新华出版传媒集团承办，以"尚文明礼，书香三秦"为主题的第五届陕西省阅读文化月在西安启动。

9月28日 以"聚力·共融·向未来"为主题的中国广播电影电视社会组织联合会"一带一路"文化传播研究基地揭牌仪式暨首届"一带一路"传播论坛在西安举行。

权威报告·一手数据·特色资源

皮书数据库
ANNUAL REPORT(YEARBOOK) DATABASE

当代中国经济与社会发展高端智库平台

所获荣誉

- 2016年,入选"'十三五'国家重点电子出版物出版规划骨干工程"
- 2015年,荣获"搜索中国正能量 点赞2015""创新中国科技创新奖"
- 2013年,荣获"中国出版政府奖·网络出版物奖"提名奖
- 连续多年荣获中国数字出版博览会"数字出版·优秀品牌"奖

成为会员

通过网址www.pishu.com.cn或使用手机扫描二维码进入皮书数据库网站,进行手机号码验证或邮箱验证即可成为皮书数据库会员(建议通过手机号码快速验证注册)。

会员福利

- 使用手机号码首次注册的会员,账号自动充值100元体验金,可直接购买和查看数据库内容(仅限使用手机号码快速注册)。
- 已注册用户购书后可免费获赠100元皮书数据库充值卡。刮开充值卡涂层获取充值密码,登录并进入"会员中心"—"在线充值"—"充值卡充值",充值成功后即可购买和查看数据库内容。

卡号:374772447897
密码:

数据库服务热线:400-008-6695
数据库服务QQ:2475522410
数据库服务邮箱:database@ssap.cn
图书销售热线:010-59367070/7028
图书服务QQ:1265056568
图书服务邮箱:duzhe@ssap.cn

基本子库
SUB DATABASE

中国社会发展数据库（下设12个子库）

全面整合国内外中国社会发展研究成果，汇聚独家统计数据、深度分析报告，涉及社会、人口、政治、教育、法律等12个领域，为了解中国社会发展动态、跟踪社会核心热点、分析社会发展趋势提供一站式资源搜索和数据分析与挖掘服务。

中国经济发展数据库（下设12个子库）

基于"皮书系列"中涉及中国经济发展的研究资料构建，内容涵盖宏观经济、农业经济、工业经济、产业经济等12个重点经济领域，为实时掌控经济运行态势、把握经济发展规律、洞察经济形势、进行经济决策提供参考和依据。

中国行业发展数据库（下设17个子库）

以中国国民经济行业分类为依据，覆盖金融业、旅游、医疗卫生、交通运输、能源矿产等100多个行业，跟踪分析国民经济相关行业市场运行状况和政策导向，汇集行业发展前沿资讯，为投资、从业及各种经济决策提供理论基础和实践指导。

中国区域发展数据库（下设6个子库）

对中国特定区域内的经济、社会、文化等领域现状与发展情况进行深度分析和预测，研究层级至县及县以下行政区，涉及地区、区域经济体、城市、农村等不同维度。为地方经济社会宏观态势研究、发展经验研究、案例分析提供数据服务。

中国文化传媒数据库（下设18个子库）

汇聚文化传媒领域专家观点、热点资讯，梳理国内外中国文化发展相关学术研究成果、一手统计数据，涵盖文化产业、新闻传播、电影娱乐、文学艺术、群众文化等18个重点研究领域。为文化传媒研究提供相关数据、研究报告和综合分析服务。

世界经济与国际关系数据库（下设6个子库）

立足"皮书系列"世界经济、国际关系相关学术资源，整合世界经济、国际政治、世界文化与科技、全球性问题、国际组织与国际法、区域研究6大领域研究成果，为世界经济与国际关系研究提供全方位数据分析，为决策和形势研判提供参考。

法律声明

"皮书系列"(含蓝皮书、绿皮书、黄皮书)之品牌由社会科学文献出版社最早使用并持续至今,现已被中国图书市场所熟知。"皮书系列"的相关商标已在中华人民共和国国家工商行政管理总局商标局注册,如LOGO( )、皮书、Pishu、经济蓝皮书、社会蓝皮书等。"皮书系列"图书的注册商标专用权及封面设计、版式设计的著作权均为社会科学文献出版社所有。未经社会科学文献出版社书面授权许可,任何使用与"皮书系列"图书注册商标、封面设计、版式设计相同或者近似的文字、图形或其组合的行为均系侵权行为。

经作者授权,本书的专有出版权及信息网络传播权等为社会科学文献出版社享有。未经社会科学文献出版社书面授权许可,任何就本书内容的复制、发行或以数字形式进行网络传播的行为均系侵权行为。

社会科学文献出版社将通过法律途径追究上述侵权行为的法律责任,维护自身合法权益。

欢迎社会各界人士对侵犯社会科学文献出版社上述权利的侵权行为进行举报。电话:010-59367121,电子邮箱:fawubu@ssap.cn。

社会科学文献出版社

皮书系列

2018年

智库成果出版与传播平台

社会科学文献出版社
SOCIAL SCIENCES ACADEMIC PRESS (CHINA)

社长致辞

蓦然回首,皮书的专业化历程已经走过了二十年。20年来从一个出版社的学术产品名称到媒体热词再到智库成果研创及传播平台,皮书以专业化为主线,进行了系列化、市场化、品牌化、数字化、国际化、平台化的运作,实现了跨越式的发展。特别是在党的十八大以后,以习近平总书记为核心的党中央高度重视新型智库建设,皮书也迎来了长足的发展,总品种达到600余种,经过专业评审机制、淘汰机制遴选,目前,每年稳定出版近400个品种。"皮书"已经成为中国新型智库建设的抓手,成为国际国内社会各界快速、便捷地了解真实中国的最佳窗口。

20年孜孜以求,"皮书"始终将自己的研究视野与经济社会发展中的前沿热点问题紧密相连。600个研究领域,3万多位分布于800余个研究机构的专家学者参与了研创写作。皮书数据库中共收录了15万篇专业报告,50余万张数据图表,合计30亿字,每年报告下载量近80万次。皮书为中国学术与社会发展实践的结合提供了一个激荡智力、传播思想的入口,皮书作者们用学术的话语、客观翔实的数据谱写出了中国故事壮丽的篇章。

20年跬步千里,"皮书"始终将自己的发展与时代赋予的使命与责任紧紧相连。每年百余场新闻发布会,10万余次中外媒体报道,中、英、俄、日、韩等12个语种共同出版。皮书所具有的凝聚力正在形成一种无形的力量,吸引着社会各界关注中国的发展,参与中国的发展,它是我们向世界传递中国声音、总结中国经验、争取中国国际话语权最主要的平台。

皮书这一系列成就的取得,得益于中国改革开放的伟大时代,离不开来自中国社会科学院、新闻出版广电总局、全国哲学社会科学规划办公室等主管部门的大力支持和帮助,也离不开皮书研创者和出版者的共同努力。他们与皮书的故事创造了皮书的历史,他们对皮书的拳拳之心将继续谱写皮书的未来!

现在,"皮书"品牌已经进入了快速成长的青壮年时期。全方位进行规范化管理,树立中国的学术出版标准;不断提升皮书的内容质量和影响力,搭建起中国智库产品和智库建设的交流服务平台和国际传播平台;发布各类皮书指数,并使之成为中国指数,让中国智库的声音响彻世界舞台,为人类的发展做出中国的贡献——这是皮书未来发展的图景。作为"皮书"这个概念的提出者,"皮书"从一般图书到系列图书和品牌图书,最终成为智库研究和社会科学应用对策研究的知识服务和成果推广平台这整个过程的操盘者,我相信,这也是每一位皮书人执著追求的目标。

"当代中国正经历着我国历史上最为广泛而深刻的社会变革,也正在进行着人类历史上最为宏大而独特的实践创新。这种前无古人的伟大实践,必将给理论创造、学术繁荣提供强大动力和广阔空间。"

在这个需要思想而且一定能够产生思想的时代,皮书的研创出版一定能创造出新的更大的辉煌!

社会科学文献出版社社长
中国社会学会秘书长

2017年11月

社会科学文献出版社简介

社会科学文献出版社（以下简称"社科文献出版社"）成立于1985年，是直属于中国社会科学院的人文社会科学学术出版机构。成立至今，社科文献出版社始终依托中国社会科学院和国内外人文社会科学界丰厚的学术出版和专家学者资源，坚持"创社科经典，出传世文献"的出版理念、"权威、前沿、原创"的产品定位以及学术成果和智库成果出版的专业化、数字化、国际化、市场化的经营道路。

社科文献出版社是中国新闻出版业转型与文化体制改革的先行者。积极探索文化体制改革的先进方向和现代企业经营决策机制，社科文献出版社先后荣获"全国文化体制改革工作先进单位"、中国出版政府奖·先进出版单位奖，中国社会科学院先进集体、全国科普工作先进集体等荣誉称号。多人次荣获"第十届韬奋出版奖""全国新闻出版行业领军人才""数字出版先进人物""北京市新闻出版广电行业领军人才"等称号。

社科文献出版社是中国人文社会科学学术出版的大社名社，也是以皮书为代表的智库成果出版的专业强社。年出版图书2000余种，其中皮书400余种，出版新书字数5.5亿字，承印与发行中国社科院院属期刊72种，先后创立了皮书系列、列国志、中国史话、社科文献学术译库、社科文献学术文库、甲骨文书系等一大批既有学术影响又有市场价值的品牌，确立了在社会学、近代史、苏东问题研究等专业学科及领域出版的领先地位。图书多次荣获中国出版政府奖、"三个一百"原创图书出版工程、"五个'一'工程奖"、"大众喜爱的50种图书"等奖项，在中央国家机关"强素质·做表率"读书活动中，入选图书品种数位居各大出版社之首。

社科文献出版社是中国学术出版规范与标准的倡议者与制定者，代表全国50多家出版社发起实施学术著作出版规范的倡议，承担学术著作规范国家标准的起草工作，率先编撰完成《皮书手册》对皮书品牌进行规范化管理，并在此基础上推出中国版芝加哥手册——《社科文献出版社学术出版手册》。

社科文献出版社是中国数字出版的引领者，拥有皮书数据库、列国志数据库、"一带一路"数据库、减贫数据库、集刊数据库等4大产品线11个数据库产品，机构用户达1300余家，海外用户百余家，荣获"数字出版转型示范单位""新闻出版标准化先进单位""专业数字内容资源知识服务模式试点企业标准化示范单位"等称号。

社科文献出版社是中国学术出版走出去的践行者。社科文献出版社海外图书出版与学术合作业务遍及全球40余个国家和地区，并于2016年成立俄罗斯分社，累计输出图书500余种，涉及近20个语种，累计获得国家社科基金中华学术外译项目资助76种、"丝路书香工程"项目资助60种、中国图书对外推广计划项目资助71种以及经典中国国际出版工程资助28种，被五部委联合认定为"2015-2016年度国家文化出口重点企业"。

如今，社科文献出版社完全靠自身积累拥有固定资产3.6亿元，年收入3亿元，设置了七大出版分社、六大专业部门，成立了皮书研究院和博士后科研工作站，培养了一支近400人的高素质与高效率的编辑、出版、营销和国际推广队伍，为未来成为学术出版的大社、名社、强社，成为文化体制改革与文化企业转型发展的排头兵奠定了坚实的基础。

 宏观经济类 | 皮书系列 重点推荐

宏观经济类

经济蓝皮书
2018年中国经济形势分析与预测

李平/主编　2017年12月出版　定价：89.00元

◆ 本书为总理基金项目，由著名经济学家李扬领衔，联合中国社会科学院等数十家科研机构、国家部委和高等院校的专家共同撰写，系统分析了2017年的中国经济形势并预测2018年中国经济运行情况。

城市蓝皮书
中国城市发展报告No.11

潘家华　单菁菁/主编　2018年9月出版　估价：99.00元

◆ 本书是由中国社会科学院城市发展与环境研究中心编著的，多角度、全方位地立体展示了中国城市的发展状况，并对中国城市的未来发展提出了许多建议。该书有强烈的时代感，对中国城市发展实践有重要的参考价值。

人口与劳动绿皮书
中国人口与劳动问题报告No.19

张车伟/主编　2018年10月出版　估价：99.00元

◆ 本书为中国社会科学院人口与劳动经济研究所主编的年度报告，对当前中国人口与劳动形势做了比较全面和系统的深入讨论，为研究中国人口与劳动问题提供了一个专业性的视角。

宏观经济类·区域经济类

中国省域竞争力蓝皮书
中国省域经济综合竞争力发展报告（2017~2018）
李建平　李闽榕　高燕京／主编　2018年5月出版　估价：198.00元

◆ 本书融多学科的理论为一体，深入追踪研究了省域经济发展与中国国家竞争力的内在关系，为提升中国省域经济综合竞争力提供有价值的决策依据。

金融蓝皮书
中国金融发展报告（2018）
王国刚／主编　2018年2月出版　估价：99.00元

◆ 本书由中国社会科学院金融研究所组织编写，概括和分析了2017年中国金融发展和运行中的各方面情况，研讨和评论了2017年发生的主要金融事件，有利于读者了解掌握2017年中国的金融状况，把握2018年中国金融的走势。

区域经济类

京津冀蓝皮书
京津冀发展报告（2018）
祝合良　叶堂林　张贵祥／等著　2018年6月出版　估价：99.00元

◆ 本书遵循问题导向与目标导向相结合、统计数据分析与大数据分析相结合、纵向分析和长期监测与结构分析和综合监测相结合等原则，对京津冀协同发展新形势与新进展进行测度与评价。

社会政法类

社会蓝皮书
2018年中国社会形势分析与预测

李培林　陈光金　张翼/主编　2017年12月出版　定价：89.00元

◆ 本书由中国社会科学院社会学研究所组织研究机构专家、高校学者和政府研究人员撰写，聚焦当下社会热点，对2017年中国社会发展的各个方面内容进行了权威解读，同时对2018年社会形势发展趋势进行了预测。

法治蓝皮书
中国法治发展报告 No.16（2018）

李林　田禾/主编　2018年3月出版　估价：118.00元

◆ 本年度法治蓝皮书回顾总结了2017年度中国法治发展取得的成就和存在的不足，对中国政府、司法、检务透明度进行了跟踪调研，并对2018年中国法治发展形势进行了预测和展望。

教育蓝皮书
中国教育发展报告（2018）

杨东平/主编　2018年4月出版　估价：99.00元

◆ 本书重点关注了2017年教育领域的热点，资料翔实，分析有据，既有专题研究，又有实践案例，从多角度对2017年教育改革和实践进行了分析和研究。

皮书系列 重点推荐　社会政法类

社会体制蓝皮书
中国社会体制改革报告 No.6（2018）
龚维斌 / 主编　2018 年 3 月出版　估价：99.00 元

◆ 本书由国家行政学院社会治理研究中心和北京师范大学中国社会管理研究院共同组织编写，主要对 2017 年社会体制改革情况进行回顾和总结，对 2018 年的改革走向进行分析，提出相关政策建议。

社会心态蓝皮书
中国社会心态研究报告（2018）
王俊秀　杨宜音 / 主编　2018 年 12 月出版　估价：99.00 元

◆ 本书是中国社会科学院社会学研究所社会心理研究中心"社会心态蓝皮书课题组"的年度研究成果，运用社会心理学、社会学、经济学、传播学等多种学科的方法进行了调查和研究，对于目前中国社会心态状况有较广泛和深入的揭示。

华侨华人蓝皮书
华侨华人研究报告（2018）
贾益民 / 主编　2018 年 1 月出版　估价：139.00 元

◆ 本书关注华侨华人生产与生活的方方面面。华侨华人是中国建设 21 世纪海上丝绸之路的重要中介者、推动者和参与者。本书旨在全面调研华侨华人，提供最新涉侨动态、理论研究成果和政策建议。

民族发展蓝皮书
中国民族发展报告（2018）
王延中 / 主编　2018 年 10 月出版　估价：188.00 元

◆ 本书从民族学人类学视角，研究近年来少数民族和民族地区的发展情况，展示民族地区经济、政治、文化、社会和生态文明"五位一体"建设取得的辉煌成就和面临的困难挑战，为深刻理解中央民族工作会议精神、加快民族地区全面建成小康社会进程提供了实证材料。

产业经济类

房地产蓝皮书
中国房地产发展报告 No.15（2018）

李春华　王业强 / 主编　2018年5月出版　估价：99.00元

◆ 2018年《房地产蓝皮书》持续追踪中国房地产市场最新动态，深度剖析市场热点，展望2018年发展趋势，积极谋划应对策略。对2017年房地产市场的发展态势进行全面、综合的分析。

新能源汽车蓝皮书
中国新能源汽车产业发展报告（2018）

中国汽车技术研究中心　日产（中国）投资有限公司
东风汽车有限公司 / 编著　2018年8月出版　估价：99.00元

◆ 本书对中国2017年新能源汽车产业发展进行了全面系统的分析，并介绍了国外的发展经验。有助于相关机构、行业和社会公众等了解中国新能源汽车产业发展的最新动态，为政府部门出台新能源汽车产业相关政策法规、企业制定相关战略规划，提供必要的借鉴和参考。

行业及其他类

旅游绿皮书
2017~2018年中国旅游发展分析与预测

中国社会科学院旅游研究中心 / 编　2018年2月出版　估价：99.00元

◆ 本书从政策、产业、市场、社会等多个角度勾画出2017年中国旅游发展全貌，剖析了其中的热点和核心问题，并就未来发展作出预测。

皮书系列重点推荐

行业及其他类

民营医院蓝皮书
中国民营医院发展报告（2018）

薛晓林 / 主编　2018年1月出版　估价：99.00元

◆ 本书在梳理国家对社会办医的各种利好政策的前提下，对我国民营医疗发展现状、我国民营医院竞争力进行了分析，并结合我国医疗体制改革对民营医院的发展趋势、发展策略、战略规划等方面进行了预估。

会展蓝皮书
中外会展业动态评估研究报告（2018）

张敏 / 主编　2018年12月出版　估价：99.00元

◆ 本书回顾了2017年的会展业发展动态，结合"供给侧改革"、"互联网+"、"绿色经济"的新形势分析了我国展会的行业现状，并介绍了国外的发展经验，有助于行业和社会了解最新的展会业动态。

中国上市公司蓝皮书
中国上市公司发展报告（2018）

张平　王宏淼 / 主编　2018年9月出版　估价：99.00元

◆ 本书由中国社会科学院上市公司研究中心组织编写的，着力于全面、真实、客观反映当前中国上市公司财务状况和价值评估的综合性年度报告。本书详尽分析了2017年中国上市公司情况，特别是现实中暴露出的制度性、基础性问题，并对资本市场改革进行了探讨。

工业和信息化蓝皮书
人工智能发展报告（2017~2018）

尹丽波 / 主编　2018年6月出版　估价：99.00元

◆ 本书国家工业信息安全发展研究中心在对2017年全球人工智能技术和产业进行全面跟踪研究基础上形成的研究报告。该报告内容翔实、视角独特，具有较强的产业发展前瞻性和预测性，可为相关主管部门、行业协会、企业等全面了解人工智能发展形势以及进行科学决策提供参考。

国际问题与全球治理类

世界经济黄皮书

2018年世界经济形势分析与预测

张宇燕 / 主编　2018年1月出版　估价：99.00元

◆ 本书由中国社会科学院世界经济与政治研究所的研究团队撰写，分总论、国别与地区、专题、热点、世界经济统计与预测等五个部分，对2018年世界经济形势进行了分析。

国际城市蓝皮书

国际城市发展报告（2018）

屠启宇 / 主编　2018年2月出版　估价：99.00元

◆ 本书作者以上海社会科学院从事国际城市研究的学者团队为核心，汇集同济大学、华东师范大学、复旦大学、上海交通大学、南京大学、浙江大学相关城市研究专业学者。立足动态跟踪介绍国际城市发展时间中，最新出现的重大战略、重大理念、重大项目、重大报告和最佳案例。

非洲黄皮书

非洲发展报告 No.20（2017～2018）

张宏明 / 主编　2018年7月出版　估价：99.00元

◆ 本书是由中国社会科学院西亚非洲研究所组织编撰的非洲形势年度报告，比较全面、系统地分析了2017年非洲政治形势和热点问题，探讨了非洲经济形势和市场走向，剖析了大国对非洲关系的新动向；此外，还介绍了国内非洲研究的新成果。

国别类

美国蓝皮书
美国研究报告（2018）

郑秉文　黄平 / 主编　2018年5月出版　估价：99.00元

◆ 本书是由中国社会科学院美国研究所主持完成的研究成果，它回顾了美国2017年的经济、政治形势与外交战略，对美国内政外交发生的重大事件及重要政策进行了较为全面的回顾和梳理。

德国蓝皮书
德国发展报告（2018）

郑春荣 / 主编　2018年6月出版　估价：99.00元

◆ 本报告由同济大学德国研究所组织编撰，由该领域的专家学者对德国的政治、经济、社会文化、外交等方面的形势发展情况，进行全面的阐述与分析。

俄罗斯黄皮书
俄罗斯发展报告（2018）

李永全 / 编著　2018年6月出版　估价：99.00元

◆ 本书系统介绍了2017年俄罗斯经济政治情况，并对2016年该地区发生的焦点、热点问题进行了分析与回顾；在此基础上，对该地区2018年的发展前景进行了预测。

 文化传媒类　皮书系列 重点推荐

文化传媒类

新媒体蓝皮书
中国新媒体发展报告 No.9（2018）

唐绪军 / 主编　2018 年 6 月出版　估价：99.00 元

◆ 本书是由中国社会科学院新闻与传播研究所组织编写的关于新媒体发展的最新年度报告，旨在全面分析中国新媒体的发展现状，解读新媒体的发展趋势，探析新媒体的深刻影响。

移动互联网蓝皮书
中国移动互联网发展报告（2018）

余清楚 / 主编　2018 年 6 月出版　估价：99.00 元

◆ 本书着眼于对 2017 年度中国移动互联网的发展情况做深入解析，对未来发展趋势进行预测，力求从不同视角、不同层面全面剖析中国移动互联网发展的现状、年度突破及热点趋势等。

文化蓝皮书
中国文化消费需求景气评价报告（2018）

王亚南 / 主编　2018 年 2 月出版　估价：99.00 元

◆ 本书首创全国文化发展量化检测评价体系，也是至今全国唯一的文化民生量化检测评价体系，对于检验全国及各地"以人民为中心"的文化发展具有首创意义。

皮书系列
重点推荐　　地方发展类

地方发展类

北京蓝皮书

北京经济发展报告（2017~2018）

杨松/主编　2018年6月出版　估价：99.00元

◆ 本书对2017年北京市经济发展的整体形势进行了系统性的分析与回顾，并对2018年经济形势走势进行了预测与研判，聚焦北京市经济社会发展中的全局性、战略性和关键领域的重点问题，运用定量和定性分析相结合的方法，对北京市经济社会发展的现状、问题、成因进行了深入分析，提出了可操作性的对策建议。

温州蓝皮书

2018年温州经济社会形势分析与预测

蒋儒标　王春光　金浩/主编　2018年4月出版　估价：99.00元

◆ 本书是中共温州市委党校和中国社会科学院社会学研究所合作推出的第十一本温州蓝皮书，由来自党校、政府部门、科研机构、高校的专家、学者共同撰写的2017年温州区域发展形势的最新研究成果。

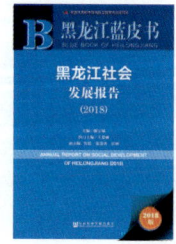

黑龙江蓝皮书

黑龙江社会发展报告（2018）

王爱丽/主编　2018年6月出版　估价：99.00元

◆ 本书以千份随机抽样问卷调查和专题研究为依据，运用社会学理论框架和分析方法，从专家和学者的独特视角，对2017年黑龙江省关系民生的问题进行广泛的调研与分析，并对2017年黑龙江省诸多社会热点和焦点问题进行了有益的探索。这些研究不仅可以为政府部门更加全面深入了解省情、科学制定决策提供智力支持，同时也可以为广大读者认识、了解、关注黑龙江社会发展提供理性思考。

宏观经济类

城市蓝皮书
中国城市发展报告（No.11）
著(编)者：潘家华 单菁菁
2018年9月出版 / 估价：99.00元
PSN B-2007-091-1/1

城乡一体化蓝皮书
中国城乡一体化发展报告（2018）
著(编)者：付崇兰
2018年9月出版 / 估价：99.00元
PSN B-2011-226-1/2

城镇化蓝皮书
中国新型城镇化健康发展报告（2018）
著(编)者：张占斌
2018年8月出版 / 估价：99.00元
PSN B-2014-396-1/1

创新蓝皮书
创新型国家建设报告（2018~2019）
著(编)者：詹正茂
2018年12月出版 / 估价：99.00元
PSN B-2009-140-1/1

低碳发展蓝皮书
中国低碳发展报告（2018）
著(编)者：张希良 齐晔
2018年6月出版 / 估价：99.00元
PSN B-2011-223-1/1

低碳经济蓝皮书
中国低碳经济发展报告（2018）
著(编)者：薛进军 赵忠秀
2018年11月出版 / 估价：99.00元
PSN B-2011-194-1/1

发展和改革蓝皮书
中国经济发展和体制改革报告No.9
著(编)者：邹东涛 王再文
2018年1月出版 / 估价：99.00元
PSN B-2008-122-1/1

国家创新蓝皮书
中国创新发展报告（2017）
著(编)者：陈劲 2018年3月出版 / 估价：99.00元
PSN B-2014-370-1/1

金融蓝皮书
中国金融发展报告（2018）
著(编)者：王国刚
2018年2月出版 / 估价：99.00元
PSN B-2004-031-1/7

经济蓝皮书
2018年中国经济形势分析与预测
著(编)者：李平 2017年12月出版 / 定价：89.00元
PSN B-1996-001-1/1

经济蓝皮书春季号
2018年中国经济前景分析
著(编)者：李扬 2018年5月出版 / 估价：99.00元
PSN B-1999-008-1/1

经济蓝皮书夏季号
中国经济增长报告（2017~2018）
著(编)者：李扬 2018年9月出版 / 估价：99.00元
PSN B-2010-176-1/1

经济信息绿皮书
中国与世界经济发展报告（2018）
著(编)者：李平
2017年12月出版 / 估价：99.00元
PSN G-2003-023-1/1

农村绿皮书
中国农村经济形势分析与预测（2017~2018）
著(编)者：魏后凯 黄秉信
2018年4月出版 / 估价：99.00元
PSN G-1998-003-1/1

人口与劳动绿皮书
中国人口与劳动问题报告No.19
著(编)者：张车伟 2018年11月出版 / 估价：99.00元
PSN G-2000-012-1/1

新型城镇化蓝皮书
新型城镇化发展报告（2017）
著(编)者：李伟 宋敏 沈体雁
2018年3月出版 / 估价：99.00元
PSN B-2005-038-1/1

中国省域竞争力蓝皮书
中国省域经济综合竞争力发展报告（2016~2017）
著(编)者：李建平 李闽榕 高燕京
2018年2月出版 / 估价：198.00元
PSN B-2007-088-1/1

中小城市绿皮书
中国中小城市发展报告（2018）
著(编)者：中国城市经济学会中小城市经济发展委员会
中国城镇化促进会中小城市发展委员会
《中国中小城市发展报告》编纂委员会
中小城市发展战略研究院
2018年11月出版 / 估价：128.00元
PSN G-2010-161-1/1

区域经济类

东北蓝皮书
中国东北地区发展报告（2018）
著（编）者：姜晓秋　2018年11月出版 / 估价：99.00元
PSN B-2006-067-1/1

金融蓝皮书
中国金融中心发展报告（2017~2018）
著（编）者：王力　黄育华　2018年11月出版 / 估价：99.00元
PSN B-2011-186-6/7

京津冀蓝皮书
京津冀发展报告（2018）
著（编）者：祝尔良　叶堂林　张贵祥
2018年6月出版 / 估价：99.00元
PSN B-2012-262-1/1

西北蓝皮书
中国西北发展报告（2018）
著（编）者：任宗哲　白宽犁　王建康
2018年4月出版 / 估价：99.00元
PSN B-2012-261-1/1

西部蓝皮书
中国西部发展报告（2018）
著（编）者：璋勇　任保平　2018年8月出版 / 估价：99.00元
PSN B-2005-039-1/1

长江经济带产业蓝皮书
长江经济带产业发展报告（2018）
著（编）者：吴传清　2018年11月出版 / 估价：128.00元
PSN B-2017-666-1/1

长江经济带蓝皮书
长江经济带发展报告（2017~2018）
著（编）者：王振　2018年11月出版 / 估价：99.00元
PSN B-2016-575-1/1

长江中游城市群蓝皮书
长江中游城市群新型城镇化与产业协同发展报告（2018）
著（编）者：杨刚强　2018年11月出版 / 估价：99.00元
PSN B-2016-578-1/1

长三角蓝皮书
2017年创新融合发展的长三角
著（编）者：刘飞跃　2018年3月出版 / 估价：99.00元
PSN B-2005-038-1/1

长株潭城市群蓝皮书
长株潭城市群发展报告（2017）
著（编）者：张萍　朱有志　2018年1月出版 / 估价：99.00元
PSN B-2008-109-1/1

中部竞争力蓝皮书
中国中部经济社会竞争力报告（2018）
著（编）者：教育部人文社会科学重点研究基地南昌大学中国中部经济社会发展研究中心
2018年12月出版 / 估价：99.00元
PSN B-2012-276-1/1

中部蓝皮书
中国中部地区发展报告（2018）
著（编）者：宋亚平　2018年12月出版 / 估价：99.00元
PSN B-2007-089-1/1

区域蓝皮书
中国区域经济发展报告（2017~2018）
著（编）者：赵弘　2018年5月出版 / 估价：99.00元
PSN B-2004-034-1/1

中三角蓝皮书
长江中游城市群发展报告（2018）
著（编）者：秦尊文　2018年9月出版 / 估价：99.00元
PSN B-2014-417-1/1

中原蓝皮书
中原经济区发展报告（2018）
著（编）者：李英杰　2018年6月出版 / 估价：99.00元
PSN B-2011-192-1/1

珠三角流通蓝皮书
珠三角商圈发展研究报告（2018）
著（编）者：王先庆　林至颖　2018年7月出版 / 估价：99.00元
PSN B-2012-292-1/1

社会政法类

北京蓝皮书
中国社区发展报告（2017~2018）
著（编）者：于燕燕　2018年9月出版 / 估价：99.00元
PSN B-2007-083-5/8

殡葬绿皮书
中国殡葬事业发展报告（2017~2018）
著（编）者：李伯森　2018年4月出版 / 估价：158.00元
PSN G-2010-180-1/1

城市管理蓝皮书
中国城市管理报告（2017-2018）
著（编）者：刘林　刘承水　2018年5月出版 / 估价：158.00元
PSN B-2013-336-1/1

城市生活质量蓝皮书
中国城市生活质量报告（2017）
著（编）者：张连城　张平　杨春学　郎丽华
2018年2月出版 / 估价：99.00元
PSN B-2013-326-1/1

皮书系列 2018全品种

社会政法类

城市政府能力蓝皮书
中国城市政府公共服务能力评估报告（2018）
著（编）者：何艳玲　2018年4月出版／估价：99.00元
PSN B-2013-338-1/1

创业蓝皮书
中国创业发展研究报告（2017~2018）
著（编）者：黄群慧　赵卫星　钟宏武
2018年11月出版／估价：99.00元
PSN B-2016-577-1/1

慈善蓝皮书
中国慈善发展报告（2018）
著（编）者：杨团　2018年6月出版／估价：99.00元
PSN B-2009-142-1/1

党建蓝皮书
党的建设研究报告No.3（2018）
著（编）者：崔建民　陈东平　2018年1月出版／估价：99.00元
PSN B-2016-523-1/1

地方法治蓝皮书
中国地方法治发展报告No.3（2018）
著（编）者：李林　田禾　2018年3月出版／估价：118.00元
PSN B-2015-442-1/1

电子政务蓝皮书
中国电子政务发展报告（2018）
著（编）者：李季　2018年8月出版／估价：99.00元
PSN B-2003-022-1/1

法治蓝皮书
中国法治发展报告No.16（2018）
著（编）者：吕艳滨　2018年3月出版／估价：118.00元
PSN B-2004-027-1/3

法治蓝皮书
中国法院信息化发展报告No.2（2018）
著（编）者：李林　田禾　2018年2月出版／估价：108.00元
PSN B-2017-604-3/3

法治政府蓝皮书
中国法治政府发展报告（2018）
著（编）者：中国政法大学法治政府研究院
2018年4月出版／估价：99.00元
PSN B-2015-502-1/2

法治政府蓝皮书
中国法治政府评估报告（2018）
著（编）者：中国政法大学法治政府研究院
2018年9月出版／估价：168.00元
PSN B-2016-576-2/2

反腐倡廉蓝皮书
中国反腐倡廉建设报告No.8
著（编）者：张英伟　2018年12月出版／估价：99.00元
PSN B-2012-259-1/1

扶贫蓝皮书
中国扶贫开发报告（2018）
著（编）者：李培林　魏后凯　2018年12月出版／估价：128.00元
PSN B-2016-599-1/1

妇女发展蓝皮书
中国妇女发展报告No.6
著（编）者：王金玲　2018年9月出版／估价：158.00元
PSN B-2006-069-1/1

妇女教育蓝皮书
中国妇女教育发展报告No.3
著（编）者：张李玺　2018年10月出版／估价：99.00元
PSN B-2008-121-1/1

妇女绿皮书
2018年：中国性别平等与妇女发展报告
著（编）者：谭琳　2018年12月出版／估价：99.00元
PSN G-2006-073-1/1

公共安全蓝皮书
中国城市公共安全发展报告（2017~2018）
著（编）者：黄育华　杨文明　赵建辉
2018年6月出版／估价：99.00元
PSN B-2017-628-1/1

公共服务蓝皮书
中国城市基本公共服务力评价（2018）
著（编）者：钟君　刘志昌　吴正杲
2018年12月出版／估价：99.00元
PSN B-2011-214-1/1

公民科学素质蓝皮书
中国公民科学素质报告（2017~2018）
著（编）者：李群　陈雄　马宗文
2018年1月出版／估价：99.00元
PSN B-2014-379-1/1

公益蓝皮书
中国公益慈善发展报告（2016）
著（编）者：朱健刚　胡小军　2018年2月出版／估价：99.00元
PSN B-2012-283-1/1

国际人才蓝皮书
中国国际移民报告（2018）
著（编）者：王辉耀　2018年2月出版／估价：99.00元
PSN B-2012-304-3/4

国际人才蓝皮书
中国留学发展报告（2018）No.7
著（编）者：王辉耀　苗绿　2018年12月出版／估价：99.00元
PSN B-2012-304-2/4

海洋社会蓝皮书
中国海洋社会发展报告（2017）
著（编）者：崔凤　宋宁而　2018年3月出版／估价：99.00元
PSN B-2015-478-1/1

行政改革蓝皮书
中国行政体制改革报告No.7（2018）
著（编）者：魏礼群　2018年6月出版／估价：99.00元
PSN B-2011-231-1/1

华侨华人蓝皮书
华侨华人研究报告（2017）
著（编）者：贾益民　2018年1月出版／估价：139.00元
PSN B-2011-204-1/1

15

皮书系列 2018全品种 社会政法类

环境竞争力绿皮书
中国省域环境竞争力发展报告（2018）
著（编）者：李建平 李闽榕 王金南
2018年11月出版 / 估价：198.00元
PSN G-2010-165-1/1

环境绿皮书
中国环境发展报告（2017～2018）
著（编）者：李波　2018年4月出版 / 估价：99.00元
PSN G-2006-048-1/1

家庭蓝皮书
中国"创建幸福家庭活动"评估报告（2018）
著（编）者：国务院发展研究中心"创建幸福家庭活动评估"课题组
2018年12月出版 / 估价：99.00元
PSN B-2015-508-1/1

健康城市蓝皮书
中国健康城市建设研究报告（2018）
著（编）者：王鸿春 盛继洪　2018年12月出版 / 估价：99.00元
PSN B-2016-564-2/2

健康中国蓝皮书
社区首诊与健康中国分析报告（2018）
著（编）者：高和荣 杨叔禹 姜杰
2018年4月出版 / 估价：99.00元
PSN B-2017-611-1/1

教师蓝皮书
中国中小学教师发展报告（2017）
著（编）者：曾晓东 鱼霞　2018年6月出版 / 估价：99.00元
PSN B-2012-289-1/1

教育扶贫蓝皮书
中国教育扶贫报告（2018）
著（编）者：司树杰 王文静 李兴洲
2018年12月出版 / 估价：99.00元
PSN B-2016-590-1/1

教育蓝皮书
中国教育发展报告（2018）
著（编）者：杨东平　2018年4月出版 / 估价：99.00元
PSN B-2006-047-1/1

金融法治建设蓝皮书
中国金融法治建设年度报告（2015～2016）
著（编）者：朱小黄　2018年6月出版 / 估价：99.00元
PSN B-2017-633-1/1

京津冀教育蓝皮书
京津冀教育发展研究报告（2017～2018）
著（编）者：方中雄　2018年4月出版 / 估价：99.00元
PSN B-2017-608-1/1

就业蓝皮书
2018年中国本科生就业报告
著（编）者：麦可思研究院　2018年6月出版 / 估价：99.00元
PSN B-2009-146-1/2

就业蓝皮书
2018年中国高职高专生就业报告
著（编）者：麦可思研究院　2018年6月出版 / 估价：99.00元
PSN B-2015-472-2/2

科学教育蓝皮书
中国科学教育发展报告（2018）
著（编）者：王康友　2018年10月出版 / 估价：99.00元
PSN B-2015-487-1/1

劳动保障蓝皮书
中国劳动保障发展报告（2018）
著（编）者：刘燕斌　2018年9月出版 / 估价：158.00元
PSN B-2014-415-1/1

老龄蓝皮书
中国老年宜居环境发展报告（2017）
著（编）者：党俊武 周燕珉　2018年1月出版 / 估价：99.00元
PSN B-2013-320-1/1

连片特困区蓝皮书
中国连片特困区发展报告（2017～2018）
著（编）者：游俊 冷志明 丁建军
2018年4月出版 / 估价：99.00元
PSN B-2013-321-1/1

流动儿童蓝皮书
中国流动儿童教育发展报告（2017）
著（编）者：杨东平　2018年1月出版 / 估价：99.00元
PSN B-2017-600-1/1

民调蓝皮书
中国民生调查报告（2018）
著（编）者：谢耘耕　2018年12月出版 / 估价：99.00元
PSN B-2014-398-1/1

民族发展蓝皮书
中国民族发展报告（2018）
著（编）者：王延中　2018年10月出版 / 估价：188.00元
PSN B-2006-070-1/1

女性生活蓝皮书
中国女性生活状况报告No.12（2018）
著（编）者：韩湘景　2018年7月出版 / 估价：99.00元
PSN B-2006-071-1/1

汽车社会蓝皮书
中国汽车社会发展报告（2017～2018）
著（编）者：王俊秀　2018年1月出版 / 估价：99.00元
PSN B-2011-224-1/1

青年蓝皮书
中国青年发展报告（2018）No.3
著（编）者：廉思　2018年4月出版 / 估价：99.00元
PSN B-2013-333-1/1

青少年蓝皮书
中国未成年人互联网运用报告（2017～2018）
著（编）者：李为民 李文革 沈杰
2018年11月出版 / 估价：99.00元
PSN B-2010-156-1/1

社会政法类

皮书系列 2018全品种

人权蓝皮书
中国人权事业发展报告No.8（2018）
著(编)者：李君如　2018年9月出版 / 估价：99.00元
PSN B-2011-215-1/1

社会保障绿皮书
中国社会保障发展报告No.9（2018）
著(编)者：王延中　2018年1月出版 / 估价：99.00元
PSN G-2001-014-1/1

社会风险评估蓝皮书
风险评估与危机预警报告（2017~2018）
著(编)者：唐钧　2018年8月出版 / 估价：99.00元
PSN B-2012-293-1/1

社会工作蓝皮书
中国社会工作发展报告（2016~2017）
著(编)者：民政部社会工作研究中心
2018年8月出版 / 估价：99.00元
PSN B-2009-141-1/1

社会管理蓝皮书
中国社会管理创新报告No.6
著(编)者：连玉明　2018年11月出版 / 估价：99.00元
PSN B-2012-300-1/1

社会蓝皮书
2018年中国社会形势分析与预测
著(编)者：李培林　陈光金　张翼
2017年12月出版 / 定价：89.00元
PSN B-1998-002-1/1

社会体制蓝皮书
中国社会体制改革报告No.6（2018）
著(编)者：龚维斌　2018年3月出版 / 估价：99.00元
PSN B-2013-330-1/1

社会心态蓝皮书
中国社会心态研究报告（2018）
著(编)者：王俊秀　2018年12月出版 / 估价：99.00元
PSN B-2011-199-1/1

社会组织蓝皮书
中国社会组织报告（2017-2018）
著(编)者：黄晓勇　2018年1月出版 / 估价：99.00元
PSN B-2008-118-1/2

社会组织蓝皮书
中国社会组织评估发展报告（2018）
著(编)者：徐家良　2018年12月出版 / 估价：99.00元
PSN B-2013-366-2/2

生态城市绿皮书
中国生态城市建设发展报告（2018）
著(编)者：刘举科　孙伟平　胡文臻
2018年9月出版 / 估价：158.00元
P3N G 2012 260-1/1

生态文明绿皮书
中国省域生态文明建设评价报告（ECI 2018）
著(编)者：严耕　2018年12月出版 / 估价：99.00元
PSN G-2010-170-1/1

退休生活蓝皮书
中国城市居民退休生活质量指数报告（2017）
著(编)者：杨一帆　2018年5月出版 / 估价：99.00元
PSN B-2017-618-1/1

危机管理蓝皮书
中国危机管理报告（2018）
著(编)者：文学国　范正青
2018年8月出版 / 估价：99.00元
PSN B-2010-171-1/1

学会蓝皮书
2018年中国学会发展报告
著(编)者：麦可思研究院
2018年12月出版 / 估价：99.00元
PSN B-2016-597-1/1

医改蓝皮书
中国医药卫生体制改革报告（2017~2018）
著(编)者：文学国　房志武
2018年11月出版 / 估价：99.00元
PSN B-2014-432-1/1

应急管理蓝皮书
中国应急管理报告（2018）
著(编)者：宋英华　2018年9月出版 / 估价：99.00元
PSN B-2010-502-1/1

政府绩效评估蓝皮书
中国地方政府绩效评估报告 No.2
著(编)者：贠杰　2018年12月出版 / 估价：99.00元
PSN B-2017-672-1/1

政治参与蓝皮书
中国政治参与报告（2018）
著(编)者：房宁　2018年8月出版 / 估价：128.00元
PSN B-2011-200-1/1

政治文化蓝皮书
中国政治文化报告（2018）
著(编)者：邢元敏　魏大鹏　龚克
2018年8月出版 / 估价：128.00元
PSN B-2017-615-1/1

中国传统村落蓝皮书
中国传统村落保护现状报告（2018）
著(编)者：胡彬彬　李向军　王晓波
2018年12月出版 / 估价：99.00元
PSN B-2017-663-1/1

中国农村妇女发展蓝皮书
农村流动女性城市生活发展报告（2018）
著(编)者：谢丽华　2018年12月出版 / 估价：99.00元
PSN B-2014-434-1/1

宗教蓝皮书
中国宗教报告（2017）
著(编)者：邱永辉　2018年8月出版 / 估价：99.00元
PSN B-2008-117-1/1

产业经济类

保健蓝皮书
中国保健服务产业发展报告 No.2
著(编)者：中国保健协会　中共中央党校
2018年7月出版 / 估价：198.00元
PSN B-2012-272-3/3

保健蓝皮书
中国保健食品产业发展报告 No.2
著(编)者：中国保健协会
　　　　　中国社会科学院食品药品产业发展与监管研究中心
2018年8月出版 / 估价：198.00元
PSN B-2012-271-2/3

保健蓝皮书
中国保健用品产业发展报告 No.2
著(编)者：中国保健协会
　　　　　国务院国有资产监督管理委员会研究中心
2018年3月出版 / 估价：198.00元
PSN B-2012-270-1/3

保险蓝皮书
中国保险业竞争力报告（2018）
著(编)者：保监会　2018年12月出版 / 估价：99.00元
PSN B-2013-311-1/1

冰雪蓝皮书
中国冰上运动产业发展报告（2018）
著(编)者：孙承华　杨占武　刘戈　张鸿俊
2018年9月出版 / 估价：99.00元
PSN B-2017-648-3/3

冰雪蓝皮书
中国滑雪产业发展报告（2018）
著(编)者：孙承华　伍斌　魏庆华　张鸿俊
2018年9月出版 / 估价：99.00元
PSN B-2016-559-1/3

餐饮产业蓝皮书
中国餐饮产业发展报告（2018）
著(编)者：邢颖
2018年6月出版 / 估价：99.00元
PSN B-2009-151-1/1

茶业蓝皮书
中国茶产业发展报告（2018）
著(编)者：杨江帆　李闽榕
2018年10月出版 / 估价：99.00元
PSN B-2010-164-1/1

产业安全蓝皮书
中国文化产业安全报告（2018）
著(编)者：北京印刷学院文化产业安全研究院
2018年12月出版 / 估价：99.00元
PSN B-2014-378-12/14

产业安全蓝皮书
中国新媒体产业安全报告（2016～2017）
著(编)者：肖丽　2018年6月出版 / 估价：99.00元
PSN B-2015-500-14/14

产业安全蓝皮书
中国出版传媒产业安全报告（2017～2018）
著(编)者：北京印刷学院文化产业安全研究院
2018年3月出版 / 估价：99.00元
PSN B-2014-384-13/14

产业蓝皮书
中国产业竞争力报告（2018）No.8
著(编)者：张其仔　2018年12月出版 / 估价：168.00元
PSN B-2010-175-1/1

动力电池蓝皮书
中国新能源汽车动力电池产业发展报告（2018）
著(编)者：中国汽车技术研究中心
2018年8月出版 / 估价：99.00元
PSN B-2017-639-1/1

杜仲产业绿皮书
中国杜仲橡胶资源与产业发展报告（2017～2018）
著(编)者：杜红岩　胡文臻　俞锐
2018年1月出版 / 估价：99.00元
PSN G-2013-350-1/1

房地产蓝皮书
中国房地产发展报告No.15（2018）
著(编)者：李春华　王业强
2018年5月出版 / 估价：99.00元
PSN B-2004-028-1/1

服务外包蓝皮书
中国服务外包产业发展报告（2017～2018）
著(编)者：王晓红　刘德军
2018年6月出版 / 估价：99.00元
PSN B-2013-331-2/2

服务外包蓝皮书
中国服务外包竞争力报告（2017～2018）
著(编)者：刘春生　王力　黄育华
2018年12月出版 / 估价：99.00元
PSN B-2011-216-1/2

工业和信息化蓝皮书
世界信息技术产业发展报告（2017～2018）
著(编)者：尹丽波　2018年6月出版 / 估价：99.00元
PSN B-2015-449-2/6

工业和信息化蓝皮书
战略性新兴产业发展报告（2017～2018）
著(编)者：尹丽波　2018年6月出版 / 估价：99.00元
PSN B-2015-450-3/6

产业经济类 — 皮书系列 2018全品种

客车蓝皮书
中国客车产业发展报告（2017~2018）
著(编)者：姚蔚　2018年10月出版／估价：99.00元
PSN B-2013-361-1/1

流通蓝皮书
中国商业发展报告（2018~2019）
著(编)者：王雪峰　林诗慧
2018年7月出版／估价：99.00元
PSN B-2009-152-1/2

能源蓝皮书
中国能源发展报告（2018）
著(编)者：崔民选　王军生　陈义和
2018年12月出版／估价：99.00元
PSN B-2006-049-1/1

农产品流通蓝皮书
中国农产品流通产业发展报告（2017）
著(编)者：贾敬敦　张东科　张玉玺　张鹏毅　周伟
2018年1月出版／估价：99.00元
PSN B-2012-288-1/1

汽车工业蓝皮书
中国汽车工业发展年度报告（2018）
著(编)者：中国汽车工业协会
　　　　　中国汽车技术研究中心
　　　　　丰田汽车公司
2018年5月出版／估价：168.00元
PSN B-2015-463-1/2

汽车工业蓝皮书
中国汽车零部件产业发展报告（2017~2018）
著(编)者：中国汽车工业协会
　　　　　中国汽车工程研究院深圳市沃特玛电池有限公司
2018年9月出版／估价：99.00元
PSN B-2016-515-2/2

汽车蓝皮书
中国汽车产业发展报告（2018）
著(编)者：中国汽车工程学会
　　　　　大众汽车集团（中国）
2018年11月出版／估价：99.00元
PSN B-2008-124-1/1

世界茶业蓝皮书
世界茶业发展报告（2018）
著(编)者：李闽榕　冯廷佺
2018年5月出版／估价：168.00元
PSN B-2017-619-1/1

世界能源蓝皮书
世界能源发展报告（2018）
著(编)者：黄晓勇　2018年6月出版／估价：168.00元
PSN B-2013-349-1/1

体育蓝皮书
国家体育产业基地发展报告（2016~2017）
著(编)者：李颖川　2018年4月出版／估价：168.00元
PSN B-2017-609-5/5

体育蓝皮书
中国体育产业发展报告（2018）
著(编)者：阮伟　钟秉枢
2018年12月出版／估价：99.00元
PSN B-2010-179-1/5

文化金融蓝皮书
中国文化金融发展报告（2018）
著(编)者：杨涛　金巍
2018年5月出版／估价：99.00元
PSN B-2017-610-1/1

新能源汽车蓝皮书
中国新能源汽车产业发展报告（2018）
著(编)者：中国汽车技术研究中心
　　　　　日产（中国）投资有限公司
　　　　　东风汽车有限公司
2018年8月出版／估价：99.00元
PSN B-2013-347-1/1

薏仁米产业蓝皮书
中国薏仁米产业发展报告No.2（2018）
著(编)者：李发耀　石明　秦礼康
2018年8月出版／估价：99.00元
PSN B-2017-645-1/1

邮轮绿皮书
中国邮轮产业发展报告（2018）
著(编)者：汪泓　2018年10月出版／估价：99.00元
PSN G-2014-419-1/1

智能养老蓝皮书
中国智能养老产业发展报告（2018）
著(编)者：朱勇　2018年10月出版／估价：99.00元
PSN B-2015-488-1/1

中国节能汽车蓝皮书
中国节能汽车发展报告（2017~2018）
著(编)者：中国汽车工程研究院股份有限公司
2018年9月出版／估价：99.00元
PSN B-2016-565-1/1

中国陶瓷产业蓝皮书
中国陶瓷产业发展报告（2018）
著(编)者：左和平　黄速建
2018年10月出版／估价：99.00元
PSN B-2016-573-1/1

装备制造业蓝皮书
中国装备制造业发展报告（2018）
著(编)者：徐东华　2018年12月出版／估价：118.00元
PSN B-2015-505-1/1

行业及其他类

"三农"互联网金融蓝皮书
中国"三农"互联网金融发展报告(2018)
著(编)者：李勇坚 王弢
2018年8月出版 / 估价：99.00元
PSN B-2016-560-1/1

SUV蓝皮书
中国SUV市场发展报告(2017~2018)
著(编)者：靳军　2018年9月出版 / 估价：99.00元
PSN B-2016-571-1/1

冰雪蓝皮书
中国冬季奥运会发展报告(2018)
著(编)者：孙承华 伍斌 魏庆华 张鸿俊
2018年9月出版 / 估价：99.00元
PSN B-2017-647-2/3

彩票蓝皮书
中国彩票发展报告(2018)
著(编)者：益彩基金　2018年4月出版 / 估价：99.00元
PSN B-2015-462-1/1

测绘地理信息蓝皮书
测绘地理信息供给侧结构性改革研究报告(2018)
著(编)者：库热西·买合苏提
2018年12月出版 / 估价：168.00元
PSN B-2009-145-1/1

产权市场蓝皮书
中国产权市场发展报告(2017)
著(编)者：曹和平　2018年5月出版 / 估价：99.00元
PSN B-2009-147-1/1

城投蓝皮书
中国城投行业发展报告(2018)
著(编)者：华景斌
2018年11月出版 / 估价：300.00元
PSN B-2016-514-1/1

大数据蓝皮书
中国大数据发展报告(No.2)
著(编)者：连玉明　2018年5月出版 / 估价：99.00元
PSN B-2017-620-1/1

大数据应用蓝皮书
中国大数据应用发展报告No.2(2018)
著(编)者：陈军君　2018年8月出版 / 估价：99.00元
PSN B-2017-644-1/1

对外投资与风险蓝皮书
中国对外直接投资与国家风险报告(2018)
著(编)者：中债资信评估有限责任公司
　　　　　中国社会科学院世界经济与政治研究所
2018年4月出版 / 估价：189.00元
PSN B-2017-606-1/1

工业和信息化蓝皮书
人工智能发展报告(2017~2018)
著(编)者：尹丽波　2018年6月出版 / 估价：99.00元
PSN B-2015-448-1/6

工业和信息化蓝皮书
世界智慧城市发展报告(2017~2018)
著(编)者：尹丽波　2018年6月出版 / 估价：99.00元
PSN B-2017-624-6/6

工业和信息化蓝皮书
世界网络安全发展报告(2017~2018)
著(编)者：尹丽波　2018年6月出版 / 估价：99.00元
PSN B-2015-452-5/6

工业和信息化蓝皮书
世界信息化发展报告(2017~2018)
著(编)者：尹丽波　2018年6月出版 / 估价：99.00元
PSN B-2015-451-4/6

工业设计蓝皮书
中国工业设计发展报告(2018)
著(编)者：王晓红 于炜 张立群　2018年9月出版 / 估价：168.00元
PSN B-2014-420-1/1

公共关系蓝皮书
中国公共关系发展报告(2018)
著(编)者：柳斌杰　2018年11月出版 / 估价：99.00元
PSN B-2016-579-1/1

管理蓝皮书
中国管理发展报告(2018)
著(编)者：张晓东　2018年10月出版 / 估价：99.00元
PSN B-2014-416-1/1

海关发展蓝皮书
中国海关发展前沿报告(2018)
著(编)者：干春晖　2018年6月出版 / 估价：99.00元
PSN B-2017-616-1/1

互联网医疗蓝皮书
中国互联网健康医疗发展报告(2018)
著(编)者：芮晓武　2018年6月出版 / 估价：99.00元
PSN B-2016-567-1/1

黄金市场蓝皮书
中国商业银行黄金业务发展报告(2017~2018)
著(编)者：平安银行　2018年3月出版 / 估价：99.00元
PSN B-2016-524-1/1

会展蓝皮书
中外会展业动态评估研究报告(2018)
著(编)者：张敏 任中峰 聂鑫焱 牛盼强
2018年12月出版 / 估价：99.00元
PSN B-2013-327-1/1

基金会蓝皮书
中国基金会发展报告(2017~2018)
著(编)者：中国基金会发展报告课题组
2018年4月出版 / 估价：99.00元
PSN B-2013-368-1/1

基金会绿皮书
中国基金会发展独立研究报告(2018)
著(编)者：基金会中心网　中央民族大学基金会研究中心
2018年6月出版 / 估价：99.00元
PSN G-2011-213-1/1

行业及其他类

皮书系列 2018全品种

基金会透明度蓝皮书
中国基金会透明度发展研究报告（2018）
著（编）者：基金会中心网
　　　　　　清华大学廉政与治理研究中心
2018年9月出版 / 估价：99.00元
PSN B-2013-339-1/1

建筑装饰蓝皮书
中国建筑装饰行业发展报告（2018）
著（编）者：葛道顺 刘晓一
2018年10月出版 / 估价：198.00元
PSN B-2016-553-1/1

金融监管蓝皮书
中国金融监管报告（2018）
著（编）者：胡滨 2018年5月出版 / 估价：99.00元
PSN B-2012-281-1/1

金融蓝皮书
中国互联网金融行业分析与评估（2018~2019）
著（编）者：黄国平 伍旭川 2018年12月出版 / 估价：99.00元
PSN B-2016-585-7/7

金融科技蓝皮书
中国金融科技发展报告（2018）
著（编）者：李扬 孙国峰 2018年10月出版 / 估价：99.00元
PSN B-2014-374-1/1

金融信息服务蓝皮书
中国金融信息服务发展报告（2018）
著（编）者：李平 2018年5月出版 / 估价：99.00元
PSN B-2017-621-1/1

京津冀金融蓝皮书
京津冀金融发展报告（2018）
著（编）者：王爱俭 王璟怡 2018年10月出版 / 估价：99.00元
PSN B-2016-527-1/1

科普蓝皮书
国家科普能力发展报告（2018）
著（编）者：王康友 2018年5月出版 / 估价：138.00元
PSN B-2017-632-4/4

科普蓝皮书
中国基层科普发展报告（2017~2018）
著（编）者：赵立新 陈玲 2018年9月出版 / 估价：99.00元
PSN B-2016-568-3/4

科普蓝皮书
中国科普基础设施发展报告（2017~2018）
著（编）者：任福君 2018年6月出版 / 估价：99.00元
PSN B-2010-174-1/3

科普蓝皮书
中国科普人才发展报告（2017~2018）
著（编）者：郑念 任嵘嵘 2018年7月出版 / 估价：99.00元
PSN B-2016-512-2/4

科普能力蓝皮书
中国科普能力评价报告（2018~2019）
著（编）者：李富强 李群 2018年8月出版 / 估价：99.00元
PSN B-2016-555-1/1

临空经济蓝皮书
中国临空经济发展报告（2018）
著（编）者：连玉明 2018年9月出版 / 估价：99.00元
PSN B-2014-421-1/1

旅游安全蓝皮书
中国旅游安全报告（2018）
著（编）者：郑向敏 谢朝武 2018年5月出版 / 估价：158.00元
PSN B-2012-280-1/1

旅游绿皮书
2017~2018年中国旅游发展分析与预测
著（编）者：宋瑞 2018年2月出版 / 估价：99.00元
PSN G-2002-018-1/1

煤炭蓝皮书
中国煤炭工业发展报告（2018）
著（编）者：岳福斌 2018年12月出版 / 估价：99.00元
PSN B-2008-123-1/1

民营企业社会责任蓝皮书
中国民营企业社会责任报告（2018）
著（编）者：中华全国工商业联合会
2018年12月出版 / 估价：99.00元
PSN B-2015-510-1/1

民营医院蓝皮书
中国民营医院发展报告（2017）
著（编）者：薛晓林 2018年1月出版 / 估价：99.00元
PSN B-2012-299-1/1

闽商蓝皮书
闽商发展报告（2018）
著（编）者：李闽榕 王日根 林琛
2018年12月出版 / 估价：99.00元
PSN B-2012-298-1/1

农业应对气候变化蓝皮书
中国农业气象灾害及其灾损评估报告（No.3）
著（编）者：矫梅燕 2018年1月出版 / 估价：118.00元
PSN B-2014-413-1/1

品牌蓝皮书
中国品牌战略发展报告（2018）
著（编）者：汪同三 2018年10月出版 / 估价：99.00元
PSN B-2016-580-1/1

企业扶贫蓝皮书
中国企业扶贫研究报告（2018）
著（编）者：钟宏武 2018年12月出版 / 估价：99.00元
PSN B-2016-593-1/1

企业公益蓝皮书
中国企业公益研究报告（2018）
著（编）者：钟宏武 汪杰 黄晓娟
2018年12月出版 / 估价：99.00元
PSN B-2015-501-1/1

企业国际化蓝皮书
中国企业全球化报告（2018）
著（编）者：王辉耀 苗绿 2018年11月出版 / 估价：99.00元
PSN B-2014-427-1/1

皮书系列 2018全品种 — 行业及其他类

企业蓝皮书
中国企业绿色发展报告No.2（2018）
著(编)者：李红玉 朱光辉
2018年8月出版 / 估价：99.00元
PSN B-2015-481-2/2

企业社会责任蓝皮书
中资企业海外社会责任研究报告（2017~2018）
著(编)者：钟宏武 叶柳红 张蒽
2018年1月出版 / 估价：99.00元
PSN B-2017-603-2/2

企业社会责任蓝皮书
中国企业社会责任研究报告（2018）
著(编)者：黄群慧 钟宏武 张蒽 汪杰
2018年11月出版 / 估价：99.00元
PSN B-2009-149-1/2

汽车安全蓝皮书
中国汽车安全发展报告（2018）
著(编)者：中国汽车技术研究中心
2018年8月出版 / 估价：99.00元
PSN B-2014-385-1/1

汽车电子商务蓝皮书
中国汽车电子商务发展报告（2018）
著(编)者：中华全国工商业联合会汽车经销商商会
　　　　　北方工业大学
　　　　　北京易观智库网络科技有限公司
2018年10月出版 / 估价：158.00元
PSN B-2015-485-1/1

汽车知识产权蓝皮书
中国汽车产业知识产权发展报告（2018）
著(编)者：中国汽车工程研究院股份有限公司
　　　　　中国汽车工程学会
　　　　　重庆长安汽车股份有限公司
2018年12月出版 / 估价：99.00元
PSN B-2016-594-1/1

青少年体育蓝皮书
中国青少年体育发展报告（2017）
著(编)者：刘扶民 杨桦 2018年1月出版 / 估价：99.00元
PSN B-2015-482-1/1

区块链蓝皮书
中国区块链发展报告（2018）
著(编)者：李伟 2018年9月出版 / 估价：99.00元
PSN B-2017-649-1/1

群众体育蓝皮书
中国群众体育发展报告（2017）
著(编)者：刘国永 戴健 2018年5月出版 / 估价：99.00元
PSN B-2014-411-1/3

群众体育蓝皮书
中国社会体育指导员发展报告（2018）
著(编)者：刘国永 王欢 2018年4月出版 / 估价：99.00元
PSN B-2016-520-3/3

人力资源蓝皮书
中国人力资源发展报告（2018）
著(编)者：余兴安 2018年11月出版 / 估价：99.00元
PSN B-2012-287-1/1

融资租赁蓝皮书
中国融资租赁业发展报告（2017~2018）
著(编)者：李光荣 王力 2018年8月出版 / 估价：99.00元
PSN B-2015-443-1/1

商会蓝皮书
中国商会发展报告No.5（2017）
著(编)者：王钦敏 2018年7月出版 / 估价：99.00元
PSN B-2008-125-1/1

商务中心区蓝皮书
中国商务中心区发展报告No.4（2017~2018）
著(编)者：李国红 单菁菁 2018年9月出版 / 估价：99.00元
PSN B-2015-444-1/1

设计产业蓝皮书
中国创新设计发展报告（2018）
著(编)者：王晓红 张立群 于炜
2018年11月出版 / 估价：99.00元
PSN B-2016-581-2/2

社会责任管理蓝皮书
中国上市公司社会责任能力成熟度报告No.4 2018
著(编)者：肖红军 王晓光 李伟阳
2018年12月出版 / 估价：99.00元
PSN B-2015-507-2/2

社会责任管理蓝皮书
中国企业公众透明度报告No.4（2017~2018）
著(编)者：黄速建 熊梦 王晓光 肖红军
2018年4月出版 / 估价：99.00元
PSN B-2015-440-1/2

食品药品蓝皮书
食品药品安全与监管政策研究报告（2016~2017）
著(编)者：唐民皓 2018年6月出版 / 估价：99.00元
PSN B-2009-129-1/1

输血服务蓝皮书
中国输血行业发展报告（2018）
著(编)者：孙俊 2018年12月出版 / 估价：99.00元
PSN B-2016-582-1/1

水利风景区蓝皮书
中国水利风景区发展报告（2018）
著(编)者：董建文 兰思仁
2018年10月出版 / 估价：99.00元
PSN B-2015-480-1/1

私募市场蓝皮书
中国私募股权市场发展报告（2017~2018）
著(编)者：曹和平 2018年12月出版 / 估价：99.00元
PSN B-2010-162-1/1

碳排放权交易蓝皮书
中国碳排放权交易报告（2018）
著(编)者：孙永平 2018年11月出版 / 估价：99.00元
PSN B-2017-652-1/1

碳市场蓝皮书
中国碳市场报告（2018）
著(编)者：定金彪 2018年11月出版 / 估价：99.00元
PSN B-2014-430-1/1

行业及其他类 — 皮书系列 2018全品种

体育蓝皮书
中国公共体育服务发展报告（2018）
著(编)者：戴健　2018年12月出版 / 估价：99.00元
PSN B-2013-367-2/5

土地市场蓝皮书
中国农村土地市场发展报告（2017~2018）
著(编)者：李光荣　2018年3月出版 / 估价：99.00元
PSN B-2016-526-1/1

土地整治蓝皮书
中国土地整治发展研究报告（No.5）
著(编)者：国土资源部土地整治中心
2018年7月出版 / 估价：99.00元
PSN B-2014-401-1/1

土地政策蓝皮书
中国土地政策研究报告（2018）
著(编)者：高延利　李宪文　2017年12月出版 / 估价：99.00元
PSN B-2015-506-1/1

网络空间安全蓝皮书
中国网络空间安全发展报告（2018）
著(编)者：惠志斌　覃庆玲
2018年11月出版 / 估价：99.00元
PSN B-2015-466-1/1

文化志愿服务蓝皮书
中国文化志愿服务发展报告（2018）
著(编)者：张永新　良警宇　2018年11月出版 / 估价：128.00元
PSN B-2016-596-1/1

西部金融蓝皮书
中国西部金融发展报告（2017~2018）
著(编)者：李忠民　2018年8月出版 / 估价：99.00元
PSN B-2010-160-1/1

协会商会蓝皮书
中国行业协会商会发展报告（2017）
著(编)者：景朝阳　李勇　2018年4月出版 / 估价：99.00元
PSN B-2015-461-1/1

新三板蓝皮书
中国新三板市场发展报告（2018）
著(编)者：王力　2018年8月出版 / 估价：99.00元
PSN B-2016-533-1/1

信托市场蓝皮书
中国信托业市场报告（2017~2018）
著(编)者：用益金融信托研究院
2018年1月出版 / 估价：198.00元
PSN B-2014-371-1/1

信息化蓝皮书
中国信息化形势分析与预测（2017~2018）
著(编)者：周宏仁　2018年8月出版 / 估价：99.00元
PSN B-2010-168-1/1

信用蓝皮书
中国信用发展报告（2017~2018）
著(编)者：章政　田侃　2018年4月出版 / 估价：99.00元
PSN B-2013-328-1/1

休闲绿皮书
2017~2018年中国休闲发展报告
著(编)者：宋瑞　2018年7月出版 / 估价：99.00元
PSN G-2010-158-1/1

休闲体育蓝皮书
中国休闲体育发展报告（2017~2018）
著(编)者：李相如　钟秉枢
2018年10月出版 / 估价：99.00元
PSN B-2016-516-1/1

养老金融蓝皮书
中国养老金融发展报告（2018）
著(编)者：董克用　姚余栋
2018年9月出版 / 估价：99.00元
PSN B-2016-583-1/1

遥感监测绿皮书
中国可持续发展遥感监测报告（2017）
著(编)者：顾行发　汪克强　潘教峰　李闽榕　徐东华　王琦安
2018年6月出版 / 估价：298.00元
PSN B-2017-629-1/1

药品流通蓝皮书
中国药品流通行业发展报告（2018）
著(编)者：佘鲁林　温再兴
2018年7月出版 / 估价：198.00元
PSN B-2014-429-1/1

医疗器械蓝皮书
中国医疗器械行业发展报告（2018）
著(编)者：王宝亭　耿鸿武
2018年10月出版 / 估价：99.00元
PSN B-2017-661-1/1

医院蓝皮书
中国医院竞争力报告（2018）
著(编)者：庄一强　曾益新　2018年3月出版 / 估价：118.00元
PSN B-2016-528-1/1

瑜伽蓝皮书
中国瑜伽业发展报告（2017~2018）
著(编)者：张永建　徐华锋　朱泰余
2018年6月出版 / 估价：198.00元
PSN B-2017-625-1/1

债券市场蓝皮书
中国债券市场发展报告（2017~2018）
著(编)者：杨农　2018年10月出版 / 估价：99.00元
PSN B-2016-572-1/1

志愿服务蓝皮书
中国志愿服务发展报告（2018）
著(编)者：中国志愿服务联合会
2018年11月出版 / 估价：99.00元
PSN B-2017-664-1/1

中国上市公司蓝皮书
中国上市公司发展报告（2018）
著(编)者：张鹏　张平　黄胤英
2018年9月出版 / 估价：99.00元
PSN B-2014-414-1/1

皮书系列 2018全品种
行业及其他类 · 国际问题与全球治理类

中国新三板蓝皮书
中国新三板创新与发展报告（2018）
著（编）者：刘平安 闻召林
2018年8月出版　估价：158.00元
PSN B-2017-638-1/1

中医文化蓝皮书
北京中医药文化传播发展报告（2018）
著（编）者：毛嘉陵　2018年5月出版　估价：99.00元
PSN B-2015-468-1/2

中医文化蓝皮书
中国中医药文化传播发展报告（2018）
著（编）者：毛嘉陵　2018年7月出版　估价：99.00元
PSN B-2016-584-2/2

中医药蓝皮书
北京中医药知识产权发展报告No.2
著（编）者：汪洪 屠志涛　2018年4月出版　估价：168.00元
PSN B-2017-602-1/1

资本市场蓝皮书
中国场外交易市场发展报告（2016~2017）
著（编）者：高峦　2018年3月出版　估价：99.00元
PSN B-2009-153-1/1

资产管理蓝皮书
中国资产管理行业发展报告（2018）
著（编）者：郑智　2018年7月出版　估价：99.00元
PSN B-2014-407-2/2

资产证券化蓝皮书
中国资产证券化发展报告（2018）
著（编）者：纪志宏　2018年11月出版　估价：99.00元
PSN B-2017-660-1/1

自贸区蓝皮书
中国自贸区发展报告（2018）
著（编）者：王力 黄育华　2018年6月出版　估价：99.00元
PSN B-2016-558-1/1

国际问题与全球治理类

"一带一路"跨境通道蓝皮书
"一带一路"跨境通道建设研究报告（2018）
著（编）者：郭业洲　2018年8月出版　估价：99.00元
PSN B-2016-557-1/1

"一带一路"蓝皮书
"一带一路"建设发展报告（2018）
著（编）者：王晓泉　2018年6月出版　估价：99.00元
PSN B-2016-552-1/1

"一带一路"投资安全蓝皮书
中国"一带一路"投资与安全研究报告（2017~2018）
著（编）者：邹统钎 梁昊光　2018年4月出版　估价：99.00元
PSN B-2017-612-1/1

"一带一路"文化交流蓝皮书
中阿文化交流发展报告（2017）
著（编）者：王辉　2018年9月出版　估价：99.00元
PSN B-2017-655-1/1

G20国家创新竞争力黄皮书
二十国集团（G20）国家创新竞争力发展报告（2017~2018）
著（编）者：李建平 李闽榕 赵新力 周天勇
2018年7月出版　估价：168.00元
PSN Y-2011-229-1/1

阿拉伯黄皮书
阿拉伯发展报告（2016~2017）
著（编）者：罗林　2018年3月出版　估价：99.00元
PSN Y-2014-381-1/1

北部湾蓝皮书
泛北部湾合作发展报告（2017~2018）
著（编）者：吕余生　2018年12月出版　估价：99.00元
PSN B-2008-114-1/1

北极蓝皮书
北极地区发展报告（2017）
著（编）者：刘惠荣　2018年7月出版　估价：99.00元
PSN B-2017-634-1/1

大洋洲蓝皮书
大洋洲发展报告（2017~2018）
著（编）者：喻常森　2018年10月出版　估价：99.00元
PSN B-2013-341-1/1

东北亚区域合作蓝皮书
2017年"一带一路"倡议与东北亚区域合作
著（编）者：刘亚政 金美花
2018年5月出版　估价：99.00元
PSN B-2017-631-1/1

东盟黄皮书
东盟发展报告（2017）
著（编）者：杨晓强 庄国土
2018年3月出版　估价：99.00元
PSN Y-2012-303-1/1

东南亚蓝皮书
东南亚地区发展报告（2017~2018）
著（编）者：王勤　2018年12月出版　估价：99.00元
PSN B-2012-240-1/1

非洲黄皮书
非洲发展报告No.20（2017~2018）
著（编）者：张宏明　2018年7月出版　估价：99.00元
PSN Y-2012-239-1/1

非传统安全蓝皮书
中国非传统安全研究报告（2017~2018）
著（编）者：潇枫 罗中枢　2018年8月出版　估价：99.00元
PSN B-2012-273-1/1

国际问题与全球治理类

皮书系列
2018全品种

国际安全蓝皮书
中国国际安全研究报告（2018）
著(编)者：刘慧　2018年7月出版 / 估价：99.00元
PSN B-2016-521-1/1

国际城市蓝皮书
国际城市发展报告（2018）
著(编)者：屠启宇　2018年2月出版 / 估价：99.00元
PSN B-2012-260-1/1

国际形势黄皮书
全球政治与安全报告（2018）
著(编)者：张宇燕　2018年1月出版 / 估价：99.00元
PSN Y-2001-016-1/1

公共外交蓝皮书
中国公共外交发展报告（2018）
著(编)者：赵启正 雷蔚真　2018年4月出版 / 估价：99.00元
PSN B-2015-457-1/1

金砖国家黄皮书
金砖国家综合创新竞争力发展报告（2018）
著(编)者：赵新力 李闽榕 黄茂兴
2018年8月出版 / 估价：128.00元
PSN Y-2017-643-1/1

拉美黄皮书
拉丁美洲和加勒比发展报告（2017-2018）
著(编)者：袁东振　2018年6月出版 / 估价：99.00元
PSN Y-1000-007 1/1

澜湄合作蓝皮书
澜沧江-湄公河合作发展报告（2018）
著(编)者：刘稚　2018年9月出版 / 估价：99.00元
PSN B-2011-196-1/1

欧洲蓝皮书
欧洲发展报告（2017~2018）
著(编)者：黄平 周弘 程卫东
2018年6月出版 / 估价：99.00元
PSN B-1999-009-1/1

葡语国家蓝皮书
葡语国家发展报告（2016~2017）
著(编)者：王成安 张敏 刘金兰
2018年4月出版 / 估价：99.00元
PSN B-2015-503-1/2

葡语国家蓝皮书
中国与葡语国家关系发展报告·巴西（2016）
著(编)者：张曙光　2018年8月出版 / 估价：99.00元
PSN B-2016-563-2/2

气候变化绿皮书
应对气候变化报告（2018）
著(编)者：王伟光 郑国光　2018年11月出版 / 估价：99.00元
PSN G-2009-144-1/1

全球环境竞争力绿皮书
全球环境竞争力发展报告（2018）
著(编)者：李建平 李闽榕 王金南
2018年12月出版 / 估价：198.00元
PSN G-2013-363-1/1

全球信息社会蓝皮书
全球信息社会发展报告（2018）
著(编)者：丁波涛 唐涛　2018年10月出版 / 估价：99.00元
PSN B-2017-665-1/1

日本经济蓝皮书
日本经济与中日经贸关系研究报告（2018）
著(编)者：张季风　2018年6月出版 / 估价：99.00元
PSN B-2008-102-1/1

上海合作组织黄皮书
上海合作组织发展报告（2018）
著(编)者：李进峰　2018年6月出版 / 估价：99.00元
PSN Y-2009-130-1/1

世界创新竞争力黄皮书
世界创新竞争力发展报告（2017）
著(编)者：李建平 李闽榕 赵新力
2018年1月出版 / 估价：168.00元
PSN Y-2013-318-1/1

世界经济黄皮书
2018年世界经济形势分析与预测
著(编)者：张宇燕　2018年1月出版 / 估价：99.00元
PSN Y-1999-006-1/1

丝绸之路蓝皮书
丝绸之路经济带发展报告（2018）
著(编)者：任宗哲 白宽犁 谷孟宾
2018年1月出版 / 估价：99.00元
PSN B-2014-410-1/1

新兴经济体蓝皮书
金砖国家发展报告（2018）
著(编)者：林跃勤 周弦　2018年8月出版 / 估价：99.00元
PSN B-2011-195-1/1

亚太蓝皮书
亚太地区发展报告（2018）
著(编)者：李向阳　2018年5月出版 / 估价：99.00元
PSN B-2001-015-1/1

印度洋地区蓝皮书
印度洋地区发展报告（2018）
著(编)者：汪戎　2018年6月出版 / 估价：99.00元
PSN B-2013-334-1/1

渝新欧蓝皮书
渝新欧沿线国家发展报告（2018）
著(编)者：杨柏 黄森　2018年6月出版 / 估价：99.00元
PSN B-2017-626-1/1

中阿蓝皮书
中国·阿拉伯国家经贸发展报告（2018）
著(编)者：张廉 段庆林 王林聪 杨巧红
2018年12月出版 / 估价：99.00元
PSN B-2016-598-1/1

中东黄皮书
中东发展报告No.20（2017~2018）
著(编)者：杨光　2018年10月出版 / 估价：99.00元
PSN Y-1998-004-1/1

中亚黄皮书
中亚国家发展报告（2018）
著(编)者：孙力　2018年6月出版 / 估价：99.00元
PSN Y-2012-238-1/1

国别类

澳大利亚蓝皮书
澳大利亚发展报告（2017-2018）
著(编)者：孙有中 韩锋　2018年12月出版 / 估价：99.00元
PSN B-2016-587-1/1

巴西黄皮书
巴西发展报告（2017）
著(编)者：刘国枝　2018年5月出版 / 估价：99.00元
PSN Y-2017-614-1/1

德国蓝皮书
德国发展报告（2018）
著(编)者：郑春荣　2018年6月出版 / 估价：99.00元
PSN B-2012-278-1/1

俄罗斯黄皮书
俄罗斯发展报告（2018）
著(编)者：李永全　2018年6月出版 / 估价：99.00元
PSN Y-2006-061-1/1

韩国蓝皮书
韩国发展报告（2017）
著(编)者：牛林杰 刘宝全　2018年5月出版 / 估价：99.00元
PSN B-2010-155-1/1

加拿大蓝皮书
加拿大发展报告（2018）
著(编)者：唐小松　2018年9月出版 / 估价：99.00元
PSN B-2014-389-1/1

美国蓝皮书
美国研究报告（2018）
著(编)者：郑秉文 黄平　2018年5月出版 / 估价：99.00元
PSN B-2011-210-1/1

缅甸蓝皮书
缅甸国情报告（2017）
著(编)者：孔鹏 杨祥章　2018年1月出版 / 估价：99.00元
PSN B-2013-343-1/1

日本蓝皮书
日本研究报告（2018）
著(编)者：杨伯江　2018年6月出版 / 估价：99.00元
PSN B-2002-020-1/1

土耳其蓝皮书
土耳其发展报告（2018）
著(编)者：郭长刚 刘义　2018年9月出版 / 估价：99.00元
PSN B-2014-412-1/1

伊朗蓝皮书
伊朗发展报告（2017~2018）
著(编)者：冀开运　2018年10月 / 估价：99.00元
PSN B-2016-574-1/1

以色列蓝皮书
以色列发展报告（2018）
著(编)者：张倩红　2018年8月出版 / 估价：99.00元
PSN B-2015-483-1/1

印度蓝皮书
印度国情报告（2017）
著(编)者：吕昭义　2018年4月出版 / 估价：99.00元
PSN B-2012-241-1/1

英国蓝皮书
英国发展报告（2017~2018）
著(编)者：王展鹏　2018年12月出版 / 估价：99.00元
PSN B-2015-486-1/1

越南蓝皮书
越南国情报告（2018）
著(编)者：谢林城　2018年1月出版 / 估价：99.00元
PSN B-2006-056-1/1

泰国蓝皮书
泰国研究报告（2018）
著(编)者：庄国土 张禹东 刘文正
2018年10月出版 / 估价：99.00元
PSN B-2016-556-1/1

文化传媒类

"三农"舆情蓝皮书
中国"三农"网络舆情报告（2017~2018）
著(编)者：农业部信息中心
2018年6月出版 / 估价：99.00元
PSN B-2017-640-1/1

传媒竞争力蓝皮书
中国传媒国际竞争力研究报告（2018）
著(编)者：李本乾 刘强 王大可
2018年8月出版 / 估价：99.00元
PSN B-2013-356-1/1

传媒蓝皮书
中国传媒产业发展报告（2018）
著(编)者：崔保国　2018年5月出版 / 估价：99.00元
PSN B-2005-035-1/1

传媒投资蓝皮书
中国传媒投资发展报告（2018）
著(编)者：张向东 谭云明
2018年6月出版 / 估价：148.00元
PSN B-2015-474-1/1

文化传媒类 — 皮书系列 2018全品种

非物质文化遗产蓝皮书
中国非物质文化遗产发展报告（2018）
著(编)者：陈平　2018年5月出版 / 估价：128.00元
PSN B-2015-469-1/2

非物质文化遗产蓝皮书
中国非物质文化遗产保护发展报告（2018）
著(编)者：宋俊华　2018年10月出版 / 估价：128.00元
PSN B-2016-586-2/2

广电蓝皮书
中国广播电影电视发展报告（2018）
著(编)者：国家新闻出版广电总局发展研究中心
2018年7月出版 / 估价：99.00元
PSN B-2006-072-1/1

广告主蓝皮书
中国广告主营销传播趋势报告No.9
著(编)者：黄升民　杜国清　邵华冬　等
2018年10月出版 / 估价：158.00元
PSN B-2005-041-1/1

国际传播蓝皮书
中国国际传播发展报告（2018）
著(编)者：胡正荣　李继东　姬德强
2018年12月出版 / 估价：99.00元
PSN B-2014-408-1/1

国家形象蓝皮书
中国国家形象传播报告（2017）
著(编)者：张昆　2018年3月出版 / 估价：128.00元
PSN B-2017-605-1/1

互联网治理蓝皮书
中国网络社会治理研究报告（2018）
著(编)者：罗昕　支庭荣
2018年9月出版 / 估价：118.00元
PSN B-2017-653-1/1

纪录片蓝皮书
中国纪录片发展报告（2018）
著(编)者：何苏六　2018年10月出版 / 估价：99.00元
PSN B-2011-222-1/1

科学传播蓝皮书
中国科学传播报告（2016~2017）
著(编)者：詹正茂　2018年6月出版 / 估价：99.00元
PSN B-2008-120-1/1

两岸创意经济蓝皮书
两岸创意经济研究报告（2018）
著(编)者：罗昌智　董泽平
2018年10月出版 / 估价：99.00元
PSN B-2014-437-1/1

媒介与女性蓝皮书
中国媒介与女性发展报告（2017~2018）
著(编)者：刘利群　2018年5月出版 / 估价：99.00元
PSN B-2013-345-1/1

媒体融合蓝皮书
中国媒体融合发展报告（2017）
著(编)者：梅宁华　支庭荣　2018年1月出版 / 估价：99.00元
PSN B-2015-479-1/1

全球传媒蓝皮书
全球传媒发展报告（2017~2018）
著(编)者：胡正荣　李继东　2018年6月出版 / 估价：99.00元
PSN B-2012-237-1/1

少数民族非遗蓝皮书
中国少数民族非物质文化遗产发展报告（2018）
著(编)者：肖远平（彝）　柴立（满）
2018年10月出版 / 估价：118.00元
PSN B-2015-467-1/1

视听新媒体蓝皮书
中国视听新媒体发展报告（2018）
著(编)者：国家新闻出版广电总局发展研究中心
2018年7月出版 / 估价：118.00元
PSN B-2011-184-1/1

数字娱乐产业蓝皮书
中国动画产业发展报告（2018）
著(编)者：孙立军　孙平　牛兴侦
2018年10月出版 / 估价：99.00元
PSN B-2011-198-1/2

数字娱乐产业蓝皮书
中国游戏产业发展报告（2018）
著(编)者：孙立军　刘跃军
2018年10月出版 / 估价：99.00元
PSN B-2017-662-2/2

文化创新蓝皮书
中国文化创新报告（2017·No.8）
著(编)者：傅才武　2018年4月出版 / 估价：99.00元
PSN B-2009-143-1/1

文化建设蓝皮书
中国文化发展报告（2018）
著(编)者：江畅　孙伟平　戴茂堂
2018年5月出版 / 估价：99.00元
PSN B-2014-392-1/1

文化科技蓝皮书
文化科技创新发展报告（2018）
著(编)者：于平　李凤亮　2018年10月出版 / 估价：99.00元
PSN B-2013-342-1/1

文化蓝皮书
中国公共文化服务发展报告（2017~2018）
著(编)者：刘新成　张永新　张旭
2018年12月出版 / 估价：99.00元
PSN B-2007-093-2/10

文化蓝皮书
中国少数民族文化发展报告（2017~2018）
著(编)者：武翠英　张晓明　任乌晶
2018年9月出版 / 估价：99.00元
PSN B-2013-369-9/10

文化蓝皮书
中国文化产业供需协调检测报告（2018）
著(编)者：王亚南　2018年2月出版 / 估价：99.00元
PSN B-2013-323-8/10

皮书系列 2018全品种

文化传媒类 · 地方发展类-经济

文化蓝皮书
中国文化消费需求景气评价报告（2018）
著（编）者：王亚南　　2018年2月出版 / 估价：99.00元
PSN B-2011-236-4/10

文化蓝皮书
中国公共文化投入增长测评报告（2018）
著（编）者：王亚南　　2018年2月出版 / 估价：99.00元
PSN B-2014-435-10/10

文化品牌蓝皮书
中国文化品牌发展报告（2018）
著（编）者：欧阳友权　　2018年5月出版 / 估价：99.00元
PSN B-2012-277-1/1

文化遗产蓝皮书
中国文化遗产事业发展报告（2017~2018）
著（编）者：苏杨　张颖岚　卓杰　白海峰　陈晨　陈叙图
2018年8月出版 / 估价：99.00元
PSN B-2008-119-1/1

文学蓝皮书
中国文情报告（2017~2018）
著（编）者：白烨　　2018年5月出版 / 估价：99.00元
PSN B-2011-221-1/1

新媒体蓝皮书
中国新媒体发展报告No.9（2018）
著（编）者：唐绪军　　2018年7月出版 / 估价：99.00元
PSN B-2010-169-1/1

新媒体社会责任蓝皮书
中国新媒体社会责任研究报告（2018）
著（编）者：钟瑛　　2018年12月出版 / 估价：99.00元
PSN B-2014-423-1/1

移动互联网蓝皮书
中国移动互联网发展报告（2018）
著（编）者：余清楚　　2018年6月出版 / 估价：99.00元
PSN B-2012-282-1/1

影视蓝皮书
中国影视产业发展报告（2018）
著（编）者：司若　陈鹏　陈锐　　2018年4月出版 / 估价：99.00元
PSN B-2016-529-1/1

舆情蓝皮书
中国社会舆情与危机管理报告（2018）
著（编）者：谢耘耕　　2018年9月出版 / 估价：138.00元
PSN B-2011-235-1/1

地方发展类-经济

澳门蓝皮书
澳门经济社会发展报告（2017~2018）
著（编）者：吴志良　郝雨凡　　2018年7月出版 / 估价：99.00元
PSN B-2009-138-1/1

澳门绿皮书
澳门旅游休闲发展报告（2017~2018）
著（编）者：郝雨凡　林广志　　2018年5月出版 / 估价：99.00元
PSN G-2017-617-1/1

北京蓝皮书
北京经济发展报告（2017~2018）
著（编）者：杨松　　2018年6月出版 / 估价：99.00元
PSN B-2006-054-2/8

北京旅游绿皮书
北京旅游发展报告（2018）
著（编）者：北京旅游学会
2018年7月出版 / 估价：99.00元
PSN G-2012-301-1/1

北京体育蓝皮书
北京体育产业发展报告（2017~2018）
著（编）者：钟秉枢　陈杰　杨铁黎
2018年9月出版 / 估价：99.00元
PSN B-2015-475-1/1

滨海金融蓝皮书
滨海新区金融发展报告（2017）
著（编）者：王爱俭　李向前　　2018年4月出版 / 估价：99.00元
PSN B-2014-424-1/1

城乡一体化蓝皮书
北京城乡一体化发展报告（2017~2018）
著（编）者：吴宝新　张宝秀　黄序
2018年5月出版 / 估价：99.00元
PSN B-2012-258-2/2

非公有制企业社会责任蓝皮书
北京非公有制企业社会责任报告（2018）
著（编）者：宋贵伦　冯培　　2018年6月出版 / 估价：99.00元
PSN B-2017-613-1/1

福建旅游蓝皮书
福建省旅游产业发展现状研究（2017~2018）
著（编）者：陈敏华　黄远水
2018年12月出版 / 估价：128.00元
PSN B-2016-591-1/1

福建自贸区蓝皮书
中国（福建）自由贸易试验区发展报告（2017~2018）
著（编）者：黄茂兴　　2018年4月出版 / 估价：118.00元
PSN B-2016-531-1/1

甘肃蓝皮书
甘肃经济发展分析与预测（2018）
著（编）者：安文华　罗哲　　2018年1月出版 / 估价：99.00元
PSN B-2013-312-1/6

甘肃蓝皮书
甘肃商贸流通发展报告（2018）
著（编）者：张应华　王福生　王晓芳
2018年1月出版 / 估价：99.00元
PSN B-2016-522-6/6

地方发展类-经济　　皮书系列 2018全品种

甘肃蓝皮书
甘肃县域和农村发展报告（2018）
著(编)者：朱智文　包东红　王建兵
2018年1月出版 / 估价：99.00元
PSN B-2013-316-5/6

甘肃农业科技绿皮书
甘肃农业科技发展研究报告（2018）
著(编)者：魏胜文　乔德华　张东伟
2018年12月出版 / 估价：198.00元
PSN B-2016-592-1/1

巩义蓝皮书
巩义经济社会发展报告（2018）
著(编)者：丁同民　朱军　2018年4月出版 / 估价：99.00元
PSN B-2016-532-1/1

广东外经贸蓝皮书
广东对外经济贸易发展研究报告（2017~2018）
著(编)者：陈万灵　2018年6月出版 / 估价：99.00元
PSN B-2012-286-1/1

广西北部湾经济区蓝皮书
广西北部湾经济区开放开发报告（2017~2018）
著(编)者：广西壮族自治区北部湾经济区和东盟开放合作办公室
　　　　　广西社会科学院
　　　　　广西北部湾发展研究院
2018年2月出版 / 估价：99.00元
PSN B-2010-181-1/1

广州蓝皮书
广州城市国际化发展报告（2018）
著(编)者：张跃国　2018年8月出版 / 估价：99.00元
PSN B-2012-246-11/14

广州蓝皮书
中国广州城市建设与管理发展报告（2018）
著(编)者：张其学　陈小钢　王宏伟　2018年8月出版 / 估价：99.00元
PSN B-2007-087-4/14

广州蓝皮书
广州创新型城市发展报告（2018）
著(编)者：尹涛　2018年6月出版 / 估价：99.00元
PSN B-2012-247-12/14

广州蓝皮书
广州经济发展报告（2018）
著(编)者：张跃国　尹涛　2018年7月出版 / 估价：99.00元
PSN B-2005-040-1/14

广州蓝皮书
2018年中国广州经济形势分析与预测
著(编)者：魏明海　谢博能　李华
2018年6月出版 / 估价：99.00元
PSN B-2011-185-9/14

广州蓝皮书
中国广州科技创新发展报告（2018）
著(编)者：于欣伟　陈爽　邓佑满　2018年8月出版 / 估价：99.00元
PSN B-2006-065-2/14

广州蓝皮书
广州农村发展报告（2018）
著(编)者：朱名宏　2018年7月出版 / 估价：99.00元
PSN B-2010-167-8/14

广州蓝皮书
广州汽车产业发展报告（2018）
著(编)者：杨再高　冯兴亚　2018年7月出版 / 估价：99.00元
PSN B-2006-066-3/14

广州蓝皮书
广州商贸业发展报告（2018）
著(编)者：张跃国　陈杰　荀振英
2018年7月出版 / 估价：99.00元
PSN B-2012-245-10/14

贵阳蓝皮书
贵阳城市创新发展报告No.3（白云篇）
著(编)者：连玉明　2018年5月出版 / 估价：99.00元
PSN B-2015-491-3/10

贵阳蓝皮书
贵阳城市创新发展报告No.3（观山湖篇）
著(编)者：连玉明　2018年5月出版 / 估价：99.00元
PSN B-2015-497-9/10

贵阳蓝皮书
贵阳城市创新发展报告No.3（花溪篇）
著(编)者：连玉明　2018年5月出版 / 估价：99.00元
PSN B-2015-490-2/10

贵阳蓝皮书
贵阳城市创新发展报告No.3（开阳篇）
著(编)者：连玉明　2018年5月出版 / 估价：99.00元
PSN B-2015-492-4/10

贵阳蓝皮书
贵阳城市创新发展报告No.3（南明篇）
著(编)者：连玉明　2018年5月出版 / 估价：99.00元
PSN B-2015-496-8/10

贵阳蓝皮书
贵阳城市创新发展报告No.3（清镇篇）
著(编)者：连玉明　2018年5月出版 / 估价：99.00元
PSN B-2015-489-1/10

贵阳蓝皮书
贵阳城市创新发展报告No.3（乌当篇）
著(编)者：连玉明　2018年5月出版 / 估价：99.00元
PSN B-2015-495-7/10

贵阳蓝皮书
贵阳城市创新发展报告No.3（息烽篇）
著(编)者：连玉明　2018年5月出版 / 估价：99.00元
PSN B-2015-493-5/10

贵阳蓝皮书
贵阳城市创新发展报告No.3（修文篇）
著(编)者：连玉明　2018年5月出版 / 估价：99.00元
PSN B-2015-494-6/10

贵阳蓝皮书
贵阳城市创新发展报告No.3（云岩篇）
著(编)者：连玉明　2018年5月出版 / 估价：99.00元
PSN B-2015-498-10/10

贵州房地产蓝皮书
贵州房地产发展报告No.5（2018）
著(编)者：武廷方　2018年7月出版 / 估价：99.00元
PSN B-2014-426-1/1

皮书系列 2018全品种 地方发展类-经济

贵州蓝皮书
贵州册亨经济社会发展报告（2018）
著（编）者：黄德林　2018年3月出版／估价：99.00元
PSN B-2016-525-8/9

贵州蓝皮书
贵州地理标志产业发展报告（2018）
著（编）者：李发耀　黄其松　2018年8月出版／估价：99.00元
PSN B-2017-646-10/10

贵州蓝皮书
贵安新区发展报告（2017~2018）
著（编）者：马长青　吴大华　2018年6月出版／估价：99.00元
PSN B-2015-459-4/10

贵州蓝皮书
贵州国家级开放创新平台发展报告（2017~2018）
著（编）者：申晓庆　吴大华　季泓
2018年11月出版／估价：99.00元
PSN B-2016-518-7/10

贵州蓝皮书
贵州国有企业社会责任发展报告（2017~2018）
著（编）者：郭丽　2018年12月出版／估价：99.00元
PSN B-2015-511-6/10

贵州蓝皮书
贵州民航业发展报告（2017）
著（编）者：申振东　吴大华　2018年1月出版／估价：99.00元
PSN B-2015-471-5/10

贵州蓝皮书
贵州民营经济发展报告（2017）
著（编）者：杨静　吴大华　2018年3月出版／估价：99.00元
PSN B-2016-530-9/9

杭州都市圈蓝皮书
杭州都市圈发展报告（2018）
著（编）者：沈翔　戚建国　2018年5月出版／估价：128.00元
PSN B-2012-302-1/1

河北经济蓝皮书
河北省经济发展报告（2018）
著（编）者：马树强　金浩　张贵　2018年4月出版／估价：99.00元
PSN B-2014-380-1/1

河北蓝皮书
河北经济社会发展报告（2018）
著（编）者：康振海　2018年1月出版／估价：99.00元
PSN B-2014-372-1/3

河北蓝皮书
京津冀协同发展报告（2018）
著（编）者：陈璐　2018年1月出版／估价：99.00元
PSN B-2017-601-2/3

河南经济蓝皮书
2018年河南经济形势分析与预测
著（编）者：王世炎　2018年3月出版／估价：99.00元
PSN B-2007-086-1/1

河南蓝皮书
河南城市发展报告（2018）
著（编）者：张占仓　王建国　2018年5月出版／估价：99.00元
PSN B-2009-131-3/9

河南蓝皮书
河南工业发展报告（2018）
著（编）者：张占仓　2018年5月出版／估价：99.00元
PSN B-2013-317-5/9

河南蓝皮书
河南金融发展报告（2018）
著（编）者：喻新安　谷建全
2018年6月出版／估价：99.00元
PSN B-2014-390-7/9

河南蓝皮书
河南经济发展报告（2018）
著（编）者：张占仓　完世伟
2018年4月出版／估价：99.00元
PSN B-2010-157-4/9

河南蓝皮书
河南能源发展报告（2018）
著（编）者：国网河南省电力公司经济技术研究院
　　　　　河南省社会科学院
2018年3月出版／估价：99.00元
PSN B-2017-607-9/9

河南商务蓝皮书
河南商务发展报告（2018）
著（编）者：焦锦淼　穆荣国　2018年5月出版／估价：99.00元
PSN B-2014-399-1/1

河南双创蓝皮书
河南创新创业发展报告（2018）
著（编）者：喻新安　杨雪梅　2018年8月出版／估价：99.00元
PSN B-2017-641-1/1

黑龙江蓝皮书
黑龙江经济发展报告（2018）
著（编）者：朱宇　2018年1月出版／估价：99.00元
PSN B-2011-190-2/2

湖南城市蓝皮书
区域城市群整合
著（编）者：童中贤　韩未名　2018年12月出版／估价：99.00元
PSN B-2006-064-1/1

湖南蓝皮书
湖南城乡一体化发展报告（2018）
著（编）者：陈文胜　王文强　陆福兴
2018年8月出版／估价：99.00元
PSN B-2015-477-8/8

湖南蓝皮书
2018年湖南电子政务发展报告
著（编）者：梁志峰　2018年5月出版／估价：128.00元
PSN B-2014-394-6/8

湖南蓝皮书
2018年湖南经济发展报告
著（编）者：卞鹰　2018年5月出版／估价：128.00元
PSN B-2011-207-2/8

湖南蓝皮书
2016年湖南经济展望
著（编）者：梁志峰　2018年5月出版／估价：128.00元
PSN B-2011-206-1/8

地方发展类-经济 / 皮书系列 2018全品种

湖南蓝皮书
2018年湖南县域经济社会发展报告
著(编)者：梁志峰　　2018年5月出版 / 估价：128.00元
PSN B-2014-395-7/8

湖南县域绿皮书
湖南县域发展报告（No.5）
著(编)者：袁准　周小毛　黎仁寅
2018年3月出版 / 估价：99.00元
PSN G-2012-274-1/1

沪港蓝皮书
沪港发展报告（2018）
著(编)者：尤安山　　2018年9月出版 / 估价：99.00元
PSN B-2013-362-1/1

吉林蓝皮书
2018年吉林经济社会形势分析与预测
著(编)者：邵汉明　　2017年12月出版 / 估价：99.00元
PSN B-2013-319-1/1

吉林省城市竞争力蓝皮书
吉林省城市竞争力报告（2018~2019）
著(编)者：崔岳春　张磊　　2018年12月出版 / 估价：99.00元
PSN B-2016-513-1/1

济源蓝皮书
济源经济社会发展报告（2018）
著(编)者：喻新安　　2018年4月出版 / 估价：99.00元
PSN B-2014-387-1/1

江苏蓝皮书
2018年江苏经济发展分析与展望
著(编)者：王庆五　吴先满　　2018年7月出版 / 估价：128.00元
PSN B-2017-635-1/3

江西蓝皮书
江西经济社会发展报告（2018）
著(编)者：陈石俊　龚建文　　2018年10月出版 / 估价：128.00元
PSN B-2015-484-1/2

江西蓝皮书
江西设区市发展报告（2018）
著(编)者：姜玮　梁勇　　2018年10月出版 / 估价：99.00元
PSN B-2016-517-2/2

经济特区蓝皮书
中国经济特区发展报告（2017）
著(编)者：陶一桃　　2018年1月出版 / 估价：99.00元
PSN B-2009-139-1/1

辽宁蓝皮书
2018年辽宁经济社会形势分析与预测
著(编)者：梁启东　魏红江　　2018年6月出版 / 估价：99.00元
PSN B-2006-053-1/1

民族经济蓝皮书
中国民族地区经济发展报告（2018）
著(编)者：李曦辉　　2018年7月出版 / 估价：99.00元
PSN B-2017-630-1/1

南宁蓝皮书
南宁经济发展报告（2018）
著(编)者：胡建华　　2018年9月出版 / 估价：99.00元
PSN B-2016-569-2/3

浦东新区蓝皮书
上海浦东经济发展报告（2018）
著(编)者：沈开艳　周奇　　2018年2月出版 / 估价：99.00元
PSN B-2011-225-1/1

青海蓝皮书
2018年青海经济社会形势分析与预测
著(编)者：陈玮　　2017年12月出版 / 估价：99.00元
PSN B-2012-275-1/2

山东蓝皮书
山东经济形势分析与预测（2018）
著(编)者：李广杰　　2018年7月出版 / 估价：99.00元
PSN B-2014-404-1/5

山东蓝皮书
山东省普惠金融发展报告（2018）
著(编)者：齐鲁财富网
2018年9月出版 / 估价：99.00元
PSN B2017-676-5/5

山西蓝皮书
山西资源型经济转型发展报告（2018）
著(编)者：李志强　　2018年7月出版 / 估价：99.00元
PSN B-2011-197-1/1

陕西蓝皮书
陕西经济发展报告（2018）
著(编)者：任宗哲　白宽犁　裴成荣
2018年1月出版 / 估价：99.00元
PSN B-2009-135-1/6

陕西蓝皮书
陕西精准脱贫研究报告（2018）
著(编)者：任宗哲　白宽犁　王建康
2018年6月出版 / 估价：99.00元
PSN B-2017-623-6/6

上海蓝皮书
上海经济发展报告（2018）
著(编)者：沈开艳
2018年2月出版 / 估价：99.00元
PSN B-2006-057-1/7

上海蓝皮书
上海资源环境发展报告（2018）
著(编)者：周冯琦　汤庆合
2018年2月出版 / 估价：99.00元
PSN B-2006-060-4/7

上饶蓝皮书
上饶发展报告（2016~2017）
著(编)者：廖其志　　2018年3月出版 / 估价：128.00元
PSN B-2014-377-1/1

深圳蓝皮书
深圳经济发展报告（2018）
著(编)者：张骁儒　　2018年6月出版 / 估价：99.00元
PSN B-2008-112-3/7

四川蓝皮书
四川城镇化发展报告（2018）
著(编)者：侯水平　陈炜
2018年4月出版 / 估价：99.00元
PSN B-2015-456-7/7

皮书系列 2018全品种 — 地方发展类-经济 · 地方发展类-社会

四川蓝皮书
2018年四川经济形势分析与预测
著(编)者：杨钢　2018年1月出版 / 估价：99.00元
PSN B-2007-098-2/7

四川蓝皮书
四川企业社会责任研究报告（2017~2018）
著(编)者：侯水平　盛毅　2018年5月出版 / 估价：99.00元
PSN B-2014-386-4/7

四川蓝皮书
四川生态建设报告（2018）
著(编)者：李晟之　2018年5月出版 / 估价：99.00元
PSN B-2015-455-6/7

体育蓝皮书
上海体育产业发展报告（2017~2018）
著(编)者：张林　黄海燕　2018年10月出版 / 估价：99.00元
PSN B-2015-454-4/5

体育蓝皮书
长三角地区体育产业发展报告（2017~2018）
著(编)者：张林　2018年4月出版 / 估价：99.00元
PSN B-2015-453-3/5

天津金融蓝皮书
天津金融发展报告（2018）
著(编)者：王爱俭　孔德昌　2018年3月出版 / 估价：99.00元
PSN B-2014-418-1/1

图们江区域合作蓝皮书
图们江区域合作发展报告（2018）
著(编)者：李铁　2018年6月出版 / 估价：99.00元
PSN B-2015-464-1/1

温州蓝皮书
2018年温州经济社会形势分析与预测
著(编)者：蒋儒标　王春光　金浩
2018年4月出版 / 估价：99.00元
PSN B-2008-105-1/1

西咸新区蓝皮书
西咸新区发展报告（2018）
著(编)者：李扬　王军
2018年6月出版 / 估价：99.00元
PSN B-2016-534-1/1

修武蓝皮书
修武经济社会发展报告（2018）
著(编)者：张占仓　袁凯声
2018年10月出版 / 估价：99.00元
PSN B-2017-651-1/1

偃师蓝皮书
偃师经济社会发展报告（2018）
著(编)者：张占仓　袁凯声　何武周
2018年7月出版 / 估价：99.00元
PSN B-2017-627-1/1

扬州蓝皮书
扬州经济社会发展报告（2018）
著(编)者：陈扬
2018年12月出版 / 估价：108.00元
PSN B-2011-191-1/1

长垣蓝皮书
长垣经济社会发展报告（2018）
著(编)者：张占仓　袁凯声　秦保建
2018年10月出版 / 估价：99.00元
PSN B-2017-654-1/1

遵义蓝皮书
遵义发展报告（2018）
著(编)者：邓彦　曾征　龚永育
2018年9月出版 / 估价：99.00元
PSN B-2014-433-1/1

地方发展类-社会

安徽蓝皮书
安徽社会发展报告（2018）
著(编)者：程桦　2018年4月出版 / 估价：99.00元
PSN B-2013-325-1/1

安徽社会建设蓝皮书
安徽社会建设分析报告（2017~2018）
著(编)者：黄家海　蔡宪
2018年11月出版 / 估价：99.00元
PSN B-2013-322-1/1

北京蓝皮书
北京公共服务发展报告（2017~2018）
著(编)者：施昌奎　2018年3月出版 / 估价：99.00元
PSN B-2008-103-7/8

北京蓝皮书
北京社会发展报告（2017~2018）
著(编)者：李伟东
2018年7月出版 / 估价：99.00元
PSN B-2006-055-3/8

北京蓝皮书
北京社会治理发展报告（2017~2018）
著(编)者：殷星辰　2018年7月出版 / 估价：99.00元
PSN B-2014-391-8/8

北京律师蓝皮书
北京律师发展报告 No.3（2018）
著(编)者：王隽　2018年12月出版 / 估价：99.00元
PSN B-2011-217-1/1

地方发展类-社会

皮书系列 2018全品种

北京人才蓝皮书
北京人才发展报告(2018)
著(编)者:敏华　2018年12月出版 / 估价:128.00元
PSN B-2011-201-1/1

北京社会心态蓝皮书
北京社会心态分析报告(2017~2018)
北京市社会心理服务促进中心
2018年10月出版 / 估价:99.00元
PSN B-2014-422-1/1

北京社会组织管理蓝皮书
北京社会组织发展与管理(2018)
著(编)者:黄江松
2018年4月出版 / 估价:99.00元
PSN B-2015-446-1/1

北京养老产业蓝皮书
北京居家养老发展报告(2018)
著(编)者:陆杰华　周明明
2018年8月出版 / 估价:99.00元
PSN B-2015-465-1/1

法治蓝皮书
四川依法治省年度报告No.4(2018)
著(编)者:李林　杨天宗　田禾
2018年3月出版 / 估价:118.00元
PSN B-2015-447-2/3

福建妇女发展蓝皮书
福建省妇女发展报告(2018)
著(编)者:刘群英　2018年11月出版 / 估价:99.00元
PSN B-2011-220-1/1

甘肃蓝皮书
甘肃社会发展分析与预测(2018)
著(编)者:安文华　包晓霞　谢增虎
2018年1月出版 / 估价:99.00元
PSN B-2013-313-2/6

广东蓝皮书
广东全面深化改革研究报告(2018)
著(编)者:周林生　涂成林
2018年12月出版 / 估价:99.00元
PSN B-2015-504-3/3

广东蓝皮书
广东社会工作发展报告(2018)
著(编)者:罗观翠　2018年6月出版 / 估价:99.00元
PSN B-2014-402-2/3

广州蓝皮书
广州青年发展报告(2018)
著(编)者:徐柳　张强
2018年8月出版 / 估价:99.00元
PSN B-2013-352-13/14

广州蓝皮书
广州社会保障发展报告(2018)
著(编)者:张跃国　2018年8月出版 / 估价:99.00元
PSN B-2014-425-14/14

广州蓝皮书
2018年中国广州社会形势分析与预测
著(编)者:张强　郭志勇　何镜清
2018年6月出版 / 估价:99.00元
PSN B-2008-110-5/14

贵州蓝皮书
贵州法治发展报告(2018)
著(编)者:吴大华　2018年5月出版 / 估价:99.00元
PSN B-2012-254-2/10

贵州蓝皮书
贵州人才发展报告(2017)
著(编)者:于杰　吴大华
2018年9月出版 / 估价:99.00元
PSN B-2014-382-3/10

贵州蓝皮书
贵州社会发展报告(2018)
著(编)者:王兴骥　2018年4月出版 / 估价:99.00元
PSN B-2010-166-1/10

杭州蓝皮书
杭州妇女发展报告(2018)
著(编)者:魏颖　2018年10月出版 / 估价:99.00元
PSN B-2014-403-1/1

河北蓝皮书
河北法治发展报告(2018)
著(编)者:康振海　2018年6月出版 / 估价:99.00元
PSN B-2017-622-3/3

河北食品药品安全蓝皮书
河北食品药品安全研究报告(2018)
著(编)者:丁锦霞　2018年10月出版 / 估价:99.00元
PSN B-2015-473-1/1

河南蓝皮书
河南法治发展报告(2018)
著(编)者:张林海　2018年7月出版 / 估价:99.00元
PSN B-2014-376-6/9

河南蓝皮书
2018年河南社会形势分析与预测
著(编)者:牛苏林　2018年5月出版 / 估价:99.00元
PSN B-2005-043-1/9

河南民办教育蓝皮书
河南民办教育发展报告(2018)
著(编)者:胡大白　2018年9月出版 / 估价:99.00元
PSN B-2017-642-1/1

黑龙江蓝皮书
黑龙江社会发展报告(2018)
著(编)者:谢宝禄　2018年1月出版 / 估价:99.00元
PSN B-2011-189-1/2

湖南蓝皮书
2018年湖南两型社会与生态文明建设报告
著(编)者:卞鹰　2018年5月出版 / 估价:128.00元
PSN B-2011-208-3/8

湖南蓝皮书
2018年湖南社会发展报告
著(编)者:卞鹰　2018年5月出版 / 估价:128.00元
PSN B-2014-393-5/8

健康城市蓝皮书
北京健康城市建设研究报告(2018)
著(编)者:王鸿春　盛继洪　2018年9月出版 / 估价:99.00元
PSN B-2015-460-1/2

33

皮书系列 2018全品种　地方发展类-社会 · 地方发展类-文化

江苏法治蓝皮书
江苏法治发展报告No.6（2017）
著(编)者：蔡道通 龚廷泰　2018年8月出版／估价：99.00元
PSN B-2012-290-1/1

江苏蓝皮书
2018年江苏社会发展分析与展望
著(编)者：王庆五 刘旺洪　2018年8月出版／估价：128.00元
PSN B-2017-636-2/3

南宁蓝皮书
南宁法治发展报告（2018）
著(编)者：杨维超　2018年12月出版／估价：99.00元
PSN B-2015-509-1/3

南宁蓝皮书
南宁社会发展报告（2018）
著(编)者：胡建华　2018年10月出版／估价：99.00元
PSN B-2016-570-3/3

内蒙古蓝皮书
内蒙古反腐倡廉建设报告 No.2
著(编)者：张志华　2018年6月出版／估价：99.00元
PSN B-2013-365-1/1

青海蓝皮书
2018年青海人才发展报告
著(编)者：王宇燕　2018年9月出版／估价：99.00元
PSN B-2017-650-2/2

青海生态文明建设蓝皮书
青海生态文明建设报告（2018）
著(编)者：张西明 高华　2018年12月出版／估价：99.00元
PSN B-2016-595-1/1

人口与健康蓝皮书
深圳人口与健康发展报告（2018）
著(编)者：陆杰华 傅崇辉　2018年11月出版／估价：99.00元
PSN B-2011-228-1/1

山东蓝皮书
山东社会形势分析与预测（2018）
著(编)者：李善峰　2018年6月出版／估价：99.00元
PSN B-2014-405-2/5

陕西蓝皮书
陕西社会发展报告（2018）
著(编)者：任宗哲 白宽犁 牛昉　2018年1月出版／估价：99.00元
PSN B-2009-136-2/6

上海蓝皮书
上海法治发展报告（2018）
著(编)者：叶必丰　2018年9月出版／估价：99.00元
PSN B-2012-296-6/7

上海蓝皮书
上海社会发展报告（2018）
著(编)者：杨雄 周海旺
2018年2月出版／估价：99.00元
PSN B-2006-058-2/7

社会建设蓝皮书
2018年北京社会建设分析报告
著(编)者：宋贵伦 冯虹　2018年9月出版／估价：99.00元
PSN B-2010-173-1/1

深圳蓝皮书
深圳法治发展报告（2018）
著(编)者：张骁儒　2018年6月出版／估价：99.00元
PSN B-2015-470-6/7

深圳蓝皮书
深圳劳动关系发展报告（2018）
著(编)者：汤庭芬　2018年8月出版／估价：99.00元
PSN B-2007-097-2/7

深圳蓝皮书
深圳社会治理与发展报告（2018）
著(编)者：张骁儒　2018年6月出版／估价：99.00元
PSN B-2008-113-4/7

生态安全绿皮书
甘肃国家生态安全屏障建设发展报告（2018）
著(编)者：刘举科 喜文华
2018年10月出版／估价：99.00元
PSN G-2017-659-1/1

顺义社会建设蓝皮书
北京市顺义区社会建设发展报告（2018）
著(编)者：王学武　2018年9月出版／估价：99.00元
PSN B-2017-658-1/1

四川蓝皮书
四川法治发展报告（2018）
著(编)者：郑泰安　2018年1月出版／估价：99.00元
PSN B-2015-441-5/7

四川蓝皮书
四川社会发展报告（2018）
著(编)者：李羚　2018年6月出版／估价：99.00元
PSN B-2008-127-3/7

云南社会治理蓝皮书
云南社会治理年度报告（2017）
著(编)者：晏雄 韩全芳
2018年5月出版／估价：99.00元
PSN B-2017-667-1/1

地方发展类-文化

北京传媒蓝皮书
北京新闻出版广电发展报告（2017~2018）
著(编)者：王志　2018年11月出版／估价：99.00元
PSN B-2016-588-1/1

北京蓝皮书
北京文化发展报告（2017~2018）
著(编)者：李建盛　2018年5月出版／估价：99.00元
PSN B-2007-082-4/8

皮书系列
2018全品种

地方发展类-文化

创意城市蓝皮书
北京文化创意产业发展报告（2018）
著(编)者：郭万超 张京成　2018年12月出版 / 估价：99.00元
PSN B-2012-263-1/7

创意城市蓝皮书
天津文化创意产业发展报告（2017~2018）
著(编)者：谢思全　2018年6月出版 / 估价：99.00元
PSN B-2016-536-7/7

创意城市蓝皮书
武汉文化创意产业发展报告（2018）
著(编)者：黄永林 陈汉桥　2018年12月出版 / 估价：99.00元
PSN B-2013-354-4/7

创意上海蓝皮书
上海文化创意产业发展报告（2017~2018）
著(编)者：王慧敏 王兴全　2018年8月出版 / 估价：99.00元
PSN B-2016-561-1/1

非物质文化遗产蓝皮书
广州市非物质文化遗产保护发展报告（2018）
著(编)者：宋俊华　2018年12月出版 / 估价：99.00元
PSN B-2016-589-1/1

甘肃蓝皮书
甘肃文化发展分析与预测（2018）
著(编)者：王俊莲 周小华　2018年1月出版 / 估价：99.00元
PSN B-2013-314-3/6

甘肃蓝皮书
甘肃舆情分析与预测（2018）
著(编)者：陈双梅 张谦元　2018年1月出版 / 估价：99.00元
PSN B-2013-315-4/6

广州蓝皮书
中国广州文化发展报告（2018）
著(编)者：屈哨兵 陆志强　2018年6月出版 / 估价：99.00元
PSN B-2009-134-7/14

广州蓝皮书
广州文化创意产业发展报告（2018）
著(编)者：徐咏虹　2018年7月出版 / 估价：99.00元
PSN B-2008-111-6/14

海淀蓝皮书
海淀区文化和科技融合发展报告（2018）
著(编)者：陈名杰 孟景伟　2018年5月出版 / 估价：99.00元
PSN B-2013-329-1/1

河南蓝皮书
河南文化发展报告（2018）
著(编)者：卫绍生　2018年7月出版 / 估价：99.00元
PSN B-2008-106-2/9

湖北文化产业蓝皮书
湖北省文化产业发展报告（2018）
著(编)者：黄晓华　2018年9月出版 / 估价：99.00元
PSN B-2017-656-1/1

湖北文化蓝皮书
湖北文化发展报告（2017~2018）
著(编)者：湖北大学高等人文研究院
中华文化发展湖北省协同创新中心
2018年10月出版 / 估价：99.00元
PSN B-2016-566-1/1

江苏蓝皮书
2018年江苏文化发展分析与展望
著(编)者：王庆五 樊和平　2018年9月出版 / 估价：128.00元
PSN B-2017-637-3/3

江西文化蓝皮书
江西非物质文化遗产发展报告（2018）
著(编)者：张圣才 傅安平　2018年12月出版 / 估价：128.00元
PSN B-2015-499-1/1

洛阳蓝皮书
洛阳文化发展报告（2018）
著(编)者：刘福兴 陈启明　2018年7月出版 / 估价：99.00元
PSN B-2015-476-1/1

南京蓝皮书
南京文化发展报告（2018）
著(编)者：中共南京市委宣传部
2018年12月出版 / 估价：99.00元
PSN B-2014-439-1/1

宁波文化蓝皮书
宁波"一人一艺"全民艺术普及发展报告（2017）
著(编)者：张爱琴　2018年11月出版 / 估价：128.00元
PSN B-2017-668-1/1

山东蓝皮书
山东文化发展报告（2018）
著(编)者：涂可国　2018年5月出版 / 估价：99.00元
PSN B-2014-406-3/6

陕西蓝皮书
陕西文化发展报告（2018）
著(编)者：任宗哲 白宽犁 王长寿
2018年1月出版 / 估价：99.00元
PSN B-2009-137-3/6

上海蓝皮书
上海传媒发展报告（2018）
著(编)者：强荧 焦雨虹　2018年2月出版 / 估价：99.00元
PSN B-2012-295-5/7

上海蓝皮书
上海文学发展报告（2018）
著(编)者：陈圣来　2018年6月出版 / 估价：99.00元
PSN B-2012-297-7/7

上海蓝皮书
上海文化发展报告（2018）
著(编)者：荣跃明　2018年2月出版 / 估价：99.00元
PSN B-2006-059-3/7

深圳蓝皮书
深圳文化发展报告（2018）
著(编)者：张骁儒　2018年7月出版 / 估价：99.00元
PSN B-2016-554-7/7

四川蓝皮书
四川文化产业发展报告（2018）
著(编)者：向宝云 张立伟　2018年4月出版 / 估价：99.00元
PSN B-2006-074-1/7

郑州蓝皮书
2018年郑州文化发展报告
著(编)者：王哲　2018年9月出版 / 估价：99.00元
PSN B-2008-107-1/1

社会科学文献出版社　　　　　　　　　　　　**皮书系列**

❖ 皮书起源 ❖

"皮书"起源于十七、十八世纪的英国，主要指官方或社会组织正式发表的重要文件或报告，多以"白皮书"命名。在中国，"皮书"这一概念被社会广泛接受，并被成功运作、发展成为一种全新的出版形态，则源于中国社会科学院社会科学文献出版社。

❖ 皮书定义 ❖

皮书是对中国与世界发展状况和热点问题进行年度监测，以专业的角度、专家的视野和实证研究方法，针对某一领域或区域现状与发展态势展开分析和预测，具备原创性、实证性、专业性、连续性、前沿性、时效性等特点的公开出版物，由一系列权威研究报告组成。

❖ 皮书作者 ❖

皮书系列的作者以中国社会科学院、著名高校、地方社会科学院的研究人员为主，多为国内一流研究机构的权威专家学者，他们的看法和观点代表了学界对中国与世界的现实和未来最高水平的解读与分析。

❖ 皮书荣誉 ❖

皮书系列已成为社会科学文献出版社的著名图书品牌和中国社会科学院的知名学术品牌。2016年，皮书系列正式列入"十三五"国家重点出版规划项目；2013~2018年，重点皮书列入中国社会科学院承担的国家哲学社会科学创新工程项目；2018年，59种院外皮书使用"中国社会科学院创新工程学术出版项目"标识。

中国皮书网

（网址：www.pishu.cn）

发布皮书研创资讯，传播皮书精彩内容
引领皮书出版潮流，打造皮书服务平台

栏目设置

关于皮书：何谓皮书、皮书分类、皮书大事记、皮书荣誉、
皮书出版第一人、皮书编辑部
最新资讯：通知公告、新闻动态、媒体聚焦、网站专题、视频直播、下载专区
皮书研创：皮书规范、皮书选题、皮书出版、皮书研究、研创团队
皮书评奖评价：指标体系、皮书评价、皮书评奖
互动专区：皮书说、社科数托邦、皮书微博、留言板

所获荣誉

2008年、2011年，中国皮书网均在全国新闻出版业网站荣誉评选中获得"最具商业价值网站"称号；

2012年，获得"出版业网站百强"称号。

网库合一

2014年，中国皮书网与皮书数据库端口合一，实现资源共享。

权威报告·一手数据·特色资源

皮书数据库
ANNUAL REPORT(YEARBOOK) DATABASE

当代中国经济与社会发展高端智库平台

所获荣誉

- 2016年,入选"'十三五'国家重点电子出版物出版规划骨干工程"
- 2015年,荣获"搜索中国正能量 点赞2015""创新中国科技创新奖"
- 2013年,荣获"中国出版政府奖·网络出版物奖"提名奖
- 连续多年荣获中国数字出版博览会"数字出版·优秀品牌"奖

成为会员

通过网址www.pishu.com.cn或使用手机扫描二维码进入皮书数据库网站,进行手机号码验证或邮箱验证即可成为皮书数据库会员(建议通过手机号码快速验证注册)。

会员福利

- 使用手机号码首次注册的会员,账号自动充值100元体验金,可直接购买和查看数据库内容(仅限使用手机号码快速注册)。
- 已注册用户购书后可免费获赠100元皮书数据库充值卡。刮开充值卡涂层获取充值密码,登录并进入"会员中心"—"在线充值"—"充值卡充值",充值成功后即可购买和查看数据库内容。

数据库服务热线:400-008-6695　　　　　图书销售热线:010-59367070/7028
数据库服务QQ:2475522410　　　　　　　图书服务QQ:1265056568
数据库服务邮箱:database@ssap.cn　　　 图书服务邮箱:duzhe@ssap.cn

更多信息请登录

皮书数据库
http://www.pishu.com.cn

中国皮书网
http://www.pishu.cn

皮书微博
http://weibo.com/pishu

皮书微信"皮书说"

请到当当、亚马逊、京东或各地书店购买，也可办理邮购

咨询／邮购电话：010-59367028　59367070
邮　　箱：duzhe@ssap.cn
邮购地址：北京市西城区北三环中路甲29号院3号楼
　　　　　华龙大厦13层读者服务中心
邮　　编：100029
银行户名：社会科学文献出版社
开户银行：中国工商银行北京北太平庄支行
账　　号：0200010019200365434

皮书数据库
www.pishu.com.cn

皮书数据库二期全新上线

● 皮书数据库（SSDB）是社会科学文献出版社整合现有皮书资源开发的在线数字产品，全面收录"皮书系列"的内容资源，并以此为基础整合大量相关资讯构建而成。

● 皮书数据库现有中国经济发展数据库、中国社会发展数据库、世界经济与国际政治数据库等子库，覆盖经济、社会、文化等多个行业、领域，现有报告30000多篇，总字数超过5亿字，并以每年4000多篇的速度不断更新累积。2009年7月，皮书数据库荣获"2008～2009年中国数字出版知名品牌"。

● 2011年3月，皮书数据库二期正式上线，开发了更加灵活便捷的检索系统，可以实现精确查找和模糊匹配，并与纸书发行基本同步，可为读者提供更加广泛的资讯服务。

更多信息请登录

中国皮书网的BLOG

中国皮书网	皮书微博	皮书博客
http://www.pishu.cn	http://weibo.com/pishu	http://blog.sina.com.cn/pishu

---

请到各地书店皮书专架/专柜购买，也可办理邮购

咨询/邮购电话：010-59367028　59367070　　　邮　　箱：duzhe@ssap.cn
邮购地址：北京市西城区北三环中路甲29号院3号楼华龙大厦13层读者服务中心
邮　　编：100029
银行户名：社会科学文献出版社发行部
开户银行：中国工商银行北京北太平庄支行
账　　号：0200010009200367306
网上书店：010-59367070　　qq：1265056568
网　　址：www.ssap.com.cn　　www.pishu.cn

权威报告　热点资讯　海量资源

当代中国与世界发展的高端智库平台

皮书数据库 www.pishu.com.cn

皮书数据库是专业的人文社会科学综合学术资源总库，以大型连续性图书——皮书系列为基础，整合国内外相关资讯构建而成。包含七大子库，涵盖两百多个主题，囊括了近十几年间中国与世界经济社会发展报告，覆盖经济、社会、政治、文化、教育、国际问题等多个领域。

皮书数据库以篇章为基本单位，方便用户对皮书内容的阅读需求。用户可进行全文检索，也可对文献题目、内容提要、作者名称、作者单位、关键字等基本信息进行检索，还可对检索到的篇章再作二次筛选，进行在线阅读或下载阅读。智能多维度导航，可使用户根据自己熟知的分类标准进行分类导航筛选，使查找和检索更高效、便捷。

权威的研究报告，独特的调研数据，前沿的热点资讯，皮书数据库已发展成为国内最具影响力的关于中国与世界现实问题研究的成果库和资讯库。

皮书俱乐部会员服务指南

1. 谁能成为皮书俱乐部会员？
- 皮书作者自动成为皮书俱乐部会员；
- 购买皮书产品（纸质图书、电子书、皮书数据库充值卡）的个人用户。

2. 会员可享受的增值服务：
- 免费获赠该纸质图书的电子书；
- 免费获赠皮书数据库100元充值卡；
- 免费定期获赠皮书电子期刊；
- 优先参与各类皮书学术活动；
- 优先享受皮书产品的最新优惠。

阅 读 卡

3. 如何享受皮书俱乐部会员服务？

（1）如何免费获赠整本电子书？

购买纸质图书后，将购书信息特别是书后附赠的卡号和密码通过邮件形式发送到pishu@188.com，我们将验证您的信息，通过验证并成功注册后即可获得该本皮书的电子书。

（2）如何获赠皮书数据库100元充值卡？

第1步：刮开附赠卡的密码涂层（左下）

第2步：登录皮书数据库网站（www.pishu.com.cn），注册成为皮书数据库用户，注册时请提供您的真实信息，以便您获得皮书俱乐部会员服务；

第3步：注册成功后登录，点击进入"会员中心"；

第4步：点击"在线充值"，输入正确的卡号和密码即可使用。

皮书俱乐部会员可享受社会科学文献出版社其他相关免费增值服务
您有任何疑问，均可拨打服务电话：010-59367227 QQ:1924151760
欢迎登录社会科学文献出版社官网（www.ssap.com.cn）和中国皮书网（www.pishu.cn）了解更多信息

中国皮书网

发布皮书研创资讯，传播皮书精彩内容
引领皮书出版潮流，打造皮书服务平台

栏目设置：

- □ 资讯：皮书动态、皮书观点、皮书数据、皮书报道、皮书新书发布会、电子期刊
- □ 标准：皮书评价、皮书研究、皮书规范、皮书专家、编撰团队
- □ 服务：最新皮书、皮书书目、重点推荐、在线购书
- □ 链接：皮书数据库、皮书博客、皮书微博、出版社首页、在线书城
- □ 搜索：资讯、图书、研究动态
- □ 互动：皮书论坛

www.pishu.cn

中国皮书网依托皮书系列"权威、前沿、原创"的优质内容资源，通过文字、图片、音频、视频等多种元素，在皮书研创者、使用者之间搭建了一个成果展示、资源共享的互动平台。

自2005年12月正式上线以来，中国皮书网的IP访问量、PV浏览量与日俱增，受到海内外研究者、公务人员、商务人士以及专业读者的广泛关注。

2008年10月，中国皮书网获得"最具商业价值网站"称号。

2011年全国新闻出版网站年会上，中国皮书网被授予"2011最具商业价值网站"荣誉称号。

社会科学文献出版社
SOCIAL SCIENCES ACADEMIC PRESS (CHINA)

社会科学文献出版社成立于1985年，是直属于中国社会科学院的人文社会科学专业学术出版机构。

成立以来，特别是1998年实施第二次创业以来，依托于中国社会科学院丰厚的学术出版和专家学者两大资源，坚持"创社科经典，出传世文献"的出版理念和"权威、前沿、原创"的产品定位，走学术产品的系列化、规模化、数字化、国际化、市场化经营道路，社会科学文献出版社先后策划出版了著名的图书品牌和学术品牌"皮书"系列、《列国志》、"社科文献精品译库"、"全球化译丛"、"气候变化与人类发展译丛"、"近世中国"等一大批既有学术影响又有市场价值的图书。

在国内原创著作、国外名家经典著作大量出版的同时，社会科学文献出版社长期致力于中国学术出版走出去，先后与荷兰博睿出版社合作面向海外推出了《经济蓝皮书》、《社会蓝皮书》等十余种皮书的英文版；此外，《从苦行者社会到消费者社会》、《二十世纪中国史纲》、《中华人民共和国法制史》等11种著作入选新闻出版总署"经典中国国际出版工程"。

面对数字化浪潮的冲击，社会科学文献出版社力图从内容资源和数字平台两个方面实现传统出版的再造，并先后推出了皮书数据库、列国志数据库、中国田野调查数据库等一系列数字产品。

在新的发展时期，社会科学文献出版社结合社会的需求、自身的条件以及行业的发展，提出了新的创业目标：精心打造人文社会科学成果推广平台，发展成为一家集图书、期刊、声像电子和数字出版物为一体、面向海内外高端读者和客户，具备独特竞争力的人文社会科学内容资源经营商和海内外知名的专业学术出版机构。

地方发展类

皮书系列
2013全品种

上海蓝皮书
上海文学发展报告(2013)
著(编)者:陈圣来 2013年1月出版 / 估价:59.00元

上海蓝皮书
上海资源环境发展报告(2013)
著(编)者:张仲礼 周冯琦 2013年1月出版 / 估价:59.00元

上海社会保障绿皮书
上海社会保障改革与发展报告(2012~2013)
著(编)者:汪 泓 2013年1月出版 / 估价:65.00元

深圳蓝皮书
深圳经济发展报告(2013)
著(编)者:吴 忠 2013年5月出版 / 估价:69.00元

深圳蓝皮书
深圳劳动关系发展报告(2013)
著(编)者:汤庭芬 2013年5月出版 / 估价:69.00元

深圳蓝皮书
深圳社会发展报告(2013)
著(编)者:吴 忠 余智晟 2013年11月出版 / 估价:69.00元

温州蓝皮书
2013年温州经济社会形势分析与预测
著(编)者:胡瑞怀 王春光 2013年1月出版 / 估价:69.00元

武汉城市圈蓝皮书
武汉城市圈经济社会发展报告(2012~2013)
著(编)者:肖安民 2013年5月出版 / 估价:59.00元

武汉蓝皮书
武汉经济社会发展报告(2013)
著(编)者:刘志辉 2013年5月出版 / 估价:59.00元

扬州蓝皮书
扬州经济社会发展报告(2013)
著(编)者:张爱军 2013年1月出版 / 估价:78.00元

长株潭城市群蓝皮书
长株潭城市群发展报告(2013)
著(编)者:张 萍 2013年6月出版 / 估价:69.00元

浙江蓝皮书
浙江金融业发展报告(2013)
著(编)者:刘仁伍 2013年4月出版 / 估价:69.00元

浙江蓝皮书
浙江民营经济发展报告(2013)
著(编)者:刘仁伍 2013年4月出版 / 估价:59.00元

浙江蓝皮书
浙江区域金融中心发展报告(2013)
著(编)者:刘仁伍 2013年4月出版 / 估价:79.00元

浙江蓝皮书
浙江市场经济发展报告(2013)
著(编)者:刘仁伍 2013年4月出版 / 估价:79.00元

郑州蓝皮书
2012~2013年郑州文化发展报告
著(编)者:王 哲 2013年5月出版 / 估价:69.00元

中国省会经济圈蓝皮书
合肥经济圈经济社会发展报告No.4(2012~2013)
著(编)者:王开玉 等 2013年7月出版 / 估价:79.00元

中原蓝皮书
中原经济区发展报告(2013)
著(编)者:刘怀廉 2013年3月出版 / 估价:68.00元

皮书系列 2013全品种 地方发展类

河南蓝皮书
河南经济发展报告(2013)
著(编)者:喻新安　2013年1月出版 / 估价:59.00元

河南蓝皮书
河南文化发展报告(2013)
著(编)者:谷建全　卫绍生　2013年3月出版 / 估价:69.00元

黑龙江产业蓝皮书
黑龙江产业发展报告(2013)
著(编)者:于渤　2013年5月出版 / 估价:69.00元

黑龙江蓝皮书
黑龙江经济发展报告(2013)
著(编)者:曲伟　2013年5月出版 / 估价:69.00元

黑龙江蓝皮书
黑龙江社会发展报告(2013)
著(编)者:艾书琴　2013年1月出版 / 估价:65.00元

湖南城市蓝皮书
城市社会管理
著(编)者:罗海藩　2013年5月出版 / 估价:59.00元

湖南蓝皮书
2013年湖南产业发展报告
著(编)者:梁志峰　2013年5月出版 / 估价:89.00元

湖南蓝皮书
2013年湖南法治发展报告
著(编)者:梁志峰　2013年5月出版 / 估价:79.00元

湖南蓝皮书
2013年湖南经济展望
著(编)者:梁志峰　2013年5月出版 / 估价:79.00元

湖南蓝皮书
2013年湖南两型社会发展报告
著(编)者:梁志峰　2013年5月出版 / 估价:79.00元

湖南县域绿皮书
湖南县域发展报告No.2
著(编)者:朱有志　袁准　周小毛
2013年7月出版 / 估价:69.00元

江苏法治蓝皮书
江苏法治发展报告No.2(2013)
著(编)者:李力　龚廷泰　严海良
2013年7月出版 / 估价:88.00元

京津冀蓝皮书
京津冀区域一体化发展报告(2013)
著(编)者:文魁　祝尔娟　2013年3月出版 / 估价:89.00元

经济特区蓝皮书
中国经济特区发展报告(2013)
著(编)者:陶一桃　钟坚　2013年3月出版 / 估价:89.00元

辽宁蓝皮书
2013年辽宁经济社会形势分析与预测
著(编)者:曹晓峰　张晶　张卓民
2013年1月出版 / 估价:69.00元

内蒙古蓝皮书
内蒙古经济发展蓝皮书(2012~2013)
著(编)者:黄育华　2013年7月出版 / 估价:69.00元

浦东新区蓝皮书
上海浦东经济发展报告(2013)
著(编)者:左学金　陆沪根　2012年12月出版 / 估价:59.00元

青海蓝皮书
2013年青海经济社会形势分析与预测
著(编)者:赵宗福　2013年3月出版 / 估价:69.00元

人口与健康蓝皮书
深圳人口与健康发展报告(2013)
著(编)者:陆杰华　江捍平　2013年10月出版 / 估价:98.00元

山西蓝皮书
山西资源型经济转型发展报告(2013)
著(编)者:李志强　容和平　2013年3月出版 / 估价:79.00元

陕西蓝皮书
陕西经济发展报告(2013)
著(编)者:杨尚勤　石英　裴成荣
2013年3月出版 / 估价:65.00元

陕西蓝皮书
陕西社会发展报告(2013)
著(编)者:杨尚勤　石英　江波
2013年3月出版 / 估价:65.00元

陕西蓝皮书
陕西文化发展报告(2013)
著(编)者:杨尚勤　石英　王长寿
2013年3月出版 / 估价:59.00元

上海蓝皮书
上海传媒发展报告(2013)
著(编)者:强荧　焦雨虹　2013年1月出版 / 估价:59.00元

上海蓝皮书
上海法治发展报告(2013)
著(编)者:潘世伟　叶青　2012年12月出版 / 定价:69.00元

上海蓝皮书
上海经济发展报告(2013)
著(编)者:沈开艳　2013年1月出版 / 估价:59.00元

上海蓝皮书
上海社会发展报告(2013)
著(编)者:卢汉龙　周海旺　2013年1月出版 / 估价:59.00元

上海蓝皮书
上海文化发展报告(2013)
著(编)者:蒯大申　2013年1月出版 / 估价:59.00元

皮书系列 2013全品种
地方发展类

甘肃蓝皮书
甘肃省社会发展分析与预测(2013)
著(编)者:安文华 包晓霞 2012年12月出版 / 估价:69.00元

甘肃蓝皮书
甘肃省舆情发展分析与预测(2013)
著(编)者:陈双梅 郝树声 2012年12月出版 / 估价:69.00元

甘肃蓝皮书
甘肃省县域社会发展分析与预测(2013)
著(编)者:魏胜文 柳民 曲玮
2012年12月出版 / 估价:69.00元

甘肃蓝皮书
甘肃省文化发展分析与预测(2013)
著(编)者:刘进军 周晓华 2012年12月出版 / 估价:69.00元

关中天水经济区蓝皮书
中国关中—天水经济区发展报告(2013)
著(编)者:李忠民 2013年7月出版 / 估价:59.00元

广东外经贸蓝皮书
广东对外经济贸易发展研究报告(2012~2013)
著(编)者:陈万灵 2013年3月出版 / 估价:65.00元

广西北部湾经济区蓝皮书
广西北部湾经济区开放开发报告(2013)
著(编)者:广西北部湾经济区规划建设管理委员会办公室
广西社会科学院 广西北部湾发展研究院
2013年7月出版 / 估价:69.00元

广州蓝皮书
2013年中国广州经济形势分析与预测
著(编)者:庾建设 郭志勇 沈奎
2013年6月出版 / 估价:69.00元

广州蓝皮书
2013年中国广州社会形势分析与预测
著(编)者:易佐永 杨秦 顾涧清
2013年7月出版 / 估价:69.00元

广州蓝皮书
广州城市国际化发展报告(2013)
著(编)者:朱名宏 2013年4月出版 / 估价:59.00元

广州蓝皮书
广州创新型城市发展报告(2013)
著(编)者:李江涛 2013年4月出版 / 估价:59.00元

广州蓝皮书
广州经济发展报告(2013)
著(编)者:李江涛 刘江华 2013年4月出版 / 估价:69.00元

广州蓝皮书
广州农村发展报告(2013)
著(编)者:李江涛 汤锦华 2013年4月出版 / 估价:59.00元

广州蓝皮书
广州汽车产业发展报告(2013)
著(编)者:李江涛 杨再高 2013年4月出版 / 估价:59.00元

广州蓝皮书
广州商贸业发展报告(2013)
著(编)者:陈家成 王旭东 荀振英
2013年4月出版 / 估价:69.00元

广州蓝皮书
广州文化创意产业发展报告(2013)
著(编)者:甘新 2013年3月出版 / 估价:59.00元

广州蓝皮书
中国广州城市建设发展报告(2013)
著(编)者:董皞 冼伟雄 李俊夫
2013年8月出版 / 估价:69.00元

广州蓝皮书
中国广州科技与信息化发展报告(2013)
著(编)者:庾建设 谢学宁 2013年8月出版 / 估价:59.00元

广州蓝皮书
中国广州文化创意产业发展报告(2013)
著(编)者:王晓玲 2013年8月出版 / 估价:59.00元

广州蓝皮书
中国广州文化发展报告(2013)
著(编)者:徐俊忠 汤应武 陆志强
2013年8月出版 / 估价:69.00元

贵州蓝皮书
贵州法治发展报告(2013)
著(编)者:吴大华 2013年4月出版 / 估价:69.00元

贵州蓝皮书
贵州社会发展报告(2013)
著(编)者:王兴骥 2013年4月出版 / 估价:59.00元

海峡经济区蓝皮书
海峡经济区发展报告(2013)
著(编)者:李闽榕 王秉安 谢明辉(台湾)
2013年10月出版 / 估价:78.00元

海峡西岸蓝皮书
海峡西岸经济区发展报告(2013)
著(编)者:福建省人民政府发展研究中心
2013年7月出版 / 估价:85.00元

杭州都市圈蓝皮书
杭州都市圈经济社会发展报告(2013)
著(编)者:辛薇 2013年7月出版 / 估价:59.00元

河南经济蓝皮书
2013年河南经济形势分析与预测
著(编)者:刘永奇 2013年2月出版 / 估价:65.00元

河南蓝皮书
2013年河南社会形势分析与预测
著(编)者:刘道兴 牛苏林 2013年1月出版 / 估价:59.00元

河南蓝皮书
河南城市发展报告(2013)
著(编)者:谷建全 王建国 2013年1月出版 / 估价:69.00元

皮书系列
2013全品种

国别与地区类·地方发展类

拉美黄皮书
拉丁美洲和加勒比发展报告(2012~2013)
著(编)者:吴白乙 2013年5月出版 / 估价:79.00元

美国蓝皮书
美国问题研究报告(2013)
著(编)者:黄 平 倪 峰 2013年6月出版 / 估价:69.00元

欧亚大陆桥发展蓝皮书
欧亚大陆桥发展报告(2012~2013)
著(编)者:李忠民 2013年10月出版 / 估价:59.00元

欧洲蓝皮书
欧洲发展报告(2012~2013)
著(编)者:周 弘 2013年3月出版 / 估价:79.00元

日本经济蓝皮书
日本经济与中日经贸关系发展报告(2013)
著(编)者:王洛林 张季风 2013年5月出版 / 估价:79.00元

日本蓝皮书
日本发展报告(2013)
著(编)者:李 薇 2013年5月出版 / 估价:59.00元

上海合作组织黄皮书
上海合作组织发展报告(2013)
著(编)者:李进峰 吴宏伟 2013年7月出版 / 估价:79.00元

世界经济黄皮书
2013年世界经济形势分析与预测
著(编)者:王洛林 张宇燕 2013年1月出版 / 估价:59.00元

香港蓝皮书
香港发展报告(2013)
著(编)者:薛凤旋 2013年6月出版 / 估价:49.00元

新兴经济体蓝皮书
金砖国家发展报告(2013)——合作与崛起
著(编)者:林跃勤 周 文 2013年3月出版 / 估价:69.00元

亚太蓝皮书
亚太地区发展报告(2013)
著(编)者:李向阳 2013年1月出版 / 估价:59.00元

印度蓝皮书
印度国情报告(2012~2013)
著(编)者:吕昭义 2013年9月出版 / 估价:59.00元

越南蓝皮书
越南国情报告(2013)
著(编)者:吕余生 2013年7月出版 / 估价:65.00元

中亚黄皮书
中亚国家发展报告(2013)
著(编)者:孙 力 2013年6月出版 / 估价:79.00元

地方发展类

北部湾蓝皮书
泛北部湾合作发展报告(2013)
著(编)者:吕余生 2013年7月出版 / 估价:79.00元

北京蓝皮书
北京公共服务发展报告(2012~2013)
著(编)者:张耘 2013年3月出版 / 估价:65.00元

北京蓝皮书
北京经济发展报告(2012~2013)
著(编)者:赵弘 2013年5月出版 / 估价:59.00元

北京蓝皮书
北京社会发展报告(2012~2013)
著(编)者:戴建中 2013年6月出版 / 估价:59.00元

北京蓝皮书
北京文化发展报告(2012~2013)
著(编)者:李建盛 2013年4月出版 / 估价:69.00元

北京蓝皮书
中国社区发展报告(2013)
著(编)者:于燕燕 2013年6月出版 / 估价:59.00元

北京旅游绿皮书
北京旅游发展报告(2013)
著(编)者:鲁 勇 2013年10月出版 / 估价:98.00元

北京律师蓝皮书
北京律师发展报告NO.3(2013)
著(编)者:王隽 周塞军 2013年9月出版 / 估价:70.00元

北京人才蓝皮书
北京人才发展报告(2012~2013)
著(编)者:张志伟 2013年5月出版 / 估价:69.00元

城乡一体化蓝皮书
中国城乡一体化发展报告·北京卷(2012~2013)
著(编)者:张宝秀 黄序 2012年7月出版 / 估价:59.00元

大湄公河次区域蓝皮书
大湄公河次区域合作发展报告(2012~2013)
著(编)者:刘 稚 2013年4月出版 / 估价:69.00元

甘肃蓝皮书
甘肃省经济发展分析与预测(2013)
著(编)者:朱智文 罗 哲 2012年12月出版 / 估价:69.00元

文化传媒类·国别与地区类

皮书系列
2013全品种

两岸文化蓝皮书
两岸文化产业合作发展报告(2013)
著(编)者：胡惠林 肖夏勇 2013年7月出版 / 估价:59.00元

全球传媒蓝皮书
全球传媒产业发展报告(2013)
著(编)者：胡正荣 2013年1月出版 / 估价:79.00元

视听新媒体蓝皮书
中国视听新媒体发展报告(2013)
著(编)者：庞井君 2013年6月出版 / 估价:69.00元

文化创新蓝皮书
中国文化创新报告(2013)No.4
著(编)者：于 平 傅才武
2013年7月出版 / 估价:79.00元

文化蓝皮书
中国文化产业发展报告(2012~2013)
著(编)者：张晓明 胡惠林 章建刚
2013年1月出版 / 估价:59.00元

文化蓝皮书
中国城镇文化消费需求景气评价报告(2013)
著(编)者：王亚南 2013年5月出版 / 估价:79.00元

文化蓝皮书
中国公共文化服务发展报告(2013)
著(编)者：于 群 李国新 2013年10月出版 / 估价:98.00元

文化蓝皮书
中国文化消费需求景气评价报告(2013)
著(编)者：王亚南 2013年6月出版 / 估价:79.00元

文化蓝皮书
中国乡村文化消费需求景气评价报告(2013)
著(编)者：王亚南 2013年6月出版 / 估价:79.00元

文化蓝皮书
中国中心城市文化消费需求景气评价报告(2013)
著(编)者：王亚南 2013年5月出版 / 估价:79.00元

文化品牌蓝皮书
中国文化品牌发展报告(2013)
著(编)者：欧阳友权 2013年6月出版 / 估价:75.00元

文化软实力蓝皮书
中国文化软实力研究报告(2013)
著(编)者：张国祚 2013年7月出版 / 估价:79.00元

文化遗产蓝皮书
中国文化遗产事业发展报告(2013)
著(编)者：刘世锦 2013年9月出版 / 估价:79.00元

文学蓝皮书
中国文情报告(2012~2013)
著(编)者：白 烨 2013年1月出版 / 估价:59.00元

新媒体蓝皮书
中国新媒体发展报告No.4(2013)
著(编)者：尹韵公 2013年5月出版 / 估价:69.00元

移动互联网蓝皮书
中国移动互联网发展报告(2013)
著(编)者：官建文 2013年4月出版 / 估价:79.00元

国别与地区类

G20国家创新竞争力黄皮书
二十国集团（G20）国家创新竞争力发展报告(2013)
著(编)者：李建平 李闽榕 赵新力
2013年12月出版 / 估价:118.00元

澳门蓝皮书
澳门经济社会发展报告(2012~2013)
著(编)者：郝雨凡 吴志良 2013年4月出版 / 估价:69.00元

德国蓝皮书
德国发展报告(2013)
著(编)者：李乐曾 郑春荣 2013年5月出版 / 估价:69.00元

东南亚蓝皮书
东南亚地区发展报告(2013)
著(编)者：王 勤 2013年11月出版 / 估价:59.00元

东盟蓝皮书
东盟发展报告(2013)
著(编)者：黄兴球 庄国土 2013年11月出版 / 估价:59.00元

俄罗斯黄皮书
俄罗斯发展报告(2013)
著(编)者：李永全 2013年9月出版 / 估价:69.00元

非洲黄皮书
非洲发展报告No.15(2012~2013)
著(编)者：张宏明 2013年7月出版 / 估价:79.00元

港澳珠三角蓝皮书
粤港澳区域合作与发展报告(2012~2013)
著(编)者：梁庆寅 陈广汉 2013年8月出版 / 估价:59.00元

国际形势黄皮书
全球政治与安全报告(2013)
著(编)者：李慎明 张宇燕 2012年12月出版 / 估价:59.00元

韩国蓝皮书
韩国发展报告(2013)
著(编)者：牛林杰 刘宝全 2013年6月出版 / 估价:69.00元

皮书系列 2013全品种

行业报告类·文化传媒类

软件和信息服务业蓝皮书
中国软件和信息服务业发展报告(2013)
著(编)者：洪京一　工业和信息化部电子科学技术情报研究所
2013年6月出版 / 估价：98.00元

商会蓝皮书
中国商会发展报告 No.5 (2013)
著(编)者：黄孟复　2013年8月出版 / 估价：59.00元

商品市场蓝皮书
中国商品市场发展报告(2013)
著(编)者：荆林波　2013年7月出版 / 估价：59.00元

私募市场蓝皮书
中国私募股权市场发展报告(2013)
著(编)者：曹和平　2013年10月出版 / 估价：69.00元

体育蓝皮书
中国体育产业发展报告(2012~2013)
著(编)者：江和平　张海潮　2013年5月出版 / 估价：69.00元

投资蓝皮书
中国投资发展报告(2013)
著(编)者：杨庆蔚　2013年3月出版 / 估价：79.00元

物联网蓝皮书
中国物联网发展报告(2013)
著(编)者：黄桂田　张全升　2013年10月出版 / 估价：80.00元

西部工业蓝皮书
中国西部工业发展报告(2013)
著(编)者：方行明　刘方健　姜凌　等
2013年7月出版 / 估价：69.00元

西部金融蓝皮书
中国西部金融发展报告(2013)
著(编)者：李忠民　2013年10月出版 / 估价：69.00元

信息化蓝皮书
中国信息化形势分析与预测(2013)
著(编)者：周宏仁　2013年7月出版 / 估价：98.00元

休闲绿皮书
2013年中国休闲发展报告
著(编)者：刘德谦　唐兵　宋瑞
2013年5月出版 / 估价：59.00元

中国林业竞争力蓝皮书
中国省域林业竞争力发展报告No.3(2012~2013)（上下册）
著(编)者：郑传芳　李闽榕　张春霞　张会儒
2013年8月出版 / 估价：139.00元

中国农业竞争力蓝皮书
中国省域农业竞争力发展报告No.2（2010~2012）（上下册）
著(编)者：郑传芳　宋洪远　李闽榕　张春霞
2013年7月出版 / 估价：128.00元

中国总部经济蓝皮书
中国总部经济发展报告(2013~2014)
著(编)者：赵弘　2013年9月出版 / 估价：69.00元

住房绿皮书
中国住房发展报告(2012~2013)
著(编)者：倪鹏飞　2012年12月出版 / 估价：69.00元

资本市场蓝皮书
中国场外交易市场发展报告(2012~2013)
著(编)者：高峦　2013年2月出版 / 估价：79.00元

文化传媒类

传媒蓝皮书
2013年：中国传媒产业发展报告
著(编)者：崔保国　2013年4月出版 / 估价：69.00元

创意城市蓝皮书
北京文化创意产业发展报告(2013)
著(编)者：张京成　王国华　2013年3月出版 / 估价：69.00元

创意城市蓝皮书
青岛文化创意产业发展报告(2013)
著(编)者：马达　2013年5月出版 / 估价：69.00元

动漫蓝皮书
中国动漫产业发展报告(2013)
著(编)者：卢斌　郑玉明　牛兴侦
2013年4月出版 / 估价：69.00元

广电蓝皮书
中国广播电影电视发展报告(2013)
著(编)者：庞井君　2013年6月出版 / 估价：88.00元

广告主蓝皮书
中国广告主营销传播趋势报告NO.8
著(编)者：中国传媒大学广告主研究所
　　　　　中国广告主营销传播创新研究课题组
　　　　　黄升民　杜国清　邵华冬
2013年11月出版 / 估价：98.00元

纪录片蓝皮书
中国纪录片发展报告(2013)
著(编)者：何苏六　2013年10月出版 / 估价：78.00元

行业报告类 皮书系列 2013全品种

会展蓝皮书
中外会展业动态评估年度报告(2013)
著(编)者:张 敏 2013年8月出版 / 估价:68.00元

基金会蓝皮书
中国基金会发展报告(2013)
著(编)者:刘忠祥 2013年7月出版 / 估价:79.00元

基金会绿皮书
中国基金会发展独立研究报告(2013)
著(编)者:基金会中心网 2013年11月出版 / 估价:49.00元

交通运输蓝皮书
中国交通运输业发展报告(2013)
著(编)者:崔民选 王军生 2013年6月出版 / 估价:69.00元

金融蓝皮书
中国金融发展报告(2013)
著(编)者:李 扬 王国刚 2012年12月出版 / 估价:59.00元

金融蓝皮书
中国金融中心发展报告(2012~2013)
著(编)者:王 力 黄育华 2013年10出版 / 估价:59.00元

金融蓝皮书
中国商业银行竞争力报告(2013)
著(编)者:王松奇 2013年10月出版 / 估价:79.00元

金融监管蓝皮书
中国金融监管发展报告(2013)
著(编)者:胡 滨 2013年5月出版 / 估价:59.00元

科学传播蓝皮书
中国科学传播报告(2013)
著(编)者:詹正茂 2013年6月出版 / 估价:69.00元

口岸生态绿皮书
中国口岸地区生态文化发展报告No.1(2013)
著(编)者:胡文臻 刘 静 2013年8月出版 / 估价:78.00元

"老字号"蓝皮书
中国"老字号"企业发展报告No.3(2013)
著(编)者:张继焦 丁惠敏 黄忠彩
2013年10月出版 / 估价:69.00元

"两化"融合蓝皮书
中国"两化"融合发展报告(2013)
著(编)者:曹淑敏 工业和信息化部电信研究院
2013年8月出版 / 估价:98.00元

流通蓝皮书
湖南省商贸流通产业发展报告No.2
著(编)者:柳思维 2013年10月出版 / 估价:75.00元

流通蓝皮书
中国商业发展报告(2012~2013)
著(编)者:荆林波 2013年4月出版 / 估价:89.00元

旅游安全蓝皮书
中国旅游安全报告(2013)
著(编)者:郑向敏 谢朝武 2013年5月出版 / 估价:78.00元

旅游绿皮书
2013年中国旅游发展分析与预测
著(编)者:张广瑞 刘德谦 宋 瑞
2013年5月出版 / 估价:69.00元

贸易蓝皮书
中国贸易发展报告(2013)
著(编)者:荆林波 2013年5月出版 / 估价:49.00元

煤炭蓝皮书
中国煤炭工业发展报告No.5(2013)
著(编)者:岳福斌 2012年12月出版 / 估价:69.00元

煤炭市场蓝皮书
中国煤炭市场发展报告(2013)
著(编)者:曲剑午 2013年8月出版 / 估价:79.00元

民营医院蓝皮书
中国民营医院发展报告(2013)
著(编)者:陈绍福 王培舟 2013年9月出版 / 估价:89.00元

闽商蓝皮书
闽商发展报告(2013)
著(编)者:李闽榕 王日根 林 琛
2013年3月出版 / 估价:69.00元

能源蓝皮书
中国能源发展报告(2013)
著(编)者:崔民选 2013年7月出版 / 估价:79.00元

农产品流通蓝皮书
中国农产品流通产业发展报告(2013)
著(编)者:贾敬敦 王炳南 张玉玺 张鹏毅 陈丽华
2013年7月出版 / 估价:98.00元

期货蓝皮书
中国期货市场发展报告(2013)
著(编)者:荆林波 2013年7月出版 / 估价:69.00元

企业蓝皮书
中国企业竞争力报告(2013)
著(编)者:金 碚 2013年11月出版 / 估价:79.00元

汽车蓝皮书
中国汽车产业发展报告(2013)
著(编)者:国务院发展研究中心产业经济研究部
中国汽车工程学会 大众汽车集团(中国)
2013年7月出版 / 估价:79.00元

人力资源蓝皮书
中国人力资源发展报告(2012~2013)
著(编)者:吴 江 田小宝 2013年6月出版 / 估价:69.00元

行业报告类

保健蓝皮书
中国保健服务产业发展报告No.2
著(编)者:中国保健协会　中共中央党校
2013年7月出版 / 估价:198.00元

保健蓝皮书
中国保健食品产业发展报告No.2
著(编)者:中国保健协会
　　　　　中国社会科学院食品药品产业发展与监管研究中心
2013年3月出版 / 估价:198.00元

保健蓝皮书
中国保健用品产业发展报告No.2
著(编)者:中国保健协会　2013年3月出版 / 估价:198.00元

保险蓝皮书
中国保险业竞争力报告(2013)
著(编)者:罗忠敏　2013年7月出版 / 估价:89.00元

餐饮产业蓝皮书
中国餐饮产业发展报告(2013)
著(编)者:中国烹饪协会　中国社会科学院财经战略研究院
2013年5月出版 / 估价:60.00元

测绘地理信息蓝皮书
中国地理信息产业发展报告(2013)
著(编)者:徐德明　2013年12月出版 / 估价:98.00元

茶业蓝皮书
中国茶产业发展报告(2013)
著(编)者:李闽榕　杨江帆　2013年11月出版 / 估价:79.00元

产权市场蓝皮书
中国产权市场发展报告(2012~2013)
著(编)者:曹和平　2013年12月出版 / 估价:69.00元

产业安全蓝皮书
中国保险产业安全报告(2013)
著(编)者:李孟刚　2013年10月出版 / 估价:59.00元

产业安全蓝皮书
中国产业外资控制报告(2012~2013)
著(编)者:李孟刚　2013年10月出版 / 估价:69.00元

产业安全蓝皮书
中国金融产业安全报告(2013)
著(编)者:李孟刚　2013年10月出版 / 估价:69.00元

产业安全蓝皮书
中国轻工业发展与安全报告(2013)
著(编)者:李孟刚　2013年10月出版 / 估价:69.00元

产业安全蓝皮书
中国私募股权产业安全与发展报告(2013)
著(编)者:李孟刚　2013年10月出版 / 估价:59.00元

产业安全蓝皮书
中国新能源产业发展与安全报告(2013)
著(编)者:北京交通大学中国产业安全研究中心
2013年3月出版 / 估价:69.00元

产业安全蓝皮书
中国能源产业安全报告(2013)
著(编)者:北京交通大学中国产业安全研究中心
2013年3月出版 / 估价:69.00元

产业安全蓝皮书
中国海洋产业安全报告(2012~2013)
著(编)者:北京交通大学中国产业安全研究中心
2013年3月出版 / 估价:59.00元

产业蓝皮书
中国产业竞争力报告(2013) NO.3
著(编)者:张其仔　2013年12月出版 / 估价:79.00元

电子商务蓝皮书
中国城市电子商务影响力报告(2013)
著(编)者:荆林波　2013年5月出版 / 估价:69.00元

电子政务蓝皮书
中国电子政务发展报告(2013)
著(编)者:洪毅　王长胜　2013年9月出版 / 估价:59.00元

杜仲产业绿皮书
中国杜仲种植与产业发展报告(2013)
著(编)者:胡文臻　杜红岩　2013年8月出版 / 估价:78.00元

房地产蓝皮书
中国房地产发展报告No.10
著(编)者:魏后凯　李景国　2013年5月出版 / 估价:69.00元

服务外包蓝皮书
中国服务外包发展报告(2012~2013)
著(编)者:王　力　刘春生　黄育华
2013年9月出版 / 估价:89.00元

工业设计蓝皮书
中国工业设计发展报告(2013)
著(编)者:王晓红　2013年7月出版 / 估价:69.00元

会展经济蓝皮书
中国会展经济发展报告(2013)
著(编)者:过聚荣　2013年4月出版 / 估价:65.00元

社会政法类

皮书系列
2013全品种

老龄蓝皮书
中国老龄事业发展报告(2013)
著(编)者:吴玉韶　2013年4月出版 / 估价:59.00元

民间组织蓝皮书
中国民间组织报告(2012~2013)
著(编)者:黄晓勇　2013年4月出版 / 估价:69.00元

民族蓝皮书
中国民族区域自治发展报告(2013)
著(编)者:郝时远　2013年7月出版 / 估价:98.00元

女性生活蓝皮书
中国女性生活状况报告No.7(2013)
著(编)者:韩湘景　2013年10月出版 / 估价:78.00元

气候变化绿皮书
应对气候变化报告(2013)
著(编)者:王伟光　郑国光　2013年11月出版 / 估价:59.00元

汽车社会蓝皮书
中国汽车社会发展报告(2013)
著(编)者:王俊秀　2013年6月出版 / 估价:59.00元

青少年蓝皮书
中国未成年人新媒体运用报告(2012~2013)
著(编)者:李文革　沈　杰　季为民
2013年7月出版 / 估价:69.00元

人才竞争力蓝皮书
中国区域人才竞争力报告(2013)
著(编)者:桂昭明　王辉耀　2013年2月出版 / 估价:69.00元

人才蓝皮书
中国人才发展报告(2013)
著(编)者:潘晨光　2013年8月出版 / 估价:79.00元

人权蓝皮书
中国人权事业发展报告No.3(2013)
著(编)者:李君如　2013年11月出版 / 估价:98.00元

社会保障绿皮书
中国社会保障发展报告(2013)No.6
著(编)者:王延中　2013年4月出版 / 估价:69.00元

社会工作蓝皮书
中国社会工作发展报告(2012~2013)
著(编)者:蒋昆生　戚学森　2013年7月出版 / 估价:59.00元

社会管理蓝皮书
中国社会管理创新报告No.2
著(编)者:连玉明　2013年9月出版 / 估价:79.00元

社会建设蓝皮书
2013年北京社会建设分析报告
著(编)者:陆学艺　唐军　张荆
2013年5月出版 / 估价:69.00元

社会科学蓝皮书
中国社会科学学术前沿(2012~2013)
著(编)者:高翔　2013年9月出版 / 估价:69.00元

社会蓝皮书
2013年中国社会形势分析与预测
著(编)者:汝信　陆学艺　李培林
2012年12月出版 / 估价:59.00元

社会心态蓝皮书
中国社会心态研究报告(2012~2013)
著(编)者:王俊秀　杨宜音　2012年12月出版 / 估价:59.00元

生态文明绿皮书
中国省域生态文明建设评价报告(2013)
著(编)者:严耕　2013年10月出版 / 估价:98.00元

食品药品蓝皮书
食品药品安全与监管政策研究报告(2013)
著(编)者:唐民皓　2013年6月出版 / 估价:69.00元

世界创新竞争力黄皮书
世界创新竞争力发展报告(2012~2013)
著(编)者:李建平　李闽榕　赵新力
2013年11月出版 / 估价:79.00元

世界社会主义黄皮书
世界社会主义跟踪研究报告(2012~2013)
著(编)者:李慎明　2013年3月出版 / 估价:99.00元

危机管理蓝皮书
中国危机管理报告(2013)
著(编)者:文学国　范正青　2013年12月出版 / 估价:79.00元

小康蓝皮书
中国全面建设小康社会监测报告(2013)
著(编)者:潘璠　2013年11月出版 / 估价:59.00元

形象危机应对蓝皮书
形象危机应对研究报告(2013)
著(编)者:唐钧　2013年9月出版 / 估价:118.00元

舆情蓝皮书
中国社会舆情与危机管理报告(2013)
著(编)者:谢耘耕　2013年8月出版 / 估价:78.00元

政治参与蓝皮书
中国政治参与报告(2013)
著(编)者:房宁　2013年7月出版 / 估价:58.00元

宗教蓝皮书
中国宗教报告(2013)
著(编)者:金泽　邱永辉　2013年7月出版 / 估价:59.00元

中小城市绿皮书
中国中小城市发展报告(2013)
著(编)者:中国城市经济学会中小城市经济发展委员会
《中国中小城市发展报告》编纂委员会
2013年8月出版 / 估价:98.00元

珠三角流通蓝皮书
珠三角流通业发展报告(2013)
著(编)者:王先庆 林至颖 2013年8月出版 / 估价:69.00元

社会政法类

殡葬绿皮书
中国殡葬事业发展报告(2013)
著(编)者:朱勇 李伯森 2013年3月出版 / 估价:59.00元

城市生活质量蓝皮书
中国城市生活质量指数报告(2013)
著(编)者:张平 2013年7月出版 / 估价:59.00元

城乡统筹蓝皮书
中国城乡统筹发展报告(2013)
著(编)者:程志强、潘晨光 2013年3月出版 / 估价:59.00元

创新蓝皮书
创新型国家建设报告(2012~2013)
著(编)者:詹正茂 2013年7月出版 / 估价:69.00元

慈善蓝皮书
中国慈善发展报告(2013)
著(编)者:杨团 2013年7月出版 / 估价:69.00元

法治蓝皮书
中国法治发展报告No.11(2013)
著(编)者:李林 2013年3月出版 / 估价:85.00元

反腐倡廉蓝皮书
中国反腐倡廉建设报告No.3
著(编)者:李秋芳 2013年8月出版 / 估价:59.00元

非传统安全蓝皮书
中国非传统安全研究报告(2012~2013)
著(编)者:余潇枫 2013年7月出版 / 估价:69.00元

妇女发展蓝皮书
福建省妇女发展报告(2013)
著(编)者:刘群英 2013年10月出版 / 估价:58.00元

妇女发展蓝皮书
中国妇女发展报告No.5
著(编)者:王金玲 高小贤 2013年5月出版 / 估价:65.00元

妇女教育蓝皮书
中国妇女教育发展报告No.3
著(编)者:张李玺 2013年10月出版 / 估价:69.00元

公共服务蓝皮书
中国城市基本公共服务力评价(2012~2013)
著(编)者:侯惠勤 辛向阳 易定宏 2013年出版 / 估价:55.00元

公益蓝皮书
中国公益发展报告(2013)
著(编)者:朱健刚 2013年5月出版 / 估价:78.00元

国际人才蓝皮书
中国海归创业发展报告(2013)No.2
著(编)者:王辉耀 路江涌 2013年6月出版 / 估价:69.00元

国际人才蓝皮书
中国留学发展报告(2013) No.2
著(编)者:王辉耀 2013年8月出版 / 估价:59.00元

行政改革蓝皮书
中国行政体制改革报告(2013)No.3
著(编)者:魏礼群 2013年3月出版 / 估价:69.00元

华侨华人蓝皮书
华侨华人研究报告(2013)
著(编)者:丘进 2013年5月出版 / 估价:128.00元

环境竞争力绿皮书
中国省域环境竞争力发展报告(2010~2012)
著(编)者:李建平 李闽榕 王金南
2013年3月出版 / 估价:148.00元

环境绿皮书
中国环境发展报告(2013)
著(编)者:杨东平 2013年4月出版 / 估价:69.00元

教师蓝皮书
中国中小学教师发展报告(2013)
著(编)者:曾晓东 2013年3月出版 / 估价:59.00元

教育蓝皮书
中国教育发展报告(2013)
著(编)者:杨东平 2013年2月出版 / 估价:59.00元

金融监管蓝皮书
中国金融监管报告2013
著(编)者:胡滨 2013年5月出版 / 估价:59.00元

科普蓝皮书
中国科普基础设施发展报告(2013)
著(编)者:任福君 2013年4月出版 / 估价:79.00元

口腔健康蓝皮书
中国口腔健康发展报告(2013)
著(编)者:胡德渝 2013年12月出版 / 估价:59.00元

经济类

城市竞争力蓝皮书
中国城市竞争力报告No.11
著(编)者：倪鹏飞　2013年5月出版　/　估价：69.00元

城市蓝皮书
中国城市发展报告NO.6
著(编)者：潘家华　魏后凯　2013年8月出版　/　估价：59.00元

城乡一体化蓝皮书
中国城乡一体化发展报告(2013)
著(编)者：汝信　付崇兰　2013年8月出版　/　估价：59.00元

低碳发展蓝皮书
中国低碳发展报告(2012~2013)
著(编)者：齐晔　2013年7月出版　/　估价：69.00元

低碳经济蓝皮书
中国低碳经济发展报告(2013)
著(编)者：薛进军　赵忠秀　2013年7月出版　/　估价：98.00元

东北蓝皮书
中国东北地区发展报告(2013)
著(编)者：张新颖　2013年8月出版　/　估价：79.00元

发展和改革蓝皮书
中国经济发展和体制改革报告No.6
著(编)者：邹东涛　2013年7月出版　/　估价：75.00元

国际城市蓝皮书
国际城市发展报告(2013)
著(编)者：屠启宇　2013年1月出版　/　估价：69.00元

国家竞争力蓝皮书
中国国家竞争力报告No.2
著(编)者：倪鹏飞　2013年4月出版　/　估价：69.00元

宏观经济蓝皮书
中国经济增长报告(2012~2013)
著(编)者：张平　刘霞辉　2013年7月出版　/　估价：69.00元

减贫蓝皮书
中国减贫与社会发展报告
著(编)者：黄承伟　2013年7月出版　/　估价：59.00元

金融蓝皮书
中国金融发展报告(2013)
著(编)者：李扬　王国刚　2012年12月出版　/　估价：59.00元

经济蓝皮书
2013年中国经济形势分析与预测
著(编)者：陈佳贵　李扬　2012年12月出版　/　估价：59.00元

经济蓝皮书春季号
中国经济前景分析——2013年春季报告
著(编)者：陈佳贵　李扬　2013年5月出版　/　估价：59.00元

经济信息绿皮书
中国与世界经济发展报告(2013)
著(编)者：王长胜　2012年12月出版　/　估价：69.00元

就业蓝皮书
2013年中国大学生就业报告
著(编)者：麦可思研究院　王伯庆　2013年6月出版　/　估价：98.00元

民营经济蓝皮书
中国民营经济发展报告No.10（2012~2013）
著(编)者：黄孟复　2013年9月出版　/　估价：69.00元

农村绿皮书
中国农村经济形势分析与预测(2012~2013)
著(编)者：中国社会科学院农村发展研究所
　　　　　国家统计局农村社会经济调查司
2013年4月出版　/　估价：59.00元

企业公民蓝皮书
中国企业公民报告NO.3
著(编)者：邹东涛　2013年7月出版　/　估价：59.00元

企业社会责任蓝皮书
中国企业社会责任研究报告(2013)
著(编)者：陈佳贵　黄群慧　彭华岗　钟宏武
2012年11月出版　/　估价：59.00元

区域蓝皮书
中国区域经济发展报告(2012~2013)
著(编)者：戚本超　景体华　2013年4月出版　/　估价：69.00元

人口与劳动绿皮书
中国人口与劳动问题报告No.14
著(编)者：蔡昉　2013年6月出版　/　估价：69.00元

生态城市绿皮书
中国生态城市建设发展报告(2013)
著(编)者：李景源　孙伟平　刘举科　2013年3月出版　/　估价：128.00元

西北蓝皮书
中国西北发展报告(2013)
著(编)者：杨尚勤　石英　王建康　2013年3月出版　/　估价：65.00元

西部蓝皮书
中国西部发展报告(2013)
著(编)者：姚慧琴　徐璋勇　2013年7月出版　/　估价：69.00元

长三角蓝皮书
全球格局变化中的长三角
著(编)者：王战　2013年6月出版　/　估价：69.00元

中部竞争力蓝皮书
中国中部经济社会竞争力报告(2013)
著(编)者：教育部人文社会科学重点研究基地
　　　　　南昌大学中国中部经济社会发展研究中心
2013年10月出版　/　估价：59.00元

中部蓝皮书
中国中部地区发展报告（2013~2014）
著(编)者：喻新安　2013年10月出版　/　估价：59.00元

中国省域竞争力蓝皮书
中国省域经济综合竞争力发展报告(2012~2013)
著(编)者：李建平　李闽榕　高燕京
2013年3月出版　/　估价：198.00元

上海蓝皮书

上海社会发展报告(2013)（赠阅读卡）

卢汉龙　周海旺/主编　2013年1月出版　估价：59.00元

◆ 本书是上海蓝皮书系列之一种，围绕机制创新、社会政策、社会组织等方面，对上海近年来的社会热点问题进行了调研，在总结现有状况及成因的基础上，提出了一些建议与对策，关注了上海的主要社会问题，可为决策层制订相关政策提供借鉴。

河南蓝皮书

河南经济发展报告(2013)（赠阅读卡）

喻新安/主编　2013年1月出版　估价：59.00元

◆ 本书是河南蓝皮书系列之一种，由河南省社会科学院主持编撰，以中原经济区"三化"协调科学发展为主题，深入全面地分析了当前河南经济发展的主要特点以及2012年的走势，全方位、多角度研究和探讨了河南探索"三化"协调发展的举措及成效，并对河南积极构建中原经济区建设提出了对策建议。

甘肃蓝皮书

甘肃省经济发展分析与预测(2013)（赠阅读卡）

朱智文　罗哲/主编　2012年12月出版　估价：69.00元

◆ 本书是甘肃蓝皮书系列之一种，近年来甘肃经济社会发展的年度综合性研究成果之一，是对不同时期甘肃省实现区域创新和改革开放的年度总结。全书以特有的方式将经济运行情况、预测分析、政策建议三者结合起来，在科学分析经济发展形势的基础上为甘肃未来经济发展做出了科学预测及提出政策建议。

地方发展类

地方发展类皮书关注大陆各省份、经济区域，提供科学、多元的预判与咨政信息

北京蓝皮书
北京经济发展报告(2012~2013)（赠阅读卡）

赵 弘/主编　　2013年5月出版　　估价：59.00元

◆ 本书是北京蓝皮书系列之一种，研创团队北京市社会科学院紧紧围绕北京市年度经济社会发展的目标，突出对北京市经济社会发展中全局性、战略性、倾向性的重点、热点、难点问题进行分析和预测的综合研究成果。

北京蓝皮书
北京社会发展报告(2012~2013)（赠阅读卡）

戴建中/主编　　2013年6月出版　　估价：59.00元

◆ 本书是北京蓝皮书系列之一种，研创团队以北京市社会科学院研究人员为主，同时邀请北京市党政机关和大学的专家学者参加。本书为北京市政策制定和执行提供了依据和思路，为了解中国首都的社会现状贡献了丰富的资料和解读，具有一定的影响力，因持续追踪社会热点问题而引起广泛的关注。

上海蓝皮书
上海经济发展报告(2013)（赠阅读卡）

沈开艳/主编　　2013年1月出版　　估价：59.00元

◆ 本书是上海蓝皮书系列之一种，围绕上海如何实现经济转型问题展开，通过对复苏缓慢的国际经济大环境、趋于紧缩的国内宏观经济背景的深入分析，认为上海迫切需要解决而又密切相关的现实问题是"增长动力转型"与"产业发展转型"两大核心。

国别与地区类

国别与地区类皮书关注全球重点国家与地区，提供全面、独特的解读与研究

国际形势黄皮书
全球政治与安全报告(2013)（赠阅读卡）

李慎明　张宇燕/主编　　2012年12月出版　　估价:59.00元

◆ 本书是由中国社会科学院世界经济与政治研究所精心打造的又一品牌皮书，关注时下国际关系发展动向里隐藏的中长期趋势，剖析全球政治与安全格局下的国际形势最新动向以及国际关系发展的热点问题，并对2013年国际社会重大动态作出前瞻性的分析与预测。

美国蓝皮书
美国问题研究报告(2013)（赠阅读卡）

黄　平　倪　峰/主编　　2013年6月出版　　估价:69.00元

◆ 本书由中华美国学会和中国社会科学院美国研究所组织编写，从美国内政、外交、中美关系等角度系统论述2013年美国政治经济发展情况，既有对美国当今实力、地位的宏观分析，也有对美国近年来内政、外交政策的微观考察，对观察和研究美国及中美关系具有较强的参考作用。

欧洲蓝皮书
欧洲发展报告(2012~2013)（赠阅读卡）

周　弘/主编　　2013年3月出版　　估价:79.00元

◆ 欧洲长期积累的财政和债务问题，终于在世界金融危机的冲击下转变成主权债务危机。在采取紧急应对危机举措的同时，欧盟还提出一系列经济治理方案。正当欧盟内部为保卫欧元而苦苦奋战之时，欧盟却在对外战线上成功地完成对利比亚的一场战争。关注欧洲蓝皮书，关注欧盟局势。

 文化传媒类　　皮书系列 重点推荐

文化传媒类

文化传媒类皮书透视文化领域、文化产业，探索文化大繁荣、大发展的路径

文化蓝皮书
中国文化产业发展报告(2012~2013)（赠阅读卡）

张晓明　胡惠林　章建刚/主编　2013年1月出版　估价:59.00元

◆ 本书是由中国社会科学院文化研究中心和文化部、上海交通大学共同编写的第10本中国文化产业年度报告。内容涵盖了我国文化产业分析及政策分析，既有对2012年文化产业发展形势的评估，又有对2013年发展趋势的预测；既有对全国文化产业宏观形势的评估，又有对文化产业内各行业的权威年度报告。

传媒蓝皮书
2013年：中国传媒产业发展报告（赠阅读卡）

崔保国/主编　2013年4月出版　估价:69.00元

◆ 本书云集了清华大学、人民大学等众多权威机构的知名学者，对2012年中国传媒产业发展进行全面分析。剖析传统媒体转型过程中，中国传媒界的思索与实践；立足全球传媒产业发展现状，探索我国传媒产业向支柱产业发展面临的路径；并为提升国际传播能力提供前瞻性研究与观点。

新媒体蓝皮书
中国新媒体发展报告No.4(2013)（赠阅读卡）

尹韵公/主编　2013年5月出版　估价:69.00元

◆ 本书由中国社会科学院新闻与传播研究所和上海大学合作编写，在构建新媒体发展研究基本框架的基础上，全面梳理2012年中国新媒体发展现状，发表最前沿的网络媒体深度调查数据和研究成果，并对新媒体发展的未来趋势做出预测。

旅游绿皮书
2013年中国旅游发展分析与预测（赠阅读卡）
张广瑞　刘德谦　宋 瑞/主编　2013年5月出版　　估价:69.00元

◆ 本书由中国社会科学院旅游研究中心组织编写，从2012年国内外发展环境入手，深度剖析20112年我国旅游业的跌宕起伏以及其背后错综复杂的影响因素，聚焦旅游相关行业的运行特征以及相关政策实施，对旅游发展的热点问题给出颇具见地的分析，并提出促进我国旅游业发展的对策建议。

产业蓝皮书
中国产业竞争力报告(2013) No.3（赠阅读卡）
张其仔/主编　2013年12月出版　　估价:79.00元

◆ 本书对中国产业竞争力的最新变化进行了系统分析，对2012年中国产业竞争力的走势进行了展望，对各省、56个地区和44个园区的产业国际竞争力进行了评估，是了解中国产业竞争力、各地产业竞争力最新变化的支撑平台。

能源蓝皮书
中国能源发展报告(2013)（赠阅读卡）
崔民选/主编　2013年7月出版　　估价:79.00元

◆ 本书结合中国经济面临转型的新形势，着眼于构建安全稳定、经济清洁的现代能源产业体系，盘点2012年中国能源行业的运行和发展走势，对2012年我国能源产业和各行业的运行特征、热点问题进行了深度剖析，并提出了未来趋势预测和对策建议。

行业报告类

行业报告类皮书立足重点行业、新兴行业领域，提供及时、前瞻的数据与信息

金融蓝皮书

中国金融发展报告（2013）（赠阅读卡）

李 扬　王国刚/主编　2012年12月出版　估价：59.00元

◆ 本书由中国社会科学院金融研究所主编，对2012年中国金融业总体发展状况进行回顾和分析，聚焦国际及国内金融形势的新变化，解析中国货币政策、银行业、保险业和证券期货业的发展状况，预测中国金融发展的最新动态，包括投资基金、保险业发展和金融监管等。

房地产蓝皮书

中国房地产发展报告 No.10（赠阅读卡）

潘家华　李景国/主编　2013年5月出版　估价:69.00元

◆ 本书由中国社会科学院城市发展与环境研究所组织编写，秉承客观公正、科学中立的原则，深度解析2012年中国房地产发展的形势和存在的主要矛盾，并预测2013年中国房价走势及房地产市场发展大势。观点精辟，数据翔实，对关注房地产市场的各阶层人士极具参考价值。

住房绿皮书

中国住房发展报告（2012~2013）（赠阅读卡）

倪鹏飞/主编　2012年12月出版　估价：69.00元

◆ 本书从宏观背景、市场体系和公共政策等方面，对中国住房市场作全面系统的分析、预测与评价。在评述2012年住房市场走势的基础上，预测2013年中国住房市场的发展变化；通过构建中国住房指数体系，量化评估住房市场各关键领域的发展状况；剖析中国住房市场发展所面临的主要问题与挑战，并给出政策建议。

皮书系列 重点推荐　　社会政法类

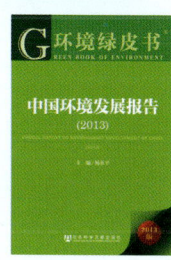

环境绿皮书
中国环境发展报告 (2013)（赠阅读卡）

杨东平/主编　　2013 年 4 月出版　　估价:69.00 元

◆ 本书由民间环保组织"自然之友"组织编写,由特别关注、生态保护、宜居城市、可持续消费以及政策与治理等版块构成,以公共利益的视角记录、审视和思考中国环境状况,呈现 2013 年中国环境与可持续发展领域的全局态势,用深刻的思考、科学的数据分析 2012 年的环境热点事件。

环境竞争力绿皮书
中国省域环境竞争力发展报告(2010~2012)（赠阅读卡）

李建平　李闽榕　王金南/主编　　2013 年 3 月出版　　估价:148.00 元

◆ 本报告融马克思主义经济学、环境科学、生态学、统计学、计量经济学和人文地理学等理论和方法为一体,充分运用数理分析、空间分析以及规范分析与实证分析相结合的方法,构建了比较科学完善、符合中国国情的环境竞争力指标评价体系,对中国内地 31 个省级区域的环境竞争力进行全面、深入的比较分析和评价。

反腐倡廉蓝皮书
中国反腐倡廉建设报告 No.3（赠阅读卡）

李秋芳/主编　　2013 年 8 月出版　　估价:59.00 元

◆ 本书从"惩治与专项治理、多主体综合监督、公共权力规制、公共资金资源资产监管、公职人员诚信管理、社会廉洁文化建设"六个方面对全国反腐倡廉建设进程与效果进行了综述,结合实地调研和问卷调查,反映了社会公众关注的难点焦点问题,并从理念和举措上提出建议。

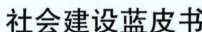 社会政法类

皮书系列 重点推荐

社会建设蓝皮书
2013年北京社会建设分析报告（赠阅读卡）
陆学艺　唐　军　张　荆/主编　2013年5月出版　估价：69.00元

◆ 本书由著名社会学家陆学艺领衔主编，依据社会学理论框架和分析方法，对北京市的人口、就业、分配、社会阶层以及城乡关系等社会学基本问题进行了广泛调研与分析，对广受社会关注的住房、教育、医疗、养老、交通等社会热点问题做了深刻了解与剖析，对日益显现的征地搬迁、外籍人口管理、群体性心理障碍等进行了有益探讨。

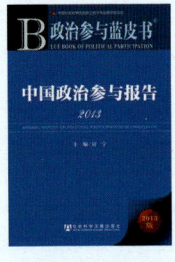

政治参与蓝皮书
中国政治参与报告(2013)（赠阅读卡）
房　宁/主编　2013年7月出版　估价：58.00元

◆ 本书是国内第一本运用社会科学数据对"中国公民政策参考"进行持续研究的年度报告，依据全国性问卷调查数据，对中国公民的政策参与客观状况和政策参与主观状况作了总体说明，并对不同性别、不同年龄、不同学历、不同政治面貌、不同职业、不同区域、不同收入的公民群体的政策参与客观状况和主观状况作了具体说明。

社会心态蓝皮书
中国社会心态研究报告(2012~2013)（赠阅读卡）
王俊秀　杨宜音/主编　2012年12月出版　估价：59.00元

◆ 本书由中国社会科学院社会学研究所社会心理研究中心编撰，从社会感受、价值观念、行为倾向等方面对于生活压力感、社会支持感、经济变动感受、微博使用行为、心理危机干预等问题，用社会心理学、社会学、经济学、传播学等多种学科的方法角度进行了调查和研究，深入揭示了我国社会心态状况。

城乡统筹蓝皮书
中国城乡统筹发展报告(2013)（赠阅读卡）
程志强　潘晨光/主编　2013年3月出版　估价：59.00元

◆ 全书客观地总结了各地城乡统筹发展进程中的经验，详细论述了统筹城乡经济社会发展的理论基础，从多个角度对新时期加快我国城乡统筹发展进程进行了深入的研究与探讨。

社会政法类

社会政法类皮书聚焦社会发展领域的热点、难点问题，提供权威、原创的资讯与视点

社会蓝皮书

2013年中国社会形势分析与预测（赠阅读卡）

汝信 陆学艺 李培林/主编　2012年12月出版　估价：59.00元

◆ 本书为中国社会科学院核心学术品牌之一，荟萃中国社会科学院等众多学术单位的原创成果。本年度报告结合中共"十八大"会议精神，深入探讨中国迈向更加公平、公正的全面小康社会的路径。

法治蓝皮书

中国法治发展报告 No.11(2013)（赠阅读卡）

李 林/主编　2013年3月出版　估价：85.00元

◆ 本书是中国社会科学院法学研究所精心打造的年度报告。在多篇法治国情调研报告中，着力分析中国在立法、依法行政、预防与惩治腐败等方面的进展，并提出原创性箴言。

教育蓝皮书

中国教育发展报告(2013)（赠阅读卡）

杨东平/主编　2013年3月出版　估价：59.00元

◆ 本书由著名教育学家杨东平担任主编，直面当前教育改革中出现的教育公平、高校教育结构调整、义务教育均衡发展、学校布局调整与校车系统建设等热点、难点问题，提供极具价值的学者建言。

经济类　皮书系列 重点推荐

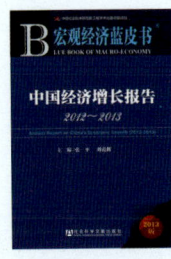

宏观经济蓝皮书
中国经济增长报告 (2012~2013)（赠阅读卡）

张 平　刘霞辉 / 主编　　2013 年 7 月出版　　估价 : 69.00 元

◆ 本书由中国社会科学院经济研究所组织编写，独创了中国各省 (区、市) 发展前景评价体系，通过产出效率、经济结构、经济稳定、产出消耗、增长潜力等近 60 个指标对中国各省 (区、市) 发展前景进行客观评价，并就"十二五"时期中国经济面临的主要问题进行全面分析。

经济蓝皮书春季号
中国经济前景分析——2013 年春季报告（赠阅读卡）

陈佳贵　李 扬 / 主编　　2013 年 5 月出版　　估价 : 59.00 元

◆ 本书是经济蓝皮书的姊妹篇，是中国社会科学院"中国经济形势分析与预测"课题组推出的又一重磅作品，在模型模拟与实证分析的基础上，从我国面临的国内外环境入手，对 2013 年春季及全年经济全局及工业、农业、财政、金融、外贸、就业等热点问题进行多角度考察与研究，并提出政策建议，具有较强的实用性、科学性和前瞻性。

就业蓝皮书
2013 年中国大学生就业报告（赠阅读卡）

麦可思研究院 / 主编　王伯庆 / 主审　2013 年 6 月出版　估价 : 98.00 元

◆ 大学生就业是社会关注的热点和难点，本书是在麦可思研究院"中国 2010 届大学毕业生求职与工作能力调查"数据的基础上，由麦可思公司与西南财经大学共同完成的 2013 年度大学毕业生就业及重点产业人才分析报告。

国际城市蓝皮书
国际城市发展报告 (2013)（赠阅读卡）

屠启宇 / 主编　　2013 年 1 月出版　　估价 : 69.00 元

◆ 国际城市蓝皮书是由上海社会科学院城市与区域研究中心主办、世界经济研究所国际政治经济学研究室协办的关于国际城市发展动态的年度报告，力求为中国城市发展的决策者、操作者、研究者和关注者把握与借鉴国际城市发展动态、规律和实践，提供及时、全面、权威的解读。

皮书系列 重点推荐

经济类

城市竞争力蓝皮书
中国城市竞争力报告 No.11（赠阅读卡）

倪鹏飞/主编　　2013年5月出版　　估价：69.00元

◆ 本书由中国社会科学院城市与竞争力中心主任倪鹏飞主持编写，汇集了众多研究城市经济问题的专家学者关于城市竞争力研究的最新成果。本报告构建了一套科学的城市竞争力评价指标体系，采用第一手数据材料，对国内重点城市年度竞争力格局变化进行客观分析和综合比较、排名，对研究城市经济及城市竞争力极具参考价值。

城市蓝皮书
中国城市发展报告 No.6（赠阅读卡）

潘家华　魏后凯/主编　　2013年8月出版　　估价：59.00元

◆ 本书由中国社会科学院城市发展与环境研究所主编，以聚焦新时期中国城市发展中的民生问题为主题，紧密联系现阶段中国城镇化发展的客观要求，回顾总结中国城镇化进程中城市民生改善的主要成效，并对城市发展中的各种民生问题进行全面剖析，在此基础上提出了民生优先的城市发展思路，以及改善城市民生的对策建议。

农村绿皮书
中国农村经济形势分析与预测 (2012~2013)（赠阅读卡）

中国社会科学院农村发展研究所　国家统计局农村社会经济调查司/著

2013年4月出版　　估价：59.00元

◆ 本书对2012年中国农业和农村经济运行情况进行了系统的分析和评价，对2013年中国农业和农村经济发展趋势进行了预测，并提出相应的政策建议，专题部分将围绕某个重大的理论和现实问题进行多维、深入、细致的分析和探讨。

西部蓝皮书
中国西部经济发展报告 (2013)（赠阅读卡）

姚慧琴　徐璋勇/主编　　2013年7月出版　　估价：69.00元

◆ 本书由西北大学中国西部经济发展研究中心主编，汇集了源自西部本土以及国内研究西部问题的权威专家的第一手资料，对国家实施西部大开发战略进行年度动态跟踪，并对2013年西部经济、社会发展态势进行预测和展望。

经济类 皮书系列 重点推荐

经 济 类

经济类皮书涵盖宏观经济、城市经济、大区域经济，
提供权威、前沿的分析与预测

经济蓝皮书
2013年中国经济形势分析与预测（赠阅读卡）

陈佳贵　李 扬/主编　　2012年12月出版　　估价:59.00元

◆ 本书课题为"总理基金项目"，由著名经济学家陈佳贵、李扬领衔，联合数十家科研机构、国家部委和高等院校的专家共同撰写，其内容涉及宏观决策、财政金融、证券投资、工业调整、就业分配、对外贸易等一系列热点问题。本报告权威把脉中国经济2012年运行特征及2013年发展趋势。

世界经济黄皮书
2013年世界经济形势分析与预测（赠阅读卡）

王洛林　张宇燕/主编　　2013年1月出版　　估价:59.00元

◆ 2012年全球经济复苏步伐明显放缓，发达国家复苏动力不足，主权债务危机的升级以及长期的低利率也大大压缩了财政与货币政策调控的空间。本书围绕因此而来的国际金融市场震荡频发、国际贸易与投资增长乏力等经济问题对世界经济进行了分析展望。

国家竞争力蓝皮书
中国国家竞争力报告No.2（赠阅读卡）

倪鹏飞/主编　　2013年4月出版　　估价:69.00元

◆ 本书运用有关竞争力的最新经济学理论，选取全球100个主要国家，在理论研究和计量分析的基础上，对全球国家竞争力进行了比较分析，并以这100个国家为参照系，指明了中国的位置和竞争环境，为研究中国的国家竞争力地位、制定全球竞争战略提供参考。

社会科学文献出版社　　皮书系列

"皮书"起源于十七、十八世纪的英国,主要指官方或社会组织正式发表的重要文件或报告,多以"白皮书"命名。在中国,"皮书"这一概念被社会广泛接受,并被成功运作、发展成为一种全新的出版形态,则源于中国社会科学院社会科学文献出版社。

皮书是对中国与世界发展状况和热点问题进行年度监测,以专家和学术的视角,针对某一领域或区域现状与发展态势展开分析和预测,具备权威性、前沿性、原创性、实证性、时效性等特点的连续性公开出版物,由一系列权威研究报告组成。皮书系列是社会科学文献出版社编辑出版的蓝皮书、绿皮书、黄皮书等的统称。

皮书系列的作者以中国社会科学院、著名高校、地方社会科学院的研究人员为主,多为国内一流研究机构的权威专家学者,他们的看法和观点代表了学界对中国与世界的现实和未来最高水平的解读与分析。

自20世纪90年代末推出以经济蓝皮书为开端的皮书系列以来,至今已出版皮书近800部,内容涵盖经济、社会、政法、文化传媒、行业、地方发展、国际形势等领域。皮书系列已成为社会科学文献出版社的著名图书品牌和中国社会科学院的知名学术品牌。

皮书系列在数字出版和国际出版方面成就斐然。皮书数据库被评为"2008~2009年度数字出版知名品牌";经济蓝皮书、社会蓝皮书等十几种皮书每年还由国外知名学术出版机构出版英文版、俄文版、韩文版和日文版,面向全球发行。

2011年,皮书系列正式列入"十二五"国家重点出版规划项目,一年一度的皮书年会升格由中国社会科学院主办;2012年,部分重点皮书列入中国社会科学院承担的国家哲学社会科学创新工程项目。

社长致辞

我们是图书出版者,更是人文社会科学内容资源供应商;

我们背靠中国社会科学院,面向中国与世界人文社会科学界,坚持为人文社会科学的繁荣与发展服务;

我们精心打造权威信息资源整合平台,坚持为中国经济与社会的繁荣与发展提供决策咨询服务;

我们以读者定位自身,立志让爱书人读到好书,让求知者获得知识;

我们精心编辑、设计每一本好书以形成品牌张力,以优秀的品牌形象服务读者,开拓市场;

我们始终坚持"创社科经典,出传世文献"的经营理念,坚持"权威、前沿、原创"的产品特色;

我们"以人为本",提倡阳光下创业,员工与企业共享发展之成果;

我们立足于现实,认真对待我们的优势、劣势,我们更着眼于未来,以不断的学习与创新适应不断变化的世界,以不断的努力提升自己的实力;

我们愿与社会各界友好合作,共享人文社会科学发展之成果,共同推动中国学术出版乃至内容产业的繁荣与发展。

社会科学文献出版社社长
中国社会学会秘书长

2013 年 1 月

盘点年度资讯　预测时代前程

社会科学文献出版社

2013年
皮书系列

权威·前沿·原创

社会科学文献出版社
SOCIAL SCIENCES ACADEMIC PRESS (CHINA)